Petits *C*lassiques

LAR

Coll
Agré

Essais

Montaigne

30 extraits et 6 essais

Édition présentée,
annotée et commentée
par Jacques VASSEVIÈRE,
ancien élève de l'École normale supérieure,
agrégé de lettres modernes

SOMMAIRE

Avant d'aborder l'œuvre

Essais

Montaigne

© Éditions Larousse 2008
ISBN : 978-2-03-583914-5

Pour approfondir

AVANT D'ABORDER
L'ŒUVRE

Fiche d'identité de l'auteur

Montaigne

Nom : Messire Michel Eyquem, seigneur de Montaigne.

Naissance : 28 février 1533, au château de Montaigne, aux confins du Périgord et du Bordelais.

Famille : arrière-grand-père, négociant bordelais enrichi (a acquis la terre noble de Montaigne, c'est-à-dire *Montagne* : « ma maison est juchée sur un tertre, comme dit son nom ») ; oncles magistrats ; père écuyer (officier du roi), vétéran des guerres d'Italie puis maire de Bordeaux ; mère issue d'une famille de riches commerçants juifs espagnols, convertie au protestantisme ; Michel, aîné de huit enfants, prend le nom de seigneur de Montaigne ; il est catholique, comme son père.

Formation : apprentissage précoce du latin (comme une langue maternelle) ; études au collège de Guyenne, à Bordeaux, puis études de droit, de lettres, de philosophie (Montaigne sera conseiller à la cour des aides de Périgueux puis au parlement de Bordeaux).

Début de sa carrière : en 1569, publie à Paris une traduction de la *Théologie naturelle* de Raymond Sebond, que son père lui avait demandée.

Premiers succès : 1580, à Bordeaux, première édition des *Essais* (en deux livres), qu'il offre à Henri III ; l'ouvrage est réédité à Paris en 1587.

Évolution de la carrière littéraire : 1588, à Paris, nouvelle édition des *Essais*, considérablement augmentée (trois livres) ; continue à enrichir ses trois livres d'additions en vue d'une nouvelle édition (qui sera assurée par Marie de Gournay en 1595).

Mort : le 13 septembre 1592 ; inhumé à l'église des Feuillants à Bordeaux.

Portrait de Montaigne. Gravure de Ficquet, XVIIe siècle.

Repères chronologiques

Vie et œuvre de Montaigne	Événements politiques et culturels

Vie et œuvre de Montaigne

1533
Naissance de Montaigne.

1539-1546
Études au collège de Guyenne.

1550
Études de droit.

1555
Conseiller à la Cour des aides de Périgueux.

1557
Parlementaire à Bordeaux. Amitié avec La Boétie.

1559-1562
Séjours à la cour. Missions en Guyenne.

1563
Mort de La Boétie.

1565
Mariage ; seule une fille survit.

1568
Mort de son père.

1569
Traduction de la *Théologie naturelle* de Raymond Sebond.

1570
Vend sa charge au parlement. Publie les *Œuvres* de La Boétie.

1571
« Se retire » dans son château, commence à rédiger ses *Essais*.

1573
Gentilhomme ordinaire de la Chambre du roi.

1574
En Vendée, avec l'armée royale.

Événements politiques et culturels

1534
Affaire des placards (calvinistes) : répression contre les protestants. Fondation de la Compagnie de Jésus.

1535
Rabelais, *Gargantua*.

1539
Édit de Villers-Cotterêts

1545-1563
Concile de Trente (Contre-Réforme catholique)

1546
Étienne Dolet brûlé à Paris.

1547
Mort de François Ier. Avènement d'Henri II.

1553
Michel Servet brûlé à Genève.

1555
Louise Labé, *Œuvres*.

1556
Ronsard, *Les Amours* (de Marie).

1557
Thevet, *Singularités de la France antarctique*.

1558
Du Bellay, *Les Antiquités de Rome*. *Les Regrets*.

1559
**Traité du Cateau-Cambrésis (fin des guerres d'Italie).
Mort d'Henri II.**

1560
Conjuration d'Amboise (protestante) et répression. Mort de François II.

Vie et œuvre de Montaigne

1577
Gentilhomme ordinaire
de la Chambre d'Henri de Navarre.

1578
Maladie (coliques néphrétiques).

1580
À la cour (Paris) ; à l'armée.

1580
Les *Essais* (livres I et II).

1580-1581
Voyage (Allemagne, Italie).
Journal de voyage.

1581-1585
Maire de Bordeaux.

1584
Reçoit Henri de Navarre (en 1587
aussi).

1586-1587
Rédaction du livre III.

1588
Les *Essais* (livres I, II et III).
Emprisonné par les Ligueurs.
Séjours chez Marie de Gournay.
Aux états généraux de Blois.

1589
Lettre à Henri IV.

1589-1592
Enrichissement des *Essais*.

1592
Mort de Montaigne.

1595
Marie de Gournay publie les *Essais*
avec des additions.

Événements politiques et culturels

1562
**Massacre de Wassy : début
des guerres de Religion
(1562-1598).**
Ronsard, *Discours sur les misères
de ce temps*.

1563
Assassinat de François de Guise.

1572
**Massacres
de la Saint-Barthélemy.**

1574
La Boétie, *Discours de la servitude
volontaire* (posthume).

1574
**Mort de Charles IX.
Avènement d'Henri III.**

1574-1576
Formation de la Ligue (catholiques
intolérants).

1578
Ronsard, *Sonnets pour Hélène*.

1588
Henri III chassé de Paris.
Assassinat d'Henri de Guise.

1589
Assassinat d'Henri III.
Henri de Navarre, roi de France
(Henri IV).

1594
Henri IV, converti au catholicisme
et sacré roi à Chartres, entre
à Paris.

1598
Édit de Nantes (tolérance : fin
des guerres de Religion).

Fiche d'identité de l'œuvre

Essais

Genre :
essai.

Auteur :
Michel de Montaigne
(1533-1592).

Objets d'étude :
convaincre, persuader
et délibérer
(l'argumentation,
l'essai) ; l'humanisme
(un mouvement
littéraire) ; problèmes
liés à l'expression de soi
(l'autobiographie) ;
les réécritures.

Registres : polémique, satirique (et ironique),
épidictique (éloge et blâme), pathétique.

Structure : 3 « livres » (parties), 107 chapitres.

Forme : essai.

Principal personnage : l'auteur (« je suis moi-même
la matière de mon livre ») et son lecteur, qui
ne doit pas être « indiligent » (inattentif).

Sujet : Montaigne exerce son « jugement » sur divers
sujets, indiqués par les titres des chapitres,
comme « De l'institution des enfants »,
« De l'amitié » (la préposition « de » signifie
au sujet de). Certains formulent un jugement que
l'essai doit justifier (« Que philosopher c'est
apprendre à mourir »), d'autres sont plus allusifs
(« Sur des vers de Virgile »). La composition est
très libre.
La réflexion se nourrit des textes antiques,
de son expérience personnelle et d'un examen
attentif de soi, distribuant dans son ouvrage
les éléments d'un autoportrait. La connaissance
de soi est le fondement de la sagesse : pour
bien conduire sa vie, il faut respecter
les valeurs morales, connaître la nature humaine
et particulièrement son propre tempérament.

Lectures de l'œuvre : les *Essais* nous font dialoguer
avec une personnalité originale et attachante, un
humaniste lucide dont la réflexion est précieuse
et la langue savoureuse.

ESSAIS
DE
MICHEL SEIGNEVR
DE MONTAIGNE.

Cinquiesme edition, augmen-
tee d'un troisiesme li-
ure: et de six cens
additions aux
deux premiers.

A PARIS,
Chez ABEL L'ANGELIER,
au premier pillier de la grand
Salle du Palais.
Auec Priuilege du Roy.
1588

Frontispice de l'édition de 1588 des *Essais* de Montaigne.

L'œuvre dans son siècle

L'héritage humaniste

Montaigne naît en 1533, au moment où la Renaissance peut avoir l'impression de triompher en France, loin des « temps [...] encore ténébreux et sentant l'infélicité et calamité des Goths qui avaient mis à destruction toute bonne littérature ». C'est l'opinion de Rabelais qui, dans *Pantagruel* (1532), dresse un tableau optimiste de la situation : « Tout le monde est plein de gens savants, de précepteurs très doctes, de librairies [*bibliothèques*] très amples ».

Les guerres d'Italie (1494-1559) ont en effet permis à la France de découvrir la richesse de la civilisation italienne, dont la Renaissance avait commencé dès le xve siècle. À travers elle, c'est aussi la culture antique que l'on s'approprie, dans un mouvement qui ne concerne pas que les lettrés : comme François Ier, le père de Montaigne a rapporté de ses campagnes militaires en Italie le goût des lettres, il fréquente des gens savants et fait enseigner à son fils le latin (alors langue des lettrés en Europe) comme une langue maternelle.

Les œuvres grecques et latines, désormais diffusées par l'imprimerie, sont devenues des modèles avec lesquels des poètes comme du Bellay et Ronsard rivalisent pour créer une littérature nouvelle (c'est le programme défini par du Bellay dans *Défense et Illustration de la langue française*, en 1549). Mais l'étude des langues et des œuvres anciennes (les *humanités*) a aussi une visée philosophique et morale : c'est le moyen de rendre l'homme meilleur, « plus humain » (on parle alors des *litterae humaniores*), et les lettrés de la Renaissance partagent l'illusion d'Érasme selon laquelle « la lecture passe dans les mœurs ». Les humanistes ne sont donc pas seulement des érudits (comme Guillaume Budé et Robert Estienne) : ils recherchent l'épanouissement de la personne humaine.

Un homme libre dans une époque troublée

Mais, contrairement à Rabelais, mort en 1553, Montaigne a surtout connu l'autre versant du siècle, celui de l'intolérance, du fanatisme religieux, des massacres (Amboise en 1560, Wassy en 1562, la Saint-Barthélemy en 1572), des assassinats (François de Guise en 1563, Henri de Guise en 1588, Henri III en 1589). Les guerres civiles, dites « guerres de Religion » (1562 à 1598), particulièrement cruelles, ont ensanglanté la France pendant le dernier tiers du xvɪᵉ siècle. C'est dans cette tension entre une culture savante et la persistance d'une barbarie qui démentait cruellement l'optimisme de la première Renaissance que s'inscrit la rédaction des *Essais*.

À SA CULTURE HUMANISTE, symbolisée par les nombreux volumes rangés dans sa fameuse « librairie », sa bibliothèque aux poutres chargées de citations grecques et latines, Montaigne doit une connaissance et une admiration nostalgique de l'antiquité gréco-latine, un intérêt toujours renouvelé pour l'homme, un esprit de libre examen fondé sur une réflexion personnelle, une ouverture d'esprit qui le fait s'intéresser à la diversité des mœurs, rejeter l'intolérance et l'ethnocentrisme.

DANS SES *ESSAIS*, il adopte une attitude paradoxale de fidélité aux rois légitimes et à la religion catholique et d'indépendance d'esprit. Il condamne la rébellion des protestants mais aussi celle de la Ligue, il dénonce la barbarie des combattants des deux camps. Son tempérament et la coexistence de catholiques et de protestants dans sa famille l'éloignent de tout fanatisme : « La cause générale et juste ne m'attache non plus que modérément et sans fièvre [...] Je suivrai le bon parti jusqu'au feu [*au bûcher*], mais exclusivement si je puis » (p. 195). Ce parti pris courageux de modération l'expose aux attaques croisées des extrémistes des deux camps.

La composition d'une œuvre personnelle : les Essais

LA PERSONNALITÉ ORIGINALE de l'auteur explique donc les particularités d'une œuvre qui entend rendre compte librement de ses observations et de ses réflexions, sans souci de plaire au lecteur. Montaigne commence à la composer l'année des massacres de la Saint-Barthélemy (1572), alors qu'il s'est retiré dans son château pour « passer en repos, et à part, ce peu qui [lui] reste de vie ». Il rédige ses *Essais* pendant les vingt années suivantes, sans toutefois négliger ses devoirs de gentilhomme fidèle à la monarchie : il accepte la charge de maire de Bordeaux, sort de sa « retraite » pour rejoindre la cour ou l'armée royale, favorise les négociations entre Henri III et Henri de Navarre (qui a fait de lui un gentilhomme ordinaire de sa chambre). En 1583, il adresse au roi une lettre demandant que

L'œuvre dans son siècle

l'impôt épargne ceux qui vivent péniblement de leur travail et que la justice soit gratuite pour permettre aux pauvres d'y avoir recours ; il y rappelle aussi que « par la justice les rois règnent et que par celle-ci tous États sont maintenus ». Cet idéal d'un roi juste et soucieux de son peuple est caractéristique de l'humanisme chrétien exprimé par Érasme, Thomas More, Clément Marot et Rabelais.

DE CETTE ACTIVITÉ POLITIQUE, l'œuvre parle peu, et allusivement : Montaigne n'écrit pas une chronique ni une autobiographie, il cherche à décrire sa personnalité singulière et il fait « les essais » de son « jugement » sur tous les sujets qui l'intéressent (voir p. 88). Il intitule modestement son livre *Essais* puisqu'il n'est que le recueil de ses tentatives pour mieux se connaître en se confrontant par la pensée aux problèmes et aux hommes de son temps : « Ce sont ici mes fantaisies [*opinions*], par lesquelles je ne tâche point à donner à connaître les choses, mais moi ».

Une entreprise problématique

MONTAIGNE ne se veut donc pas écrivain professionnel, ce qui lui permet de préserver son indépendance par rapport aux puissants, rois et grands seigneurs, dont Marot, Rabelais, du Bellay, Ronsard ont dû rechercher la protection. Il rejette aussi les artifices rhétoriques des écrivains au profit d'une écriture familière et naturelle : « Si j'étais du métier, je naturaliserais l'art », affirme-t-il (voir l'extrait 10). Il ne veut pas non plus impressionner en étalant un savoir livresque, comme cela se faisait de son temps : les nombreuses citations et références antiques sont une autre manière d'exprimer sa pensée. Seuls les premiers essais se présentent comme une collection d'exemples empruntés à ses lectures et illustrant une leçon, selon une pratique courante de son temps. Montaigne s'en écarte vite pour donner une place de plus en plus grande à l'écriture du soi. En cela, il innove et prend le risque de ne pas trouver de public.

À CETTE ÉPOQUE, les lecteurs n'étaient pas habitués à lire ce qui constituait une forme de « confession » (Montaigne emploie le mot bien avant Rousseau – voir p. 88) et surtout la confession d'un homme ordinaire, inconnu. Une œuvre si personnelle ne signale-t-elle pas l'orgueil, « la présomption » de son auteur ? Quel peut être son intérêt pour autrui ? Montaigne élude d'abord la question en conseillant aux lecteurs de ne pas lire un livre qui ne peut intéresser que lui-même et ceux qui le connaissent (voir l'extrait 1) puis il justifie son projet : en se peignant, il montre son « être universel » puisque « chaque homme porte la forme entière de l'humaine condition » et surtout il satisfait à une haute exigence philosophique et morale, le « connais-toi toi-même » de Socrate.

Une pensée et une œuvre en mouvement

L'ENTREPRISE est difficile du fait de l'instabilité fondamentale du monde et de l'homme. Montaigne se sait en proie à des événements changeants et à des idées incertaines (le jugement humain est peu fiable), il se découvre souvent « autre » : « Moi à cette heure et moi tantôt sommes bien deux ». Il ne peut donc présenter ni un portrait achevé de lui-même ni une réflexion définitive sur le monde : « [il] ne voi[t] le tout de rien », il est toujours en train de « s'essayer ». Sans cesse reprise par son auteur qui la qualifie de « marqueterie mal jointe », son œuvre fait se succéder des chapitres sans ordre et sans composition prédéterminés, les enrichit d'additions qui prolongent ou réorientent la réflexion.

LES *ESSAIS* sont donc divers, composites, d'autant qu'ils portent la marque de l'évolution d'un auteur qui s'est fait en écrivant. Les premiers chapitres font peu de place à l'écriture personnelle : Montaigne y parle en disciple des stoïciens, prône une sagesse élevée, une forme de stoïcisme qui l'amène à considérer « que philosopher c'est apprendre à mourir ». Plus tard, d'autres valeurs dominent, au premier rang desquelles figurent la confiance en la nature, la nécessité de bien se connaître pour mieux conduire sa vie, un humanisme bienveillant qui allie l'aptitude à jouir de la vie et la modération, mais aussi une grande amertume devant les crimes sans nombre commis par ses contemporains. Le moraliste se fait moins austère et affirme que « nous troublons la vie par le soin [*le souci*] de la mort » : « Si vous ne savez pas mourir, ne vous chaille [*ne vous en souciez pas*], nature vous en informera sur-le-champ, pleinement et suffisamment ». Montaigne a trouvé sa voix, celle d'une sagesse humaine qui donne envie au lecteur de le connaître toujours davantage.

L'œuvre dans son siècle

L'accueil des contemporains

CONTRAIREMENT À MONTAIGNE, qui dit avoir bénéficié de « la faveur publique », Marie de Gournay s'est plainte, dans la préface de son édition de 1595, « du froid recueil [*accueil*] que nos hommes ont fait aux *Essais* ». L'humaniste, Étienne Pasquier, ami de l'auteur, lui reproche d'avoir mêlé à « notre langue française » le « ramage gascon » (la langue de Montaigne est trop familière) et d'avoir trop parlé de lui dans son œuvre. Il voit pourtant en lui « un autre Sénèque en notre langue » et relève dans les *Essais* « une infinité de beaux traits français et hardis, une infinité de belles pointes, qui ne sont propres qu'à lui, selon l'abondance de son sens », ainsi que « de belles et notables sentences ».

L'ÉGLISE CATHOLIQUE ne reçoit pas les *Essais* sans réserve. Arrivant à Rome en 1580, Montaigne se voit confisquer son œuvre pour examen ; elle lui est rendue avec des observations critiques : la censure pontificale lui reproche notamment de se référer sans cesse à la notion païenne de *fortune* et non à la *Providence* chrétienne, de condamner la torture (II, 11), d'admirer le poète protestant Théodore de Bèze. Montaigne précise alors, dans la deuxième édition (1582), qu'on peut trouver dans ses *Essais* « matière d'opinion, non matière de foi. Ce que je discours selon moi, non ce que je crois selon Dieu, d'une façon laïque, non cléricale [*non conforme à la doctrine de l'Église*] mais toujours très religieuse ». Il y fait même une déclaration d'allégeance : je « les soumets au jugement de ceux à qui il touche [*appartient*] de régler non seulement mes actions et mes écrits, mais encore mes pensées. Également m'en sera acceptable et utile la condamnation, comme l'approbation » (I, 56). Cela ne le conduit pourtant pas à effectuer les corrections demandées par la censure...

Lire l'œuvre aujourd'hui

Selon Marivaux, on ne peut lire les *Essais* sans s'intéresser à l'« âme singulière et fine » de Montaigne : « C'est cette singularité d'esprit, et conséquemment de style, qui fait aujourd'hui son mérite » (*Le Cabinet du philosophe*, 1734). Loin d'infirmer ce jugement, le temps a accentué le charme de cette langue ancienne et unique et donné du prix à la pensée d'un homme qui est aussi une pensée sur l'homme.

Une langue difficile mais savoureuse

Certes, même annoté, le texte de Montaigne ne sera pas immédiatement compris par le lecteur de dix-sept ans que pourront dérouter les archaïsmes, la liberté et les ellipses de la syntaxe, la multiplicité des images, la diversité des références aux mœurs et aux usages d'une société disparue. La lecture littéraire demande souvent une relecture, elle exige ici un travail. Mais ce travail est aussi source de plaisir car il permet d'apprécier une langue savoureuse, jouant de toutes les ressources du lexique, faisant naître la réflexion philosophique de l'évocation des expériences humaines les plus ordinaires et surtout révélant une personnalité originale : « Le style est l'homme même », disait Buffon.

Une conversation avec un « honnête homme »

Lire les *Essais*, c'est rencontrer un *humaniste*, au plein sens du terme : un homme maître de soi, recherchant l'équilibre de l'âme et du corps, appréciant les plaisirs de la vie sans tomber dans l'excès, instruit mais sans pédantisme ni spécialisation excessive et conscient de ses limites, apte à raisonner mais adepte du doute et sachant reconnaître la vérité où qu'elle soit, adoptant une attitude mesurée et appropriée aux circonstances, curieux de tout et d'abord des autres formes de vivre et de penser, attaché à ses valeurs mais modeste et se gardant de tout fanatisme. Bref, un homme de bonne compagnie et que l'on se plaît à fréquenter. C'est déjà la figure idéale que le XVIIe siècle a appelée un « honnête homme », la vigueur et la verdeur de la langue en plus. Ce serait déjà celle du « philosophe » du XVIIIe siècle si sa prudence ne l'inclinait au conservatisme et son tempérament à l'individualisme.

À notre époque, marquée par de « profondes désillusions » (« impuissance du capitalisme à réguler l'économie mondiale, échecs réitérés

Lire l'œuvre aujourd'hui

de la technocratie, radicale mise en question de l'idée même de progrès »), la leçon de Montaigne est toujours d'actualité selon Francis Jeanson qui la résume ainsi : « d'innombrables hommes existent, qui appartiennent à des collectivités différentes, et [...] on ne saurait juger de leur humanité au nom d'une quelconque *idée de l'Homme*. Cessons donc, conseille-t-il à ses contemporains, de tenir nos propres valeurs pour universelles et notre particulière société pour le modèle du genre. Mais que faisons-nous d'autre aujourd'hui quand nous prétendons exporter, vers des lieux de détresse, notre très formelle démocratie ? » (*Montaigne par lui-même*, Le Seuil, coll. « Microcosme », 1951, réédition de 1994).

Par-delà la diversité des opinions, Montaigne sollicite le lecteur, l'amène à s'intéresser à sa personne et à sa réflexion. La voix unique que font entendre les *Essais* est celle d'un homme qui voit dans la conversation « le plus fructueux et naturel exercice de notre esprit » : « l'art de conférer », loin de la rhétorique (« la parlerie ») pratiquée dans les collèges de l'époque, lui permet de faire progresser le lecteur, par mille chemins détournés, vers la connaissance lucide de l'homme. « Inventer des vérités à la mesure de l'homme », tel est, en effet, selon André Tournon, éditeur moderne des *Essais*, l'enjeu capital de cette œuvre.

Essais

Montaigne

30 extraits et 6 essais

Note sur la présente édition

Ce Classique souhaite rendre accessible aux lycéens des extraits significatifs de l'œuvre de Montaigne, qui constitue un monument de l'humanisme européen du seizième siècle.

La composition des Essais

L'œuvre de Montaigne a été composée et augmentée au cours des vingt dernières années de sa vie. Elle comporte ainsi trois « strates », qu'il est important de distinguer :
– Les *Essais* de 1580 se réduisaient aux deux premiers livres (94 chapitres). Dans notre édition, le texte correspondant est précédé d'une barre oblique (/).
– Les *Essais* de 1588 se sont enrichis d'un troisième livre (17 chapitres, plus longs) et de très nombreuses additions aux deux premiers livres. Ce texte est ici précédé de deux barres obliques (//).
– Montaigne a lui-même porté sur les trois livres de 1588 une nouvelle série d'additions en vue d'une nouvelle édition dont la mort l'a privé. Elles sont ici précédées de trois barres obliques (///).

Une anthologie thématique

Par sa longueur et sa composition (un recueil d'essais), cette œuvre autorise des lectures partielles et discontinues. On trouvera dans cette anthologie la réflexion de Montaigne sur son œuvre (chapitre premier) puis sur les principaux sujets qu'il a abordés (chapitres deux à six).

Chacun des six chapitres présente le texte intégral d'un essai précédé de quelques extraits pouvant éclairer ou compléter sa lecture. Lire quelques essais intégralement est indispensable si l'on veut étudier et apprécier le déroulement nonchalant de la pensée de Montaigne, la cohérence de son argumentation, les effets qu'il tire d'une composition lâche mais qui ne perd jamais de vue son objet.

Une lecture facilitée

Afin de rendre la lecture plus fluide, l'orthographe a été modernisée. Le texte a été divisé en paragraphes (celui de Montaigne n'en comportait pas) de manière à marquer, autant que possible, la progression thématique.

Les mots anciens sont traduits dans le texte même, entre crochets, en italique et dans un corps inférieur (par exemple : « sans disciplines [*règles*], sans paroles, sans effets [*actions*] ») ; les formes anciennes ne sont pas traduites quand elles sont proches des formes modernes (on reconnaît *usage* dans *usance*). Les citations (en italique) sont suivies de leur traduction (en romain). Quelques mots ont été ajoutés entre crochets et en romain soit pour expliciter des pronoms, prépositions, adverbes ou articles que la langue du seizième siècle pouvait simplement sous-entendre, soit pour préciser le sens d'un mot (par exemple : « sans [aucun] doute, il chômera moins que les autres »). À l'oral, on ne lira que la phrase de Montaigne, en sautant les mots entre crochets.

En notes de bas de page, figurent les références des citations, la traduction de passages plus ardus, des explications et des commentaires complémentaires.

Le lecteur devra résoudre certaines difficultés, s'adapter à des tournures anciennes comme l'inversion du verbe et du sujet (par exemple : « et consiste l'honneur de la vertu à combattre, non à battre »), comprendre les pointes et les images qui font la saveur et la profondeur de la langue de Montaigne : c'est un plaisir qui demande, il est vrai, un peu d'opiniâtreté. Mais qu'il se rappelle aussi que cette langue présente souvent ce paradoxe de rester quelque peu mystérieuse même quand elle a délivré globalement son message.

CHAPITRE 1

A. EXTRAITS

1. L'ÉCRITURE DU MOI : UN « LIVRE CONSUBSTANTIEL À SON AUTEUR » (II, 18)

Extrait 1. « Je suis moi-même la matière de mon livre » (« Au lecteur »).

Extrait 2. « Mon livre m'a fait » (II, 18, « Du démentir »).

Extrait 3. « Mon être universel » (III, 2, « Du repentir »).

2. L'EXERCICE DU JUGEMENT : « L'ESSAI DE MES FACULTÉS NATURELLES »

Extrait 4. « Je ne vois le tout de rien » (I, 50, « De Démocrite et Héraclite »).

Extrait 5. « Mes fantaisies » (II, 10, « Des livres »).

3. LA COMPOSITION DES *ESSAIS* : UNE « ALLURE POÉTIQUE, À SAUTS ET À GAMBADES »

Extrait 6. « Ce fagotage de tant de diverses pièces » (II, 37, « De la ressemblance des enfants aux pères »).

Extrait 7. De « gaillardes escapades » (III, 9, « De la vanité »).

4. PENSER / ÉCRIRE LES *ESSAIS* : « SI J'ÉTAIS DU MÉTIER, JE NATURALISERAIS L'ART »

Extrait 8. « Je ne compte pas mes emprunts » (II, 10, « Des livres »).

Extrait 9. « Un amas de fleurs étrangères » ? (III, 12, « De la physionomie »).

Extrait 10. « Bien dire, bien penser » (III, 5, « Sur des vers de Virgile »).

B. TEXTE INTÉGRAL

II, 6, « DE L'EXERCITATION » [DE L'EXERCICE].

A. EXTRAITS

**1. L'ÉCRITURE DU MOI : UN « LIVRE CONSUBSTANTIEL À SON AUTEUR »
(II, 18)**

Montaigne a défini lui-même son projet, non seulement dans le préambule qu'il adresse au lecteur au moment de donner la première édition de ses Essais *(1580), mais dans de nombreux passages, et notamment dans les ajouts à l'édition de 1588. On y voit s'approfondir le désir de se peindre et se diversifier les justifications qu'il en donne. (Extraits 1 à 3.)*

L'essai tel que le conçoit Montaigne est un genre nouveau, étroitement accordé à sa personnalité, à ses « humeurs ». Il le définit dans divers passages qui insistent sur le caractère non abouti de sa pensée, en perpétuelle évolution dans sa quête de la vérité : « Je propose des fantaisies [idées] informes et irrésolues [sans conclusion], comme font ceux qui publient des questions douteuses, à débattre aux écoles : non pour établir la vérité, mais pour la chercher.[1] » (Extraits 4 et 5.)

Montaigne multiplie les images dépréciatives quand il évoque la composition de son œuvre ou de ses chapitres : « grotesques et corps monstrueux, rapiécés de divers membres, sans certaine figure [sans forme déterminée], n'ayant ordre, suite ni proportion que fortuite » (I, 28), « marqueterie mal jointe » dans laquelle les « contes » prennent place « selon leur opportunité » (III, 9). Plus qu'un excès de modestie, il faut voir là la prise de position de celui qui ne se veut pas écrivain professionnel, mais honnête homme notant ses réflexions au gré de sa liberté, de sa nonchalance. Au lecteur de ne pas se montrer nonchalant ! (Extraits 6 et 7.)

On ne pense qu'après et même d'après autrui, fût-ce pour s'en démarquer : en exerçant son jugement sur les grands thèmes de la condition humaine, Montaigne rencontre nécessairement les grands auteurs de l'Antiquité. Il y fait référence explicitement, dans des citations, ou implicitement, confondant non sans malice sa voix et la leur. L'important, pour lui, est bien que ces « emprunts » nourrissent sa propre réflexion, et non qu'ils le posent en fin lettré. La même originalité, le même souci de vérité se manifestent dans sa conception du style,

---

1. *« **Je propose des fantaisies [...] pour la chercher** » :* « Des prières », Essais, I, 56, PUF, Quadrige, p. 317.

qui proscrit toute pompe vaine et recherche, dans l'infinie diversité des usages que lui offre la langue « vulgaire », le français, la justesse et la force de l'expression. (Extraits 8 à 10.)

Extrait 1. « Je suis moi-même la matière de mon livre »

Au lecteur

/ C'est ici un livre de bonne foi, lecteur. Il t'avertit dès l'entrée que je ne m'y suis proposé aucune fin, que domestique et privée. Je n'y ai eu nulle considération de ton service, ni de ma gloire :
5 mes forces ne sont pas capables d'un tel dessein. Je l'ai voué à la commodité particulière de mes parents et amis, à ce que [*afin que*] m'ayant perdu (ce qu'ils ont à faire bientôt) ils y puissent retrouver aucuns [*quelques*] traits de mes conditions et humeurs[1], et que par ce moyen ils nourrissent plus entière et plus vive la connaissance
10 qu'ils ont eue de moi. Si c'eût été pour rechercher la faveur du monde, je me fusse mieux paré et me présenterais en une marche étudiée. Je veux qu'on m'y voie en ma façon simple, naturelle et ordinaire, sans contention [*effort*] et artifice : car c'est moi que je peins. Mes défauts s'y liront au vif [*au naturel*], et ma forme naïve
15 [*naturelle*], autant que la révérence [*respect*] publique me l'a permis. Que si j'eusse été parmi ces nations[2] qu'on dit vivre encore sous la douce liberté des premières lois de nature, je t'assure que je m'y fusse très volontiers peint tout entier, et tout nu. Ainsi, lecteur, je suis moi-même la matière de mon livre : ce n'est pas raison que tu
20 emploies ton loisir en un sujet si frivole et si vain. Adieu, donc.
De Montaigne, ce premier de mars 1580.

Michel de Montaigne, « Au lecteur », *Essais*, 1580-1592.

---

1. **Conditions et humeurs :** les termes sont synonymes et désignent un tempérament, des manières d'être (*façon* et *forme* ont le même sens). L'emploi de couples de mots cordonnés de sens voisin ou synonymes est fréquent chez Montaigne (comme ici, « *domestique et privée* », « *parents et amis* »), et plus généralement dans la langue du XVIe siècle ; ces redondances ont une valeur intensive.
2. **Ces nations :** les Indiens du Brésil, les « Cannibales », que Montaigne a décrits dans l'essai I, 31 (voir p. 108). « Que si », en tête de phrase, est une tournure pléonastique pour « si » hypothétique.

Extrait 2. « Mon livre m'a fait »

/ Voire mais[1] [*Oui, mais*] on me dira que ce dessein de se servir de soi pour sujet à écrire serait excusable à des hommes rares et fameux qui, par leur réputation, auraient donné quelque désir de leur connaissance. Il [*cela*] est certain ; je l'avoue, et sais bien que,
5 pour voir un homme de la commune façon [*un homme commun*], à peine qu'un artisan lève les yeux de sa besogne, là où [*alors que*], pour voir un personnage grand et signalé arriver en une ville, les ouvroirs [*ateliers*] et les boutiques s'abandonnent. Il messied [*ne convient pas*] à tout autre de se faire connaître qu'à celui qui a de quoi
10 se faire imiter et duquel la vie et les opinions peuvent servir de patron [*modèle*]. César et Xénophon ont eu de quoi fonder et fermir [*étayer*] leur narration en la grandeur de leurs faits [*actions*] comme en une base juste et solide. Ainsi sont à souhaiter [*regretter*] les papiers journaux [*notes journalières*] du grand Alexandre, les commentaires
15 qu'Auguste, /// Caton, / Sylla, Brutus et autres avaient laissés de leurs gestes [*action*]. De telles gens, on aime et étudie les figures, en cuivre même et en pierre.

Cette remontrance est très vraie, mais elle ne me touche que bien peu :
20 *Non recito cuiquam, nisi amicis ; idque rogatus,*
Non ubivis, coramve quibuslibet. In medio qui
Scripta foro recitent, sunt multi, quique lavantes[2]

[Je ne lis ceci qu'à mes seuls amis, et encore sur leur prière ; non en tout lieu ni devant n'importe quel auditoire. Il est beaucoup d'auteurs qui lisent leurs ouvrages
25 en plein forum et dans les bains publics.]

Je ne dresse pas ici une statue à planter au carrefour d'une ville ou dans une église ou place publique :
// Non equidem hoc studeo, bullatis ut mihi nugis
Pagina turgescat.
30 *Secreti loquimur*[3]

[Je ne vise pas à enfler ces pages de billevesées ampoulées : c'est un tête-à-tête.]

---

1. **Voire mais :** oui mais. Montaigne vient de montrer dans le chapitre précédent (« De la présomption », voir ci-dessous p. 65 et suivantes) que ce n'est pas la vanité qui lui a fait écrire et publier les *Essais*.
2. *Non recito [...] quique lavantes :* Horace, *Satires*, I, IV, 73.
3. *Non equidem [...] loquimur :* Perse, V, 19.

Chapitre 1 : Les *Essais* selon Montaigne

/ C'est pour le coin d'une librairie [*bibliothèque*], et pour en amuser un voisin, un parent, un ami, qui aura plaisir à me racointer et repratiquer [*fréquenter à nouveau*] en cette image. Les autres ont pris cœur
35 de parler d'eux pour y avoir trouvé le sujet digne et riche ; moi, au rebours, pour l'avoir trouvé si stérile et si maigre qu'il n'y peut échoir [*tomber*] soupçon d'ostentation. [...]

/// Et quand personne ne me lira, ai-je perdu mon temps de m'être entretenu tant d'heures oisives à pensements si utiles et
40 agréables ? Moulant sur moi cette figure [*portrait*], il m'a fallu si souvent dresser et composer pour m'extraire que le patron s'en est fermi[1] et aucunement [*quelque peu*] formé soi-même. Me peignant pour autrui, je me suis peint en moi de couleurs plus nettes que n'étaient les miennes premières. Je n'ai pas plus fait mon livre
45 que mon livre m'a fait, livre consubstantiel à son auteur, d'une occupation propre [*privée*], membre de ma vie, non d'une occupation et fin tierce et étrangère comme tous autres livres. Ai-je perdu mon temps de m'être rendu compte de moi si continuellement, si curieusement [*soigneusement*] ? Car ceux qui se repassent par fantaisie
50 [*en esprit*] seulement et par langue [*en paroles*] quelque heure ne s'examinent pas si primement [*essentiellement*], ni ne se pénètrent comme celui qui en fait son étude, son ouvrage et son métier, qui s'engage à un registre de durée, de toute sa foi, de toute sa force.

Les plus délicieux plaisirs, si [*assurément*] se digèrent-ils au-dedans,
55 fuient à [*évitent de*] laisser trace de soi, et fuient la vue non seulement du peuple mais d'un autre. Combien de fois m'a cette besogne diverti [*détourné*] de cogitations [*pensées*] ennuyeuses ! et doivent être comptées pour ennuyeuses toutes les frivoles. Nature nous a étrennés d'une large faculté à nous entretenir à part, et nous y appelle souvent pour
60 nous apprendre que nous nous devons en partie à la société, mais en la meilleure partie à nous. Aux fins de ranger ma fantaisie à rêver même par quelque ordre et projet, et la garder de se perdre et extravaguer au vent, il n'est que de donner corps et mettre en registre [*noter*] tant de menues pensées qui se présentent à elle. J'écoute à mes

---

1. **Le patron s'en est fermi :** le modèle (c'est-à-dire la personnalité de Montaigne) s'est trouvé affermi (par cette peinture) alors qu'il était, comme le monde entier, sans cesse mouvant (voir ci-dessous p. 28 : « Je ne puis assurer mon objet »). Autrement dit, Montaigne, en se connaissant mieux, est devenu davantage lui-même.

65 rêveries parce que j'ai à les enrôler [*enregistrer*]. Quant [*combien*] de fois, étant marri [*fâché*] de quelque action que la civilité et la raison me prohibaient de reprendre [*critiquer*] à découvert [*ouvertement*], m'en suis-je ici dégorgé, non sans dessein de publique instruction !

Michel de Montaigne, « Du démentir », *Essais*, II, 18, 1580-1592.
(PUF, Quadrige, p. 663-665 ; La Pochothèque, p. 1024-1027)

Extrait 3. « Mon être universel »

// Les autres [*moralistes*] forment [*instruisent*] l'homme ; je le récite [*décris*] et en représente un particulier, bien mal formé, et lequel, si j'avais à façonner de nouveau, je ferais vraiment bien autre qu'il n'est. Meshui [*désormais*], c'est fait. Or les traits de ma peinture ne
5 fourvoient [*s'égarent*] point, quoiqu'ils se changent et diversifient. Le monde n'est qu'une branloire pérenne[1], toutes choses y branlent sans cesse : la terre, les rochers du Caucase, les pyramides d'Égypte, et du branle public [*général*] et du leur. La constance même n'est autre chose qu'un branle plus languissant. Je ne puis assurer mon objet :
10 il va trouble et chancelant, d'une ivresse naturelle. Je le prends en ce point [*moment*], comme il est, en l'instant que je m'amuse à [*m'occupe de*] lui. Je ne peins pas l'être, je peins le passage, non un passage d'âge en autre ou, comme dit le peuple, de sept en sept ans, mais de jour en jour, de minute en minute. Il faut accommoder mon histoire à
15 l'heure. Je pourrai tantôt changer, non de fortune seulement, mais aussi d'intention. C'est un contrôle [*registre*] de divers et muables accidents [*événements changeants*] et d'imaginations irrésolues [*d'idées incertaines*] et, quand il y échoit [*le cas échéant*], contraires : soit que je sois autre moi-même, soit que je saisisse les sujets par autres circonstances et
20 considérations. Tant y a que je me contredis bien à l'aventure, mais la vérité, comme disait Démade, je ne la contredis point. Si mon âme pouvait prendre pied [*se fixer*], je ne m'essaierais pas, je me résoudrais[2] : elle est toujours en apprentissage et en épreuve.

---

1. **Une branloire pérenne :** un monde en éternel mouvement. Cette vision du monde vient d'Héraclite et de Copernic ; Montaigne lui donne une extension plus grande : lui-même, qui est l'« objet » de son étude, est toujours changeant.
2. **Je me résoudrais :** je m'arrêterais (et proposerais de moi un portrait définitif), alors que Montaigne fait dans chaque « essai » un examen et une expérience de lui-même afin de mieux se connaître.

Je propose [*j'expose*] une vie basse, et sans lustre : c'est tout un [*peu*
25 *importe*]. On attache aussi bien toute la philosophie morale à une vie
populaire [*ordinaire*] et privée qu'à une vie de plus riche étoffe : chaque
homme porte la forme entière de l'humaine condition. /// Les
auteurs se communiquent au peuple par quelque marque spéciale
et étrangère ; moi, le premier, par mon être universel, comme
30 Michel de Montaigne, non comme grammairien ou poète ou jurisconsulte. Si le monde se plaint de quoi je parle trop de moi, je me
plains de quoi il ne pense seulement pas à soi[1]. // Mais est-ce raison que, si particulier [*privé*] en usage, je prétende me rendre public
en connaissance ? Est-il aussi raison que je produise [*montre*] au
35 monde, où la façon et l'art ont tant de crédit et de commandement,
des effets de nature et crus et simples, et d'une nature encore
bien faiblette ? Est-ce pas faire une muraille sans pierre, ou chose
semblable, que de bâtir des livres sans science ? Les fantaisies de
la musique sont conduites par art, les miennes par sort [*hasard*].
40 Au moins, j'ai ceci selon la discipline [*science*] que jamais homme
ne traita sujet qu'il entendît ni connût mieux que je fais celui que
j'ai entrepris, et qu'en celui-là je suis le plus savant homme qui
vive ; secondement, que jamais aucun /// ne pénétra en sa matière
plus avant ni en éplucha plus distinctement les membres [*parties*]
45 et suites, et // n'arriva plus exactement et plus pleinement à la fin
qu'il s'était proposée à sa besogne. Pour la parfaire [*l'achever*], je n'ai
besoin d'y apporter que la fidélité [*bonne foi*] : celle-là y est, la plus
sincère et pure qui se trouve. Je dis vrai, non pas tout mon saoul,
mais autant que je l'ose dire ; et l'ose un peu plus en vieillissant
50 car il semble que la coutume concède à cet âge plus de liberté de
bavasser [*bavarder*] et d'indiscrétion [*d'immodération*] à parler de soi.

Michel de Montaigne, « Du repentir », *Essais*, III, 2, 1580-1592.
(PUF, Quadrige, p. 804-806 ; La Pochothèque, p. 1255-1257)

---

1. **Si le monde [...] il ne pense seulement pas à soi :** sur ce point, voir ci-dessous
p. 48 à 51 (« De l'exercitation »).

2. L'EXERCICE DU JUGEMENT : « L'ESSAI DE MES FACULTÉS NATURELLES »

Extrait 4. « Je ne vois le tout de rien »

/ Le jugement est un outil à [pour] tous sujets, et se mêle partout. À [pour] cette cause, aux essais que j'en fais ici, j'y emploie toutes sortes d'occasions. Si c'est un sujet que je n'entende point, à [pour] cela même je l'essaie, sondant le gué de bien loin ; et puis, le trou-
5 vant trop profond pour ma taille, je me tiens à la rive : et cette reconnaissance de ne pouvoir passer outre, c'est un trait de son effet [action], voire [même] de ceux de quoi il se vante le plus. Tantôt, à un sujet vain et de néant, j'essaie voir s'il trouvera de quoi lui don-ner corps, et de quoi l'appuyer et étançonner. Tantôt je le promène
10 à un sujet noble et tracassé [rebattu], auquel il n'a rien à trouver de soi, le chemin en étant si frayé qu'il ne peut marcher que sur la piste d'autrui. Là il fait son jeu à élire [choisir] la route qui lui semble la meilleure : et, de mille sentiers, il dit que celui-ci, ou celui-là, a été le mieux choisi. Je prends de la fortune [hasard] le premier argu-
15 ment [sujet] ; ils me sont également bons. Et [je] ne desseigne [me pro-pose] jamais de les produire entiers, /// car je ne vois le tout de rien : ne [le] font pas [non plus] ceux qui nous promettent de nous le faire voir. De cent membres et visages qu'a chaque chose, j'en prends un, tantôt à lécher seulement, tantôt à effleurer, et parfois à pincer
20 jusqu'à l'os. J'y donne une pointe, non pas le plus largement, mais le plus profondément que je sais. Et aime plus souvent à les saisir par quelque lustre [aspect] inusité. Je me hasarderais de traiter à fond quelque matière, si je me connaissais moins. Semant ici un mot, ici un autre, échantillons dépris [enlevés] de leur pièce, écartés, sans des-
25 sein et sans promesse, je ne suis pas tenu d'en faire bon [de les traiter sérieusement], ni de m'y tenir moi-même, sans varier quand il me plaît et [sans] me rendre au doute et incertitude, et à ma maîtresse forme [manière d'être], qui est l'ignorance[1].

Michel de Montaigne, « De Démocrite et Héraclite », *Essais*, I, 50, 1580-1592.
(PUF, Quadrige, p. 301-302 ; La Pochothèque, p. 490).

---

1. **Je ne suis pas tenu [...] l'ignorance :** les deux négations (« Je ne suis pas tenu »
et « sans varier et me rendre au doute ») s'annulent ; il faut donc comprendre que
Montaigne est libre de changer d'opinion ou de ne pas conclure en restant dans le
doute.

Chapitre 1 : Les *Essais* selon Montaigne

Extrait 5. « Mes fantaisies »

/ Je ne fais point de doute qu'il ne m'advienne souvent de parler de choses qui sont mieux traitées chez les maîtres du métier, et plus véritablement. C'est ici purement l'essai de mes facultés naturelles, et nullement des acquises. Et qui me surprendra [en flagrant
5   délit] d'ignorance, il ne fera rien contre moi, car à peine répondrais-je à autrui de mes discours [*réflexions*], [moi] qui ne m'en réponds point à moi, ni n'en suis satisfait. Qui sera en cherche de science, si [*qu'il*] la pêche où elle se loge : il n'est rien de quoi je fasse moins de profession. Ce sont ici mes fantaisies [*opinions*], par lesquelles je ne
10 tâche point à donner à connaître les choses, mais moi.

> Michel de Montaigne, « Des livres », *Essais*, II, 10, 1580-1592
> (PUF, Quadrige, p. 407 ; La Pochothèque, p. 465).

3. LA COMPOSITION DES *ESSAIS* : UNE « ALLURE POÉTIQUE, À SAUTS ET À GAMBADES »

Extrait 6. « Ce fagotage de tant de diverses pièces »

/ Ce fagotage de tant de diverses pièces [les chapitres des *Essais*] se fait en cette condition que je n'y mets la main que lorsqu'une trop lâche [*molle*] oisiveté me presse, et non ailleurs que chez moi. Ainsi il s'est bâti à diverses pauses et intervalles, comme les occasions
5   me détiennent [*retiennent*] ailleurs parfois plusieurs mois. Au demeurant, je ne corrige point mes premières imaginations [*idées*] par les secondes ; /// oui à l'aventure [*à vrai dire peut-être*] quelque mot, mais pour diversifier, non pour ôter. / Je veux représenter le progrès [*le cours*] de mes humeurs, et qu'on voie chaque pièce en sa naissance.
10 Je prendrais plaisir d'avoir commencé plus tôt et à reconnaître le train de mes mutations. Un valet qui me servait à les écrire sous moi [*sous ma dictée*] pensa faire un grand butin de m'en dérober plusieurs pièces choisies à sa poste [*à son gré*]. Cela me console, qu'il n'y fera pas plus de gain que j'y ai fait de perte.

> Michel de Montaigne, « De la ressemblance des enfants aux pères »,
> *Essais*, II, 37, 1580-1592. (PUF, Quadrige, p. 758 ; La Pochothèque, p. 1181).

Extrait 7. De « gaillardes escapades »

// Je m'égare, mais plutôt par licence [*excès de liberté*] que par mégarde. Mes fantaisies [*idées*] se suivent, mais parfois c'est de loin, et se regardent, mais d'une vue oblique. /// J'ai passé les yeux sur tel dialogue de Platon, mi-parti [*partagé en deux*] d'une fantastique
5 [*capricieuse*] bigarrure, le devant à l'amour, tout le bas à la rhéto-rique. Ils ne craignent point ces muances [*changements*], et ont une merveilleuse grâce à se laisser ainsi rouler au vent, ou à le sem-bler. // Les noms de mes chapitres n'en embrassent pas toujours la matière ; souvent ils la dénotent seulement par quelque marque,
10 comme ces autres /// titres : l'*Andrienne*, l'*Eunuque*, ou ces autres // noms : Sylla, Cicéron, Torquatus[1]. J'aime l'allure poétique, à sauts et à gambades. /// C'est un art, comme dit Platon, léger, volage, démoniacle [*divin*][2]. Il est des ouvrages en Plutarque où il oublie son thème, où le propos de son argument ne se trouve que par
15 incident, tout étouffé en matière étrangère : voyez ses allures au *Démon de Socrate*. Ô Dieu, que ces gaillardes escapades, que cette variation a de beauté, et plus lorsque plus elle retire [*ressemble*] au nonchalant et fortuit ! /// C'est l'indiligent [*l'inattentif*] lecteur qui perd mon sujet, non pas moi ; il s'en trouvera toujours en un coin
20 quelque mot qui ne laisse pas d'être bastant [*suffisant*], quoiqu'il soit serré [*concis*]. // Je vais au change [*je varie*] indiscrètement et tumul-tuairement [*sans mesure et sans ordre*]. /// Mon style et mon esprit vont vagabondant de même. // Il faut avoir un peu de folie, qui [*si l'on*] ne veut avoir plus de sottise, /// disent et les préceptes de nos maîtres
25 et encore plus leurs exemples. […]

// J'entends que la matière se distingue soi-même. Elle montre assez où elle se change, où elle conclut, où elle commence, où elle se reprend, sans l'entrelacer de paroles de liaison et de couture

---

1. **Sylla, Cicéron, Torquatus :** ces noms signifient respectivement *le Rouge, le Pois-chiche* et *l'Homme au collier*.

2. **Démoniacle :** inspiré par un démon, c'est-à-dire, au sens premier, une puissance divine. Le philosophe grec Platon considère que « ce n'est pas grâce à un art que les poètes profèrent leur poème, mais grâce à une puissance divine » (*Ion*, vers 380 avant J.-C.). Au XVIe siècle, cette conception du poète inspiré, de l'*enthousiasme* poétique, a été reprise par les poètes de la Pléiade (par exemple Ronsard, dans son « Hymne de l'automne »).

introduites pour le service des oreilles faibles ou nonchalantes, et
30 sans me gloser [*m'expliquer*] moi-même. [...]

/// Parce que la coupure si fréquente des chapitres, de quoi
j'usais au commencement, m'a semblé rompre l'attention avant
qu'elle soit née, et la dissoudre, dédaignant s'y coucher [*appliquer*]
pour si peu et se recueillir, je me suis mis à les faire plus longs, qui
35 requièrent de la proposition [*résolution*] et du loisir assigné [*un temps
déterminé*]. En telle occupation, à qui on ne veut donner une seule
heure, on ne veut rien donner. Et ne fait-on rien pour celui pour
qui on ne fait qu'autre chose faisant[1]. Joint qu'à l'aventure [*peut-être*]
ai-je quelque obligation particulière à ne dire qu'à demi, à dire
40 confusément, à dire discordamment.

> Michel de Montaigne, « De la vanité », *Essais*, III, 9, 1580-1592.
> (PUF, Quadrige, p. 994-996 ; La Pochothèque, p. 1549-1551.)

4. PENSER / ÉCRIRE LES *ESSAIS* : « SI J'ÉTAIS DU MÉTIER, JE NATURALISERAIS L'ART »

Extrait 8. « Je ne compte pas mes emprunts »

/// Qu'on voie, en ce que j'emprunte, si j'ai su choisir de quoi
rehausser ou secourir proprement l'invention, qui vient toujours
de moi. Car je fais dire aux autres ce que je ne puis si bien dire,
tantôt par faiblesse de mon langage, tantôt par faiblesse de mon
5 sens. Je ne compte pas mes emprunts, je les pèse. Et si je les eusse
voulu faire valoir par nombre, je m'en fusse chargé deux fois
autant. Ils sont tous, ou fort peu s'en faut, de noms si fameux et
anciens qu'ils me semblent se nommer assez sans moi. Ès raisons
[*dans les propos*] et inventions [*idées*] que je transplante en mon solage
10 [*terroir*] et confonds aux miennes, j'ai à escient [*sciemment*] omis parfois
d'en marquer l'auteur pour tenir en bride la témérité [*légèreté*] de
ces sentences [*critiques*] hâtives qui se jettent sur toute sorte d'écrits,
notamment jeunes écrits d'hommes encore vivants et en vulgaire
[*en français*], [ce] qui reçoit [*autorise*] tout le monde à en parler, et qui

---

1. **Et ne fait-on rien pour celui pour qui on ne fait qu'autre chose faisant** : et on
ne fait rien pour quelqu'un si l'on fait autre chose en même temps. Autrement dit,
Montaigne demande un lecteur qui se consacre tout entier et uniquement à la lecture des *Essais*.

15 semble convaincre la conception et le dessein vulgaires de même[1].
Je veux qu'ils donnent [*qu'on donne*] une nasarde à Plutarque sur mon
nez, et qu'ils s'échaudent à injurier Sénèque en moi[2]. Il faut musser
[*cacher*] ma faiblesse sous ces grands crédits [*autorités*]. J'aimerais quelqu'un qui me sache déplumer[3], je dis par clarté de jugement et par
20 la seule distinction de la force et beauté des propos. Car moi, qui,
à faute de mémoire, demeure court tous les coups à les trier, par
connaissance de nation [*d'origine*], sais très bien sentir, à mesurer ma
portée, que mon terroir n'est aucunement capable d'aucunes fleurs
trop riches que j'y trouve semées, et que tous les fruits de mon cru
25 ne les sauraient payer [*valoir*].

Montaigne, « Des livres », *Essais*, II, 10, 1580-1592.
(PUF, Quadrige, p. 408 ; La Pochothèque, p. 645-646)

Extrait 9. «'Un amas de fleurs étrangères » ?

Quelqu'un pourrait dire de moi que j'ai seulement fait ici un amas
de fleurs étrangères, n'y ayant fourni du mien que le filet à [*le fil pour*]
les lier. Certes j'ai donné [*concédé*] à l'opinion publique que ces parements [*parures*] empruntés m'accompagnent, mais je n'entends pas
5 qu'ils me couvrent et qu'ils me cachent : c'est le rebours de mon
dessein, qui ne veux faire montre que du mien, et de ce qui est
mien par nature ; et si je m'en fusse cru, à tout hasard, j'eusse parlé
tout fin seul. /// Je m'en charge de plus fort tous les jours, outre ma

---

1. **Ès raisons [...] vulgaires de même :** les ouvrages publiés en français (langue « *vulgaire* » par rapport au latin) par des auteurs vivants s'attirent les critiques de ceux
qui jugent nécessairement vulgaires une création et un projet rédigés dans cette
langue.

2. **Une nasarde à Plutarque [...] injurier Sénèque en moi :** en intégrant dans ses
chapitres des citations non déclarées, Montaigne tend un piège aux lecteurs
pédants (mais aussi ignorants) : ceux-ci critiquent dans les *Essais* des pensées qui
appartiennent en fait aux grands auteurs grecs et latins et qu'ils auraient admi-
rées s'ils en avaient reconnu l'origine : « ils donnent une nasarde à Plutarque sur
[le] nez » de Montaigne... On trouvera un exemple de cette dissimulation dans
l'extrait 27 (voir p. 218, note 4).

3. **Qui me sache déplumer :** qui sache reconnaître ce qui ne m'appartient pas, les
pensées empruntées à Plutarque ou Sénèque et qui se distinguent par leur seule
« force et beauté » (et non par la mention de leurs auteurs).

proposition [*intention*] et ma forme [*rédaction*] première, sur la fantaisie
10 [*l'humeur*] du siècle et enhortements [*conseils*] d'autrui. S'il me messied
[*ne me convient pas*] à moi, comme je le crois, n'importe : il peut être
utile à quelque autre. // Tel allègue [*cite*] Platon et Homère, qui ne
les vit onques [*jamais*]. Et moi, [j']ai pris des lieux assez ailleurs qu'en
leur source¹. Sans peine et sans suffisance [*compétence*], ayant mille
15 volumes de livres autour de moi en ce lieu où j'écris, j'emprunterai
présentement, s'il me plaît, d'une douzaine de tels ravaudeurs²,
gens que je ne feuillette guère, de quoi émailler le traité « De la
physionomie ». Il ne faut que l'épître liminaire d'un Allemand pour
me farcir d'allégations, et nous allons quêter par là une friande
20 gloire, à piper [*pour tromper*] le sot monde. /// Ces pâtissages de lieux
communs de quoi tant de gens ménagent leur étude ne servent
guère qu'à sujets communs ; et servent à nous montrer, non à nous
conduire³, ridicule fruit de la science que Socrate exagite [*critique*]
si plaisamment contre Euthydème. J'ai vu faire des livres de choses
25 ni jamais étudiées ni entendues [*comprises*], l'auteur commettant
[*confiant*] à divers de ses amis savants la recherche de celle-ci et de
cette autre matière à [*pour*] le bâtir, se contentant pour sa part d'en
avoir projeté le dessein et lié par son industrie [*habileté*] ce fagot de
provisions inconnues ; au moins est sien l'encre, et le papier. Cela,
30 c'est acheter ou emprunter un livre, non pas le faire. C'est apprendre
aux hommes, non qu'on sait faire un livre, mais, ce de quoi ils
pouvaient être en doute, qu'on ne le sait pas faire. // Un président
[*au Parlement de Bordeaux*] se vantait, où j'étais, d'avoir amoncelé deux
cents tant de lieux étrangers en un sien arrêt présidentiel. /// En

---

1. **Leur source :** la source de ces lieux communs, c'est, à l'époque, les recueils de
citations.

2. **Ravaudeurs :** ces « ravaudeurs » sont les écrivains qui composent leurs ouvrages
avec des citations des grands auteurs. La métaphore culinaire du « pâtissage » puis
celle du « fagot » remplacent ensuite celle du raccommodage ; elles tournent en
dérision ces auteurs qui s'épargnent du travail (ils « ménagent leur étude » : ils
n'ont pas lu les auteurs qu'ils citent) et se font passer pour des lettrés.

3. **À nous montrer, non à nous conduire :** « nous montrer », c'est faire étalage d'un
savoir qui n'a pas été assimilé, comme les pédants ; « nous conduire », c'est au
contraire trouver dans ce savoir des principes et des leçons pour guider notre
conduite. « Le gain de notre étude, c'est en être devenu meilleur et plus sage »,
écrit Montaigne dans « De l'institution des enfants » (voir ci-dessous, p. 143).

35 le prêchant [*déclarant*] à chacun, il me sembla effacer la gloire qu'on lui en donnait. // Pusillanime [*mesquine*] et absurde vanterie à mon gré, pour un tel sujet et telle personne. /// Parmi tant d'emprunts, je suis bien aise d'en pouvoir dérober [*cacher*] quelqu'un, les déguisant et déformant à [*pour un*] nouveau service. Au hasard [*au risque*] que je

40 laisse dire que c'est par faute d'avoir entendu son naturel usage, je lui donne quelque particulière adresse [*visée*] de ma main à ce [*afin*] qu'il en soit d'autant moins purement étranger. Ceux-ci mettent leurs larcins en parade et en compte : aussi ont-ils plus de crédit aux lois que moi. Nous autres, naturalistes[1], estimons qu'il y ait

45 grande et incomparable préférence de l'honneur de l'invention à l'honneur de l'allégation.

Michel de Montaigne, « De la physionomie », *Essais*, III, 12.
(PUF, Quadrige, p. 1055-1056 ; La Pochothèque, p. 1639-642)

Extrait 10. « Bien dire, c'est bien penser »

// Quand je vois ces braves [*belles*] formes de s'expliquer [*s'exprimer*], je ne dis pas que c'est bien dire, je dis que c'est bien penser. C'est la gaillardise [*vigueur*] de l'imagination [*la pensée*] qui élève et enfle les paroles. /// « *Pectus est quod disertum facit.*[2] » [C'est le cœur qui rend

5 éloquent.] // Nos gens appellent jugement, langage ; et beaux mots, les pleines conceptions. Cette peinture est conduite non tant par dextérité de la main comme pour avoir [*parce qu'on a*] l'objet plus vivement empreint en l'âme. Gallus parle simplement parce qu'il conçoit simplement. Horace ne se contente point d'une superfi-

10 cielle expression, elle le trahirait : il voit plus clair et plus outre

1. **Naturalistes :** Montaigne valorise la nature, le naturel (donc ici l'invention, la création), par opposition à l'art (la simple habileté) dont font preuve les auteurs qui se contentent de citer les classiques pour montrer leur science, sans rien apporter de nouveau.

2. « *Pectus est quod disertum facit* » : Quintilien, X, VII, 15. La pensée n'est pas dissociable de son expression : les idées riches (« les pleines conceptions ») s'expriment par de « beaux mots », qu'il ne faut pas réduire à des jeux de langage. Dans sa préface à l'édition de 1595, Marie de Gournay justifie ainsi le style original de Montaigne, qui avait dérouté ses contemporains : « On ne peut représenter que les conceptions [*idées*] communes par les mots communs : quiconque en a d'extraordinaires doit chercher des termes à [*pour*] s'exprimer. »

dans les choses, son esprit crochète et furète tout le magasin des mots et des figures pour se représenter [*s'exprimer*], et les lui faut outre [*hors de*] l'ordinaire, comme sa conception est outre l'ordinaire. Plutarque dit qu'il vit [*connut*] le langage latin par les choses. Ici de
15 même : le sens éclaire et produit les paroles, non plus de vent, ains [*mais*] de chair et d'os. /// Elles signifient plus qu'elles ne disent.

// Les imbéciles [*les esprits faibles*] sentent encore [*même*] quelque image de ceci. Car en Italie je disais ce qu'il me plaisait en devis [*dans les conversations*] communs, mais aux propos roides [*sérieux*] je
20 n'eusse osé me fier à un idiome que je ne pouvais plier ni contourner [*manipuler*] outre son allure commune. J'y veux pouvoir quelque chose du mien. Le maniement et emploite [*utilisation*] des beaux esprits donne prix à la langue, non pas [en] l'innovant tant comme la remplissant de plus vigoureux et divers services [*usages*], l'étirant
25 et ployant. Ils n'y apportent point de mots, mais ils enrichissent les leurs, appesantissent et enfoncent leur signification et leur usage, lui apprennent des mouvements inaccoutumés, mais prudemment et ingénieusement [*habilement*]. Et combien peu cela soit donné à tous, il se voit par tant d'écrivains français de ce siècle. Ils sont
30 assez hardis et dédaigneux pour ne suivre la route commune mais faute [*le manque*] d'invention et de discrétion [*discernement*] les perd. Il ne s'y voit qu'une misérable affectation d'étrangeté, des déguisements froids et absurdes [*incongrus*] qui, au lieu d'élever, abattent la matière. Pourvu qu'ils se gorgiassent [*se pavanent*] en la nouvelleté,
35 il ne leur chaut [*ils ne se soucient pas*] de l'efficace [*l'effet*] ; pour saisir un nouveau mot, ils quittent l'ordinaire, souvent plus fort et plus nerveux. En notre langage je trouve assez d'étoffe [*de mots*], mais un peu faute de façon [*travail*] ; car il n'est rien qu'on ne fît du jargon de nos chasses et de notre guerre, qui est un généreux [*riche*] terrain à
40 emprunter ; et les formes de parler, comme les herbes, s'amendent et fortifient en les transplantant. Je le trouve suffisamment abondant, mais non pas /// maniant [*souple*] et // vigoureux suffisamment. Il succombe ordinairement à une puissante conception[1]. Si vous allez tendu, vous sentez souvent qu'il languit sous vous, et fléchit, et

---

1. **Je le trouve [...] puissante conception :** la langue française n'est pas assez souple (« maniant ») pour pouvoir exprimer une idée forte et nouvelle (une « conception »), elle s'affaisse comme un cheval sous une charge trop lourde.

45 qu'à son défaut le latin se présente au secours, et le grec à d'autres. D'aucuns de ces mots que je viens de trier, nous en apercevons plus malaisément l'énergie, d'autant que l'usage et la fréquence nous en ont aucunement [*quelque peu*] avili et rendu vulgaire la grâce. Comme en notre [langage] commun, il s'y rencontre des phrases [*expres-*
50 *sions*] excellentes et des métaphores desquelles la beauté [se] flétrit de vieillesse et la couleur s'est ternie par maniement trop ordinaire. Mais cela n'ôte rien du goût à ceux qui ont bon nez, ni ne déroge [*nuit*] à la gloire de ces anciens auteurs qui, comme il est vraisemblable, mirent premièrement ces mots en ce lustre.

55 Les sciences traitent les choses trop finement, d'une mode artificielle et différente à la commune et naturelle. Mon page fait l'amour [*parle d'amour*] et l'entend : lisez-lui Léon l'Hébreu et Ficin[1], on parle de lui, de ses pensées et de ses actions, et si [*pourtant il*] n'y entend rien. Je ne reconnais pas chez Aristote la plupart de mes
60 mouvements [*sentiments*] ordinaires ; on les a couverts et revêtus d'une autre robe pour l'usage de l'école. Dieu leur donne [de] bien faire[2] ! Si j'étais du métier, je naturaliserais l'art, autant comme ils artialisent[3] la nature.

Montaigne, « Sur des vers de Virgile », *Essais*, III, 5.
(PUF, Quadrige, p. 873-874 ; La Pochothèque, p. 1367-1370.)

---

1. **Léon l'Hébreu et Ficin :** Léon l'Hébreu, juif portugais, auteur des *Dialoghi di amore* dont Montaigne possédait une édition, et Marsile Ficin, philosophe italien du xve siècle, traducteur de Platon et de Plotin, représentent le néo-platonisme, qui donnait une vision idéalisée de l'amour.
2. **Dieu leur donne [de] bien faire ! :** Que Dieu fasse qu'ils agissent bien !
3. **Ils artialisent la nature :** ils rendent la nature artificielle (néologisme formé sur *art*). Montaigne ne cesse de rappeler qu'il n'est pas écrivain de métier et qu'il a mis son ambition non dans la rédaction des *Essais* mais dans la conduite de sa vie. Par exemple : « Mon art et mon industrie [*habileté*] ont été employés à me faire valoir moi-même ; mes études, à m'apprendre à faire, non pas à écrire. J'ai mis tous mes efforts à former ma vie. Voilà mon métier et mon ouvrage. Je suis moins faiseur de livres que de nulle autre besogne. » (II, 37.)

Clefs d'analyse

Extraits 1 à 10, p. 23 à 37.

Compréhension

La justification d'un projet original

- Observer les extraits 1 à 3 et relever les critiques que Montaigne adresse à son œuvre, puis ses justifications de l'écriture de soi.
- Pour approfondir l'observation précédente, repérer dans ces énoncés justificatifs les strates successives du texte (indiquées par les signes /, // et ///) et décrire l'évolution du projet de Montaigne au cours de la rédaction.
- Relever les passages des extraits 4 et 5 qui montrent ce que les *Essais* doivent à la personnalité de leur auteur.

La composition et le style

- Relever les commentaires que Montaigne fait sur la composition de ses *Essais* dans les extraits 6 et 7.
- D'après l'extrait 10, et notamment la dernière phrase, reformuler la conception que Montaigne se fait du style et ses propositions pour enrichir la langue française.

Réflexion

L'exercice du jugement

- Dans le chapitre I, 26, Montaigne évoque les « facultés naturelles qui sont en [lui], de quoi c'est ici l'essai » (p. 136). Expliquer cette formule ; les extraits 4 et 5 vérifient-ils cette définition des *Essais* ?

La relation aux auteurs cités et au lecteur

- Relire les extraits 8 à 10 et analyser la relation que Montaigne entretient avec les auteurs qu'il cite ou dont il s'inspire.
- Analyser la relation que Montaigne établit avec le lecteur dans les extraits 1, 2, 3, 7, 8, 9 et 10.

> ### À retenir
> *Œuvre originale, les* Essais *de Montaigne ouvrent la voie à deux genres : « l'essai », où l'auteur présente une réflexion personnelle sur un sujet donné, et l'écriture de soi, où il fait de lui-même le sujet de son livre (qui ne constitue pas pour autant une autobiographie).*

B. TEXTE INTÉGRAL

« DE L'EXERCITATION » [DE L'EXERCICE], *ESSAIS*, **II, 6**

Ce chapitre a été écrit sans doute vers 1573 ou 1574, c'est-à-dire avant que Montaigne ait choisi de donner comme fin à ses Essais *l'écriture de soi. C'est pourquoi le récit minutieux d'une expérience personnelle et exceptionnelle n'intervient que comme un exemple probant dans sa réflexion sur la mort. Toutefois, il lui donne une telle ampleur qu'il est amené, dès sa rédaction initiale, à justifier dans un court paragraphe final « ce conte d'un événement assez léger ». Reprenant plus tard son essai, quand la peinture du moi est devenue son objet essentiel, il y ajoute un long développement pour définir son entreprise et répondre aux critiques qu'elle pourrait lui valoir.*

/ Il est malaisé que le discours [*raisonnement*] et l'instruction, encore que notre créance s'y applique volontiers[1], soient assez puissants pour nous acheminer jusqu'à l'action si outre cela nous n'exerçons et formons notre âme par expérience au train auquel nous la vou-
5 lons ranger ; autrement quand elle sera au propre des effets [*de l'action*], elle s'y trouvera sans [aucun] doute empêchée. Voilà pourquoi, parmi les philosophes, ceux qui ont voulu atteindre à quelque plus grande excellence ne se sont pas contentés d'attendre à couvert et en repos les rigueurs de la fortune, de peur qu'elle ne les surprît
10 inexpérimentés et nouveaux au combat ; ains [*mais*] ils lui sont allés au-devant et se sont jetés à escient [*sciemment*] à la preuve [*l'épreuve*] des difficultés. Les uns en ont abandonné les richesses pour s'exercer à une pauvreté volontaire ; les autres ont recherché le labeur et une austérité de vie pénible pour se durcir au mal et au travail [*à*
15 *la peine*] ; d'autres se sont privés des parties du corps les plus chères, comme de la vue et des membres propres à la génération, de peur que leur service, trop plaisant et trop mou [*doux*], ne relâchât et n'attendrît la fermeté de leur âme. Mais à mourir, qui est la plus grande besogne que nous ayons à faire, l'exercitation ne nous y peut aider.
20 On se peut par usage et par expérience fortifier contre les douleurs, la honte, l'indigence, et tels autres accidents [*malheurs*], mais quant à

---

1. **Il est malaisé [...] volontiers** : même si nous adhérons au savoir que nous donnent la raison et l'instruction.

la mort, nous ne la pouvons essayer [*expérimenter*] qu'une fois : nous y sommes tous apprentis quand nous y venons.

Il s'est trouvé anciennement [*chez les Anciens*] des hommes si excel-
25 lents ménagers du temps qu'ils ont essayé en la mort même de la goûter et savourer, et ont bandé leur esprit pour voir [ce] que c'était de ce passage, mais ils ne sont pas revenus nous en dire les nouvelles :

>   *nemo expergitus extat*
30 *Frigida quem semel est vitai pausa sequuta.*[1]

>   [Nul ne se réveille une fois qu'il a senti le froid repos de la mort.]

Canius Julius, noble homme romain, de vertu et fermeté singulières, ayant été condamné à la mort par ce maraud de Caligula,
outre plusieurs merveilleuses [*remarquables*] preuves qu'il donna de
35 sa résolution [*fermeté*], comme il était sur le point de souffrir la main du bourreau, un philosophe, son ami, lui demanda : « Eh bien, Canius, en quelle démarche est à cette heure votre âme ? que fait-elle ? en quels pensements êtes-vous ? – Je pensais, lui répondit-il, à me tenir prêt et bandé de toute ma force pour voir si en cet
40 instant de la mort, si court et si bref, je pourrai apercevoir quelque délogement de l'âme, et si elle aura quelque ressentiment [*sentiment*] de son issue [*sortie*], pour, si j'en apprends quelque chose, en reve-nir donner après, si je puis, avertissement à mes amis. » Celui-ci philosophe non seulement jusqu'à la mort, mais en la mort même.
45 Quelle assurance était-ce, et quelle fierté de courage [*de cœur*], de vouloir que sa mort lui servît de leçon, et avoir loisir de penser ailleurs [à la philosophie] en une si grande affaire !

>   // *Jus hoc animi morientis habebat.*[2]

>   [En mourant, il avait encore cet empire sur son âme.]

50 / Il me semble toutefois qu'il y a quelque façon de nous appri-voiser à elle et de l'essayer aucunement [*en quelque façon*]. Nous en pouvons avoir expérience, sinon entière et parfaite, au moins telle qu'elle ne soit pas inutile, et qui nous rende plus fortifiés et assu-rés. Si nous ne la pouvons joindre, nous la pouvons approcher,
55 nous la pouvons reconnaître ; et si nous ne donnons jusqu'à son fort, au moins verrons-nous et en pratiquerons [-nous] les avenues.

---

1. ***nemo expergitus [...] pausa sequuta :*** Lucrèce, *La Nature des choses*, III, 942.
2. ***Jus [...] habebat :*** Lucain, *La Pharsale*, VIII, 636.

Ce n'est pas sans raison qu'on nous fait regarder à notre sommeil même, pour la ressemblance qu'il a de la mort. /// Combien facilement nous passons du veiller au dormir, avec combien peu d'inté-
60 rêt [*souci*] nous perdons la connaissance de la lumière et de nous !
À l'aventure [*peut-être*] pourrait sembler inutile et contre nature la faculté du sommeil, qui nous prive de toute action et de tout sentiment, n'était que [*sauf*] par celui-ci nature nous instruit qu'elle nous a pareillement faits pour mourir que pour vivre, et dès la vie nous
65 présente l'éternel état qu'elle nous garde après celle-ci [*la vie*], pour nous y accoutumer et nous en ôter la crainte. / Mais ceux qui sont tombés par quelque violent accident en défaillance de cœur et qui y ont perdu tous sentiments, ceux-là, à mon avis, ont été bien près de voir son vrai et naturel visage ; car quant à l'instant et au point
70 du passage, il n'est pas à craindre qu'il porte avec soi aucun travail [*peine*] ou déplaisir, d'autant que nous ne pouvons avoir nul sentiment, sans loisir. Nos souffrances ont besoin de temps, qui est si court et si précipité en la mort qu'il faut nécessairement qu'elle soit insensible. Ce sont les approches que nous avons à craindre et celles-
75 là peuvent tomber en expérience. Plusieurs choses nous semblent plus grandes par imagination que par effet [*en réalité*]. J'ai passé une bonne partie de mon âge en une parfaite et entière santé ; je dis non seulement entière, mais encore allègre et bouillante. Cet état, plein de verdeur et de fête, me faisait trouver si horrible la consi-
80 dération des maladies que, quand je suis venu à les expérimenter, j'ai trouvé leurs pointures [*douleurs*] molles et lâches au prix [*en comparaison*] de ma crainte. // Voici [*ce*] que j'éprouve tous les jours : suis-je à couvert chaudement dans une bonne salle pendant qu'il se passe une nuit orageuse et tempétueuse, je m'étonne [*m'effraie*]
85 et m'afflige pour ceux qui sont lors en la campagne ; y suis-je moi-même, je ne désire pas seulement d'être ailleurs. / Cela seul, d'être toujours enfermé dans une chambre, me semblait insupportable ; je fus incontinent [*tout de suite*] dressé à y être une semaine, et un mois, plein d'émotion [*d'agitation*], d'altération et de faiblesse ; et ai
90 trouvé que, lors de ma santé, je plaignais les malades beaucoup plus que je ne me trouve à plaindre moi-même quand j'en suis, et que la force de mon appréhension [*imagination*] enchérissait près de moitié l'essence et vérité de la chose. J'espère qu'il m'en adviendra de même de la mort, et qu'elle ne vaut pas la peine que je prends

95 à tant d'apprêts que je dresse et tant de secours que j'appelle et assemble pour en soutenir l'effort [*la violence*] ; mais, à toutes aventures [*quoi qu'il en soit*], nous ne pouvons nous donner trop d'avantage[1].

Pendant nos troisièmes troubles[2], ou deuxièmes (il ne me souvient pas bien de cela), m'étant allé un jour promener à une lieue
100 de chez moi, qui suis assis dans le moiau [*situé au milieu*] de tout le trouble des guerres civiles de France, estimant être en toute sûreté et si voisin de ma retraite [*de chez moi*] que je n'avais point besoin de meilleur équipage, j'avais pris un cheval bien aisé, mais non guère ferme. À mon retour, une occasion soudaine s'étant présentée de
105 m'aider de ce cheval à un service qui n'était pas bien de son usage, un de mes gens, grand et fort, monté sur un puissant roussin qui avait une bouche désespérée[3], frais au demeurant et vigoureux, pour faire le hardi et devancer ses compagnons vint à le pousser à toute bride droit dans ma route, et fondre comme un colosse sur le
110 petit homme et petit cheval, et le foudroyer de sa roideur [*violence*] et de sa pesanteur, nous envoyant l'un et l'autre les pieds contremont [*en l'air*] : si [bien] que voilà le cheval abattu et couché tout étourdi, moi dix ou douze pas au-delà, étendu à la renverse, le visage tout meurtri et tout écorché, mon épée, que j'avais à la main, à plus de
115 dix pas au-delà, ma ceinture en pièces, n'ayant ni mouvement ni sentiment non plus qu'une souche. C'est le seul évanouissement que j'aie senti, jusqu'à cette heure. Ceux qui étaient avec moi, après avoir essayé par tous les moyens qu'ils purent de me faire revenir [à moi], me tenant pour mort, me prirent entre leurs bras
120 et m'emportaient avec beaucoup de difficulté en ma maison, qui était loin de là environ une demi-lieue française. Sur le chemin, et après avoir été plus de deux grosses heures tenu pour trépassé, je commençai à me mouvoir et respirer ; car il était tombé si grande abondance de sang dans mon estomac que, pour l'en décharger,
125 nature eut besoin de ressusciter ses forces. On me dressa sur mes pieds, où je rendis un plein seau de bouillons de sang pur, et plu-

---

1. **J'espère qu'il en adviendra [...] trop d'avantage :** sur ce sujet, voir les extraits 26a et 26b.
2. **Nos troisièmes troubles :** nos troisièmes guerres civiles (1568-1570).
3. **Un puissant roussin qui avait une bouche désespérée :** un cheval de trait, qui avait une bouche insensible au mors, donc peu docile.

sieurs fois par le chemin il m'en fallut faire de même. Par là je commençai à reprendre un peu de vie, mais ce fut par les menus [*peu à peu*] et par un si long trait de temps que mes premiers sentiments
130 étaient beaucoup plus approchants de la mort que de la vie,
// *Perche, dubbiosa anchor del suo ritorno,*
Non s'assecura attonita la mente.[1]
[Parce que l'esprit ébranlé, encore incertain de son retour, ne peut s'affermir.]
/ Cette recordation [*souvenir*] que j'en ai fort empreinte en mon âme,
135 me représentant son visage et son idée [*l'image de la mort*] si près du naturel, me concilie aucunement [*me rapproche quelque peu*] à elle. Quand je commençai à y voir, ce fut d'une vue si trouble, si faible, et si morte, que je ne discernais encore rien que la lumière,
come quel ch'or apre or chiude
140 *Gli occhi, mezzo tra'l sonno è l'esser desto*[2]
[comme celui qui tantôt ouvre les yeux, tantôt les ferme, moitié endormi, moitié éveillé.]

Quant aux fonctions de l'âme, elles naissaient avec même progrès que celles du corps. Je me vis tout sanglant, car mon pourpoint
145 était taché partout du sang que j'avais rendu. La première pensée qui me vint, ce fut que j'avais une arquebusade en la tête ; de vrai, en même temps, il s'en tirait plusieurs autour de nous. Il me semblait que ma vie ne me tenait plus qu'au bout des lèvres ; je fermais les yeux pour aider, ce me semblait, à la pousser hors, et
150 prenais plaisir à m'alanguir et à me laisser aller. C'était une imagination [*idée*] qui ne faisait que nager superficiellement en mon âme, aussi tendre et aussi faible que tout le reste, mais à la vérité non seulement exempte de déplaisir, ains [*mais*] mêlée à cette douceur que sentent ceux qui se laissent glisser au sommeil.

155 Je crois que c'est ce même état où se trouvent ceux qu'on voit défaillant de faiblesse en l'agonie de la mort ; et [je] tiens que nous les plaignons sans cause, estimant qu'ils soient agités de grièves douleurs, ou avoir l'âme pressée de cogitations [*pensées*] pénibles. Ç'a été toujours mon avis, contre l'opinion de plusieurs, et même
160 d'Étienne de La Boétie, que ceux que nous voyons ainsi renversés

---

1. *Perche [...] la mente :* Le Tasse, *La Jérusalem délivrée*, chant XII, stance 74.
2. *come quel ch'or [...] l'esser desto :* Le Tasse, *La Jérusalem délivrée*, chant VIII, stance 26.

et assoupis aux approches de leur fin, ou accablés de la longueur du mal, ou par l'accident d'une apoplexie ou mal caduc [*épilepsie*],

      // *vi morbi sæpe coactus*
Ante oculos aliquis nostros, ut fulminis ictu,
165   *Concidit, et spumas agit ; ingemit, et fremit artus ;*
Desipit, extentat nervos, torquetur, anhelat,
Inconstanter et in jactando membra fatigat.[1]

[Souvent, terrassé par le mal, comme frappé par la foudre, un malade s'écroule
à nos yeux ; l'écume à la bouche, il gémit et tremble de tous ses membres ; il délire,
170   les nerfs tendus, il se débat, il râle et s'épuise en convulsions.]

/ ou blessés en la tête, que nous oyons rommeller [*geindre*] et rendre parfois des soupirs tranchants [*poignants*], quoique nous en tirions aucuns [*quelques*] signes par où il semble qu'il leur reste encore de la connaissance, et quelques mouvements que nous leur voyions
175   faire du corps, j'ai toujours pensé, dis-je, qu'ils avaient et l'âme et le corps ensevelis et endormis :

      // *Vivit, et est vitæ nescius ipse suæ.*[2]

[Il vit, et il n'a pas conscience de sa vie.]

/ Et ne pouvais croire que, à [*avec*] un si grand étonnement [*ébranlement*]
180   de membres et si grande défaillance des sens, l'âme pût maintenir aucune [*quelque*] force au dedans pour se reconnaître et que, par ainsi, ils n'avaient aucun discours [*jugement*] qui les tourmentât et qui leur pût faire juger et sentir la misère de leur condition, et que, par conséquent, ils n'étaient pas fort à plaindre. // Je n'imagine aucun état pour
185   moi si insupportable et horrible que d'avoir l'âme vive, et affligée, sans moyen de se déclarer : comme je dirais de ceux qu'on envoie au supplice, leur ayant coupé la langue, si ce n'était qu'en cette sorte de mort, la plus muette me semble la mieux séante, si elle est accompagnée d'un ferme visage et grave ; et comme ces misérables [*malheureux*]
190   prisonniers qui tombent ès [*aux*] mains des vilains bourreaux soldats de ce temps, desquels ils sont tourmentés de toute espèce de cruel traitement pour les contraindre à quelque rançon excessive et impossible, tenus cependant en condition et en lieu où ils n'ont moyen quelconque d'expression et signification de leurs pensées et de leur
195   misère. / Les poètes ont feint [*imaginé*] quelques dieux favorables à la délivrance de ceux qui traînaient ainsi une mort languissante,

---

1. *vi morbi [...] fatigat :* Lucrèce, *La Nature des choses*, III, 485.
2. *Vivit, et est vitæ nescius ipse suæ :* Ovide, *Tristes*, I, III, 12.

hunc ego Diti
Sacrum jussa fero, téque isto corpore solvo.[1]

[selon les ordre que j'ai reçus, j'enlève (ce cheveu) consacré au dieu des Enfers,
200   et je t'affranchis de ton corps.]

Et les voix [*paroles*] et réponses courtes et décousues qu'on leur arrache
quelquefois à force de crier autour de leurs oreilles et de les tempêter,
ou des mouvements qui semblent avoir quelque consentement à ce
qu'on leur demande, ce n'est pas témoignage qu'ils vivent pourtant,
205   au moins une vie entière. Il nous advient ainsi sur le bégaiement
[*début*] du sommeil, avant qu'il nous ait du tout [*entièrement*] saisis, de
sentir comme en songe ce qui se fait autour de nous et suivre les
voix, d'une ouïe trouble et incertaine, qui semble ne donner qu'aux
bords de l'âme, et [nous] faisons des réponses à la suite des dernières
210   paroles qu'on nous a dites qui ont plus de fortune que de sens[2].

Or, à présent que je l'ai essayé par effet [*effectivement*], je ne fais nul
doute que je n'en aie bien jugé jusqu'à cette heure. Car, premièrement, étant tout évanoui, je me travaillais d'entrouvrir mon pourpoint
à beaux ongles (car j'étais désarmé [*sans armure*]), et si [*pourtant*] sais que
215   je ne sentais en l'imagination rien qui me blessât : car il y a plusieurs
mouvements en nous qui ne partent pas de notre ordonnance [*volonté*],
// *Semianimesque micant digiti, ferrúmque retractant.*[3]

[À demi morts, les doigts remuent et reprennent le fer.]

/ Ceux qui tombent élancent ainsi les bras au-devant de leur
220   chute, par une naturelle impulsion qui fait que nos membres se
prêtent des offices [*de services*] // et ont des agitations à part de notre
discours [*raison*] :

Falciferos memorant currus abscindere membra,
Ut tremere in terra videatur ab artubus id quod
225   *Decidit abscissum, cùm mens tamen atque hominis vis*
Mobilitate mali non quit sentire dolorem.[4]

[On dit que ces chars armés de faux tranchent les membres si soudainement qu'on voit
les tronçons s'agiter à terre avant que l'âme ait senti la douleur, tant le coup est rapide.]

---

1. ***hunc ego [...] isto corpore solvo :*** Virgile, *Énéide*, IV, 702.
2. **Plus de fortune que de sens :** c'est le hasard qui donne du sens à ces paroles, pro-
noncées au moment de s'endormir.
3. ***Semianimesque [...] retractant :*** Virgile, *Énéide*, X, 396.
4. ***Falciferos memorant [...] sentire dolorem :*** Lucrèce, *La Nature des choses*, III, 642.

/ J'avais mon estomac pressé [*oppressé*] de ce sang caillé, mes mains
230 y couraient d'elles-mêmes, comme elles font souvent où il nous
démange, contre l'avis de notre volonté. Il y a plusieurs animaux,
et des hommes mêmes, après qu'ils sont trépassé, auxquels on voit
resserrer et remuer des muscles. Chacun sait par expérience, qu'il y
a des parties qui se branlent [*bougent*], dressent et couchent souvent
235 sans son congé [*sa permission*]. Or ces passions [*mouvements involontaires*]
qui ne nous touchent que par l'écorce ne se peuvent dire nôtres.
Pour les faire nôtres, il faut que l'homme y soit engagé tout entier ;
et les douleurs que le pied ou la main sentent pendant que nous
dormons ne sont pas à nous. Comme j'approchai de chez moi, où
240 l'alarme de ma chute avait déjà couru, et que ceux de ma famille
m'eurent rencontré avec les cris accoutumés en telles choses, non
seulement je répondais quelque mot à ce qu'on me demandait,
mais encore ils disent [*on dit*] que je m'avisai de commander qu'on
donnât un cheval à ma femme, que je voyais s'empêtrer et se tra-
245 casser [*se fatiguer*] dans le chemin, qui est montueux et malaisé. Il
semble que cette considération dût partir d'une âme éveillée, si
est-ce que [*pourtant*] je n'y étais aucunement : c'étaient des pensements [*pensées*] vains, en nue [*en l'air*], qui étaient émus [*produits*] par les
sens des yeux et des oreilles, ils ne venaient pas de chez moi. Je ne
250 savais pourtant [*ainsi*] ni d'où je venais, ni où j'allais, ni ne pouvais
peser [*apprécier*] et considérer ce qu'on me demandait : ce sont de
légers effets que les sens produisaient d'eux-mêmes, comme d'un
usage [*machinalement*], ce que l'âme y prêtait, c'était en songe, tou-
chée bien légèrement, et comme léchée seulement et arrosée par
255 la molle impression des sens. Cependant mon assiette [*état*] était à
la vérité très douce et paisible : je n'avais affliction ni pour autrui
ni pour moi, c'était une langueur et une extrême faiblesse, sans
aucune douleur. Je vis ma maison sans la reconnaître. Quand on
m'eut couché, je sentis une infinie douceur à ce repos, car j'avais
260 été vilainement tirassé par ces pauvres gens, qui avaient pris la
peine de me porter sur leurs bras par un long et très mauvais chemin, et s'y étaient lassés [*fatigués*] deux ou trois fois les uns après les
autres. On me présenta force remèdes, de quoi je n'en reçus [*accep-
tai*] aucun, tenant pour certain que j'étais blessé à mort par la tête.
265 C'eût été sans mentir une mort bien heureuse : car la faiblesse de
mon discours [*ma raison*] me gardait d'en rien juger et celle du corps

d'en rien sentir. Je me laissai couler si doucement, et d'une façon si molle et si aisée, que je ne sens guère autre action moins pesante [*pénible*] que celle-là était. Quand je vins à revivre et à reprendre mes
270 forces,

// *Ut tandem sensus convaluere mei,*[1]

[Lorsque enfin mes sens reprirent quelque vigueur. »]

/ [ce] qui fut deux ou trois heures après, je me sentis tout d'un train rengager aux douleurs, ayant les membres tout moulus et froissés
275 de ma chute, et en fus si mal deux ou trois nuits après que j'en cuidai [*pensai*] remourir encore un coup, mais d'une mort plus vive ; et me sens encore de la secousse de cette froissure [*choc*]. Je ne veux pas oublier ceci, que la dernière chose en quoi je me pus remettre ce fut la souvenance de cet accident ; et me fis redire plusieurs fois
280 où j'allais, d'où je venais, à quelle heure cela m'était advenu, avant que de le pouvoir concevoir. Quant à la façon [*aux circonstances*] de ma chute, on me la cachait en faveur de celui qui en avait été cause, et m'en forgeait-on d'autres. Mais longtemps après, et le lendemain, quand ma mémoire vint à s'entrouvrir et me représenter l'état où
285 je m'étais trouvé en l'instant que j'avais aperçu ce cheval fondant sur moi (car je l'avais vu à mes talons, et me tins pour mort, mais ce pensement avait été si soudain que la peur n'eut pas loisir de s'y engendrer), il me sembla que c'était un éclair qui me frappait l'âme de secousse et que je revenais de l'autre monde.

290 Ce conte d'un événement si léger est assez vain, n'était l'instruction que j'en ai tirée pour moi ; car à la vérité pour s'apprivoiser à la mort, je trouve qu'il n'y a que de s'en avoisiner. Or, comme dit Pline, chacun est à soi-même une très bonne discipline [*objet d'étude*], pourvu qu'il ait la suffisance de s'épier de près. Ce n'est pas ici
295 ma doctrine [*mon savoir*], c'est mon étude ; et [ce] n'est pas la leçon d'autrui, c'est la mienne[2].

---

1. *Ut tandem sensus convaluere mei* : Ovide, *Tristes*, I, III, 14.
2. **Ce n'est pas ma doctrine [...] c'est la mienne** : phrase essentielle pour définir les *Essais*, qui n'exposent pas un savoir arrêté (une « doctrine ») mais présentent la réflexion permanente (l'« étude ») et personnelle (pas « la leçon d'autrui ») de Montaigne sur lui-même.

/// Et ne me doit-on savoir mauvais gré pourtant [*pour autant*], si je la communique. Ce qui me sert peut aussi par accident servir à un autre. Au demeurant, je ne gâte rien, je n'use que du mien. Et
300 si je fais le fou, c'est à mes dépens et sans l'intérêt de [*sans dommage pour*] personne. Car c'est en folie qui meurt en moi, qui n'a point de suite. Nous n'avons nouvelles que de deux ou trois Anciens qui aient battu ce chemin, et si [*encore*] ne pouvons dire si c'est du tout [*totalement*] en pareille manière à celle-ci, n'en connaissant que
305 les noms. Nul depuis ne s'est jeté sur leur trace. C'est une épineuse entreprise, et plus qu'il ne semble, de suivre une allure si vagabonde que celle de notre esprit, de pénétrer les profondeurs opaques de ses replis internes, de choisir [*distinguer*] et arrêter [*fixer*] tant de menus airs de ses agitations. Et est un amusement [*occu-*
310 *pation*] nouveau et extraordinaire, qui nous retire des occupations communes du monde, oui et [*et même*] des plus recommandées. Il y a plusieurs années que je n'ai que moi pour visée à mes pensées, que je ne contrôle [*examine*] et n'étudie que moi ; et si j'étudie autre chose, c'est pour soudain le coucher sur moi, ou en moi,
315 pour mieux dire. Et [*il*] ne me semble point faillir si, comme il se fait des autres sciences, sans comparaison moins utiles, je fais part de ce que j'ai appris en celle-ci, quoique je ne me contente guère du progrès que j'y ai fait. Il n'est description pareille en difficulté à la description de soi-même, ni certes en utilité. Encore se faut-il
320 testonner [*peigner*], encore se faut-il ordonner et ranger pour sortir en place [publique]. Or je me pare sans cesse, car je me décris sans cesse. La coutume a fait le parler de soi vicieux, et le prohibe obstinément en haine de la vantance [*vantardise*] qui semble toujours être attachée aux propres témoignages [*sur soi-même*]. Au lieu qu'on doit
325 moucher l'enfant, cela s'appelle l'énaser [*lui arracher le nez*].

In vicium ducit culpae fuga.[1]

[La peur d'une faute nous conduit à un crime.]

Je trouve plus de mal que de bien à ce remède. Mais quand il serait vrai que ce fût nécessairement présomption d'entretenir le
330 peuple de soi, je ne dois pas, suivant mon général dessein[2], refuser

---

1. ***In vicium ducit culpae fuga :*** Horace, *Art poétique*, 31.
2. **Suivant mon général dessein :** le but général assigné aux *Essais*, c'est-à-dire la peinture de soi (voir l'avis « Au lecteur », p. 24).

une action qui publie [*fait connaître*] cette maladive qualité [*manière d'être excessive*], puisqu'elle est en moi ; et ne dois cacher cette faute que j'ai non seulement en usage, mais en profession [*que je revendique*]. Toutefois, à dire ce que j'en crois, cette coutume a tort de
335 condamner le vin parce que plusieurs s'y enivrent. On ne peut abuser que des choses qui sont bonnes. Et [je] crois de cette règle qu'elle ne regarde que la populaire défaillance [*le défaut des hommes ordinaires*] : ce sont brides à [*pour les*] veaux, desquelles ni les saints, que nous oyons si hautement parler d'eux, ni les philosophes, ni
340 les théologiens ne se brident. Ne fais-je moi [*ni moi non plus*], quoique je sois aussi peu l'un que l'autre. S'ils n'en écrivent à point nommé [*expressément*], au moins, quand l'occasion les y porte, ne feignent-ils [*n'hésitent-ils*] pas de se jeter bien avant sur le trottoir[1]. De quoi traite Socrate plus largement que de soi ? À quoi achemine-t-il
345 plus souvent les propos de ses disciples qu'à parler d'eux, non pas de la leçon de leur livre mais de l'être et branle [*mouvement*] de leur âme ? Nous nous disons [*confessons*] religieusement à Dieu, et à notre confesseur, comme nos voisins[2] à tout le peuple. Mais nous n'en disons, me répondra-t-on, que les accusations [*fautes*]. Nous disons
350 donc tout : car notre vertu même est fautière [*coupable*] et repentable. Mon métier et mon art, c'est vivre. Qui me défend d'en parler selon mon sens, expérience et usage, qu'il ordonne à l'architecte de parler des bâtiments non selon soi, mais selon son voisin ; selon la science d'un autre, non selon la sienne. Si c'est gloire [*vanité*] de
355 soi-même publier ses valeurs, que ne met Cicéron en avant l'éloquence d'Hortensius[3], Hortensius celle de Cicéron ? À l'aventure [*peut-être*], entendent-ils [*veut-on dire*] que je témoigne de moi par ouvrages et effets [*actions*], non nuement [*simplement*] par des paroles. Je peins principalement mes cogitations [*pensées*], sujet informe, qui
360 ne peut tomber en production ouvragère [*en actes*]. À toute peine [*difficilement*] le puis-je coucher [*exprimer*] en ce corps aéré [*aérien*] de la voix. Des plus sages hommes, et des plus dévots, ont vécu fuyant tous apparents effets [*toute action visible*]. Les effets diraient plus de la

---

1. **Ne feignent-ils pas [...] sur le trottoir :** Ils n'hésitent pas à se mettre bien en vue sur le trottoir (la piste où l'on faisait trotter les chevaux).
2. **Nos voisins :** les protestants, qui pratiquaient la confession publique.
3. **Hortensius :** avocat romain, rival de Cicéron.

fortune [*du hasard*] que de moi. Ils témoignent leur rôle, non pas le
365 mien, si ce n'est conjecturalement et incertainement : échantillons
d'une montre particulière [*exposition partielle*]. Je m'étale entier : c'est
un *skeletos*[1], où, d'une vue, les veines, les muscles, les tendons
paraissent, chaque pièce en son siège. L'effet de la toux en produisait [*montrait*] une partie ; l'effet de la pâleur ou battement de cœur
370 une autre, et douteusement. Ce ne sont mes gestes [*actions*] que
j'écris, c'est moi, c'est mon essence. Je tiens qu'il faut être prudent à
estimer [*juger*] de soi, et pareillement consciencieux à en témoigner,
soit bas, soit haut, indifféremment. Si je me semblais bon et sage
ou près de là, je l'entonnerais [*le crierais*] à pleine tête [*très haut*]. De dire
375 moins de soi qu'il n'y en a, c'est sottise, non modestie. Se payer de
moins qu'on ne vaut, c'est lâcheté et pusillanimité, selon Aristote.
Nulle vertu ne s'aide de la fausseté et la vérité n'est jamais matière
d'erreur. De dire de soi plus qu'il n'en y a, ce n'est pas toujours présomption, c'est encore souvent sottise. Se complaire outre mesure
380 de ce qu'on est, en tomber en amour de soi indiscret [*immodéré*], est,
à mon avis, la substance de ce vice. Le suprême remède à [*pour*] le
guérir, c'est faire tout le rebours de ce que ici ordonnent [ceux] qui,
en défendant le parler de soi, défendent par conséquent encore
plus de penser à soi. L'orgueil gît en la pensée ; la langue n'y peut
385 avoir qu'une bien légère part. De s'amuser [*s'occuper*] à soi, il leur
semble que c'est se plaire en soi ; de se hanter et pratiquer [*fréquenter*], que c'est se trop chérir. Mais cet excès naît seulement en ceux
qui ne se tâtent que superficiellement ; qui se voient après leurs
affaires ; qui appellent rêverie et oisiveté de s'entretenir [*s'occuper*]
390 de soi ; et s'étoffer et bâtir [*se former*], faire des châteaux en Espagne,
s'estimant chose tierce et étrangère à eux-mêmes. Si quelqu'un
s'enivre de sa science [*connaissance de soi*], [en] regardant sous soi, qu'il
tourne les yeux au-dessus vers les siècles passés, il baissera les cornes,
y trouvant tant de milliers d'esprits qui le foulent aux pieds. S'il
395 entre en quelque flatteuse présomption de sa vaillance, qu'il se
ramentoive [*rappelle*] les vies des deux Scipions, d'Épaminondas, de
tant d'armées, de tant de peuples, qui le laissent si loin derrière
eux. Nulle particulière qualité n'enorgueillira celui qui mettra

---

1. **Un skeletos :** plus que d'un squelette, il s'agit d'un corps humain naturalisé (ou de
sa représentation) pour en montrer l'anatomie complète.

quant et quant [*en même temps*] en compte tant d'imparfaites et faibles qualités [*manières d'être*] autres qui sont en lui et, au bout, la nihilité [*le néant*] de l'humaine condition. Parce que Socrate avait seul mordu à certes [*sérieusement*] au précepte de son dieu[1], de se connaître, et par cette étude était arrivé à se mépriser, il fut estimé seul digne du nom de sage. Qui se connaîtra ainsi, qu'il se donne hardiment à connaître par sa bouche.

Page 56 des *Essais* corrigée par l'auteur,
dit « exemplaire de Bordeaux ».

---

1. **Son dieu :** Apollon. Le temple qui lui était consacré à Delphes portait l'inscription :
« Connais-toi toi-même ».

Clefs d'analyse

Compréhension

La composition de l'essai

- Distinguer les différents mouvements qui se succèdent dans cet essai (s'appuyer sur l'évolution des thèmes, les différents types de discours et les différentes strates du texte).

- Comment Montaigne justifie-t-il l'introduction du « conte » dans cet essai ?

Le rôle de l'anecdote personnelle

- Comment la peinture du moi est-elle justifiée ? Quelle place effective occupe-t-elle ?

Réflexion

La réflexion morale

- Analyser la réflexion que Montaigne présente sur la mort. Qu'a-t-elle de personnel ?

- En quoi peut-on dire que ce chapitre est l'œuvre d'un moraliste ?

La question du genre

- Ce chapitre appartient-il au genre autobiographique ?

- Ce chapitre vérifie-t-il les principes définis par Montaigne dans les extraits précédents (1 à 10) ? Caractérisez les *Essais* de Montaigne d'après l'ensemble des textes réunis dans cette partie.

À retenir

À la question philosophique de la relation de l'homme à la mort (doit-il s'y préparer, et comment ?), Montaigne donne d'abord une réponse savante et austère : « philosopher c'est apprendre à mourir » (voir l'extrait 26a). Ce stoïcisme laisse ensuite la place à une sagesse plus humaine, fondée sur la confiance dans la nature.

Synthèse Les Essais selon Montaigne

Pourquoi Montaigne écrit-il ses Essais ?

Pour laisser un souvenir de lui-même après sa mort ; pour mettre à l'épreuve son jugement ; pour se connaître et mieux régler sa vie (idéal de sagesse socratique inspiré de l'inscription du temple d'Apollon à Delphes : « Connais-toi toi-même ») ; pour instruire les hommes en leur communiquant son « être universel ».

Pour qui les écrit-il ?

Pour ses parents et amis, mais le lecteur peut aussi tirer profit de ses leçons ; pour lui-même, la réalisation d'un autoportrait étant un exercice qui lui permet de donner forme à sa personnalité et à sa vie.

À noter que, sur ces deux questions, Montaigne ne s'en est pas tenu au projet défini dans l'avis « Au lecteur ».

Comment les écrit-il ?

Sans plan préconçu, conformément à sa personnalité indépendante et à son projet, qui déterminent la composition très lâche de l'ouvrage et des chapitres. Montaigne écrit en lisant (les auteurs anciens, cités et intégrés à sa réflexion) et en se relisant (en insérant des additions dans les marges de son livre, en perpétuel remaniement). Il revendique enfin une grande liberté de langage : tournures familières ou périgourdines, images faisant référence à des réalités concrètes et même triviales, figures de rhétorique élaborées donnent plus de force à sa pensée.

Quelle est leur singularité ?

Cette œuvre singulière se caractérise par la place nouvelle qu'elle accorde à l'écriture de soi (ce qui incite l'auteur à se justifier) et par son ambivalence. La nonchalance et l'amateurisme affichés de l'auteur ne doivent pas masquer l'ambition d'une pensée qui vise à s'exercer sur toutes les choses humaines : Montaigne nous montre ainsi que « la philosophie, [...] comme formatrice des jugements et des mœurs, [...] a ce privilège de se mêler partout » (« De l'institution des enfants », II, 26, p. 159).

CHAPITRE 2

A. EXTRAITS

L'humaine condition – extraits de l'« Apologie de Raymond Sebond »

Extrait 11. « De toutes les vanités, la plus vaine c'est l'homme » (II, 12, « Apologie de Raymond Sebond »).

Extrait 12. « Notre devoir n'a autre règle que fortuite » (II, 12, « Apologie de Raymond Sebond »).

Extrait 13. « L'erreur et incertitude de l'opération des sens » (II, 12, « Apologie de Raymond Sebond »).

B. TEXTE INTÉGRAL

II, 17, « De la présomption »

A. EXTRAITS

À la demande de son père, Montaigne avait traduit la Théologie naturelle *du théologien et médecin Raymond Sebond (mort en 1436), qui « entreprend par raisons humaines et naturelles établir et vérifier contre les athéistes tous les articles de la religion chrétienne ». Dans cet essai, il répond aux critiques adressées à cet ouvrage ; à ceux qui jugeaient faibles les arguments de Sebond, il montre la faiblesse générale de la raison humaine. C'est l'occasion de faire un tableau pessimiste de la condition humaine, tout à fait conforme à la personnalité de Montaigne, telle qu'il la décrit dans le chapitre « De la présomption » : « J'ai en général ceci que, de toutes les opinions que l'ancienneté [l'Antiquité] a eues de l'homme en gros, celles que j'embrasse [le] plus volontiers et auxquelles je m'attache le plus, ce sont celles qui nous méprisent, avilissent et anéantissent le plus. »*

Extrait 11. « De toutes les vanités, la plus vaine c'est l'homme. »

/ Que nous prêche la vérité[1], quand elle nous prêche de fuir la mondaine philosophie ; quand elle nous inculque si souvent que notre sagesse n'est que folie devant Dieu ; que, de toutes les vanités, la plus vaine c'est l'homme ; que l'homme qui présume de son
5 savoir, ne sait pas encore [ce] que c'est que savoir ; et que l'homme, qui n'est rien, s'il pense être quelque chose, se séduit [s'abuse] soi-même et se trompe ? Ces sentences [phrases] du Saint-Esprit expriment si clairement et si vivement ce que je veux maintenir [soutenir] qu'il ne me faudrait aucune autre preuve contre des gens
10 qui se rendraient avec toute soumission et obéissance à son autorité. Mais ceux-ci veulent être fouettés à leurs propres dépens et ne veulent souffrir qu'on combatte leur raison que par elle-même.

---

1. **La vérité :** les textes sacrés de la religion chrétienne. Montaigne cite ensuite des maximes de saint Paul (*Épître aux Colossiens*, II, 8 ; *Épître aux Corinthiens*, III, 9 et VIII, 2 ; *Épître aux Galates*, VI) ; les deux dernières étaient inscrites dans sa bibliothèque.

Chapitre 2 : L'humaine condition

Considérons donc pour cette heure l'homme seul, sans secours
étranger, armé seulement de ses armes, et dépourvu de la grâce
15 et connaissance divines, qui est tout son honneur, sa force, et le
fondement de son être. Voyons combien il a de tenue en ce bel
équipage. Qu'il me fasse entendre par l'effort de son discours [*sa
raison*] sur quels fondements il a bâti ces grands avantages qu'il
pense avoir sur les autres créatures. Qui lui a persuadé que ce
20 branle admirable de la voûte céleste, la lumière éternelle de ces
flambeaux roulants si fièrement sur sa tête, les mouvements épou-
vantables de cette mer infinie, soient établis et se continuent tant
de siècles pour sa commodité et pour son service ? Est-il possible
de rien imaginer si ridicule que cette misérable et chétive créature,
25 qui n'est pas seulement maîtresse de soi, exposée aux offenses de
toutes choses, se dise maîtresse et emperière [*impératrice*] de l'univers,
duquel il n'est pas en sa puissance de connaître la moindre partie,
tant s'en faut de la commander ? Et ce privilège qu'il s'attribue
d'être [le] seul en ce grand bâtiment qui ait la suffisance [*la capacité*]
30 d'en reconnaître la beauté et les pièces, [le] seul qui en puisse rendre
grâces à l'architecte et tenir compte de la recette et [de la] mise du
monde[1], qui lui a scellé ce privilège ? Qu'il nous montre [les] lettres
[patentes] de cette belle et grande charge ! [...]
/ La présomption est notre maladie naturelle et originelle. La
35 plus calamiteuse et fragile de toutes les créatures, c'est l'homme, et
quant et quant [*en même temps*] la plus orgueilleuse[2]. Elle se sent et se
voit logée ici parmi la bourbe [*boue*] et la fiente du monde, attachée
et clouée à la pire, plus morte et croupie partie de l'univers, au dernier étage du logis, et le plus éloigné de la voûte céleste, avec les
40 animaux de la pire condition des trois[3], et se va plantant par imagination au-dessus du cercle de la Lune et ramenant le ciel sous ses
pieds. C'est par la vanité de cette même imagination qu'il s'égale à

---

1. **Et ce privilège [...] mise du monde :** l'homme croit contrôler la marche du monde
   en gérant ce qui naît (la recette) et ce qui meurt (la dépense, la « mise »).
2. **La plus calamiteuse [...] la plus orgueilleuse :** jugement démarqué d'une pensée
   de Pline (*homine nihil miserius aut superbius :* « rien n'est plus misérable et plus
   orgueilleux que l'homme ») que Montaigne avait fait graver dans sa bibliothèque.
3. **Les animaux de la pire condition des trois :** les animaux qui vivent dans l'air,
   dans l'eau et sur la terre.

Dieu, qu'il s'attribue les conditions divines, qu'il se trie soi-même et [se] sépare de la presse [*foule*] des autres créatures, taille les parts
45 aux animaux ses confrères et compagnons, et leur distribue telle portion de facultés et de forces que bon lui semble. Comment connaît-il, par l'effort de son intelligence, les branles [*mouvements*] internes et secrets des animaux ? Par quelle comparaison d'eux à nous conclut-il [à] la bêtise qu'il leur attribue ? /// Quand je me
50 joue à ma chatte, qui sait si elle passe son temps de moi plus que je ne fais d'elle ?

Michel de Montaigne, « Apologie de Raymond Sebond », *Essais*, II, 12.
(PUF, Quadrige, p. 449 et 452 ; La Pochothèque, p. 706 et 710)

Extrait 12. « Notre devoir n'a autre règle que fortuite. »

/ Au demeurant, si c'est de nous que nous tirons le règlement de nos mœurs, à quelle confusion nous rejetons-nous ! Car ce que notre raison nous y conseille de plus vraisemblable, c'est généralement à chacun d'obéir aux lois de son pays, // comme est l'avis de
5 Socrate, inspiré, dit-il, d'un conseil divin. / Et par là que veut-elle dire, sinon que notre devoir n'a autre règle que fortuite ? La vérité doit avoir un visage pareil et universel. La droiture et la justice, si l'homme en connaissait qui eût corps et véritable essence, il ne l'attacherait pas à la condition des coutumes de cette contrée
10 ou de celle-là ; ce ne serait pas de la fantaisie des Perses ou des Indes que la vertu prendrait sa forme. Il n'est rien sujet à plus continuelle agitation que les lois. Depuis que je suis né, j'ai vu trois et quatre fois rechanger celles des Anglais, nos voisins, non seulement en sujet politique, qui est celui qu'on veut dispenser de
15 constance, mais au plus important sujet qui puisse être, à savoir de la religion[1]. De quoi j'ai honte et dépit, d'autant plus que c'est une nation à laquelle ceux de mon quartier [*ma région*] ont eu autrefois une si privée accointance [*relation*] qu'il reste encore en ma maison aucunes [*quelques*] traces de notre ancien cousinage.

---

1. **Depuis que je suis né [...] à savoir de la religion :** Henry VIII et son fils Édouard VI avaient instauré la religion anglicane ; pendant le règne de Marie Tudor (1553-1558), la religion catholique fut rétablie, puis Élisabeth Ire imposa définitivement l'anglicanisme par l'Acte d'uniformité (1559).

Chapitre 2 : L'humaine condition

20　/// Et chez nous ici, j'ai vu telle chose qui nous était capitale [*punie de mort*] devenir légitime ; et nous qui en tenons d'autres [pour légitimes], sommes à même, selon l'incertitude de la fortune guerrière [*du hasard de la guerre*], d'être un jour criminels de lèse-majesté humaine et divine, notre justice tombant à la merci de l'injustice et, en l'espace de peu
25　d'années de possession, prenant une essence contraire.

Comment pouvait ce dieu ancien[1] plus clairement accuser en l'humaine connaissance l'ignorance de l'être divin et apprendre aux hommes que leur religion n'était qu'une pièce de leur invention, propre à lier leur société, qu'en déclarant, comme il fit à ceux qui en
30　recherchaient l'instruction de son trépied, que le vrai culte à chacun était celui qu'il trouvait observé par l'usage du lieu où il était ? Ô Dieu, quelle obligation n'avons-nous à la bénignité de notre souverain créateur, pour avoir déniaisé notre créance de ces vagabondes et arbitraires dévotions et l'avoir logée sur l'éternelle base de sa sainte parole[2] ?

35　/ Que nous dira donc en cette nécessité la philosophie ? Que nous suivions les lois de notre pays, c'est-à-dire cette mer flottante des opinions d'un peuple ou d'un prince, qui me peindront la justice d'autant de couleurs et la reformeront en autant de visages qu'il y aura en eux de changements de passion ? Je ne puis pas
40　avoir le jugement si flexible. Quelle bonté est-ce, que je voyais hier en crédit, et demain ne l'être plus, et que le trajet d'une rivière fait crime ? Quelle vérité que ces montagnes bornent qui est mensonge au monde qui se tient au-delà ?

Michel de Montaigne, « Apologie de Raymond Sebond », *Essais*, II, 12.
(PUF, Quadrige, p. 578-579 ; La Pochothèque, p. 896-898)

---

1. **Ce dieu ancien :** Apollon, par la voix de la Pythie qui rendait des oracles dans son temple de Delphes, assise sur un trépied.
2. **Ô Dieu [...] l'éternelle base de sa sainte parole :** dans cette période des guerres de Religion, Montaigne renouvelle ici sa fidélité à la foi catholique, mais au nom d'une sagesse tout humaine (qu'il fait cautionner par Apollon) et qui le conduit à voir dans la religion le lien qui unit une communauté. « Nous sommes chrétiens comme nous sommes périgourdins ou allemands », écrit-il dans le même essai. Il fait preuve du même conservatisme prudent dans le domaine politique : « l'excellente et meilleure police [*gouvernement*] est à chacune nation celle sous laquelle elle s'est maintenue. [...] Rien ne presse [*n'accable*] plus un État que l'innovation : le changement donne seul forme à l'injustice et à la tyrannie » (III, *9*).

Extrait 13. « L'erreur et incertitude de l'opération des sens. »

/ Quant à l'erreur et incertitude de l'opération des sens, chacun s'en peut fournir autant d'exemples qu'il lui plaira, tant les fautes et tromperies qu'ils nous font sont ordinaires. [...]

/ Qu'on loge un philosophe dans une cage de menus filets de fer
5   clairsemés, qui soit suspendue au haut des tours [de] Notre-Dame de Paris ; il verra par raison évidente qu'il est impossible qu'il en tombe et si [*pourtant*] ne se saurait garder [*empêcher*], s'il n'a accoutumé le métier des recouvreurs, que la vue de cette hauteur extrême ne l'épouvante et ne le transisse ; car nous avons assez affaire de nous
10 assurer [*rassurer*] aux galeries qui sont en nos clochers, si elles sont façonnées à jour, encore qu'elles soient de pierre ; il y en a qui n'en peuvent pas seulement porter [*supporter*] la pensée. Qu'on jette une poutre entre ces deux tours, d'une grosseur telle qu'il nous la faut à [*pour*] nous promener dessus : il n'y a sagesse philosophique
15 de si grande fermeté qui puisse nous donner courage d'y marcher comme nous ferions si elle était à terre. J'ai souvent essayé [*éprouvé*] cela en nos montagnes de deçà (et si [*pourtant* je] suis de ceux qui ne s'effraient que médiocrement de telles choses), que je ne pouvais souffrir la vue de cette profondeur infinie sans horreur [*frisson*] et
20 tremblement de jarrets et de cuisses, encore qu'il s'en fallût bien ma longueur que je ne fusse du tout [*tout à fait*] au bord et n'eusse su choir si je ne me fusse porté à escient [*volontairement*] au danger. J'y remarquai aussi, quelque hauteur qu'il y eût, pourvu qu'en cette pente il s'y présentât un arbre ou bosse de rocher pour sou-
25 tenir un peu la vue et la diviser, que cela nous allège et donne assurance, comme si c'était chose de quoi à la chute nous pussions recevoir secours ; mais que les précipices coupés [*à pic*] et unis [*sans aspérités*], nous ne les pouvons pas seulement regarder sans tour-noiement de tête.

Michel de Montaigne, « Apologie de Raymond Sebond », *Essais*, II, 12.
(PUF, Quadrige, p. 592 et 594-595 ; La Pochothèque, p. 915 et 918-919)

Clefs d'analyse

Montaigne
et l'humaine condition
(extraits 11 à 13, p. 55-59)

Compréhension

Une dénonciation de la vanité humaine

• Dans l'extrait 11, relever les manifestations de la présomption humaine selon Montaigne. Relever ensuite les marques de son ironie.

• Dans l'extrait 12, quel rapport Montaigne établit-il entre la raison, la vérité, la loi, la coutume ? Quel discours tient-il sur la religion ?

Réflexion

Une image de la condition humaine

• Analyser la thèse et l'argumentation de Montaigne dans l'extrait 13. Définir l'image de l'homme et de sa condition qui se dégage des extraits 11 à 13.

Prolongement

• Pascal, « Imagination » (*Pensées*, 1670) ; Voltaire, « Prière à Dieu » (*Traité sur la tolérance*, 1763).

• Analyser la vision de l'homme que donnent ces deux textes. Qu'est-ce qui les distingue du point de vue de leur orientation ?

• Comparer ces deux textes aux extraits 11 à 13 étudiés

À retenir

Dans le tableau pessimiste qu'il brosse de la condition humaine, Montaigne rabaisse l'orgueil des hommes. Paradoxalement, mais de manière délibérée, il utilise la raison pour mieux les persuader de la faiblesse de la raison, dominée par les sens et l'imagination. Cela le conduit au scepticisme mais aussi au conservatisme : conscient des limites de son esprit et de ses institutions, l'homme doit accepter les lois et la religion de son pays.

B. TEXTE INTÉGRAL

« DE LA PRÉSOMPTION », II, 17

La dénonciation de la vanité, de l'amour-propre, de l'orgueil, est un thème traditionnel des moralistes. Que dire, alors, d'un homme qui consacre une œuvre à sa personne ? Il ne faut pas voir là une manifestation de « présomption », affirme Montaigne : « il est bien difficile, ce me semble, qu'aucun autre s'estime moins, voire qu'aucun autre m'estime moins, que ce que je m'estime ». Il le montre en présentant un portrait sans concession de lui-même.

/ Il y a une autre sorte de gloire[1], qui est une trop bonne opinion que nous concevons de notre valeur. C'est une affection inconsidérée, de quoi [*par laquelle*] nous nous chérissons, qui nous représente à nous-mêmes autres que nous ne sommes, comme la passion amou-
5 reuse prête des beautés et des grâces au sujet qu'elle embrasse, et fait que ceux qui en sont épris trouvent, d'un jugement trouble et altéré, ce qu'ils aiment autre et plus parfait qu'il n'est[2]. Je ne veux pas que, de peur de faillir de ce côté-là, un homme se méconnaisse pourtant, ni qu'il pense être moins que ce qu'il est. Le jugement
10 doit tout partout maintenir son droit : c'est raison qu'il voie en ce sujet, comme ailleurs, ce que la vérité lui présente. Si c'est César, qu'il se trouve hardiment le plus grand capitaine du monde. Nous ne sommes que cérémonie ; la cérémonie nous emporte, et [nous] laissons la substance des choses ; nous nous tenons aux branches
15 et abandonnons le tronc et le corps. Nous avons appris aux dames de rougir oyant [*en entendant*] seulement nommer ce qu'elles ne craignent aucunement à faire ; nous n'osons appeler à droit [*sans détour*] nos membres, et ne craignons pas de les employer à toute sorte de débauche. La cérémonie nous défend d'exprimer par paroles les
20 choses licites et naturelles, et nous l'en croyons ; la raison nous

---

1. **Il y a une autre sorte de gloire :** dans l'essai précédent (« De la gloire », II, 16), Montaigne a opposé à la recherche de la gloire la juste conscience de soi : « Je ne me soucie pas tant quel je sois chez autrui, comme je me soucie quel je sois en moi-même. »

2. **C'est une affection inconsidérée [...] plus parfait qu'il n'est :** thème habituel chez les moralistes ; voir, par exemple, Molière, *Le Misanthrope*, acte II, scène 4, vers 701-730.

défend de n'en faire point[1] d'illicites et mauvaises, et personne ne l'en croit. Je me trouve ici empêtré ès [*dans les*] lois de la cérémonie, car elle ne permet ni qu'on parle bien de soi, ni qu'on en parle mal. Nous la laisserons là pour ce coup. Ceux que la fortune (bonne ou
25 mauvaise qu'on la doive appeler) a fait passer la vie en quelque éminent degré, ils peuvent par leurs actions publiques témoigner quels ils sont. Mais ceux qu'elle n'a employés qu'en foule[2], /// et de qui personne ne parlera si eux-mêmes n'en parlent, / ils sont excusables s'ils prennent la hardiesse de parler d'eux-mêmes envers ceux qui
30 ont intérêt de les connaître, à l'exemple de Lucilius :

> *Ille velut fidis arcana sodalibus olim*
> *Credebat libris, neque, si malè cesserat, usquam*
> *Decurrens alio, neque si benè : quo fit ut omnis*
> *Votiva pateat veluti descripta tabella*
35 > *Vita senis.*[3]

[Celui-là confiait, comme à des amis fidèles, ses secrets à ses livres ; dans le malheur comme dans le bonheur, il n'eut d'autre confident. Aussi voit-on toute sa vie dépeinte comme sur un tableau votif.]

Celui-là commettait [*confiait*] à son papier ses actions et ses pensées,
40 et s'y peignait tel qu'il se sentait être. /// *Net id Rutilio et Scauro citra fidem aut obtrectationi fuit.*[4] [Rutilius et Scaurus n'en ont été ni moins crus, ni moins estimés.]

/ Il me souvient donc que, dès ma plus tendre enfance, on remarquait en moi je ne sais quel port de corps et des gestes témoignant
45 quelque vaine et sotte fierté. J'en veux dire premièrement ceci, qu'il n'est pas inconvénient [*malséant*] d'avoir des conditions [*dispositions*] et des propensions si propres et incorporées en nous que nous n'ayons pas moyen de les sentir et reconnaître. Et de telles inclinations naturelles, le corps en retient volontiers quelque pli
50 sans notre su et consentement. C'était une certaine afféterie [*coquetterie*] consente de [*accordée à*] sa beauté qui faisait un peu pencher la tête d'Alexandre sur un côté et qui rendait le parler d'Alcibiade mol et gras. Jules César se grattait la tête d'un doigt, [ce] qui est la

---

1. **De n'en faire point :** d'en faire aucune.
2. **En foule :** sans les distinguer dans un emploi particulier et glorieux.
3. *Ille velut fidis [...] vita senis :* Horace, *Satires*, II, 1, 30.
4. *Net id Rutilio et Scauro [...] obtrectationi fuit :* Tacite, *Agricola*, I.

contenance d'un homme rempli de pensements pénibles ; et Cicéron, ce me semble, avait accoutumé de rincer [se toucher] le nez, [ce]
qui signifie un naturel moqueur. Tels mouvements peuvent arriver
imperceptiblement en nous. Il y en a d'autres, artificiels, de quoi
je ne parle point, comme les salutations et les révérences, par où
on acquiert, le plus souvent à tort, l'honneur d'être bien humble
et courtois : /// on peut être humble de gloire [par vanité]. // Je suis
assez prodigue de bonnetades [coups de chapeau], notamment en été, et
n'en reçois jamais sans revanche [sans y répondre], de quelque qualité
d'homme que ce soit, s'il n'est à mes gages [à mon service]. Je désirerais
d'aucuns princes que je connais qu'ils en fussent plus épargnants
[économes] et justes dispensateurs ; car, ainsi indiscrètement [sans dis-
cernement] épandues, elles ne portent plus de coup. Si elles sont sans
égard, elles sont sans effet. Entre [parmi] les contenances déréglées,
/ n'oublions pas la morgue de Constance l'empereur[1], qui en public
tenait toujours la tête droite, sans la contourner [détourner] ou fléchir
ni çà ni là, non pas seulement pour regarder ceux qui le saluaient à
côté, ayant le corps planté immobile, sans se laisser aller au branle
de son coche, sans oser ni cracher, ni se moucher, ni [s']essuyer le
visage devant les gens. Je ne sais si ces gestes qu'on remarquait
en moi étaient de cette première condition[2], et si à la vérité j'avais
quelque occulte propension à ce vice, comme il peut bien être, et
ne puis pas répondre des branles [mouvements] du corps ; mais, quant
aux branles de l'âme, je veux ici confesser ce que j'en sens.

Il y a deux parties de cette gloire : savoir est, de s'estimer trop,
et n'estimer pas assez autrui. Quant à l'une, /// il me semble premièrement ces considérations devoir être mises en compte [notées],
que je me sens pressé d'une erreur d'âme qui me déplaît, et comme
inique, et encore plus comme importune. J'essaie à la corriger ;
mais l'arracher, je ne puis. C'est que je diminue du juste prix les
choses que je possède, de ce [parce] que je les possède ; et hausse le
prix aux choses, d'autant qu'elles sont étrangères, absentes et non
miennes. Cette humeur s'épand bien loin. Comme la prérogative
de l'autorité fait que les maris regardent les [leurs] femmes propres
d'un vicieux [injuste] dédain, et plusieurs pères leurs enfants, ainsi

---

1. **Constance l'empereur :** Constance II, empereur romain (317-361).
2. **De cette première condition :** c'est-à-dire non volontaires.

fais-je, et entre deux pareils ouvrages [je] pèserai toujours contre
90 [*je dévaluerai toujours*] le mien. Non tant que la jalousie de mon avancement et amendement trouble mon jugement et m'empêche
de me satisfaire, comme que, d'elle-même[1], la maîtrise [*possession*]
engendre [le] mépris de ce qu'on tient et régente. Les polices [*gouvernements*], les mœurs lointaines me flattent [*me plaisent*], et les langues ;
95 et [je] m'aperçois que le latin me pipe à [*trompe en*] sa faveur par sa
dignité, au-delà de ce qui lui appartient, comme aux enfants et au
vulgaire. L'économie [*l'administration*], la maison, le cheval de mon
voisin, en égale valeur, valent mieux que le mien, de ce [*parce*] qu'il
n'est pas mien. Davantage [*d'autant plus*] que je suis très ignorant en
100 mon fait. J'admire [*je m'étonne de*] l'assurance et promesse [*confiance*]
que chacun a de soi, là où [*alors qu'*] il n'est quasi rien que je sache
savoir, ni que j'ose me répondre [de] pouvoir faire. Je n'ai point mes
moyens en proposition et par état[2], et n'en suis instruit qu'après
l'effet [*l'action*], autant douteux [*incertain*] de moi que de toute autre
105 chose. D'où il advient, si je rencontre [*réussis*] louablement en une
besogne, que je le donne plus à ma fortune [*chance*] qu'à ma force ;
d'autant que je les desseigne [*conçois*] toutes au hasard et en crainte
[*dans l'inquiétude*]. Pareillement / j'ai en général ceci que, de toutes les
opinions que l'ancienneté [*l'Antiquité*] a eues de l'homme /// en gros
110 [*en général*], / celles que j'embrasse [le] plus volontiers et auxquelles
je m'attache le plus, ce sont celles qui nous méprisent, avilissent
et anéantissent le plus. La philosophie ne me semble jamais avoir
si beau jeu que quand elle combat notre présomption et vanité,
quand elle reconnaît de bonne foi son irrésolution, sa faiblesse et
115 son ignorance. Il me semble que la mère nourrice des plus fausses
opinions, et publiques et particulières, c'est la trop bonne opinion
que l'homme a de soi. Ces gens qui se perchent à chevauchons
sur l'épicycle[3] de Mercure, /// qui voient si avant dans le ciel, / ils

---

1. **Non tant que [...] comme que [...]** : ce n'est pas tant que le désir de posséder davantage [...] m'empêche d'être heureux, que parce que, par elle-même,...

2. **Je n'ai point mes moyens en proposition et par état** : je ne sais pas d'avance de quels moyens je peux disposer.

3. **Épicycle** : dans l'ancienne astronomie, petit cercle décrit par un astre à l'intérieur d'un cercle plus grand. Montaigne se moque des présomptueux qui parlent du mouvement des planètes (encore inexpliqué à l'époque) comme s'ils pouvaient l'observer du ciel.

m'arrachent les dents ; car en l'étude que je fais, duquel[1] le sujet
120 c'est l'homme, trouvant une si extrême variété de jugements, un
si profond labyrinthe de difficultés les unes sur les autres, tant
de diversité et incertitude en l'école même de la sapience [sagesse],
vous pouvez penser, puisque ces gens-là n'ont pu se résoudre de
la connaissance d'eux-mêmes et de leur propre condition, qui est
125 continuellement présente à leurs yeux, qui est dans eux ; puisqu'ils
ne savent comment branle [bouge] ce qu'eux-mêmes font branler, ni
comment nous peindre et déchiffrer les ressorts qu'ils tiennent et
manient eux-mêmes, comment je les croirais de la cause du flux et
reflux de la rivière du Nil. La curiosité de connaître les choses a été
130 donnée aux hommes pour fléau, dit la sainte Parole[2].

Mais, pour venir à mon particulier, il est bien difficile, ce me
semble, qu'aucun autre s'estime moins, voire qu'aucun autre m'estime moins, que ce que je m'estime. /// Je me tiens de la commune
sorte, sauf en ce que je m'en tiens[3] : coupable des défectuosités [les]
135 plus basses et populaires [vulgaires], mais non désavouées, non excu-
sées ; et ne me prise seulement que de ce que je sais mon prix. S'il
y a de la gloire [présomption], elle est infuse en moi superficiellement
par la trahison de ma complexion [mon tempérament], et n'a point de
corps qui comparaisse à la vue de mon jugement[4] : j'en suis arrosé,
140 mais non pas teint. / Car, à la vérité, quant aux effets de l'esprit, en
quelque façon que ce soit, il n'est jamais parti de moi chose qui me
remplît [contentât] ; et l'approbation d'autrui ne me paye [satisfait] pas.
J'ai le goût tendre et difficile, et notamment en mon endroit ; je

---

1. **Duquel :** étude était encore de genre masculin.
2. **La sainte Parole :** Montaigne avait fait graver sur les poutres de sa bibliothèque
   la sentence suivante, adaptée de l'Ecclésiaste (I, 13) : *Cognoscendi studium homini
   dedit Deus ejus torquendi gratia* (« le désir de savoir a été donné par Dieu à
   l'homme pour son supplice »).
3. **Je me tiens de la commune sorte, sauf en ce que je m'en tiens :** je m'estime commun, sauf en cela que je m'estime commun. Montaigne, en effet, contrairement à
   l'homme commun qui se surestime, a conscience de sa médiocrité, il ne se cache
   ni n'excuse ses défauts : en cela, il n'est pas commun.
4. **S'il y a de la gloire [...] à la vue de mon jugement :** la présomption de Montaigne
   appartient donc à ces « propensions si propres et incorporées en nous, que nous
   [n'avons] pas moyen de les sentir et reconnaître », comme il l'a dit ci-dessus
   l. 47-48.

me /// désavoue sans cesse ; et me / sens partout flotter et fléchir de
145 faiblesse. Je n'ai rien du mien de quoi satisfaire mon jugement. J'ai la
vue assez claire et réglée, mais, à l'ouvrer [*à l'ouvrage*], elle se trouble,
comme j'essaie [*je l'expérimente*] plus évidemment en la poésie : je l'aime
infiniment ; je me connais assez aux ouvrages d'autrui ; mais je fais,
à la vérité, l'enfant quand j'y veux mettre la main ; je ne me puis
150 souffrir. On peut faire le sot partout ailleurs, mais non en la poésie,

> *mediocribus esse poetis*
> *Non dii, non homines, non concessere columnæ.*[1]

> [Tout interdit aux poètes la médiocrité : les dieux, les hommes, et les colonnes
> (où l'on expose leurs œuvres)].

155 Plût à Dieu que cette sentence se trouvât au front des boutiques
de tous nos imprimeurs, pour en défendre l'entrée à tant de
versificateurs,

> *verum*
> *Nil securius est malo Poeta.*[2]

160 [Mais rien n'a plus d'assurance qu'un mauvais poète.]

/// Que n'avons-nous de tels peuples[3] ? Denys le père n'estimait
rien tant de soi que sa poésie. À la saison des jeux Olympiques,
avec des chariots surpassant tous les autres en magnificence, il
envoya aussi des poètes et des musiciens pour présenter ses vers,
165 avec des tentes et pavillons dorés et tapissés royalement. Quand on
vint à mettre ses vers en avant, la faveur [*qualité*] et excellence de la
prononciation attira sur le commencement l'attention du peuple ;
mais quand, par après, il [*le peuple*] vint à peser l'ineptie de l'ouvrage,
il entra premièrement en mépris, et, continuant d'aigrir son juge-
170 ment, il se jeta tantôt en furie, et courut abattre et déchirer par
dépit tous ses pavillons. Et ce [*le fait*] que ses chariots ne firent non
plus rien qui vaille en la course, et que le navire qui rapportait ses
gens faillit [*manqua*] la Sicile et fut par la tempête poussé et fracassé
contre la côte de Tarente, il tint pour certain que c'était l'ire [*la colère*]
175 des Dieux irrités comme lui contre ce mauvais poème. Et les mari-
niers mêmes échappés du naufrage allaient secondant l'opinion de

---

1. ***mediocribus [...] concessere columnæ*** : Horace, *Art poétique*, 372.
2. ***verum [...] Poeta*** : Martial, *Épigrammes*, XII, LXIII, 13.
3. **De tels peuples :** ceux dont il parle ensuite. Montaigne déplore souvent la dégénérescence des mœurs depuis l'Antiquité.

ce peuple. À laquelle l'oracle qui prédit sa mort sembla aussi aucunement [*quelque peu*] souscrire. Il portait que Denys serait près de sa fin quand il aurait vaincu ceux qui vaudraient mieux que lui ; ce
180 qu'il interpréta des Carthaginois, qui le surpassaient en puissance. Et, ayant affaire à eux, gauchissait [*évitait*] souvent la victoire et la tempérait, pour n'encourir le sens de cette prédiction. Mais il l'entendait mal : car le dieu marquait le temps de l'avantage que, par faveur et injustice, il gagna à Athènes sur les poètes tragiques
185 meilleurs que lui, ayant fait jouer à l'envi [*dans un concours*] la sienne, intitulée *Les Lénéïens* ; soudain après laquelle victoire il trépassa, et en partie pour l'excessive joie qu'il en conçut.

/ Ce que je trouve excusable du mien [*en moi*], ce n'est pas de soi et à la vérité [*le fait en soi, dans sa réalité*], mais c'est à la comparaison
190 d'autres choses pires auxquelles je vois qu'on donne crédit. Je suis envieux du bonheur de ceux qui se savent réjouir et gratifier en leur besogne, car c'est un moyen aisé de se donner du plaisir puisqu'on le tire de soi-même. /// Spécialement, s'il y a un peu de fermeté en leur opiniâtrise. Je sais un poète à qui [les] forts, [les]
195 faibles, en foule et en chambre, et le ciel et la terre crient qu'il n'y entend guère. Il n'en rabat pour tout cela rien de la mesure à quoi il s'est taillé, toujours recommence, toujours reconsulte, et toujours persiste ; d'autant plus fort en son avis et plus raide qu'il touche [*appartient*] à lui seul de le maintenir. / Mes ouvrages, il s'en faut tant
200 qu'ils me rient [*plaisent*], qu'autant de fois que je les retâte, autant de fois je m'en dépite :

> // *Cum relego, scripsisse pudet, quis plurima cerno,*
> *Me quoque qui feci judice, digna lini.*[1]
>
> [Quand je les relis, j'ai honte de les avoir écrits, je vois de nombreux passages
205 que je juge, en tant qu'auteur, bons à effacer.]

/ J'ai toujours une idée en l'âme /// et certaine image trouble, / qui me présente /// comme en songe / une meilleure forme que celle que j'ai mise en besogne [*en œuvre*], mais je ne la puis saisir et exploiter. Et cette idée même n'est que du moyen étage[2]. Ce que j'argu-

---

1. *Cum relego [...] digna lini :* Ovide, *Pontiques*, I, v, 15.
2. **Cette idée n'est que du moyen étage :** cette idée (pour améliorer ce qu'il a écrit) ne concerne qu'une œuvre de qualité moyenne (la sienne, et non les grandes œuvres antiques dont il est question ensuite).

210 mente [*je veux dire*] par là, que les productions de ces riches et grandes
âmes du temps passé sont bien loin au-delà de l'extrême étendue
de mon imagination et souhait. Leurs écrits ne me satisfont pas
seulement et me remplissent ; mais ils m'étonnent [*me frappent de stu-
peur*] et transissent d'admiration. Je juge leur beauté ; je la vois, sinon
215 jusqu'au bout, au moins si avant qu'il m'est impossible d'y aspirer.
Quoi que j'entreprenne, je dois un sacrifice aux Grâces[1], comme dit
Plutarque de quelqu'un, pour pratiquer [*gagner*] leur faveur,

> *si quid enim placet,*
> *Si quid dulce hominum sensibus influit,*
220 > *Debentur lepidis omnia gratiis.*[2]

[Car ce qui plaît, ce qui charme le sens des hommes, c'est aux Grâces aimables que
nous le devons.]

Elles m'abandonnent partout. Tout est grossier chez moi ; il y a
faute [*manque*] de gentillesse [*grâce*] et de beauté. Je ne sais faire valoir
225 les choses pour le plus que ce qu'elles valent. Ma façon [*mon style*]
n'aide [*n'ajoute*] rien à la matière. Voilà pourquoi il me la faut forte,
qui ait beaucoup de prise et qui luise d'elle-même. /// Quand j'en
saisis des populaires et plus gaies, c'est pour me suivre à moi [*moi-
même*], qui n'aime point une sagesse cérémonieuse et triste, comme
230 fait le monde, et pour m'égayer, non pour égayer mon style, qui
les veut plutôt graves et sévères (au moins si je dois nommer style
un parler informe et sans règle, un jargon populaire et un procéder
sans définition [*projet défini*], sans partition [*composition*], sans conclusion, trouble, à la guise de celui d'Amafanius et de Rabirius[3]). / Je ne
235 sais ni plaire, ni réjouir, ni chatouiller : le meilleur conte du monde
se sèche entre mes mains et se ternit. Je ne puis parler qu'en bon
escient [*sérieusement*], et suis du tout [*totalement*] dénué de cette facilité,
que je vois en plusieurs de mes compagnons, d'entretenir les premiers venus et [de] tenir en haleine toute une troupe, ou [d']amuser,
240 sans se lasser, l'oreille d'un prince de toute sorte de propos, la
matière ne leur faillant jamais, pour [*du fait de*] cette grâce qu'ils ont
de savoir employer la première venue et l'accommoder à l'humeur

---

1. **Grâces :** divinités de la Beauté, qui appartenaient à la suite d'Apollon.
2. *Si quid enim [...] omnia gratiis :* auteur inconnu.
3. **À la guise de celui d'Amafanius et de Rabirius :** à la manière des avocats
   Amafanius et Rabirius auxquels Cicéron reprochait de parler sans art.

et portée de ceux à qui ils ont affaire. // Les princes n'aiment guère les discours fermes, ni moi à faire des contes. / Les raisons [*paroles*]
245 premières et plus aisées, qui sont communément les mieux prises [*reçues*], je ne sais pas les employer : /// [je serais un] mauvais prêcheur de commune [*pour la foule*]. De toute matière je dis volontiers les dernières choses [*les plus abouties*] que j'en sais. Cicéron estime que ès [*dans les*] traités de la philosophie le plus difficile membre ce soit l'exorde.
250 S'il est ainsi, je me prends [*commence*] à la conclusion. / Si [*pourtant*] faut-il conduire [*accorder*] la corde à toute sorte de tons ; et le plus aigu est celui qui vient le moins souvent en jeu. Il y a pour le moins autant de perfection à relever une chose vide qu'à en soutenir une pesante [*grave*]. Tantôt il faut superficiellement manier les choses,
255 tantôt les profonder [*approfondir*]. Je sais bien que la plupart des hommes se tiennent en ce bas étage, pour ne concevoir les choses que par cette première écorce ; mais je sais aussi que les plus grands maîtres et /// Xénophon et / Platon, on les voit souvent se relâcher à cette basse façon, et populaire, de dire et traiter les choses, la soutenant
260 des grâces qui ne leur manquent jamais.

Au demeurant, mon langage n'a rien de facile et poli : il est âpre /// et dédaigneux, / ayant ses dispositions [*humeurs*] libres et déréglées ; et [il] me plaît ainsi, /// sinon par mon jugement, par mon inclination[1]. / Mais je sens bien que parfois je m'y laisse trop aller,
265 et qu'à force de vouloir éviter l'art et l'affectation, j'y retombe d'une autre part :

> *brevis esse laboro,*
> *Obscurus fio.*[2]

[Je m'efforce d'être bref, je deviens obscur.]

270 /// Platon dit que le long ou le court ne sont propriétés qui ôtent ni donnent prix au langage. / Quand j'entreprendrais de suivre cet autre style égal, uni et ordonné, je n'y saurais advenir ; et encore que les coupures et cadences de Salluste reviennent [*conviennent*]

---

1. **Au demeurant [...] par mon inclination :** le style des *Essais* n'est pas voulu, il est le fruit du tempérament naturel de l'auteur, qui ne se soucie pas des lecteurs. Contrairement aux écrivains, Montaigne se défie de l'art, qui est pour lui artifice : « si j'étais du métier, je naturaliserais l'art, autant comme ils artialisent la nature » (voir p. 37).
2. ***Brevis [...] obscurus fio :*** Horace, *Art poétique*, 25.

plus à mon humeur, si est-ce que [*toutefois*] je trouve César et plus
275 grand et moins aisé à représenter [*imiter*] ; et si mon inclination me
porte plus à l'imitation du parler de Sénèque, je ne laisse pas d'estimer davantage celui de Plutarque. Comme à faire, à dire aussi je
suis tout simplement ma forme naturelle : d'où c'est à l'aventure
[*peut-être*] que je puis plus à parler qu'à écrire. Le mouvement et
280 l'action animent les paroles, notamment à ceux qui se remuent
brusquement, comme je fais, et qui s'échauffent. Le port, le visage,
la voix , la robe, l'assiette [*l'attitude*], peuvent donner quelque prix
aux choses qui d'elles-mêmes n'en ont guère, comme le babil.
Messala se plaint en Tacite de quelques accoutrements étroits de
285 son temps, et de la façon [*forme*] des bancs où les orateurs avaient
à parler, qui affaiblissaient leur éloquence. Mon langage français
est altéré, et en la prononciation et ailleurs, par la barbarie de mon
cru ; je ne vis jamais homme des contrées de deçà qui ne sentît
bien évidemment son ramage[1] et qui ne blessât les oreilles pures
290 françaises. Si [*pourtant*] n'est-ce pas pour être fort entendu [*savant*]
en mon périgourdin, car je n'en ai non plus d'usage que de l'allemand ; et ne m'en chaut guère [*peu m'importe*]. /// C'est un langage
comme sont autour de moi, d'une bande [*de part*] et d'autre, le
poitevin, saintongeois, angoumoisin, limousin, auvergnat : brode
295 [*mou*], traînant, esfoiré [*prolixe*]. / Il y a bien au-dessus de nous, vers
les montagnes, un gascon que je trouve singulièrement beau, sec,
bref, signifiant [*précis*], et à la vérité un langage mâle et militaire
plus qu'autre que j'entende ; /// autant nerveux, puissant et perti-
nent [*approprié*], comme le français est gracieux, délicat et abondant.
300 / Quant au latin, qui m'a été donné pour maternel[2], j'ai perdu par
désaccoutumance la promptitude de m'en pouvoir servir à parler,
/// oui [*même*], et à écrire, en quoi autrefois je me faisais appeler maître
Jean. / Voilà combien peu je vaux de ce côté-là.

La beauté est une pièce de grande recommandation [*considération*]
305 au commerce des hommes [*dans les relations sociales*] ; c'est le premier
moyen de conciliation des uns aux autres, et n'est homme si bar-

---

1. **Qui ne sentît [...] son ramage :** parler français avec l'accent et les tournures du
« cru », « des contrées de deçà », c'est-à-dire du Périgord, pays de langue d'oc.
2. **Qui m'a été donné pour maternel :** le latin a été enseigné à Montaigne comme
une langue maternelle (voir p. 170).

bare et si rechigné, qui ne se sente aucunement [*quelque peu*] frappé de sa douceur. Le corps a une grande part à notre être, il y tient un grand rang ; ainsi sa structure et composition sont de bien juste
310 considération [*importance*]. Ceux qui veulent déprendre [*séparer*] nos deux pièces principales et les séquestrer l'une de l'autre, ils ont tort. Au rebours, il les faut réaccoupler et rejoindre. Il faut ordonner à l'âme non de se tirer à quartier [*à l'écart*], de s'entretenir à part, de mépriser et abandonner le corps (aussi ne le saurait-elle faire que
315 par quelque singerie contrefaite), mais de se rallier à lui, de l'embrasser, le chérir, lui assister, le contrôler, le conseiller, le redresser et ramener quand il [*se*] fourvoie, l'épouser en somme et lui servir de mari, à ce [*afin*] que leurs effets [*actions*] ne paraissent pas divers et contraires, ains [*mais*] accordants et uniformes. Les chrétiens ont
320 une particulière instruction de cette liaison, car ils savent que la justice divine embrasse cette société et jointure du corps et de l'âme, jusqu'à rendre le corps capable des récompenses éternelles[1], et que Dieu regarde agir tout l'homme, et veut qu'entier il reçoive le châtiment, ou le loyer [*la récompense*], selon ses mérites. /// La secte
325 péripatétique[2], de toutes les sectes la plus civilisée, attribue à la sagesse ce seul soin de pourvoir et procurer en commun le bien de ces deux parties associées, et montre les autres sectes, pour ne pas s'être assez attachées à la considération de ce mélange, s'être partialisées [*avoir pris parti*], celle-ci pour le corps, cette autre pour l'âme,
330 d'une pareille erreur, et avoir écarté [*dévié de*] leur sujet, qui est l'homme, et leur guide, qu'ils avouent en général être nature. / La première distinction qui ait été entre les hommes, et la première considération qui donna les prééminences aux uns sur les autres, il est vraisemblable que ce fut l'avantage de la beauté :
335 　　// *agros divisere atque dedere*
Pro facie cujúsque et viribus ingenióque :
Num facies multum valuit viresque vigebant.[3]

[Ils partagèrent les terres et les répartirent selon la beauté, la force et les dons intellectuels de chacun. Car la beauté avait alors une grande valeur et la force était estimée.]

---

1. **Capable des récompenses éternelles :** par la résurrection des corps.
2. **La secte péripatétique :** c'est la doctrine du philosophe grec Aristote (IVe siècle av. J.-C.).
3. *Agros divisere [...] vigebant :* Lucrèce, *La Nature des choses*, V, 1109.

Chapitre 2 : L'humaine condition

340   / Or je suis d'une taille un peu au-dessous de la moyenne. Ce défaut n'a pas seulement de la laideur, mais encore de l'incommodité, à ceux mêmement [*particulièrement*] qui ont des commandements et des charges : car l'autorité que donne une belle présence et majesté corporelle en est à dire [*à regretter*]. /// C. Marius ne rece-
345   vait pas volontiers des soldats qui n'eussent six pieds de hauteur. *Le Courtisan*[1] a bien raison de vouloir, pour ce gentilhomme qu'il dresse, une taille commune plutôt que toute autre, et de refuser pour lui toute étrangeté qui le fasse montrer au doigt. Mais de choisir s'il faut à cette médiocrité [*moyenne*] qu'il soit plutôt au deçà
350   qu'au-delà de celle-ci, je ne le ferais pas à un homme militaire. Les petits hommes, dit Aristote, sont bien jolis, mais non pas beaux ; et se connaît en la grandeur la grande âme, comme la beauté en un grand corps et haut. / Les Éthiopiens et les Indiens, dit-il, élisant leurs rois et magistrats, avaient égard à la beauté et procérité [*haute*
355   *taille*] des personnes. Ils avaient raison : car il y a du respect pour ceux qui le suivent, et pour l'ennemi de l'effroi, de voir à la tête d'une troupe marcher un chef de belle et riche taille :

> // *Ipse inter primos præstanti corpore Turnus*
> *Vertitur, arma tenens, et toto vertice supra est.*[2]

360   [Au premier rang, s'avance Turnus, d'une magnifique prestance, les armes à la main et dépassant tout le monde de la tête.]

Notre grand roi divin et céleste, duquel toutes les circonstances doivent être remarquées avec soin, religion et révérence, n'a pas refusé la recommandation [*le prestige*] corporelle, *speciosus forma*
365   *præ filiis hominum*[3] [le plus beau parmi les fils des hommes]. /// Et Platon, avec la tempérance et la fortitude [*bravoure*], désire la beauté aux conservateurs de sa république. / C'est un grand dépit qu'on s'adresse à vous parmi vos gens [*valets*], pour vous demander : « Où est Monsieur ? » et que vous n'ayez que le reste de la bonnetade

---

1. *Le Courtisan :* ce texte, publié en 1528 par l'Italien Baldassare Castiglione, a défini, pour les écrivains de la Renaissance et du XVIIe siècle, l'idéal de l'homme cultivé et raffiné, l'« honnête homme ». Selon l'auteur, la taille d'un gentilhomme doit être plutôt inférieure que supérieure à la moyenne (la *médiocrité*), ce que Montaigne conteste puisque les nobles avaient pour vocation le métier des armes..

2. *Ipse inter primos [...] supra est :* Virgile, *Énéide*, VII, 783.

3. *Speciosus [...] hominum :* Psaumes, XLV, 3.

370 [*du salut*] qu'on fait à votre barbier ou à votre secrétaire. Comme il advint au pauvre Philopœmen : étant arrivé le premier de sa troupe en un logis où on l'attendait, son hôtesse, qui ne le connaissait pas et le voyait d'assez mauvaise mine, l'employa d'aller un peu aider à ses femmes à puiser de l'eau ou attiser du feu, pour le
375 service de Philopœmen. Les gentilshommes de sa suite étant arrivés et l'ayant surpris embesogné à cette belle vacation [*occupation*] (car il n'avait pas failli [*manqué*] d'obéir au commandement qu'on lui avait fait), lui demandèrent ce qu'il faisait là : « Je paie, leur répondit-il, la peine de ma laideur. » Les autres beautés sont pour
380 les femmes ; la beauté de la taille est la seule beauté des hommes. Où est la petitesse, ni la largeur et rondeur du front, ni la blancheur et douceur des yeux, ni la médiocre [*moyenne*] forme du nez, ni la petitesse de l'oreille et de la bouche, ni l'ordre et blancheur des dents, ni l'épaisseur bien unie d'une barbe brune à écorce de
385 châtaigne, ni le poil [*les cheveux*] relevé, ni la juste rondeur de tête, ni la fraîcheur du teint, ni l'air du visage agréable, ni un corps sans senteur, ni la proportion légitime [*juste*] des membres peuvent faire un bel homme. J'ai au demeurant la taille forte et ramassée ; le visage, non pas gras, mais plein ; la complexion, // entre le jovial et
390 le mélancolique, moyennement / sanguine et chaude[1],
    Unde rigent setis mihi crura, et pectora villis ;[2]
    [Aussi ai-je les jambes et la poitrine hérissés de poils.]
la santé forte et allègre, jusque bien avant en mon âge rarement troublée par les maladies. J'étais tel, car je ne me considère pas à
395 cette heure que je suis engagé dans les avenues de la vieillesse, ayant piéça [*depuis longtemps*] franchi les quarante ans :
    // minutatim vires et robur adultum
    Frangit, et in partem pejorem liquitur ætas.[3]
    [Peu à peu, les forces et la vigueur de la jeunesse s'épuisent et l'âge les fait décliner.]

---

1. *La complexion [...] sanguine et chaude :* dans l'ancienne médecine, la « *complexion* » (le tempérament) est déterminée par la prédominance d'une des quatre *humeurs* organiques : l'excès de *bile* fait le *colérique*, l'excès de *sang* le *sanguin*, l'excès de *flegme* le *flegmatique*, l'excès de *bile noire* le *mélancolique* (c'est-à-dire le neurasthénique). Montaigne jouit donc d'un tempérament équilibré.
2. *Unde [...] villis :* Martial, *Épigrammes*, II, XXXVI.
3. *Minutatim [...] ætas :* Lucrèce, *La Nature des choses*, II, 1131.

400 / Ce que je serai dorénavant, ce ne sera plus qu'un demi-être, ce ne sera plus moi. Je m'échappe tous les jours et me dérobe à moi. *Singula de nobis anni prædantur euntes.*[1]

[Nos biens sont pillés un à un par les années qui passent.]

D'adresse et de disposition [*agilité*] je n'en ai point eu ; et si [*pourtant*],
405 [je] suis fils d'un père très dispos et d'une allégresse [*vivacité*] qui lui dura jusqu'à son extrême vieillesse. Il ne trouva guère homme de sa condition [*de son rang*] qui s'égalât à lui en tout exercice de corps, comme je n'en ai trouvé guère aucun qui ne me surmontât, sauf au courir (en quoi j'étais des médiocres [*moyens*]). De la musique, ni pour
410 la voix que j'y ai très inepte [*impropre*], ni pour les instruments, on ne m'y a jamais su rien apprendre. À la danse, à la paume, à la lutte, je n'y ai pu acquérir qu'une bien fort légère et vulgaire [*ordinaire*] suffisance [*capacité*] ; à nager, à escrimer, à voltiger et à sauter, nulle du tout [*totalement*]. Les mains, je les ai si gourdes que je ne sais pas écrire
415 seulement pour moi, de façon que, ce que j'ai barbouillé, j'aime mieux le refaire que de me donner la peine de le démêler ; /// et ne lis guère mieux[2]. Je me sens peser aux écoutants. Autrement, bon clerc [*lettré*]. / Je ne sais pas clore à droit [*correctement*] une lettre, ni ne sus jamais tailler [une] plume, ni trancher [*découper*] à table, qui vaille
420 [*valablement*], /// ni équiper un cheval de son harnais, ni porter à poing un oiseau et le lâcher, ni parler aux chiens, aux oiseaux, aux chevaux. / Mes conditions corporelles sont en somme très bien accordantes à celles de l'âme. Il n'y a rien d'allègre : il y a seulement une vigueur pleine et ferme. Je dure bien à la peine ; mais j'y dure, si je
425 m'y porte moi-même, et autant que mon désir m'y conduit, *Molliter austerum studio fallente laborem.*[3]

[Le plaisir fait oublier la fatigue du travail.]

Autrement, si je n'y suis alléché par quelque plaisir, et si j'ai autre guide que ma pure et libre volonté, je n'y vaux rien. Car j'en suis là
430 que, sauf la santé et la vie, il n'est chose pourquoi je veuille ronger mes ongles, et que je veuille acheter au prix du tourment d'esprit et de la contrainte,

---

1. *Singula [...] euntes :* Horace, *Épîtres,* II, 2, 55.
2. **Et ne lis guère mieux :** il s'agit de la lecture orale, pour un auditoire, telle qu'elle se pratiquait alors en société. Il ne fallait pas « peser », c'est-à-dire être ennuyeux.
3. *Molliter [...] laborem :* Horace, *Satires,* II, II, 12.

tanti mihi non sit opaci
Omnis arena Tagi, quodque in mare volvitur aurum ;[1]

435 [À ce prix, je ne voudrais pas de tout l'or que les sables du Tage roulent dans
l'ombre vers la mer.]

/// extrêmement oisif, extrêmement libre, et par nature et par art.
Je prêterais aussi volontiers mon sang que mon soin[2].

/ J'ai une âme toute sienne, accoutumée à se conduire à sa mode.
440 N'ayant eu jusqu'à cette heure ni commandant ni maître forcé, j'ai
marché aussi avant et le pas qu'il m'a plu. Cela m'a amolli et rendu
inutile au service d'autrui, et ne m'a fait bon qu'à moi. Et pour moi,
il n'a été besoin de forcer ce naturel pesant, paresseux et fainéant.
Car, m'étant trouvé en tel degré de fortune dès ma naissance que
445 j'ai eu occasion de m'y arrêter, et en tel degré de sens que j'ai senti
en avoir occasion, je n'ai rien cherché et n'ai aussi rien pris[3] :

Non agimur tumidis velis Aquilone secundo ;
Non tamen adversis ætatem ducimus austris :
Viribus, ingenio, specie, virtute, loco, re,
450 *Extremi primorum, extremis usque priores.*[4]

[Le vent du nord favorable n'enfle pas mes voiles ; en revanche le vent du sud ne s'oppose
pas à ma course. En force, en talent, en beauté, en vertu, en naissance, en biens, je fais
partie des derniers parmi les premiers, mais des premiers parmi les derniers.]

Je n'ai eu besoin que de la suffisance [*l'intelligence*] de me contenter
455 [*de m'estimer content*], /// [ce] qui est pourtant un règlement d'âme, à
le bien prendre, également difficile en toute sorte de condition
[*rang social*], et que par usage [*expérience*] nous voyons se trouver plus
facilement encore en la nécessité [*pauvreté*] qu'en l'abondance ;
d'autant à l'aventure [*peut-être*] que, selon le cours de nos autres
460 passions, la faim des richesses est plus aiguisée par leur usage que

---

1. *Tanti [...] aurum :* Juvénal, *Satires*, II, 54.
2. **Par nature [...] mon soin :** par nature (par tempérament) et par art (par méthode),
   Montaigne recherche le loisir et rejette toute contrainte ; il est aussi économe de
   son « soin » (son souci) que de son « sang » (sa vie).
3. **Car [...] rien pris :** Montaigne n'est ni ambitieux ni cupide, la fortune dont il a
   hérité lui a fourni une raison (une « occasion ») de ne chercher « rien de plus »
   (il avait fait graver cette maxime grecque dans sa bibliothèque). Il a surtout eu la
   sagesse (« *le* [bon] *sens* ») de comprendre que cette raison était légitime.
4. *Non agimur [...] usque priores :* Horace, *Épîtres*, II, 2.

par leur disette, et la vertu de la modération plus rare que celle de la patience [*l'endurance*]. Et n'ai eu besoin / que de jouir doucement des biens que Dieu par sa libéralité m'avait mis entre mains. Je n'ai goûté aucune sorte de travail ennuyeux. Je n'ai eu guère en manie-
465 ment que mes affaires ; /// ou, si j'en ai eu, ç'a été en condition de les manier à mon heure et à ma façon, commis par gens qui s'en fiaient à moi et qui ne me pressaient pas et me connaissaient. Car encore tirent les experts [*les gens habiles*] quelque service d'un cheval rétif et poussif. / Mon enfance même a été conduite d'une façon
470 molle et libre, et exempte de sujétion rigoureuse. Tout cela m'a formé une complexion [*un tempérament*] délicate et incapable de sollici-tude [*préoccupation*]. Jusque-là que j'aime qu'on me cache mes pertes et les désordres qui me touchent : au chapitre de mes mises [*dépenses*], je loge ce que ma nonchalance me coûte à nourrir et entretenir,
475   *hæc nempe supersunt,*
    Quæ dominum fallant, quæ prosint furibus.[1]

    [C'est ce superflu qui échappe aux yeux de son propriétaire et dont les voleurs font leur profit.]

J'aime à ne savoir pas le compte de ce que j'ai, pour sentir moins
480 exactement ma perte. // Je prie ceux qui vivent avec moi, où [*quand*] l'affection leur manque et les bons effets [*qui en résultent*], de me piper [*tromper*] et payer de bonnes apparences. / À faute [*à défaut*] d'avoir assez de fermeté pour souffrir l'importunité des accidents contraires auxquels nous sommes sujets, et pour ne me pouvoir
485 tenir tendu à régler et ordonner les affaires, je nourris autant que je puis en moi cette opinion, m'abandonnant du tout [*totalement*] à la fortune [*au hasard*], de prendre toutes choses au pis ; et, ce pis-là, [de] me résoudre à le porter [*supporter*] doucement et patiemment. C'est à cela seul que je travaille, et le but auquel j'achemine tous mes
490 discours [*réflexions*].

// À [*dans*] un danger, je ne songe pas tant comment j'en échap-perai, que combien peu il importe que j'en échappe. Quand j'y demeurerais, que serait-ce ? Ne pouvant régler les événements, je me règle moi-même, et m'applique [*me plie*] à eux s'ils ne s'appliquent
495 à moi. Je n'ai guère d'art pour savoir gauchir [*esquiver*] la fortune et lui échapper ou la forcer, et pour dresser et conduire par prudence

---

1. ***Hæc [...] furibus :*** Horace, *Épîtres*, I, vi, 45.

[*avec prévoyance*] les choses à mon point [*à mon avantage*]. J'ai encore moins de tolérance [*d'endurance*] pour supporter le soin âpre et pénible qu'il faut à cela. Et la plus pénible assiette [*situation*] pour moi, c'est

500 être suspens [*hésitant*] ès choses qui pressent [*pénibles*], et agité entre la crainte et l'espérance. Le délibérer, voire ès choses plus légères, m'importune ; et [je] sens mon esprit plus empêché [*embarrassé*] à souffrir le branle et les secousses diverses du doute et de la consultation qu'à se rasseoir [*se fixer*] et résoudre à quelque parti que ce

505 soit, après que la chance est livrée [*le sort est jeté*]. Peu de passions m'ont troublé le sommeil ; mais, des délibérations, la moindre me le trouble. Tout ainsi que des chemins, j'en évite volontiers les côtés pendants [*pentus*] et glissants, et me jette dans le battu le plus boueux et enfondrant [*où l'on s'enfonce*], d'où je ne puisse aller plus

510 bas, et y cherche sûreté ; aussi [*de même*] j'aime les malheurs tout purs, qui ne m'exercent et tracassent plus après l'incertitude de leur rhabillage[1], et qui, du premier saut, me poussent droitement [*directement*] en la souffrance.

/// *dubia plus torquent mala.*[2]

515 [Ce sont les maux incertains qui nous tourmentent le plus.]

// Aux événements, je me porte virilement ; en la conduite [des événements], puérilement. L'horreur de la chute me donne plus de fièvre que le coup. Le jeu ne vaut pas la chandelle. L'avaricieux a plus mauvais compte [*à souffrir*] de sa passion que n'a le pauvre, et

520 le jaloux que le cocu. Et [il] y a moins de mal souvent à perdre sa vigne qu'à la plaider. La plus basse marche est la plus ferme. C'est le siège de la constance. Vous n'y avez besoin que de vous. Elle se fonde là et appuie toute en soi. Cet exemple d'un gentilhomme que plusieurs ont connu a-t-il pas quelque air philosophique ? Il

525 se maria bien avant en l'âge, ayant passé en bon compagnon sa jeunesse, grand diseur [*conteur*], grand gaudisseur [*farceur*]. Se souvenant combien la matière de cornardise [*le cocuage*] lui avait donné de quoi parler et se moquer des autres, pour se mettre à couvert, il épousa une femme qu'il prit au lieu où chacun en trouve pour

530 son argent, et dressa avec elle ses alliances : « Bonjour, putain.

---

1. **L'incertitude de leur rhabillage :** l'incertitude (pénible) dans laquelle Montaigne se trouve quand il se demande s'il pourra réparer les malheurs qui le frappent.
2. ***Dubia plus torquent mala :*** Sénèque, *Agamemnon*, III, I.

— Bonjour, cocu ! » Et n'est chose de quoi plus souvent et ouvertement il entretint chez lui les survenants que de ce sien dessein, par où il bridait les occultes caquets [*commérages secrets*] des moqueurs et émoussait la pointe de ce reproche.

535 / Quant à l'ambition, qui est voisine de la présomption, ou fille plutôt, il eût fallu, pour m'avancer [*pour m'élever*], que la fortune me fût venue quérir par le poing. Car, de me mettre en peine pour une espérance incertaine et [de] me soumettre à toutes les difficultés qui accompagnent ceux qui cherchent à se pousser en crédit sur le 540 commencement de leur progrès, je ne l'eusse su faire ;

// *spem pretio non emo*.[1]

[Je n'achète pas l'espérance à ce prix.]

Je m'attache à ce que je vois et que je tiens, et ne m'éloigne guère du port,

545 *Alter remus aquas, alter tibi radat arenas*.[2]

[Qu'une de tes rames batte les flots, l'autre la grève.]

Et puis on arrive peu à ces avancements, qu'en hasardant premièrement le sien [*son bien*], et je suis d'avis que, si ce qu'on a suffit à maintenir la condition en laquelle on est né et dressé [*habitué*], c'est folie d'en 550 lâcher la prise sur l'incertitude de l'augmenter. Celui à qui la fortune refuse de quoi planter son pied et établir un être [*une existence*] tranquille et reposé, il est pardonnable s'il jette au hasard ce qu'il a puisque, ainsi comme ainsi [*de toute façon*], la nécessité l'envoie à la quête.

/// *Capienda rebus in malis præceps via est*.[3]

555 [Dans le malheur, il faut choisir des chemins hasardeux.]

// Et j'excuse plutôt un cadet de mettre sa légitime[4] au vent, que celui à qui l'honneur de la maison est en charge, qu'on ne peut voir nécessiteux qu'à sa faute. / J'ai bien trouvé le chemin [le] plus court et [le] plus aisé, avec le conseil de mes bons amis du temps 560 passé, de me défaire de ce désir et de me tenir coi,

---

1. ***Spem pretio non emo*** : Térence, *Les Adelphes*, II, III, 11.

2. ***Alter [...] arenas*** : Properce, III, III, 23.

3. ***Capienda [...] via est*** : Sénèque, *Agamemnon*, II, I.

4. **Un cadet de mettre sa légitime** : le cadet d'une famille aristocratique ne disposait que d'une petite partie de l'héritage, la *légitime*. Montaigne estime donc qu'il peut tenter la fortune, au risque de perdre le peu qui lui revient, ce qui est interdit à l'aîné qui doit assurer « *l'honneur de la maison* » (de la famille).

Cui sit conditio dulcis sine pulvere palmæ :[1]

[Jouissant de la douce palme (de la victoire) sans être couvert de poussière (de la course).]

jugeant aussi bien sainement de mes forces qu'elles n'étaient pas capables de grandes choses, et me souvenant de ce mot du feu chancelier Olivier, que les Français semblent des guenons qui vont grimpant contre-mont [*en haut*] un arbre, de branche en branche, et ne cessent d'aller jusqu'à ce qu'elles sont arrivées à la plus haute branche, et y montrent le cul quand elles y sont.

// Turpe est, quod nequeas, capiti committere pondus,
Et pressum inflexo mox dare terga genu.[2]

[Il est honteux de se charger la tête d'un poids trop lourd, puis de fléchir bientôt le genou pour le déposer.]

/ Les qualités mêmes qui sont en moi non reprochables, je les trouvais inutiles en ce siècle. La facilité de mes mœurs, on l'eût nommée lâcheté et faiblesse ; la foi et la conscience s'y fussent trouvées scrupuleuses et superstitieuses ; la franchise et la liberté, importune, inconsidérée et téméraire. À quelque chose sert le malheur. Il fait bon naître en un siècle fort dépravé ; car, par comparaison d'autrui, vous êtes estimé vertueux à bon marché. Qui n'est que parricide en nos jours, et sacrilège, il est homme de bien et d'honneur :

// Nunc, si depositum non inficiatur amicus,
Si reddat veterem cum tota ærugine follem,
Prodigiosa fides et Tuscis digna libellis,
Quæque coronata lustrari debeat agna.[3]

[De nos jours, si ton ami ne nie pas le dépôt qu'il a reçu de toi, s'il te rend ta vieille bourse avec sa monnaie rouillée, c'est un prodige de loyauté, digne d'être noté dans les livres étrusques, et pour lequel il faut sacrifier une jeune brebis couronnée.]

Et ne fut jamais temps et lieu où il y eut pour les princes loyer [*récompense*] plus certain et plus grand proposé à la bonté et à la justice. Le premier qui s'avisera de se pousser en faveur et en crédit par cette voie-là, je suis bien déçu [*trompé*] si, à bon compte, il ne devance ses compagnons. La force, la violence peuvent quelque chose, mais non pas toujours tout. /// Les marchands, les juges

---

1. *Cui sit [...] palmæ :* Horace, *Épitres*, I, I, 51.
2. *Turpe est [...] terga genu :* Properce, III, IX, 5.
3. *Nunc [...] agna :* Juvénal, *Satires*, XIII, 60.

595 de village, les artisans, nous les voyons aller à pair de vaillance et
science militaire avec la noblesse : ils rendent [*livrent*] des combats
honorables, et publics et privés, ils battent, ils défendent villes en
nos guerres. Un prince étouffe sa recommandation emmi cette
presse[1]. Qu'il reluise d'humanité, de vérité, de loyauté, de tem-
600 pérance et surtout de justice, marques rares, inconnues et exilées.
C'est la seule volonté des peuples de quoi il peut faire ses affaires[2], et
nulles autres qualités ne peuvent tant flatter leur volonté comme
celles-là, leur étant bien plus utiles que les autres.

Nihil est tam populare quam bonitas.[3]

605 [Rien n'est si populaire que la bonté.]

/ Par cette proportion [*en comparaison*], je me fusse trouvé /// grand
et rare, comme je me trouve pygmée et populaire [*commun*] à la
proportion d'aucuns [*de certains*] siècles passés, auxquels il était vulgaire [*ordinaire*], si d'autres plus fortes qualités n'y concouraient, de
610 voir un homme / modéré en ses vengeances, mol au ressentiment
des offenses, religieux [*scrupuleux*] en l'observance de sa parole, ni
double [*hypocrite*], ni souple, ni accommodant sa foi à la volonté
d'autrui et aux occasions. Plutôt laisserais-je rompre le col aux
affaires que de tordre ma foi pour leur service. Car, quant à cette
615 nouvelle vertu de feintise [*d'hypocrisie*] et de dissimulation qui est
à cette heure si fort en crédit, je la hais capitalement ; et, de tous
les vices, je n'en trouve aucun qui témoigne tant de lâcheté et
bassesse de cœur. C'est une humeur couarde et servile de s'aller
déguiser et cacher sous un masque, et de n'oser se faire voir tel
620 qu'on est. Par là nos hommes se dressent [*nos contemporains sont formés*]
à la perfidie : // étant duits [*dressés*] à produire des paroles fausses,
ils ne font pas conscience [*n'ont pas de scrupules*] d'y manquer. / Un
cœur généreux ne doit point démentir ses pensées ; il se veut faire

---

1. **Un prince [...] cette presse :** « au milieu de cette foule [de combattants], le prestige
d'un prince est étouffé. » Il ne peut donc se distinguer que par ses qualités morales
(humanité, franchise, loyauté, tempérance, justice), qui sont, elles, très rares en ces
temps de guerres civiles.
2. **C'est la seule [...] ses affaires :** un prince ne peut s'appuyer que sur les sentiments
du peuple à son égard ; il s'attirera sa sympathie s'il a les qualités énumérées dans
la phrase précédente.
3. *Nihil [...] bonitas :* Cicéron, *Pour Ligarius*, XII.

voir jusqu'au-dedans. /// Ou tout y est bon, ou au moins tout y est
625 humain. Aristote estime [que c'est] office de magnanimité [que de] haïr
et aimer à découvert, juger, parler avec toute franchise, et, au prix
[en comparaison] de la vérité, ne faire cas de l'approbation ou répro-
bation d'autrui. / Apollonios disait que c'était aux serfs de mentir,
et aux libres de dire vérité. /// C'est la première et fondamentale
630 partie de la vertu. Il la faut aimer pour elle-même. Celui qui dit
vrai parce qu'il y est d'ailleurs [par ailleurs] obligé et parce qu'il sert
[cela est utile], et qui ne craint point à dire mensonge quand il n'importe
à personne, n'est pas véritable [sincère] suffisamment. Mon âme, de
sa complexion, refuit la menterie et hait même à la penser. J'ai
635 une interne vergogne [honte] et un remords piquant, si parfois elle
m'échappe, comme parfois elle m'échappe, les occasions me surprenant et agitant impréméditément. / Il ne faut pas toujours dire
tout, car ce serait sottise ; mais ce qu'on dit, il faut qu'il soit tel
qu'on le pense, autrement, c'est méchanceté. Je ne sais quelle com-
640 modité [avantage] ils attendent de se feindre et contrefaire sans cesse,
si ce n'est de n'en être pas crus lors même qu'ils disent vérité ; cela
peut tromper une fois ou deux les hommes ; mais de faire profession de se tenir couvert [caché], et se vanter, comme ont fait aucuns
[certains] de nos princes, qu'ils jetteraient leur chemise au feu si elle
645 était participante de leurs vraies intentions ([ce] qui est un mot de
l'ancien Métellus le Macédonien), et que, qui ne sait se feindre, ne
sait pas régner, c'est tenir avertis ceux qui ont à les pratiquer [fré-
quenter] que ce n'est que piperie et mensonge qu'ils disent. /// *Quo
quis versutior et callidior est, hoc invisior et suspectior, detracta opi-*
650 *nione probitatis.*[1] [Plus on est fin et adroit, plus on est odieux et suspect, si l'on
perd sa réputation d'honnêteté.] / Ce serait une grande simplesse à qui se
laisserait amuser [tromper] ni [ou] au visage ni [ou] aux paroles de celui
qui fait état d'être toujours autre au-dehors qu'il n'est au-dedans,
comme faisait Tibère ; et [je] ne sais quelle part telles gens peuvent
655 avoir au commerce [à la fréquentation] des hommes, ne produisant
[puisqu'ils ne manifestent] rien qui soit reçu pour [argent] comptant.
// Qui est déloyal envers la vérité l'est aussi envers le mensonge.

---

1. *Quo [...] probitatis :* Cicéron, *De Officiis*, II, IX.

/// Ceux[1] qui, de notre temps, ont considéré, en l'établissement du devoir d'un prince, le bien de ses affaires seulement, et l'ont
660 préféré au soin de sa foi [*fidélité*] et conscience, diraient quelque chose [de valable] à un prince de qui la fortune [*le sort*] aurait rangé à tel point les affaires que pour tout jamais il les pût établir par un seul manquement et faute à sa parole. Mais il n'en va pas ainsi. On rechoit [*retombe*] souvent en pareil marché ; on fait plus d'une
665 paix, plus d'un traité en sa vie. Le gain qui les convie à la première déloyauté (et quasi toujours il s'en présente comme à toutes autres méchancetés : les sacrilèges, les meurtres, les rébellions, les trahisons s'entreprennent pour quelque espèce de fruit), mais ce premier gain apporte infinis dommages suivants, jetant ce prince
670 hors de tout commerce [*relation*] et de tout moyen de négociation par l'exemple de cette infidélité. Soliman, de la race des Ottomans, race peu soigneuse de l'observance des promesses et pactes, lors que, [au temps] de mon enfance, il fit descendre son armée à Otrante, ayant su que Mercurin de Gratinare et les habitants de Castro
675 étaient détenus prisonniers, après avoir rendu la place, contre ce qui avait été capitulé [*négocié*] avec eux, manda [*ordonna*] qu'on les relâchât ; et qu'ayant en main d'autres grandes entreprises en cette contrée-là, cette déloyauté, quoiqu'elle eût quelque apparence d'utilité présente, lui apporterait pour l'avenir un décri [*discrédit*] et
680 une défiance d'infini préjudice.

/ Or, de moi [*pour ma part*], j'aime mieux être importun et indiscret que flatteur et dissimulé. // J'avoue qu'il se peut mêler quelque pointe de fierté et d'opiniâtreté à se tenir ainsi entier et découvert sans considération d'autrui ; et me semble que je deviens un peu
685 plus libre où [*quand*] il le faudrait moins être, et que je m'échauffe par l'opposition du respect[2]. Il peut être aussi que je me laisse aller après [*selon*] ma nature, à faute d'art [*par manque d'habileté*]. Présentant aux grands cette même licence [*liberté*] de langue et de contenance que j'apporte de ma maison, je sens combien elle décline vers
690 l'indiscrétion [*l'excès*] et incivilité. Mais, outre ce que je suis ainsi fait,

---

1. **Ceux :** allusion à Machiavel, qui dissocie, dans son ouvrage *Le Prince* (1513), la morale et la politique.
2. **Par l'opposition du respect :** Montaigne exagère encore sa franchise quand il est opposé à un interlocuteur auquel il doit le respect.

je n'ai pas l'esprit assez souple pour gauchir à [*esquiver*] une prompte
demande et pour en échapper par quelque détour, ni pour feindre
une vérité, ni assez de mémoire pour la retenir ainsi feinte, ni
certes assez d'assurance pour la maintenir ; et [je] fais le brave par
695 faiblesse. Par quoi je m'abandonne à la naïveté [*à ma nature*], et à
toujours dire ce que je pense, et par complexion [*tempérament*] et par
discours [*principe*], laissant à la fortune d'en conduire l'événement
[*décider l'issue*]. /// Aristippe disait le principal fruit qu'il eût tiré de la
philosophie, être qu'il parlait librement et ouvertement à chacun.
700   / C'est un outil de merveilleux service que la mémoire, et sans
lequel le jugement fait bien à peine [*difficilement*] son office : elle me
manque du tout [*totalement*]. Ce qu'on me veut proposer [*exposer*], il
faut que ce soit à parcelles. Car de répondre à un propos où il y
eut plusieurs divers chefs [*thèmes*], il n'est pas en ma puissance. Je
705 ne saurais recevoir une charge [*mission*] sans tablettes [*notes détaillées*].
Et quand j'ai un propos de conséquence [*important*] à tenir, s'il est
de longue haleine, je suis réduit à cette vile et misérable nécessité
d'apprendre par cœur /// mot à mot / ce que j'ai à dire ; autrement,
je n'aurai ni façon [*belle allure*] ni assurance, étant en crainte que ma
710 mémoire vînt à me faire un mauvais tour. /// Mais ce moyen m'est
non moins difficile. Pour apprendre trois vers, il me faut trois heures ;
et puis, en un mien ouvrage, la liberté et autorité de remuer l'ordre,
de changer un mot, variant sans cesse la matière, la rend plus
malaisée à concevoir [*retenir*]. / Or, plus je m'en défie, plus elle se
715 trouble ; elle me sert mieux par rencontre [*hasard*], il faut que je la
sollicite nonchalamment car, si je la presse, elle s'étonne [*se paralyse*] ;
et depuis [*une fois*] qu'elle a commencé à chanceler, plus je la sonde,
plus elle s'empêtre et embarrasse ; elle me sert à son heure, non
pas à la mienne.
720   Ceci que je sens en la mémoire, je le sens en plusieurs autres
parties. Je fuis le commandement, l'obligation et la contrainte. Ce
que je fais aisément et naturellement, si je m'ordonne de le faire
par une expresse et prescrite ordonnance, je ne le sais plus faire.
Au [*dans mon*] corps même, les membres qui ont quelque liberté et
725 juridiction plus particulière sur eux me refusent parfois leur obéissance, quand je les destine et attache à certain point et heure de
service nécessaire. Cette préordonnance contrainte et tyrannique
les rebute ; ils se croupissent [*restent immobiles*] d'effroi ou de dépit, et

se transissent [*s'engourdissent*]. // Autrefois, étant en lieu où c'est dis-
730 courtoisie barbaresque de ne répondre à ceux qui vous convient
à boire, quoiqu'on m'y traitât avec toute liberté, j'essayai de faire
le bon compagnon en faveur des dames qui étaient de la partie,
selon l'usage du pays. Mais il y eut du plaisir, car cette menace et
préparation d'avoir à m'efforcer outre ma coutume et mon naturel,
735 m'étoupa [*me boucha*] de manière le gosier, que je ne sus avaler une
seule goutte, et fus privé de boire pour le besoin même de mon
repas. Je me trouvai saoul [*satisfait*] et désaltéré par tant de breuvage
que mon imagination avait préoccupé [*pris à l'avance*]. / Cet effet est
plus apparent en ceux qui ont l'imagination plus véhémente et
740 puissante ; mais il est pourtant naturel, et n'est aucun qui ne s'en
ressente aucunement [*quelque peu*]. On offrait à un excellent archer
condamné à la mort de lui sauver la vie, s'il voulait faire quelque
notable preuve de son art : il refusa de s'en essayer, craignant que
la trop grande contention [*tension*] de sa volonté lui fît fourvoyer la
745 main, et qu'au lieu de sauver sa vie, il perdît encore la réputation
qu'il avait acquise au tirer de l'arc. Un homme qui pense ailleurs [*à
autre chose*] ne faudra [*manquera*] point, à un pouce près, de refaire toujours un même nombre et mesure de pas au lieu où il se promène ;
mais, s'il y est avec attention de les mesurer et compter, il trouvera
750 que ce qu'il faisait par nature et par hasard, il ne le fera pas si exactement par dessein.

Ma librairie [*bibliothèque*], qui est des belles entre les librairies de
village, est assise [*située*] à un coin de ma maison ; s'il me tombe
en fantaisie chose que j'y veuille aller chercher ou écrire, de peur
755 qu'elle ne m'échappe en traversant seulement ma cour, il faut que
je la donne en garde à quelque autre. Si je m'enhardis, en parlant, à me détourner tant soit peu de mon fil, je ne faux [*manque*]
jamais de le perdre : [*ce*] qui fait que je me tiens, en mes discours,
contraint, sec et resserré. Les gens qui me servent, il faut que je
760 les appelle par le nom de leurs charges ou de leur pays, car il
m'est très malaisé de retenir des noms. // Je dirai bien qu'il a trois
syllabes, que le son en est rude, qu'il commence ou termine par
telle lettre. / Et si je durais à vivre longtemps, je ne crois pas que je
n'oubliasse mon nom propre, comme ont fait d'autres. // Messala
765 Corvinus fut deux ans n'ayant trace aucune de mémoire ; /// ce
qu'on dit aussi de Georges de Trébizonde ; // et, pour mon intérêt

[*pour ma part*], je rumine souvent quelle vie c'était que la leur, et si sans cette pièce [la mémoire] il me restera assez pour me soutenir avec quelque aisance ; et, y regardant de près, je crains que ce
770 défaut, s'il est parfait [*complet*], perde toutes les fonctions de l'âme. /// *Memoria certe non modo philosophiam, sed omnis vitæ usum omnesque artes una maxime continet.*[1] [Assurément, la mémoire renferme non seulement la philosophie, mais la pratique de toute la vie et tous les arts.]
/ *Plenus rimarum sum, hac atque illac effluo.*[2]
775 [Je suis plein de trous, je perds de tous les côtés.]
Il m'est advenu plus d'une fois d'oublier le mot /// du guet / que j'avais /// trois heures auparavant / donné ou reçu d'un autre, /// et d'oublier où j'avais caché ma bourse, quoi qu'en dise Cicéron. Je m'aide à perdre ce que je serre [*range*] particulièrement [*soigneuse-*
780 *ment*]. / C'est le réceptacle et l'étui de la science que la mémoire : l'ayant si défaillante, je n'ai pas fort à me plaindre si je ne sais guère. Je sais en général le nom des arts et ce de quoi ils traitent, mais rien au-delà. Je feuillette les livres, je ne les étudie pas : ce qui m'en demeure, c'est chose que je ne reconnais plus être d'autrui ;
785 c'est cela seulement de quoi mon jugement a fait son profit, les discours [*réflexions*] et les imaginations [*idées*] de quoi il s'est imbu [*pénétré*] ; l'auteur, le lieu, les mots et autres circonstances, je les oublie incontinent [*aussitôt*]. // Et [je] suis si excellent [*remarquable*] en l'oubliance que mes écrits mêmes et compositions, je ne les oublie
790 pas moins que le reste. On m'allègue [*me cite*] tous les coups à moi-même sans que je le sente. Qui voudrait savoir d'où sont les vers et exemples que j'ai ici entassés me mettrait en peine de le lui dire ; et si [*pourtant*], [je] ne les ai mendiés qu'ès [*aux*] portes connues et fameuses, ne me contentant pas qu'ils fussent riches, s'ils ne
795 venaient encore de main riche et honorable : l'autorité y concourt [*s'y trouve*] quant et [*en même temps que*] la raison. /// Ce n'est pas grande merveille si mon livre suit la fortune des autres livres et si ma mémoire désempare [*perd*] ce que j'écris comme ce que je lis, et ce que je donne comme ce que je reçois.
800 / Outre le défaut de la mémoire, j'en ai d'autres qui aident beaucoup à mon ignorance. J'ai l'esprit tardif [*lent*] et mousse [*émoussé*] ; le

---

1. ***Memoria [...] continet :*** Cicéron, *Académiques*, II, VII.
2. ***Plenus [...] effluo :*** Térence, *Eunuque*, I, II, 25.

moindre nuage lui arrête sa pointe, en façon que, pour exemple, je ne lui proposai jamais énigme si aisée qu'il sût développer [*expliquer*]. Il n'est si vaine subtilité qui ne m'empêche [*m'embarrasse*]. Aux jeux où l'esprit a sa part, des échecs, des cartes, des dames et autres, je n'y comprends que les plus grossiers traits. L'appréhension [*la compréhension*], je l'ai lente et embrouillée ; mais ce qu'elle tient une fois, elle le tient bien et l'embrasse bien universellement, étroitement et profondément, pour le temps qu'elle le tient. J'ai la vue longue, saine et entière, mais qui se lasse aisément au travail et se charge [*se brouille*] ; à cette occasion [*pour cette raison*], je ne puis avoir [un] long commerce [*contact*] avec les livres que par le moyen du service d'autrui[1]. Le jeune Pline instruira ceux qui ne l'ont essayé [*expérimenté*] combien ce retardement est important à ceux qui s'adonnent à cette occupation.

Il n'est point âme si chétive [*faible*] et brutale [*grossière*] en laquelle on ne voie reluire quelque faculté particulière ; il n'y en a point de si ensevelie qui ne fasse une saillie par quelque bout. Et comment il advienne qu'une âme, aveugle et endormie à toutes autres choses, se trouve vive, claire et excellente à certain particulier effet [*action*], il s'en faut enquérir aux maîtres. Mais les belles âmes, ce sont les âmes universelles, ouvertes et prêtes à tout, /// sinon instruites, au moins instruisables : / ce que je dis pour accuser la mienne car, soit par faiblesse ou nonchalance (et de mettre à nonchaloir [*négliger*] ce qui est à nos pieds, ce que nous avons entremains, ce qui regarde de plus près l'usage de la vie, c'est chose bien éloignée de mon dogme), il n'en est point une si inapte et si ignorante que la mienne de plusieurs telles choses vulgaires et qui ne se peuvent sans honte ignorer. Il faut que j'en conte quelques exemples. Je suis né et nourri [*élevé*] aux champs [*à la campagne*] et parmi le labourage ; j'ai des affaires et du ménage en main [*un domaine à gérer*], depuis que ceux qui me devançaient en la possession des biens que je jouis m'ont quitté leur place. Or je ne sais compter ni à jet [*avec des jetons*], ni à plume ; la plupart de nos monnaies, je ne les connais pas ; ni ne sais la différence de l'un grain à l'autre, ni en la terre, ni au grenier, si elle n'est pas trop apparente ; ni à peine celle d'entre les choux et les laitues de mon jardin. Je n'entends

---

1. **Service d'autrui :** Montaigne avait recours au service d'un secrétaire.

pas seulement les noms des premiers outils du ménage, ni les plus grossiers principes de l'agriculture, et que les enfants savent ;
840 // moins [encore] aux arts mécaniques, au trafic [*commerce*] et en la connaissance des marchandises, diversité et nature des fruits, de vins, de viandes [*d'aliments*] ; ni à dresser un oiseau, ni à médeciner un cheval ou un chien. / Et, puisqu'il me faut faire la honte tout entière, il n'y a pas un mois qu'on me surprit ignorant de quoi [*que*]
845 le levain servait à faire du pain, /// et [ce] que c'était que faire cuver du vin. / On conjectura anciennement à Athènes une aptitude à la mathématique en celui à qui on voyait ingénieusement agencer et fagoter une charge de broussailles. Vraiment, on tirerait de moi une bien contraire conclusion : car, qu'on me donne tout l'apprêt
850 d'une cuisine [*pour préparer un repas*], me voilà à la faim.

Par ces traits de ma confession, on en peut imaginer d'autres à mes dépens. Mais, quel que je me fasse connaître, pourvu que je me fasse connaître tel que je suis, je fais mon effet [*j'atteins mon but*]. Et si [*d'ailleurs*], [je] ne m'excuse pas d'oser mettre par écrit des propos
855 si bas et frivoles que ceux-ci. La bassesse du sujet m'y contraint. /// Qu'on accuse, si on veut, mon projet, mais mon progrès [*sa réalisation*], non. / Tant y a que, sans l'avertissement d'autrui, je vois assez ce peu que tout ceci vaut et pèse, et la folie de mon dessein. C'est prou [*beaucoup*] que mon jugement ne se déferre point [*ne perde*
860 *pas ses moyens*], duquel ce sont ici les essais :

Nasutus sis usque licet, sis denique nasus,
Quantum noluerit ferre rogatus Athlas,
Et possis ipsum tu deridere Latinum,
Non potes in nugas dicere plura meas,
865 *Ipse ego quam dixi : quid dentem dente juvabit*
Rodere ? carne opus est, si satur esse velis.
Ne perdas operam : qui se mirantur, in illos
Virus habe ; nos hæc novimus esse nihil.[1]

[Quel que soit votre nez, serait-il d'une longueur telle qu'Atlas n'aurait pas voulu
870 le porter, et seriez-vous capable par vos plaisanteries de ridiculiser Latinus lui-même,
vous ne pourrez pas dire pis de ces bagatelles que je n'en ai dit moi-même. À quoi bon
se ronger les dents ? Il faut de la viande pour se rassasier. Ne perdez pas votre peine :
gardez votre venin pour ceux qui s'admirent ; moi, je sais que tout ceci n'est rien.]

---

1. *Nasutus [...] nihil :* Martial, *Épigrammes*, XIII, II, 1.

Chapitre 2 : L'humaine condition

Je ne suis pas obligé à ne dire point de sottises, pourvu que je ne me trompe pas à les connaître [*reconnaître*]. Et de faillir [*me tromper*] à mon escient [*sciemment*], cela m'est si ordinaire que je ne faux [*me trompe*] guère d'autre façon : je ne faux jamais fortuitement. C'est peu de chose de prêter [*d'attribuer*] à la témérité de mes humeurs [*à mon tempérament irréfléchi*] les actions ineptes, puisque je ne me puis pas défendre d'y prêter ordinairement les vicieuses. Je vis un jour, à Bar-le-Duc, qu'on présentait au roi François second, pour la recommandation de la mémoire de René, roi de Sicile, un portrait qu'il avait lui-même fait de soi. Pourquoi n'est-il loisible de même à un chacun de se peindre de la plume, comme il se peignait d'un crayon ? Je ne veux donc pas oublier encore cette cicatrice, bien mal propre à produire en public : c'est l'irrésolution, défaut très incommode à la négociation des affaires du monde. Je ne sais pas prendre parti ès [*dans les*] entreprises douteuses :

// *Ne si, ne no, nel cor mi suona intero.*[1]

[Mon cœur ne me dit vraiment ni oui, ni non.]

Je sais bien soutenir une opinion, mais non pas la choisir. / Parce que ès [*dans les*] choses humaines, à quelque bande [*côté*] qu'on penche, il se présente force apparences qui nous y confirment /// (et le philosophe Chrysippe disait qu'il ne voulait apprendre de Zénon et Cléanthe, ses maîtres, que les dogmes simplement : car, quant aux preuves et raisons, qu'il en fournirait assez de lui-même), / de quelque côté que je me tourne, je me fournis toujours assez de cause et de vraisemblance pour m'y maintenir. Ainsi j'arrête [*je retiens*] chez moi le doute et la liberté de choisir, jusqu'à ce que l'occasion me presse. Et lors, à confesser la vérité, je jette le plus souvent la plume au vent, comme on dit, et m'abandonne à la merci de la fortune : une bien légère inclination et circonstance m'emporte,

Dum in dubio est animus, paulo momento huc atque illuc impellitur.[2]

[Quand l'esprit doute, le moindre poids le fait pencher d'un côté ou de l'autre.]

L'incertitude de mon jugement est si également balancée en la plupart des occurrences que je compromettrais [*je m'en remettrais*] volontiers à la décision du sort et des dés ; et [je] remarque avec grande considération de notre faiblesse humaine les exemples que l'his-

---

1. *Ne si [...] intero :* Pétrarque, *Sonnets*, CXXXV.
2. *Dum [...] impellitur :* Térence, *Andrienne*, I, VI, 32.

toire divine même nous a laissés de cet usage de remettre à la for-
910 tune et au hasard la détermination des élections [*décisions*] ès choses
douteuses : *Sors cecidit super Mathiam.*[1] » [Le sort tomba sur Matthias.]
/// La raison humaine est un glaive double et dangereux. Et en la
main même de Socrate, son plus intime et plus familier ami, voyez
à quant [*de combien*] de bouts c'est un bâton[2]. / Ainsi, je ne suis propre
915 qu'à suivre, et me laisse aisément emporter à la foule : je ne me fie
pas assez en mes forces pour entreprendre de commander, ni guider ; je suis bien aise de trouver mes pas tracés par les autres. S'il
faut courre [*courir*] le hasard d'un choix incertain, j'aime mieux que
ce soit sous tel, qui s'assure plus [*qui est plus sûr*] de ses opinions et les
920 épouse plus que je ne fais les miennes, // auxquelles je trouve le
fondement et le plant [*la base*] glissants. Et si [*pourtant*], [je] ne suis pas
trop facile au change [*changement*], d'autant que j'aperçois aux opinions contraires une pareille faiblesse. /// « *Ipsa consuetudo assen-
tiendi periculosa esse videtur et lubrica.*[3] » [L'habitude même d'acquiescer
925 paraît dangereuse et glissante.]

/ Notamment aux affaires politiques, il y a un beau champ
ouvert au branle [*au doute*] et à la contestation :

Justa pari premitur veluti cum pondere libra
Prona, nec hac plus parte sedet, nec surgit ab illa.[4]

930 [Ainsi lorsque les deux plateaux sont chargés d'un poids égal, la balance ne s'abaisse,
ni ne s'élève d'aucun côté.]

Les discours [*réflexions*] de Machiavel, pour [*par*] exemple, étaient
assez solides pour le sujet ; si [*pourtant*], y a-t-il eu grande aisance
à les combattre, et ceux qui l'ont fait n'ont pas laissé moins de
935 facilité à combattre les leurs. Il s'y trouverait toujours, à un tel
argument [*sujet*], de quoi y fournir réponses, dupliques, répliques,
tripliques, quadrupliques, et cette infinie contexture de débats que
notre chicane a allongée tant qu'elle a pu en faveur des [*pour entretenir les*] procès,

---

1. *Sors cecidit super Mathiam* : *Actes des Apôtres*, I, 26.
2. **Et en la main [...] bâton** : autrement dit, la raison ne montre pas une seule chose,
mais plusieurs (comme un bâton fourchu), entre lesquelles l'homme hésite.
3. *Ipsa [...] lubrica* : Cicéron, *Académiques*, II, XXI.
4. *Justa [...] ab illa* : Tibulle, IV, I, 40.

Chapitre 2 : L'humaine condition

940   *Cædimur, et totidem plagis consumimus hostem,*[1]

[L'ennemi nous frappe et nous lui rendons coup pour coup.]

les raisons n'y ayant guère autre fondement que l'expérience,
et la diversité des événements humains nous présentent infinis
exemples à toutes sortes de formes. Un savant personnage de
945 notre temps dit qu'en nos almanachs, où ils disent chaud, qui
voudra dire froid, et, au lieu de sec, humide, et mettre toujours le
rebours de ce qu'ils pronostiquent, s'il devait entrer en gageure de
l'événement [*parier sur ce qui arrivera*] de l'un ou de l'autre, qu'il ne se
soucierait pas quel parti il prît, sauf ès choses où il n'y peut échoir
950 [*advenir*] incertitude, comme de promettre à Noël des chaleurs extrêmes,
et à la Saint-Jean des rigueurs de l'hiver. J'en pense de même de ces
discours [*discussions*] politiques : à quelque rôle [*de défenseur ou d'adversaire de la thèse*] qu'on vous mette, vous avez aussi beau jeu que votre
compagnon, pourvu que vous ne veniez à choquer les principes
955 trop grossiers et apparents. Et pourtant [*c'est pourquoi*], selon mon
humeur, ès [*dans les*] affaires publiques, il n'est aucun si mauvais
train [*état de choses*], pourvu qu'il ait de l'âge et de la constance, qui
ne vaille mieux que le changement et le remuement. Nos mœurs
sont extrêmement corrompues, et penchent d'une merveilleuse
960 [*extrême*] inclination vers l'empirement ; de nos lois et usances, il
y en a plusieurs barbares et monstrueuses ; toutefois, pour [*étant
donné*] la difficulté de nous mettre en meilleur état, et le danger de
ce croulement, si je pouvais planter une cheville à notre roue et
l'arrêter en ce point, je le ferais de bon cœur :

965   *// nunquam adeo fœdis adeoque pudendis*
Utimur exemplis, ut non pejora supersint.[2]

[Il n'est pas d'exemples si honteux et infâmes qu'on n'en puisse trouver de pires.]

/ Le pis que je trouve en notre état, c'est l'instabilité, et que nos lois,
non plus que nos vêtements, ne peuvent prendre aucune forme
970 arrêtée. Il est bien aisé d'accuser d'imperfection une police [*un mode
de gouvernement*], car toutes choses mortelles en sont pleines ; il est
bien aisé d'engendrer à un peuple le mépris de ses anciennes obser-
vances [*lois*] : jamais homme n'entreprit cela, qui n'en vînt à bout ;
mais d'y établir un meilleur état en la place de celui qu'on a ruiné,

---

1. *Cædimur [...] hostem :* Horace, *Épîtres*, II, ii, 97.
2. *Nunquam [...] supersint :* Juvénal, VIII, 183.

975 à ceci plusieurs se sont morfondus, de ceux qui l'avaient entrepris.
/// Je fais peu de part à la prudence [*la prévoyance*] de ma conduite ; je
me laisse volontiers mener à [*par*] l'ordre public du monde. Heureux
peuple, qui fait ce qu'on commande mieux que ceux qui commandent, sans se tourmenter des causes ; qui se laisse mollement
980 rouler après [*selon*] le roulement céleste. L'obéissance n'est pure ni
tranquille en celui qui raisonne et qui plaide.

/ [*En*] Somme, pour revenir à moi, ce [*ceci*] seul par où je m'estime
quelque chose, c'est ce en quoi jamais homme ne s'estima défaillant
[*insuffisant*] : ma recommandation [*mon mérite*] est vulgaire, commune
985 et populaire [*ordinaire*], car qui a jamais cuidé [*pensé*] avoir faute de
sens [*manqué de jugement*] ? Ce serait une proposition qui impliquerait
en soi de la contradiction : /// c'est une maladie qui n'est jamais
où elle se voit ; elle est bien tenace et forte, mais laquelle pourtant
le premier rayon de la vue du patient perce et dissipe, comme le
990 regard du soleil un brouillard opaque ; / s'accuser serait s'excuser
en ce sujet-là ; et se condamner, ce serait s'absoudre. Il ne fut
jamais crocheteur [*portefaix*] ni femmelette qui ne pensât avoir assez
de sens pour sa provision. Nous reconnaissons aisément ès [*aux*]
autres l'avantage du courage, de la force /// corporelle, / de l'expé-
995 rience, de la disposition [*l'agilité*], de la beauté ; mais l'avantage du
jugement, nous ne le cédons à personne ; et les raisons qui partent
du simple discours naturel [*bon sens*] en autrui, il nous semble qu'il
n'a tenu qu'à [*il aurait suffi de*] regarder de ce côté-là, [*pour*] que nous
les ayons trouvées. La science, le style, et telles parties [*qualités*] que
1000 nous voyons ès [*dans les*] ouvrages étrangers, nous touchons [*reconnaissons*] bien aisément s'ils surpassent les nôtres ; mais les simples
productions de l'entendement, chacun pense qu'il était en lui de
les rencontrer [*trouver*] toutes pareilles, et en aperçoit malaisément
le poids et la difficulté, /// si ce n'est, et à peine, en une extrême et
1005 incomparable distance. / Ainsi, c'est une sorte d'exercitation [*d'exercice*] de laquelle je dois espérer fort peu de recommandation [*estime*]
et de louange, et une manière de composition de peu de nom
[*renom*]. /// Et puis, pour qui écrivez-vous ? Les savants à qui touche
[*appartient*] la juridiction livresque [*le jugement des livres*] ne connaissent
1010 autre prix que de la doctrine [*le savoir*], et n'avouent autre procédé
en nos esprits que celui de l'érudition et de l'art : si vous avez

pris l'un des Scipions pour l'autre, que nous reste-t-il à dire qui
vaille ? Qui ignore Aristote, selon eux, s'ignore quant et quant
1015 [*aussi*] soi-même. Les âmes communes et populaires ne voient pas la
grâce et le poids d'un discours hautain [*élevé*] et délié [*subtil*]. Or ces
deux espèces occupent le monde. La tierce, à qui vous tombez en
partage, des âmes réglées et fortes d'elles-mêmes[1], est si rare que
justement elle n'a ni nom, ni rang entre nous : c'est à demi temps
1020 perdu d'aspirer et de s'efforcer à lui plaire. / On dit communément
que le plus juste partage que nature nous ait fait de ses grâces,
c'est celui du sens [*bon sens*] : car il n'est aucun qui ne se contente
de ce qu'elle lui en a distribué. /// N'est-ce pas raison ? Qui verrait
au-delà, il verrait au-delà de sa vue. / Je pense avoir les opinions
1025 bonnes et saines ; mais qui n'en croit autant des siennes ? L'une
des meilleures preuves que j'en aie, c'est le peu d'estime que je fais
de moi ; car si elles n'eussent été bien assurées, elles se fussent
aisément laissé piper à [*tromper par*] l'affection que je me porte singulière, comme celui [*un homme*] qui la ramène quasi tout à moi, et qui
1030 ne l'épand guère hors de là. Tout ce que les autres en distribuent
à une infinie multitude d'amis et de connaissants, à leur gloire, à
leur grandeur, je le rapporte tout au repos de mon esprit et à moi.
Ce qui m'en échappe ailleurs [*sur d'autres sujets*], ce n'est pas proprement de l'ordonnance [*sur l'ordre*] de mon discours [*ma réflexion*],
1035   *mihi nempe valere et vivere doctus*.[2]

[Car ma science est de vivre et de me bien porter.]

Or mes opinions, je les trouve infiniment hardies et constantes à
condamner mon insuffisance. De vrai, c'est aussi un sujet auquel
j'exerce mon jugement autant qu'à nul autre. Le monde regarde
1040 toujours vis-à-vis ; moi, je replie ma vue au-dedans, je la plante,
je l'amuse [*la retiens*] là. Chacun regarde devant soi ; moi, je regarde
dedans moi : je n'ai affaire qu'à moi, je me considère sans cesse, je
me contrôle, je me goûte. Les autres vont toujours ailleurs, s'ils y

---

1. **La tierce [...] fortes d'elles-mêmes :** ni les lettrés (qui le jugent trop peu savant) ni
les esprits communs (qui ne peuvent comprendre sa subtilité) ne peuvent apprécier Montaigne. Il ne lui reste donc que la troisième espèce, très rare, des lecteurs
qui ont un jugement personnel. Aussi ses *Essais* ont-ils peu de chance de rencontrer un public.
2. ***Mihi [...] doctus :*** Lucrèce, *La Nature des choses*, V.

pensent bien ; ils vont toujours avant,

1045 *nemo in sese tentat descendere,*[1]

[Personne ne tente de descendre en soi-même.]

moi je me roule en moi-même.

Cette capacité de trier le vrai, quelle qu'elle soit en moi, et cette humeur libre de n'assujettir aisément ma créance [*mon opinion*], je la
1050 dois principalement à moi : car les plus fermes imaginations [*idées*] que j'aie, et générales, sont celles qui, par manière de dire, naquirent avec moi. Elles sont naturelles et toutes miennes. Je les produisis crues et simples, d'une production hardie et forte, mais un peu trouble et imparfaite ; depuis je les ai établies et fortifiées par
1055 l'autorité d'autrui, et par les sains discours des anciens, auxquels je me suis rencontré [*trouvé*] conforme en jugement : ceux-là m'en ont assuré la prise, et m'en ont donné la jouissance et possession plus entière. // La recommandation [*l'estime*] que chacun cherche de vivacité et promptitude d'esprit, je la prétends [*réclame*] du règlement ;
1060 d'une action éclatante et signalée, ou de quelque particulière suffisance [*capacité*], je la prétends de l'ordre, correspondance et tranquillité d'opinions et de mœurs[2]. /// *Omnino, si quidquam est decorum, nihil est profecto magis quam æquabilitas universæ vitæ, tum singularum actionum : quam conservare non possis, si, aliorum*
1065 *naturam imitans, omittas tuam.*[3] [Assurément, s'il y a quelque chose de beau, rien ne l'est plus qu'une conduite égale dans l'ensemble de la vie comme dans les actions particulières ; or on ne peut la conserver si, en imitant la nature d'autrui, on abandonne la sienne.]

/ Voilà donc jusqu'où je me sens coupable de cette première par-
1070 tie[4], que je disais être au vice de la présomption. Pour la seconde, qui consiste à n'estimer point assez autrui, je ne sais si je m'en puis si bien excuser ; car, quoi qu'il m'en coûte, je délibère [*projette*] de dire

---

1. *Nemo [...] descendere :* Perse, IV, 20.
2. **La recommandation [...] de mœurs :** la sagesse de Montaigne est faite de modestie et de modération : il ne veut pas être loué pour des faits remarquables et ponctuels (vivacité d'esprit, action éclatante, capacité particulière), mais pour savoir constamment régler son esprit et sa vie.
3. *Omnino [...] omittas tuam :* Cicéron, *De officiis*, I, XXXI.
4. **Voilà donc [...] partie :** le premier type de vanité, qui consiste à « *s'estimer trop* », comme l'a écrit Montaigne l. 78, p. 63.

Chapitre 2 : L'humaine condition

ce qui en est. À l'aventure [*peut-être*] que le commerce [*rapport*] continuel que j'ai avec les humeurs anciennes [*le tempérament des Anciens*] et
1075 l'idée [*que je me fais*] de ces riches âmes du temps passé me dégoûte et d'autrui et de moi-même ; ou bien que, à la vérité, nous vivons en un siècle qui ne produit les choses que bien médiocres [*moyennes*] ; tant y a que je ne connais rien [*de*] digne de grande admiration ; aussi ne connais-je guère d'hommes avec telle privauté qu'il faut
1080 [*assez intimement*] pour en pouvoir juger ; et ceux auxquels ma condition [*mon rang*] me mêle [*le*] plus ordinairement sont, pour la plupart, gens qui ont peu de soin de la culture de l'âme, et auxquels on ne propose pour toute béatitude que l'honneur, et pour toute perfection que la vaillance. Ce que je vois de beau en autrui, je le loue et
1085 l'estime très volontiers : voire [*même*], j'enchéris souvent sur ce que j'en pense, et me permets de mentir jusque-là. Car je ne sais point inventer un sujet faux. Je témoigne volontiers de mes amis par ce que j'y trouve de louable ; et d'un pied de valeur, j'en fais volontiers un pied et demi. Mais de leur prêter les qualités qui n'y sont pas, je
1090 ne puis, ni les défendre ouvertement des imperfections qu'ils ont. // Voire [*même*] à mes ennemis je rends nettement ce que je dois de témoignage d'honneur. /// Mon affection se change ; mon jugement, non. // Et [*je*] ne confonds point ma querelle avec d'autres circonstances qui n'en sont pas ; et [*je*] suis tant jaloux de la liberté de mon
1095 jugement, que malaisément la puis-je quitter pour [*quelque*] passion que ce soit. /// Je me fais plus d'injure [*de tort*] en mentant que je n'en fais à celui de qui je mens. On remarque [*mentionne*] cette louable et généreuse coutume de la nation persane qu'ils parlent de leurs mortels ennemis et qu'ils font guerre à outrance, honorablement et
1100 équitablement, autant que porte [*le comporte*] le mérite de leur vertu.

/ Je connais des hommes assez, qui ont diverses parties [*qualités*] belles : qui, l'esprit ; qui, le cœur [*le courage*] ; qui, l'adresse ; qui, la conscience ; qui, le langage ; qui, une science ; qui, une autre. Mais de grand homme en général, et ayant tant de belles pièces ensemble,
1105 ou une en tel degré d'excellence qu'on s'en doive étonner, ou le comparer à ceux que nous honorons du temps passé, ma fortune [*destin*] ne m'en a fait voir nul. Et le plus grand que j'aie connu au vif [*d'après nature*], je dis des parties [*qualités*] naturelles de l'âme, et le mieux né, c'était Étienne de La Boétie ; c'était vraiment une âme pleine et qui
1110 montrait un beau visage à tout sens ; une âme à la vieille marque

et qui eût produit de grands effets [*actions*], si sa fortune l'eût voulu, ayant beaucoup ajouté à ce riche naturel par science et étude. Mais je ne sais comment il advient /// (et si [*pourtant*], [cela] advient sans [aucun] doute) / qu'il se trouve autant de vanité [*sottise*] et de faiblesse d'entendement en ceux qui font profession d'avoir plus de suffisance [*compétence*], qui se mêlent de vacations [*professions*] lettrées et de charges qui dépendent des livres, qu'en nulle autre sorte de gens : ou bien parce qu'on requiert et attend plus d'eux, et qu'on ne peut excuser en eux les fautes communes, ou bien que l'opinion du savoir [*le sentiment de leur science*] leur donne plus de hardiesse de se produire et se découvrir trop avant, par où ils se perdent et se trahissent. Comme [*de même*] un artisan témoigne bien mieux sa bêtise en une riche matière qu'il a entre mains, s'il l'accommode et mêle sottement et contre les règles de son ouvrage, qu'en une autre matière vile, et s'offense-t-on plus du défaut en une statue d'or qu'en celle qui est de plâtre. Ceux-ci[1] en font autant lorsqu'ils mettent en avant des choses qui d'elles-mêmes et en leur lieu seraient bonnes : car ils s'en servent sans discrétion, faisant honneur à leur mémoire aux dépens de leur entendement. Ils font honneur à Cicéron, à Galien, à Ulpian et à saint Jérôme, et eux se rendent ridicules.

Je retombe volontiers sur ce discours [*sujet*] de l'ineptie de notre institution [*éducation*]. Elle a eu pour sa fin [*pour but*] de nous faire non bons et sages, mais savants : elle y est arrivée. Elle ne nous a pas appris de suivre et embrasser la vertu et la prudence [*sagesse*], mais elle nous en a imprimé la dérivation et l'étymologie. Nous savons décliner vertu, si nous ne savons l'aimer ; si nous ne savons [ce] que c'est que prudence par effet [*en réalité*] et par expérience, nous le savons par jargon et par cœur[2]. De nos voisins, nous ne nous contentons pas d'en savoir la race, les parentelles et les alliances, nous les voulons avoir pour amis et dresser avec eux quelque conversation [*fréquentation*]

---

1. **Ceux-ci** : les lettrés, qui se ridiculisent, selon Montaigne, en citant sans discernement (« *sans discrétion* ») les grands auteurs, qu'ils ne comprennent même pas.

2. **Par jargon et par cœur** : Montaigne « *retombe* » sur un sujet qui lui est cher, l'éducation. Comme dans le chapitre qu'il lui a consacré (voir p. 135), il dénigre un enseignement formaliste et pédant, qui charge la mémoire au lieu de former l'homme. L'exemple de Polémon montre que l'étude d'un grand auteur devrait être une éducation morale et non un exercice de rhétorique mettant en valeur le « *lecteur* » du texte (le professeur).

et intelligence [*entente*] ; elle nous a appris les définitions, les divisions et partitions de la vertu, comme des surnoms et branches d'une généalogie, sans avoir autre soin de dresser entre nous et elle quelque pratique de familiarité et privée accointance [*connaissance*]. Elle nous

1145 a choisi pour notre apprentissage [*instruction*] non les livres qui ont les opinions [les] plus saines et plus vraies, mais ceux qui parlent le meilleur grec et latin, et, parmi ses beaux mots, nous a fait couler en la fantaisie [*l'esprit*] les plus vaines humeurs[1] de l'Antiquité. Une bonne institution, elle change le jugement et les mœurs, comme il

1150 advint à Polémon, ce jeune homme grec débauché, qui, étant allé ouïr par rencontre [*par hasard*] une leçon de Xénocrate, ne remarqua pas seulement l'éloquence et la suffisance [*compétence*] du lecteur, et n'en rapporta pas seulement en la maison la science de quelque belle matière, mais un fruit plus apparent et plus solide, qui fut le soudain

1155 changement et amendement de sa première vie. Qui a jamais senti un tel effet de notre discipline [*éducation*] ?

> *faciasne quod olim*
> *Mutatus Polemon ? ponas insignia morbi,*
> *Fasciolas, cubital, focalia, potus ut ille*
1160 > *Dicitur ex collo furtim carpsisse coronas,*
> *Postquam est impransi correptus voce magistri ?*[2]

[Ferais-tu ce que fit jadis Polémon, après sa conversion ? Déposerais-tu les insignes de ta folie, les rubans, les coussins, les bandeaux, comme on raconte qu'après boire, il arracha de son cou à la dérobée ses couronnes de fleurs après avoir entendu

1165 la voix d'un maître à jeun.]

/// La moins dédaignable condition de gens me semble être celle qui par simplesse tient le dernier rang, et [qui me semble] nous offrir un commerce plus réglé. Les mœurs et les propos des paysans, je les trouve communément plus ordonnés selon la prescription de la

1170 vraie philosophie que ne sont ceux de nos philosophes. « *Plus sapit vulgus, quia tantum quantum opus est, sapit*. »[3] [Le peuple est plus sage parce qu'il n'est sage qu'autant qu'il le faut.]

---

1. **Humeurs :** à la fois liquides organiques et opinions. Ce sont les plus « vaines » (creuses, vides) que les collèges de l'époque font « couler » dans l'esprit des élèves, qui les reçoivent sans discernement.

2. *Faciasne [...] magistri :* Horace, *Satires*, II, III, 253.

3. *Plus sapit [...] sapit :* Lactance, *Institutions divines*, III, V.

« De la présomption »

/ Les plus notables hommes que j'aie jugés par les apparences externes (car, pour les juger à ma mode, il les faudrait éclairer de plus près), ç'ont été, pour le fait de la guerre et suffisance militaire, le duc de Guise, qui mourut à Orléans[1], et le feu maréchal Strozzi. Pour gens suffisants [*talentueux*], et de vertu non commune, Olivier et l'Hospital[2], chanceliers de France. Il me semble aussi de la poésie qu'elle a eu sa vogue en notre siècle. Nous avons foison de bons artisans de ce métier-là : Dorat[3], Bèze, Buchanan, l'Hospital, Montdoré, Turnèbe. Quant aux Français, je pense qu'ils l'ont montée au plus haut degré où elle sera jamais ; et aux parties en quoi Ronsard et du Bellay excellent, je ne les trouve guère éloignés de la perfection ancienne [*antique*]. Adrien Turnèbe savait plus et savait mieux ce qu'il savait qu'homme qui fût de son siècle, ni loin au-delà. // Les vies du duc d'Albe, dernier [*récemment*] mort, et de notre connétable de Montmorency[4] ont été des vies nobles et qui ont eu plusieurs ressemblances de fortune [*destin*] ; mais la beauté et la gloire de la mort de celui-ci, à la vue de Paris et de son roi, pour leur service, contre ses plus proches, à la tête d'une armée

---

1. **Le duc de Guise [...] Orléans :** François de Guise, dont Montaigne admire la compétence militaire, bien qu'il ait provoqué la première guerre de Religion en faisant massacrer les protestants à Wassy en 1562, ce qui lui valut d'être assassiné l'année suivante.
2. **Olivier et l'Hospital :** François Olivier (1457-1560) et Michel de l'Hospital (1504-1573). Ce dernier tenta vainement de mener une politique de conciliation entre protestants et catholiques ; il écrivit aussi des vers latins.
3. **Dorat :** grand érudit et auteur de vers latins et grecs (1510-1588), il fut le maître de Ronsard et Du Bellay. Théodore de Bèze (1519-1605), auteur de poésies latines, se convertit au protestantisme et dirigea l'Église de Genève après Calvin. Montaigne, en le citant, témoigne de sa liberté d'esprit. Montdoré (bibliothécaire du roi) et Turnèbe (érudit, professeur d'éloquence grecque au Collège royal) ont aussi écrit des vers latins. Sur Buchanan, voir p. 171, note 1.
4. **Les vies [...] Montmorency :** le duc d'Albe venait de mourir en 1582 ; il est resté dans l'histoire comme l'artisan d'une répression féroce contre les protestants hollandais, qui voulaient libérer leur pays de la domination espagnole. Le connétable Anne de Montmorency est mort de ses blessures après avoir remporté la bataille de Saint-Denis (1567), à l'âge de 74 ans ; catholique et opposé à toute conciliation avec les Réformés, il se battait « contre ses proches » puisque ses trois neveux, Gaspard de Coligny, l'amiral Odet de Châtillon et François d'Andelot, étaient gagnés à la Réforme. Coligny commandait les troupes protestantes à Saint-Denis.

victorieuse par sa conduite, et d'un coup de main, en si extrême vieillesse, me semble mériter qu'on la loge entre les remarquables événements de mon temps. /// Comme aussi la constante bonté, douceur de mœurs et facilité consciencieuse de monsieur de La
1195 Noue[1], en une telle injustice de parts [*factions*] armées, vraie école de trahison, d'inhumanité et de brigandage, où toujours il s'est nourri [*il a vécu*], grand homme de guerre et très expérimenté.

J'ai pris plaisir à publier en plusieurs lieux l'espérance que j'ai de Marie de Gournay le Jars[2], ma fille d'alliance, et certes aimée de moi
1200 beaucoup plus que paternellement, et enveloppée en ma retraite et solitude comme l'une des meilleures parties de mon propre être. Je ne regarde plus qu'elle au monde. Si l'adolescence [*la jeunesse*] peut donner présage, cette âme sera quelque jour capable des plus belles choses, et entre autres de la perfection de cette très sainte amitié où
1205 nous ne lisons point que son sexe ait pu monter encore. La sincérité et la solidité de ses mœurs y sont déjà bastantes [*suffisantes*], son affection vers moi plus que surabondante, et telle en somme qu'il n'y a rien à souhaiter, sinon que l'appréhension qu'elle a de ma fin, par les cinquante et cinq ans auxquels elle m'a rencontré, la travaillât
1210 [*tourmentât*] moins cruellement. Le jugement qu'elle fit des premiers *Essais*, et femme, et en ce siècle, et si jeune, et seule en son quartier [*sa région*], et la véhémence fameuse dont elle m'aima et me désira longtemps sur la seule estime qu'elle en prit de moi, avant m'avoir vu, c'est un accident [*événement*] de très digne considération.

1215 / Les autres vertus ont eu peu ou point de mise en cette âge [*époque*] ; mais la vaillance, elle est devenue populaire [*commune*] par nos guerres civiles, et en cette partie [*qualité*] il se trouve parmi nous des âmes fermes jusqu'à la perfection, et en grand nombre, si [*tellement*] que le triage en est impossible à faire. Voilà tout ce que j'ai connu, jusqu'à
1220 cette heure, d'extraordinaire grandeur et non commune.

---

1. **Monsieur de La Noue :** François de La Noue (1531-1591), capitaine et écrivain, converti au protestantisme, était animé d'un esprit de tolérance.
2. **Marie de Gournay le Jars (1566-1645) :** elle s'était prise d'une grande admiration pour Montaigne à la lecture des *Essais*. Animée d'une « véhémence fameuse », d'un fort sentiment fondé sur la seule réputation que l'auteur devait à son œuvre, elle le rencontra en 1588 et assura l'édition posthume de 1595.

Clefs d'analyse

Compréhension

Montaigne et la présomption

- Repérer dans les lignes 1 à 79 et 1069 à 1071 les différentes sortes de « gloire » que distingue Montaigne.
- Montaigne se reconnaît-il présomptueux ?

Montaigne et ses contemporains

- Relever les éléments qui composent le portrait de Montaigne. Quel rapport ont-ils avec sa qualité maîtresse, le goût de la liberté ?
- Relever les qualifications morales que Montaigne attribue à ses contemporains pour se distinguer d'eux.

Réflexion

L'autojustification

- Pourquoi Montaigne a-t-il fait un tel portrait de lui-même ?
- Ce chapitre est-il conforme à la présentation des *Essais* donnée dans l'avis « Au lecteur » (p. 24) ? Quelle importance Montaigne accorde-t-il à la vérité ? Comment se manifeste-t-elle dans le portrait qu'il fait de lui-même ?

La composition

- À la lumière des réponses aux questions précédentes, distinguer et analyser rapidement les mouvements successifs de ce chapitre.

À retenir

L'écriture de soi peut éveiller le soupçon chez le lecteur : pour prévenir l'accusation de vanité ou de narcissisme, l'écrivain assure que son portrait est complet et sincère. Montaigne s'appesantit ainsi, avec une certaine complaisance, sur ses défauts : expression d'une personnalité nonchalante, ils vont de pair avec de grandes qualités (indépendance, loyauté, franchise, modération).

Synthèse

Le thème préfaciel

En dehors de l'avis « Au lecteur » écrit pour la première édition, Montaigne n'a pas adjoint de préface à ses *Essais*. L'originalité de l'œuvre appelait pourtant des explications et des justifications. Aussi l'auteur interrompt-il souvent sa réflexion en cours pour préciser ses intentions et réfuter des critiques, développant au fil des chapitres un commentaire sur l'œuvre en train de se faire. Cette pratique, qui correspond d'ailleurs parfaitement à sa personnalité nonchalante, lui laisse une totale liberté d'intervention ; le lecteur, lui, peut être gêné par ces digressions, et il doit établir la cohérence de ce qu'on pourrait appeler « un discours préfaciel discontinu ».

Des éléments importants de ce discours ont été réunis dans les extraits 1 à 10. D'autres figurent à des places privilégiées : début de chapitre (voir « De l'institution des enfants », p. 135-139, l. 1-122, « De l'utile et de l'honnête », p. 192, l. 1 à 9) ou fin de chapitre (voir « De l'exercitation », p. 48-51, l. 297-405). Par son sujet même, le chapitre « De la présomption » appelait ce thème : n'est-ce pas le comble de la vanité que d'exposer sa personnalité au public ? Montaigne prend le problème à bras-le-corps et lui donne deux réponses. Tout d'abord, il ouvre son chapitre par deux arguments : 1. « le jugement » doit pouvoir s'exercer sur tous les sujets, y compris sur l'opinion que l'on a de soi ; 2. les convenances hypocrites que la société impose aux individus (« la cérémonie nous emporte ») interdisent de parler de soi : si Montaigne ne les respecte pas, c'est au nom de la vérité. Ensuite, il présente un portrait peu flatté de sa personne (« Tout est grossier chez moi », l. 223) et se reconnaît le défaut de « n'estimer point assez autrui » (l. 1071). Cela ne l'empêche pas d'introduire encore une digression (l. 851-885) pour revendiquer le droit de se peindre jusque dans les détails les plus frivoles.

La satire de la présomption

« La présomption est notre maladie naturelle et originelle » (page 56, ligne 34), elle conduit l'homme qui surestime ses pouvoirs et son savoir à s'élever au-dessus de sa condition et à « s'égale[r] à Dieu » : c'est à la fois le péché originel chrétien et l'*hybris* des Grecs. Elle rend l'homme intolérant et vindicatif, aussi Montaigne se félicite-t-il que la présomption soit étrangère à son tempérament (l. 137) et que sa mollesse le porte à la modération (l. 610).

Il emploie donc toutes les ressources de l'éloquence pour faire la satire de la présomption, présentée comme une maîtresse d'erreur (l. 115) :

– *l'hyperbole et la gradation*, pour assurer qu'il est bien exempt de l'orgueil humain : il adhère au contraire aux opinions des Anciens « qui nous méprisent, avilissent et anéantissent » (l. 111) ;

– *l'hyperbole et la métaphore*, pour ridiculiser les prétendus savants : « Ces gens qui se perchent à chevauchons sur l'épicycle de Mercure, qui voient si avant dans le ciel, ils m'arrachent les dents » (l. 118) ;

– *la métaphore filée et grotesque*, pour se moquer des ambitieux : « les Français semblent des guenons qui vont grimpant contre-mont un arbre, de branche en branche, et ne cessent d'aller jusqu'à ce qu'elles sont arrivées à la plus haute branche, et y montrent le cul quand elles y sont » (l. 565-568) ;

– *le paradoxe*, pour mieux dénoncer la fausse humilité, la modestie de convenance : « on peut être humble de gloire » (l. 60) ;

– les questions rhétoriques et l'ironie, pour amener « l'homme, qui n'est rien » et qui se croit le maître de l'univers, à une juste appréciation de sa condition (p. 56).

Synthèse

CHAPITRE 3

« Un homme mêlé »

Penser l'autre (relativisme et confrontation des cultures)

A. EXTRAITS

Extrait 14. « J'estime tous les hommes mes compatriotes » (III, 9, « De la vanité »).
Extrait 15. « Tout ce qui nous semble étrange, nous le condamnons » (II, 12, « Apologie de Raymond Sebond »).
Extrait 16. « Tant de villes rasées » (III, 6, « Des coches »).

B. TEXTE INTÉGRAL

I, 31, « Des Cannibales »

A. EXTRAITS

« Il se tire une merveilleuse clarté, pour le jugement humain, de la fréquentation du monde. Nous sommes tout contraints et amoncelés en nous, et avons la vue raccourcie à la longueur de notre nez. » L'homme a en effet une propension à ramener tout à lui-même, à ériger en modèle son mode de vie, à faire l'économie d'un véritable jugement en se satisfaisant de ses préjugés. Rien de tels que les voyages (extrait 14) pour ne pas être contraint, resserré, pour acquérir cette ouverture d'esprit, gage de lucidité, de modestie et de tolérance (extrait 15). La confrontation entre les peuples du Nouveau Monde et les Européens est l'occasion d'une méditation sur la barbarie des prétendus civilisés (extrait 16) et sur la relativité des cultures et des valeurs (essai I, 31) : « chacun appelle barbarie ce qui n'est pas de son usage ». Montaigne a nourri ainsi la réflexion de l'humanisme* moderne. Après les génocides monstrueux de la Seconde Guerre mondiale et alors que la décolonisation n'était pas encore achevée, l'ethnologue Claude Lévi-Strauss a pu écrire à son tour : « Le barbare, c'est d'abord l'homme qui croit à la barbarie » (Race et Histoire, *1952*).

Extrait 14. « J'estime tous les hommes mes compatriotes »

// Non parce que Socrate l'a dit[1], mais parce que, en vérité, c'est mon humeur, et à l'aventure [*peut-être*] non sans quelque excès, j'estime tous les hommes mes compatriotes et embrasse un Polonais comme un Français, postposant [*subordonnant*] cette liaison nationale à
5 l'universelle et commune. Je ne suis guère féru [*épris*] de la douceur d'un air naturel [*natal*]. Les connaissances [*amitiés*] toutes neuves et toutes miennes me semblent bien valoir ces autres communes et fortuites connaissances du voisinage. Les amitiés pures de notre acquêt [*que nous avons acquises*] emportent [*surpassent*] ordinairement celles
10 auxquelles la communication du climat ou du sang nous joignent. Nature nous a mis au monde libres et déliés, nous nous emprisonnons en certains détroits [*endroits*], comme les rois de Perse, qui s'obligeaient de ne boire jamais autre eau que celle du fleuve de Choaspès, renonçaient par sottise à leur droit d'usage en toutes les
15 autres eaux et asséchaient pour leur regard tout le reste du monde.

---

1. **Non parce que Socrate l'a dit :** Socrate, philosophe grec du Ve s. av. J.-C., se disait citoyen du monde (voir ci-dessous l'essai I, 26, p. 150).

Chapitre 3 : Le relativisme

[...] le voyager me semble un exercice profitable. L'âme y a une continuelle exercitation à remarquer les choses inconnues et nouvelles ; et je ne sache point meilleure école, comme j'ai dit souvent[1], à former la vie que de lui proposer incessamment [*constamment*] la diversité de tant d'autres vies, /// fantaisies [*opinions*] et usances, // et lui faire goûter une si perpétuelle variété de formes de notre nature. [...]

// J'ai la complexion [*constitution*] du corps libre et le goût commun autant qu'homme du [*au*] monde. La diversité des façons [*usages*] d'une nation à autre ne me touche que par le plaisir de la variété. Chaque usage a sa raison. Soient des assiettes d'étain, de bois, de terre, bouilli ou rôti, beurre ou huile de noix ou d'olive, chaud ou froid, tout m'est un, et si un que, vieillissant, j'accuse cette généreuse faculté, et aurais besoin que la délicatesse et le choix arrêtassent l'indiscrétion [*l'immodération*] de mon appétit et parfois soulageât mon estomac. /// Quand j'ai été ailleurs qu'en France et que, pour me faire courtoisie, on m'a demandé si je voulais être servi à la française, je m'en suis moqué et me suis toujours jeté aux tables les plus épaisses d'étrangers. // J'ai honte de voir nos hommes enivrés de cette sotte humeur de s'effaroucher des formes [*façons de vivre*] contraires aux leurs : il leur semble être hors de leur élément quand ils sont hors de leur village. Où qu'ils aillent, ils se tiennent à leurs façons et abominent les étrangères. Retrouvent-ils un compatriote en Hongrie, ils festoient cette aventure : les voilà à se rallier et à se recoudre ensemble, à condamner tant de mœurs barbares qu'ils voient. Pourquoi non barbares, puisqu'elles ne sont françaises ? Encore sont-ce les plus habiles [*intelligents*] qui les ont reconnues, pour en médire. La plupart ne prennent l'aller [*le départ*] que pour le venir [*retour*]. Ils voyagent couverts et resserrés d'une prudence taciturne et incommunicable, se défendant de la contagion d'un air inconnu. Ce que je dis de ceux-là me ramentoit [*rappelle*], en chose semblable, ce que j'ai parfois aperçu en aucuns [*certains*] de nos jeunes courtisans. Ils ne tiennent qu'aux hommes de leur sorte, nous regardent comme gens de l'autre monde, avec dédain ou pitié. Ôtez-leur les entretiens des mystères de la cour, ils sont hors de leur gibier [*de leur affaire*], aussi neufs [*novices*] pour nous et malhabiles comme nous sommes à eux. On dit bien vrai qu'un honnête homme, c'est un homme mêlé.

---

1. **Comme j'ai dit souvent :** voir ci-dessous l'essai I, 26 (p. 150).

Au rebours, je pérégrine [*voyage*] très saoul [*las*] de nos façons ; non pour chercher des Gascons en Sicile (j'en ai assez laissé au logis), je cherche des Grecs plutôt, et des Persans ; j'accointe [*j'aborde*] ceux-là, je les considère [*je m'intéresse à eux*] ; c'est là où je me prête et où je m'emploie. Et qui plus est, il me semble que je n'ai rencontré guère de manières qui ne vaillent les nôtres. Je couche de [*risque*] peu : car à peine ai-je perdu mes girouettes de vue[1].

Montaigne, « De la vanité » (extrait), *Essais*, III, 9. (PUF, Quadrige, p. 973-974 et 985-986 ; La Pochothèque, p. 1517-1519 et 1536-1537)

Extrait 15. « Tout ce qui nous semble étrange, nous le condamnons »

Montaigne évoque ici sa rencontre avec les Indiens du Brésil, qu'il a racontée plus longuement dans l'essai consacré aux « Cannibales » (voir ci-dessous p. 122).

C'est une même nature qui roule son cours. Qui en aurait suffisamment jugé le présent état en pourrait sûrement conclure [*déduire*] et tout l'avenir et tout le passé. J'ai vu autrefois parmi nous des hommes amenés par mer de lointain pays, desquels parce que nous n'entendions aucunement le langage et que leur façon [*comportement*], au demeurant, et leur contenance, et leurs vêtements étaient du tout [*tout à fait*] éloignés des nôtres, qui de nous ne les estimait et sauvages et brutes ? qui n'attribuait à stupidité et bêtise de les voir muets, ignorant la langue française, ignorant nos baisemains et nos inclinations [*nos révérences*] serpentées, notre port et notre maintien, sur lequel, sans faillir [*sans aucun doute*], doit prendre son patron la nature humaine ?

Tout ce qui nous semble étrange, nous le condamnons, et ce que nous n'entendons pas.

Montaigne, « Apologie de Raymond Sebond », *Essais*, II, 12. (PUF, Quadrige, p. 467 ; La Pochothèque, p. 731-732)

Extrait 16. « Tant de villes rasées »

Le chapitre « Des coches », à la composition particulièrement sinueuse, consacre un long passage à la conquête du Nouveau Monde par les

---

1. **À peine [...] de vue :** Montaigne pèche par excès de modestie : il a fait un long voyage en 1580-1581 (en Allemagne, Suisse, Italie).

Chapitre 3 : Le relativisme

Européens. Après avoir donné, dans « Des Cannibales », une description quasi ethnographique des Indiens du Brésil, Montaigne exprime ici son indignation devant la destruction de la civilisation inca perpétrée par des conquérants imbus de leur supériorité.

5   Que n'est tombée sous Alexandre ou sous ces anciens Grecs et Romains une si noble conquête, et une si grande mutation et altération de tant d'empires et de peuples sous des mains qui eussent doucement poli et défriché ce qu'il y avait de sauvage, et eussent conforté et promu les bonnes semences que nature y avait pro-
10 duites, mêlant non seulement à la culture des terres et ornement des villes les arts de deçà[1], en tant qu'elles y eussent été nécessaires, mais aussi mêlant les vertus grecques et romaines aux originelles du pays ! Quelle réparation eût-ce été et quel amendement à toute cette machine [*ce monde*] que les premiers exemples et déportements
15 [*comportements*] nôtres qui se sont présentés par-delà eussent appelé ces peuples à l'admiration et imitation de la vertu et eussent dressé entre eux et nous une fraternelle société et intelligence [*entente*] ! Combien il eût été aisé de faire son profit d'âmes si neuves, si affamées d'apprentissage, ayant pour la plupart de si beaux commen-
20 cements naturels ! Au rebours, nous nous sommes servis de leur ignorance et inexpérience à [*pour*] les plier plus facilement vers la trahison, luxure, avarice [*cupidité*] et vers toute sorte d'inhumanité et de cruauté, à l'exemple et patron de nos mœurs. Qui mit jamais à tel prix le service de la mercadence et de la trafique [*du commerce*] ?
25 Tant de villes rasées, tant de nations exterminées, tant de millions de peuples passés au fil de l'épée, et la plus riche et belle partie du monde bouleversée pour la négociation [*le négoce*] des perles et du poivre : mécaniques [*viles*] victoires. Jamais l'ambition, jamais les inimitiés publiques ne poussèrent les hommes les uns contre les autres à si horribles hostilités et calamités si misérables.

Montaigne, « Des coches », *Essais*, III, 6. (PUF, Quadrige, p. 910 ;
La Pochothèque, p. 1425-1426)

---

1. **Les arts de deçà :** les arts des peuples européens (de ce côté-ci de l'océan), par opposition à ceux de l'Amérique (« par-delà » l'océan). Le mot « art » pouvait être féminin ; il désigne ici l'ensemble de ce qui est produit par les artistes et les artisans.

Clefs d'analyse

La confrontation des cultures
(extraits 14 à 16, p. 103-106)

Compréhension

Ouverture d'esprit et ethnocentrisme

- D'après l'extrait 14, quelle est l'attitude de Montaigne en voyage ? En quoi se distingue-t-il de ses contemporains ?
- Dans les extraits 14 à 16, relever les traits qui caractérisent l'attitude des contemporains de Montaigne vis-à-vis des étrangers.

Réflexion

L'expression de l'indignation

- Dans l'extrait 14, repérer et étudier les passages satiriques qui évoquent les contemporains de Montaigne.
- Dans l'extrait 16, analyser les procédés littéraires utilisés par Montaigne pour exprimer son indignation.

L'idéal de « l'honnête homme »

- Expliquer et commenter la phrase : « un honnête homme, c'est un homme mêlé » (extrait 14, l. 51). La rapprocher du passage où Montaigne dit que nous devons « limer notre cervelle contre celle d'autrui » (p. 144, l. 306-307).

Clefs d'analyse

B. ESSAI INTÉGRAL

« DES CANNIBALES » (I, 31)

*En 1555, une expédition française s'établit dans la baie de Guanabara (Rio de Janeiro) dans l'intention de coloniser une partie du Brésil. Son chef, Villegagnon, fonde la « France antarctique » (que les Portugais annexeront en 1559). Les Français entrent en contact avec les Tupinambas, « les Cannibales », qui pratiquent une anthropophagie rituelle. Ces Indiens sont décrits par deux membres de l'expédition, le prêtre catholique André Thevet (*Les Singularités de la France antarctique, 1557*) et le protestant Jean de Léry (*Histoire d'un voyage fait en la terre du Brésil, 1578*). Montaigne a lu leurs récits de voyage mais il dispose aussi d'autres informations : il a rencontré des Indiens présentés à la cour à Rouen en 1562 (voir p. 122) et il a employé comme secrétaire un homme ayant séjourné dans ce pays. C'est dire l'intérêt qu'il a accordé à ces peuples, que leurs mœurs et leurs valeurs faisaient regarder comme des barbares.*

/ Quand le roi Pyrrhus passa en Italie, après qu'il eut reconnu l'ordonnance de l'armée que les Romains lui envoyaient au-devant : « Je ne sais, dit-il, quels barbares sont ceux-ci (car les Grecs appelaient ainsi toutes les nations étrangères) mais la dis-
5 position de cette armée que je vois n'est aucunement barbare. » Autant en dirent les Grecs de celle que Flaminius fit passer en leur pays, et Philippe voyant d'un tertre l'ordre et distribution du camp romain en son royaume, sous Publius Sulpicius Galba. Voilà comment il se faut garder de s'attacher aux opinions vulgaires, et
10 [il] les faut juger par la voie de la raison, non par la voix commune.
J'ai eu longtemps avec moi un homme qui avait demeuré dix ou douze ans en cet autre monde qui a été découvert en notre siècle, en l'endroit où Villegagnon prit terre, qu'il surnomma la France antarctique. Cette découverte d'un pays infini semble être de
15 grande considération [*importance*]. Je ne sais si je me puis répondre qu'il ne s'en fasse à l'avenir quelque autre, tant de personnages plus grands que nous ayant été trompés en celle-ci. J'ai peur que nous ayons les yeux plus grands que le ventre, et plus de curiosité que nous n'avons de capacité : nous embrassons tout, mais nous
20 n'étreignons que du vent. Platon introduit [*cite*] Solon racontant

avoir appris des prêtres de la ville de Saïs, en Égypte, que jadis et
avant le déluge il y avait une grande île nommée Atlantide, droit à
la bouche du détroit de Gibraltar, qui tenait plus de pays que l'Afrique
et l'Asie toutes deux ensemble, et que les rois de cette contrée-là,
25 qui ne possédaient pas seulement cette île mais s'étaient étendus
dans la terre ferme si avant qu'ils tenaient de la largeur d'Afrique
jusqu'en Égypte, et de la longueur de l'Europe jusqu'en Toscane,
entreprirent d'enjamber jusque sur l'Asie et de subjuguer [*soumettre*] toutes les nations qui bordent la mer Méditerranée, jusqu'au
30 golfe de la mer Majour [*mer Noire*] ; et, pour cet effet, [ils] traversèrent
les Espagnes, la Gaule, l'Italie, jusqu'en Grèce, où les Athéniens
les soutinrent [*arrêtèrent*] ; mais que quelque temps après, et les
Athéniens et eux et leur île furent engloutis par le déluge. Il est
bien vraisemblable que cet extrême ravage d'eau ait fait des chan-
35 gements étranges aux habitations de la terre, comme on tient que
la mer a retranché la Sicile d'avec l'Italie,

> // *Hæc loca vi quondam et vasta convulsa ruina,*
> *Dissiluisse ferunt, cum protinus utraque tellus*
> *Una foret,*[1]

40 [Ces terres se sont séparées dans une violente convulsion, alors qu'elles ne
formaient qu'un seul continent.]

/ Chypre d'avec la Syrie, l'île de Nègrepont [*l'Eubée*] de la terre ferme
de la Béotie, et joint ailleurs les terres qui étaient divisées, com-
blant de limon et de sable les fosses d'entre-deux,

45 > *sterilísque diu palus aptáque remis*
> *Vicinas urbes alit, et grave sentit aratrum*[2]

[Et un marais, longtemps stérile et battu par les rames, nourrit les villes voisines
et supporte le poids de la lourde charrue.]

Mais il n'y a pas grande apparence que cette île soit ce monde
50 nouveau que nous venons de découvrir car elle touchait quasi
l'Espagne, et ce serait un effet incroyable d'inondation de l'en avoir
reculée comme elle est, de plus de douze cents lieues ; outre ce
que les navigations des modernes ont déjà presque découvert, que
ce n'est point une île, ains [mais une] terre ferme et continente avec
55 [*attenante à*] l'Inde orientale d'un côté, et avec les terres qui sont sous

---

1. *Hæc [...] foret :* Virgile, *Énéide*, III, 414.
2. *Sterilísque [...] aratrum :* Horace, *Art poétique*, 65.

les deux pôles d'autre part ; ou, si elle en est séparée, que c'est d'un si petit détroit et intervalle qu'elle ne mérite pas d'être nommée île pour cela.

// Il semble qu'il y ait des mouvements, /// naturels les uns, les
60 autres // fiévreux, en ces grands corps comme aux nôtres. Quand je considère l'impression [*l'érosion*] que ma rivière de Dordogne fait de mon temps vers la rive droite de sa descente, et qu'en vingt ans elle a tant gagné, et dérobé le fondement [*les fondations*] à plusieurs bâtiments, je vois bien que c'est une agitation extraordinaire ; car
65 si elle fût toujours allée ce train, ou dût aller à l'avenir, la figure du monde serait renversée. Mais il leur prend des changements : tantôt elles s'épandent d'un côté, tantôt d'un autre, tantôt elles se contiennent. Je ne parle pas des soudaines inondations de quoi nous manions [*connaissons*] les causes. En Médoc, le long de la mer,
70 mon frère, Sieur d'Arsac, voit une sienne terre ensevelie sous les sables que la mer vomit devant elle ; le faîte de quelques bâtiments paraît encore ; ses rentes et domaines se sont échangés en pacages bien maigres. Les habitants disent que depuis quelque temps la mer se pousse si fort vers eux qu'ils ont perdu quatre
75 lieues de terre. Ces sables sont ses fourriers; /// et nous voyons de grandes montjoies d'arènes mouvantes qui marchent d'une demi-lieue devant elle, et gagnent pays[1].

/ L'autre témoignage de l'Antiquité auquel on veut rapporter cette découverte est dans Aristote, au moins si ce petit livret *Des*
80 *merveilles inouïes* est à lui. Il raconte là que certains Carthaginois, s'étant jetés au travers de la mer Atlantique, hors le détroit de Gibraltar, et [ayant] navigué longtemps, avaient découvert enfin une grande île fertile, toute revêtue de bois et arrosée de grandes et profondes rivières, fort éloignée de toutes terres fermes ; et
85 qu'eux, et [d']autres depuis, attirés par la bonté et fertilité du terroir, s'y en allèrent avec leurs femmes et enfants et commencèrent à s'y habituer [*installer*]. Les seigneurs de Carthage, voyant que leur pays se dépeuplait peu à peu, firent défense expresse sur peine de mort que nul n'eût plus à aller là, et en chassèrent ces nouveaux
90 habitants, craignant, à ce qu'on dit, que par succession de temps

---

1. **Ces sables [...] gagnent pays :** les dunes de sable *(« montjoies d'arènes »)* avancent et, comme des fourriers, préparent (et annoncent) la progression de la mer.

ils ne vinssent à multiplier tellement qu'ils les supplantassent eux-mêmes et ruinassent leur État. Cette narration d'Aristote n'a non plus d'accord avec nos terres neuves.

Cet homme que j'avais était homme simple et grossier, [ce] qui
95 est une condition propre à rendre [un] véritable témoignage : car les fines gens remarquent bien plus curieusement [*soigneusement*] et plus de choses, mais ils les glosent [*interprètent*] ; et pour faire valoir leur interprétation et la persuader, ils ne se peuvent garder d'altérer un peu l'histoire. Ils ne vous représentent jamais les choses pures ; ils
100 les inclinent et masquent selon le visage qu'ils leur ont vu et, pour donner crédit à leur jugement et vous y attirer, prêtent volontiers de ce côté-là à la matière, l'allongent et l'amplifient. Ou il faut un homme très fidèle, ou si simple qu'il n'ait pas de quoi bâtir et donner de la vraisemblance à des inventions fausses, et qui n'ait
105 rien épousé[1]. Le mien était tel ; et outre cela il m'a fait voir à diverses fois plusieurs matelots et marchands qu'il avait connus en ce voyage. Ainsi je me contente de cette information, sans m'enquérir de ce que les cosmographes en disent. Il nous faudrait des topographes qui nous fissent narration particulière des endroits où
110 ils ont été[2]. Mais pour avoir [*parce qu'ils ont*] cet avantage sur nous d'avoir vu la Palestine, ils veulent jouir du privilège de nous conter nouvelles de tout le demeurant [*reste*] du monde. Je voudrais que chacun écrivît ce qu'il sait, et autant qu'il en sait, non en cela seulement, mais en tous autres sujets : car tel peut avoir quelque par-
115 ticulière science ou expérience de la nature d'une rivière ou d'une fontaine qui ne sait au [*du*] reste que ce que chacun sait. Il entreprendra toutefois, pour faire courir ce petit lopin, d'écrire toute la physique. De ce vice sourdent plusieurs grandes incommodités [*inconvénients*].

120 Or je trouve, pour revenir à mon propos, qu'il n'y a rien de barbare et de sauvage en cette nation, à ce qu'on m'en a rapporté, sinon que chacun appelle barbarie ce qui n'est pas de son usage. Comme de vrai [*vraiment*] nous n'avons autre mire [*critère*] de la vérité et de la raison que l'exemple et [l']idée des opinions et usances

---

1. **Qui n'ait rien épousé :** qui n'ait pas une opinion à défendre.
2. **Les cosmographes [...] ont été :** les cosmographes décrivent le monde, les topographes les pays qu'ils ont visités.

125 du pays où nous sommes. Là est toujours la parfaite religion, la
parfaite police [*gouvernement*], [le] parfait et accompli usage de toutes
choses. Ils sont sauvages de même que nous appelons sauvages
les fruits que nature, de soi et de son progrès [*marche*] ordinaire, a
produits, là où [*alors que*], à la vérité, ce sont ceux que nous avons
130 altérés par notre artifice [*art*] et détournés de l'ordre commun que
nous devrions appeler plutôt sauvages. En ceux-là[1] sont vives et
vigoureuses les vraies et plus utiles et naturelles vertus et propriétés, lesquelles nous avons abâtardies en ceux-ci, et les avons seulement accommodées au plaisir de notre goût corrompu. /// Et si
135 pourtant la saveur même et [la] délicatesse se trouvent à notre goût
même excellente, à l'envi des [*surpassant les*] nôtres, en divers fruits de
ces contrées-là, sans culture. / Ce n'est pas raison que l'art gagne le
point d'honneur sur notre grande et puissante mère nature. Nous
avons tant rechargé [*surchargé*] la beauté et richesse de ses ouvrages
140 par nos inventions que nous l'avons du tout [*entièrement*] étouffée. Si
est-ce [*toujours est-il*] que partout où sa pureté reluit, elle fait une merveilleuse [*étonnante*] honte à nos vaines et frivoles entreprises,

> // *Et veniunt ederae sponte sua melius,*
> *Surgit et in solis formosior arbutus antris,*
145 > *Et volucres nulla dulcius arte canunt.*[2]

> [Le lierre vient mieux sans culture, l'arbousier ne croît jamais plus beau que dans
> les antres solitaires, et le chant des oiseaux, sans art, n'en est que plus doux.]

/ Tous nos efforts ne peuvent seulement arriver à représenter [*repro-
duire*] le nid du moindre oiselet, sa contexture, sa beauté, et l'utilité
150 de son usage, non pas [*même*] la tissure de la chétive araignée.
/// Toutes choses, dit Platon, sont produites ou par la nature, ou
par la fortune [*le hasard*], ou par l'art[3] ; les plus grandes et plus belles
par l'une ou l'autre des deux premières, les moindres et imparfaites
par la dernière. / Ces nations me semblent donc ainsi barbares
155 pour avoir reçu fort peu de façon de l'esprit humain et être encore
fort voisines de leur naïveté [*naturel*] originelle. Les lois naturelles

---

1. **En ceux-là** : les fruits sauvages, par opposition aux fruits cultivés (« ceux-ci »).
   Étymologiquement, *sauvage (silvaticus)* signifie « de la forêt ».
2. *Et veniunt [...] canunt :* Properce, I, 2, 10.
3. **L'art** : désigne ce qui est produit par l'homme (*l'artiste* ou *l'artisan*), ce qui est donc
   artifice par opposition à ce qui est naturel.

leur commandent encore, fort peu abâtardies par les nôtres ; mais c'est en telle pureté qu'il me prend quelquefois déplaisir de quoi [*que*] la connaissance n'en soit venue plus tôt, du temps qu'il y
160 avait des hommes qui en eussent su mieux juger que nous. Il me déplaît que Lycurgue et Platon ne l'aient eue[1] ; car il me semble que ce que nous voyons par expérience en ces nations-là surpasse non seulement toutes les peintures de quoi [*dont*] la poésie a embelli l'âge d'or et toutes ses inventions à feindre [*pour imaginer*]
165 une heureuse condition d'hommes, mais encore la conception et le désir même de la philosophie. Ils n'ont pu imaginer une naïveté si pure et simple, comme nous la voyons par expérience ; ni n'ont pu croire que notre société se pût maintenir avec si peu d'artifice [*d'art*] et de soudure humaine [*de liens entre les hommes*]. C'est une nation,
170 dirai-je à Platon, en laquelle il n'y a aucune espèce de trafic [*commerce*] ; nulle connaissance de lettres [*écriture*] ; nulle science de nombres ; nul nom de magistrat, ni de supériorité politique ; nul usage de service [*servitude*], de richesse, ou de pauvreté ; nuls contrats ; nulles successions ; nuls partages ; nulles occupations qu'oisives [*libres*] ;
175 nul respect de parenté que commun[2] ; nuls vêtements ; nulle agriculture ; nul métal ; nul usage de vin ou de blé. Les paroles mêmes qui signifient le mensonge, la trahison, la dissimulation, l'avarice, l'envie, la détraction [*médisance*], le pardon, inouïes [*sont inusitées*]. Combien trouverait-il la république qu'il a imaginée éloignée de
180 cette perfection : /// *viri a diis recentes*.[3] [Hommes frais émoulus de la main des dieux.]

// *Hos natura modos primùm dedit.*[4]
[Voilà les premières lois que donna la nature.]

/ Au demeurant, ils vivent en une contrée de pays très plaisante
185 et bien tempérée, de façon qu'à ce que m'ont dit mes témoins, il est

---

1. **Lycurgue [...] ne l'aient eue :** Montaigne regrette que Lycurgue (législateur mythique de Sparte) et Platon (auteur des *Lois* et de *La République*, où il définit la société idéale) n'aient pas eu connaissance de ces peuples si heureux.
2. **Nul respect [...] commun :** les Indiens ne prennent en considération aucune autre relation de parenté que celle qui unit leur communauté (voir ci-dessous lignes 332-334).
3. *viri a diis recentes :* Sénèque, *Lettres à Lucilius*, XC.
4. *Hos [...] dedit :* Virgile, *Géorgiques*, II, 20.

rare d'y voir un homme malade ; et [ils] m'ont assuré n'en y avoir
vu aucun tremblant, chassieux, édenté ou courbé de vieillesse. Ils
sont assis [*établis*] le long de la mer, et fermés du côté de la terre de
grandes et hautes montagnes, ayant, entre deux, cent lieues ou
190   environ d'étendue en large. Ils ont grande abondance de poisson et
de chairs [*viandes*] qui n'ont aucune ressemblance aux nôtres, et les
mangent sans autre artifice que de les cuire. Le premier qui y mena
un cheval, quoi qu'il les eût pratiqués [*fréquentés*] à plusieurs autres
voyages, leur fit tant d'horreur en cette assiette [*position*] qu'ils le
195   tuèrent à coups de traits [*flèches*] avant que [de] le pouvoir reconnaître. Leurs bâtiments sont fort longs, et capables de [*contenir*] deux
ou trois cents âmes, étoffés [*recouverts*] d'écorce de grands arbres,
tenant à terre par un bout et se soutenant et appuyant l'un contre
l'autre par le faîte, à la mode d'aucunes [*quelques-unes*] de nos granges,
200   desquelles la couverture pend jusqu'à terre et sert de flanc. Ils
ont du bois si dur qu'ils en coupent [*s'en servent pour couper*] et en font
leurs épées et des grils à cuire leur viande [*nourriture*]. Leurs lits
sont d'un tissu de coton, suspendus contre le toit, comme ceux de
nos navires, à chacun le sien ; car les femmes couchent à part des
205   maris. Ils se lèvent avec le soleil, et mangent soudain [*aussitôt*] après
s'être levés, pour toute la journée ; car ils ne font [d']autre repas
que celui-là. Ils ne boivent pas lors, comme Suidas dit de quelques
autres peuples d'Orient, qui buvaient hors du manger ; ils boivent
à plusieurs fois sur jour, et d'autant [*beaucoup*]. Leur breuvage est fait
210   de quelque racine, et est de la couleur de nos vins clairets. Ils ne le
boivent que tiède ; ce breuvage ne se conserve que deux ou trois
jours, il a le goût un peu piquant, nullement fumeux [*enivrant*], salutaire à l'estomac, et laxatif à ceux qui ne l'ont [pas] accoutumé ; c'est
une boisson très agréable à qui y est duit [*habitué*]. Au lieu du pain,
215   ils usent d'une certaine matière blanche, comme de la coriandre
confite. J'en ai tâté : le goût en est doux [*sucré*] et un peu fade.
Toute la journée se passe à danser. Les plus jeunes vont à la chasse
des bêtes, à tout [*avec*] des arcs. Une partie des femmes s'amusent
cependant [*s'occupent pendant ce temps*] à chauffer leur breuvage, [ce]
220   qui est leur principal office. Il y a quelqu'un des vieillards qui, le
matin, avant qu'ils se mettent à manger, prêche en commun toute
la grangée, en se promenant d'un bout à autre, et redisant une
même clause [*phrase*] à plusieurs fois, jusqu'à ce qu'il ait achevé le

tour (car ce sont [des] bâtiments qui ont bien cent pas de longueur).
225 Il ne leur recommande que deux choses : la vaillance contre les
ennemis, et l'amitié à [l'amour pour] leurs femmes. Et [ils] ne faillent
[manquent] jamais de remarquer [signaler] cette obligation, pour leur
refrain, que ce sont elles qui leur maintiennent leur boisson tiède
et assaisonnée [préparée]. Il se voit en plusieurs lieux, et entre autres
230 chez moi, la forme de leurs lits, de leurs cordons, de leurs épées, et
bracelets de bois, de quoi ils couvrent leurs poignets aux combats,
et des grandes cannes ouvertes par un bout, par le son desquelles
ils soutiennent la cadence en leur danse. Ils sont ras [rasés] partout,
et se font le poil beaucoup plus nettement que nous, sans autre
235 rasoir que de bois ou de pierre. Ils croient les âmes éternelles, et
celles qui ont bien mérité des dieux être logées à l'endroit du ciel
où le soleil se lève, les maudites du côté de l'occident.

Ils ont je ne sais quels prêtres et prophètes, qui se présentent
bien rarement au peuple, ayant leur demeure aux montagnes.
240 À leur arrivée, il se fait une grande fête et assemblée solen-
nelle de plusieurs villages (chaque grange, comme je l'ai décrite,
fait un village, et [ils] sont environ à une lieue française l'une
de l'autre). Ce prophète parle à eux en public, les exhortant à
la vertu et à leur devoir ; mais toute leur science éthique ne
245 contient que ces deux articles : de la résolution [courage] à la
guerre, et [de l']affection à [pour] leurs femmes. Celui-ci leur pronos-
tique les choses à venir et les événements [résultats] qu'ils doivent
espérer de leurs entreprises, les achemine ou détourne
de la guerre ; mais c'est par tel si [à telle condition] que, où il
250 faut [échoue] à bien deviner, et s'il leur advient autrement qu'il
ne leur a prédit, il est haché en mille pièces, s'ils l'attrapent,
et condamné pour faux prophète. À [pour] cette cause, celui qui
s'est une fois mécompté [trompé], on ne le voit plus. /// C'est don de
Dieu que la divination ; voilà pourquoi ce devrait être une impos-
255 ture punissable d'en abuser. Entre [parmi] les Scythes, quand les
devins avaient failli de rencontre [s'étaient trompés], on les couchait
enforgés [enchaînés] de pieds et de mains, sur des chariots pleins de
bruyère, tirés par des bœufs, en quoi on les faisait brûler. Ceux
qui manient [dirigent] les choses sujettes à la conduite de l'humaine
260 suffisance [intelligence] sont excusables d'y faire ce qu'ils peuvent.
Mais ces autres, qui nous viennent pipant [trompant] des assurances

115

[*en assurant jouir*] d'une faculté extraordinaire, qui est hors de notre connaissance, faut-il pas les punir de ce qu'ils ne maintiennent l'effet [*le résultat*] de leur promesse et de la témérité de leur imposture ?

265 / Ils [les Cannibales] ont leurs guerres contre les nations qui sont au-delà de leurs montagnes, plus avant en la terre ferme, auxquelles ils vont tout nus, n'ayant [d']autres armes que des arcs ou des épées de bois, appointées par un bout, à la mode des langues [*pointes*] de nos épieux. C'est chose émerveillable [*étonnante*] que de la fermeté

270 de leurs combats, qui ne finissent jamais que par meurtre et effusion de sang, car de routes [*déroutes*] et d'effroi, ils ne savent [ce] que c'est. Chacun rapporte pour son trophée la tête de l'ennemi qu'il a tué, et l'attache à l'entrée de son logis. Après avoir longtemps bien traité leurs prisonniers, et de toutes les commodités dont ils se

275 peuvent aviser, celui qui en est le maître fait une grande assemblée de ses connaissants. Il attache une corde à l'un des bras du prisonnier, /// par le bout de laquelle il le tient, éloigné de quelques pas, de peur d'en être offensé [*blessé*], / et donne au plus cher de ses amis l'autre bras à tenir de même ; et eux deux en présence de toute

280 l'assemblée l'assomment à coups d'épée. Cela fait, ils le rôtissent et en mangent en commun, et en envoient des lopins à ceux de leurs amis qui sont absents. Ce n'est pas, comme on pense, pour s'en nourrir, ainsi que faisaient anciennement les Scythes, c'est pour représenter [*exprimer*] une extrême vengeance. Et qu'il soit ainsi [*la*

285 *preuve qu'il en est ainsi*], ayant aperçu que les Portugais, qui s'étaient ralliés à leurs adversaires, usaient d'une autre sorte de mort contre eux [les Cannibales], quand ils les prenaient, qui était de les enterrer jusqu'à la ceinture et [de] tirer au demeurant [*sur le reste*] du corps force coups de traits [*flèches*], et [de] les pendre après, ils pen-

290 sèrent que ces gens-ci de l'autre monde[1], comme ceux [*en hommes*] qui avaient semé la connaissance de beaucoup de vices parmi leur voisinage, et qui étaient beaucoup plus grands maîtres qu'eux en toute sorte de malice [*méchanceté*], ne prenaient pas sans occasion [*raison*] cette sorte de vengeance et qu'elle devait être plus aigre

295 [*féroce*] que la leur, [ils] commencèrent de quitter leur façon ancienne pour suivre celle-ci. Je ne suis pas marri [*chagriné*] que nous remarquions l'horreur barbaresque qu'il y a en une telle action, mais

---

1. **Ces gens-ci de l'autre monde :** les Européens (ici, les Portugais).

oui [certes] bien de quoi, jugeant à point [bien] de leurs fautes, nous soyons si aveuglés aux nôtres. Je pense qu'il y a plus de barbarie
300 à manger un homme vivant qu'à le manger mort, à déchirer par tourments et par géhennes [tortures] un corps encore plein de sentiment, [à] le faire rôtir par le menu, [à] le faire mordre et meurtrir aux chiens et aux pourceaux (comme nous l'avons non seulement lu, mais vu de fraîche mémoire, non entre des ennemis anciens,
305 mais entre des voisins et concitoyens, et, qui pis est, sous prétexte de piété et de religion[1]) que de le rôtir et manger après qu'il est trépassé. Chrysippe et Zénon, chefs de la secte stoïque, ont bien pensé qu'il n'y avait aucun mal de se servir de notre charogne à quoi que ce fût pour notre besoin, et d'en tirer de la nourriture ;
310 comme [de même] nos ancêtres, étant assiégés par César en la ville d'Alésia, se résolurent de soutenir la faim de ce siège par les corps des vieillards, des femmes, et autres personnes inutiles au combat.
     // *Vascones, fama est, alimentis talibus usi*
     Produxere animas.[2]
315   [Les Gascons, dit-on, en usant de pareils aliments, prolongèrent leur vie.]
/ Et les médecins ne craignent pas de s'en servir à toute sorte d'usage, pour notre santé, soit pour l'appliquer au-dedans ou au-dehors ; mais il ne se trouva jamais aucune opinion si déréglée qui excusât la trahison, la déloyauté, la tyrannie, la cruauté, qui
320 sont nos fautes ordinaires. Nous les pouvons donc bien appeler barbares, eu égard aux règles de la raison, mais non pas eu égard à nous, qui les surpassons en toute sorte de barbarie. Leur guerre est toute noble et généreuse, et a autant d'excuse et de beauté que cette maladie humaine en peut recevoir ; elle n'a [d']autre fonde-
325 ment parmi eux que la seule jalousie [zèle] de la vertu. Ils ne sont pas en débat de la conquête de nouvelles terres, car ils jouissent encore de cette uberté [abondance] naturelle qui les fournit, sans travail et sans peine, de toutes choses nécessaires, en telle abondance qu'ils n'ont que faire d'agrandir leurs limites. Ils sont encore
330 en cet heureux point de ne désirer qu'autant que leurs nécessités naturelles leur ordonnent ; tout ce qui est au-delà est superflu

---

1. **Piété et de religion :** allusion aux massacres et aux crimes horribles perpétrés pendant les guerres de Religion.
2. ***Vascones [...] animas :*** Juvénal, XV, 93.

pour eux. Ils s'entr'appellent généralement, ceux de même âge,
« frères » ; « enfants », ceux qui sont au-dessous ; et les vieillards
sont « pères » à tous les autres. Ceux-ci laissent à leurs héritiers en
335 commun cette pleine possession de biens par indivis, sans autre
titre que celui tout pur que nature donne à ses créatures, [en] les
produisant au monde. Si leurs voisins passent les montagnes pour
les venir assaillir, et qu'ils emportent la victoire sur eux, l'acquêt
[le gain] du victorieux, c'est la gloire, et l'avantage d'être demeuré
340 maître en valeur et en vertu, car autrement ils n'ont que faire des
biens des vaincus, et s'en retournent à leurs pays, où ils n'ont faute
[ne manquent] d'aucune chose nécessaire, ni faute encore [*non plus*] de
cette grande partie [*qualité*], de savoir heureusement jouir de leur
condition et s'en contenter. Autant en font ceux-ci à leur tour. Ils
345 ne demandent à leurs prisonniers [d']autre rançon que la confession et reconnaissance d'être vaincus ; mais il ne s'en trouve pas
un, en tout un siècle, qui n'aime mieux la mort que de relâcher,
ni par contenance, ni de parole, un seul point d'une grandeur de
courage invincible. Il ne s'en voit aucun qui n'aime mieux être tué
350 et mangé que de requérir seulement de ne l'être pas. Ils les traitent
en toute liberté, afin que la vie leur soit d'autant plus chère ; et [ils]
les entretiennent communément des menaces de leur mort future,
des tourments qu'ils y auront à souffrir, des apprêts qu'on dresse
pour cet effet, du détranchement de leurs membres, et du festin
355 qui se fera à leurs dépens. Tout cela se fait pour cette seule fin
d'arracher de leur bouche quelque parole molle ou rabaissée, ou
de leur donner envie de s'enfuir, pour gagner cet avantage de les
avoir épouvantés et d'avoir fait force à leur constance.

    Car aussi, à le bien prendre, c'est en ce seul point que consiste la
360 vraie victoire :

        /// victoria nulla est
    Quam quæ confessos animo quoque subjugat hostes.[1]
    [Il n'y a de vraie victoire que celle qui, en domptant son âme, force l'ennemi
    à s'avouer vaincu.]

365 Les Hongres très belliqueux combattants, ne poursuivaient jadis
leur pointe [*avantage*] outre avoir rendu l'ennemi à leur merci. Car,

---

1. ***Victoria [...] hostes :*** Claudien, *Le Sixième Consulat d'Honorius*, 248.

en [lui] ayant arraché cette confession, ils le laissaient aller sans
offense [coup], sans rançon, sauf, pour le plus, d'en tirer parole de ne
s'armer dès lors en avant [dorénavant] contre eux. / Assez d'avantages
370 gagnons-nous sur nos ennemis, qui sont avantages empruntés,
non pas nôtres. C'est la qualité d'un portefaix, non de la vertu,
d'avoir les bras et les jambes plus roides ; c'est une qualité morte
et corporelle que la disposition [condition physique] ; c'est un coup de
la fortune de faire broncher [tomber] notre ennemi, et de lui éblouir
375 les yeux par la lumière du soleil ; c'est un tour d'art et de science,
et qui peut tomber [se rencontrer] en une personne lâche et de néant,
d'être suffisant à l'escrime. L'estimation [la valeur] et le prix d'un
homme consiste au cœur[1] et en la volonté ; c'est là où gît son vrai
honneur ; la vaillance, c'est la fermeté, non pas des jambes et des
380 bras, mais du courage et de l'âme ; elle ne consiste pas en la valeur
de notre cheval, ni de nos armes, mais en la nôtre. Celui qui tombe
obstiné [ferme] en son courage, /// si succiderit, de genu pugnat.[2] [s'il
est tombé, il combat à genoux]. / Qui pour quelque danger de la mort voisine ne relâche aucun point de son assurance, qui regarde encore,
385 en rendant l'âme, son ennemi d'une vue ferme et dédaigneuse,
il est battu, non pas de nous, mais de la fortune [sort] ; il est tué,
non pas vaincu. // Les plus vaillants sont parfois les plus infortu-
nés. /// Aussi y a-t-il des pertes triomphantes à l'envi [aussi bien que]
des victoires. Ni ces quatre victoires sœurs, les plus belles que le
390 soleil ait onques [jamais] vues de ses yeux, de Salamine, de Platées,
de Mycale, de Sicile, n'osèrent onques opposer toute leur gloire
ensemble à la gloire de la déconfiture du roi Léonidas et des siens
au pas de Thermopyles. Qui courut jamais d'une plus glorieuse
envie et plus ambitieuse au gain du combat, que le capitaine
395 Ischolas à la perte ? Qui plus ingénieusement [avec plus d'intelligence] et
curieusement [de soin] s'est assuré de son salut, que lui de sa ruine ?
Il était commis à défendre certain passage du Péloponnèse contre
les Arcadiens. Pour quoi faire [pour faire cela], se trouvant du tout
[totalement] incapable, vu la nature du lieu et [l']inégalité des forces,
400 et se résolvant que tout ce qui se présenterait aux ennemis aurait

---

1. **Cœur** : au sens de « force d'âme », comme *courage* (ci-dessous).
2. *Si [...] pugnat* : Sénèque, *La Providence*, II.

de nécessité à y demeurer[1] ; d'autre part, estimant indigne et de sa propre vertu et magnanimité, et du nom lacédémonien[2], de faillir [*manquer*] à sa charge, il prit entre ces deux extrémités, un moyen parti, de telle sorte : les plus jeunes et dispos de sa troupe, il les
405 conserva à la tuition [*pour la garde*] et [le] service de leur pays, et les y renvoya ; et avec ceux desquels le défaut était moindre, il délibéra de soutenir ce pas[3], et, par leur mort, [d']en faire acheter aux ennemis l'entrée la plus chère qu'il lui serait possible, comme il advint. Car étant tantôt environné de toutes parts par les Arcadiens, après
410 en avoir fait une grande boucherie, lui et les siens furent tous mis au fil de l'épée. Est-il quelque trophée assigné pour les vainqueurs qui ne soit mieux dû à ces vaincus ? Le vrai vaincre a pour son rôle l'estour [*combat*], non pas le salut ; et consiste l'honneur de la vertu à combattre, non à battre.
415 / Pour revenir à notre histoire, il s'en faut tant que ces prisonniers se rendent, pour tout ce qu'on leur fait, qu'au rebours, pendant ces deux ou trois mois qu'on les garde, ils portent une contenance gaie, ils pressent leurs maîtres de se hâter de les mettre en cette épreuve, ils les défient, les injurient, leur reprochent leur
420 lâcheté et le nombre des batailles perdues contre les leurs. J'ai une chanson faite par un prisonnier, où il y a ce trait : qu'ils viennent hardiment trétous [*tous*], et s'assemblent pour dîner de lui, car ils mangeront quant et quant [*en même temps*] leurs pères et leurs aïeux, qui ont servi d'aliment et de nourriture à son corps. « Ces muscles,
425 dit-il, cette chair et ces veines, ce sont les vôtres, pauvres fous que vous êtes ; vous ne reconnaissez pas que la substance des membres de vos ancêtres s'y tient encore ; savourez-les bien, vous y trouverez le goût de votre propre chair. » Invention qui ne sent aucunement la barbarie. Ceux qui les peignent mourants, et qui repré-
430 sentent [*décrivent*] cette action quand on les assomme, ils peignent le prisonnier crachant au visage de ceux qui le tuent, et leur faisant

---

1. **Se résolvant [...] à y demeurer :** acceptant l'idée que tous ceux qui iraient audevant des ennemis y resteraient [y mourraient] nécessairement.
2. **Lacédémonien :** dans la Grèce antique, Lacédémone (autre nom de Sparte) cultivait les vertus viriles et guerrières.
3. **Il délibéra de soutenir ce pas :** il décida de défendre ce passage avec ceux dont la perte était moins importante (pour le combat).

la moue [*des grimaces hostiles*]. De vrai, ils ne cessent jusqu'au dernier soupir de les braver et défier de parole et de contenance. Sans mentir, au prix [*en comparaison*] de nous, voilà des hommes bien sauvages ; car ou il faut qu'ils le soient bien à bon escient [*sérieusement*], ou que nous le soyons : il y a une merveilleuse [*étonnante*] distance entre leur forme [*manière d'être*] et la nôtre.

Les hommes y ont plusieurs femmes, et en ont d'autant plus grand nombre qu'ils sont en meilleure réputation de vaillance ; c'est une beauté remarquable en leurs mariages que la même jalousie[1] que nos femmes ont pour nous empêcher de l'amitié et bienveillance d'autres femmes, les leurs l'ont toute pareille pour la leur acquérir. Étant plus soigneuses de l'honneur de leurs maris que de toute autre chose, elles cherchent et mettent leur sollicitude à avoir le plus de compagnes qu'elles peuvent, d'autant que c'est un témoignage de la vertu du mari. /// Les nôtres crieront au miracle ; ce ne l'est pas. C'est une vertu proprement matrimoniale, mais du plus haut étage. Et en la Bible, Léa, Rachel, Sara et les femmes de Jacob fournirent leurs belles servantes à leurs maris, et Livia seconda les appétits d'Auguste, à son intérêt [*détriment*] ; et la femme du roi Déjotarus, Stratonique, prêta non seulement à l'usage de son mari une fort belle jeune fille de chambre qui la servait, mais en nourrit [*éleva*] soigneusement les enfants et leur fit épaule [*les aida*] à succéder aux états [*prendre la succession*] de leur père.

/ Et afin qu'on ne pense point que tout ceci se fasse par une simple et servile obligation à leur usance, et par l'impression [*l'action*] de l'autorité de leur ancienne coutume, sans discours [*réflexion*] et sans jugement, et pour avoir [*parce qu'ils auraient*] l'âme si stupide que de ne pouvoir prendre autre parti, il faut alléguer quelques traits de leur suffisance [*capacité*]. Outre celui que je viens de réciter [*raconter*] de l'une de leurs chansons guerrières, j'en ai une autre, amoureuse, qui commence en ce sens : « Couleuvre arrête-toi, arrête-toi, couleuvre, afin que ma sœur tire sur le patron de ta peinture [*ton apparence*] la façon et l'ouvrage d'un riche cordon que je puisse donner à

---

1. **Jalousie** : le mot a ici deux sens ; il désigne d'abord l'amour possessif qui fait redouter à une femme d'Europe que son mari prenne de « l'amitié » (de l'amour) pour une autre femme – c'est le sens actuel – puis le zèle avec lequel une femme indienne cherche à procurer d'autres femmes à son mari.

465 m'amie : ainsi soient en tout temps ta beauté et ta disposition [*forme*]
préférées à tous les autres serpents. » Ce premier couplet, c'est le
refrain de la chanson. Or j'ai assez de commerce avec [*je connais assez*]
la poésie pour juger ceci, que non seulement il n'y a rien de barbarie en cette imagination, mais qu'elle est tout à fait anacréontique[1].
470 Leur langage, au demeurant, c'est un doux langage, et qui a le son
agréable, retirant [*ressemblant*] aux terminaisons grecques.

Trois d'entre eux, ignorant combien coûtera un jour à leur repos
et à leur bonheur la connaissance des corruptions de deçà et que
de ce commerce [*relation*] naîtra leur ruine, comme je présuppose
475 qu'elle soit déjà avancée (bien misérables [*malheureux*] de s'être laissé
piper [*tromper*] au désir de la nouveauté, et [d']avoir quitté la douceur
de leur ciel pour venir voir le nôtre) furent à Rouen, du temps que
le feu roi Charles neuf y était. Le roi parla à eux longtemps, on leur
fit voir notre façon [*nos usages*], notre pompe, la forme d'une belle
480 ville. Après cela, quelqu'un en demanda leur avis, et voulut savoir
d'eux ce qu'ils y avoient trouvé de plus admirable. Ils répondirent
trois choses, dont j'ai perdu la troisième, et en suis bien marri ;
mais j'en ai encore deux en mémoire. Ils dirent qu'ils trouvaient
en premier lieu fort étrange que tant de grands hommes portant
485 barbe, forts et armés, qui étaient autour du roi (il est vraisemblable
qu'ils parlaient des Suisses de sa garde), se soumissent à obéir à un
enfant[2], et qu'on ne choisissait plutôt quelqu'un d'entre eux pour
commander ; secondement (ils ont une façon de leur langage telle
qu'ils nomment les hommes « moitiés » les uns des autres) qu'ils
490 avaient aperçu qu'il y avait parmi nous des hommes pleins et gor-
gés de toutes sortes de commodités, et que leurs moitiés étaient
mendiants à leurs portes, décharnés de faim et de pauvreté ; et
[ils] trouvaient étrange comme ces moitiés ici nécessiteuses pouvaient souffrir une telle injustice qu'ils ne prissent les autres à la
495 gorge ou [ne] missent le feu à leurs maisons. Je parlai à l'un d'eux
fort longtemps, mais j'avais un truchement [*interprète*] qui me suivait
si mal et qui était si empêché à recevoir mes imaginations [*idées*]

---

1. **Anacréontique :** à la manière du poète grec Anacréon, auteur de chansons
d'amours légères et gracieuses.
2. **Obéir à un enfant :** Charles IX avait douze ans en 1562. Sa mère, Catherine de
Médicis, exerçait la régence.

par sa bêtise, que je n'en pus tirer rien qui vaille. Sur ce que je lui demandai quel fruit il recevait de la supériorité qu'il avait parmi les
500 siens (car c'était un capitaine, et nos matelots le nommaient roi), il me dit que c'était marcher le premier à la guerre ; de combien d'hommes il était suivi, il me montra un espace de lieu, pour signifier que c'était autant qu'il en pourrait [*pourrait tenir*] en un tel espace (ce pouvait être quatre ou cinq mille hommes) ; si hors la guerre
505 toute son autorité était expirée, il dit qu'il lui en restait cela que, quand il visitait les villages qui dépendaient de lui, on lui dressait des sentiers au travers des haies de leurs bois, par où il pût passer bien à l'aise.

Tout cela ne va pas trop mal ; mais quoi ? ils ne portent point de haut-de-chausses.

Clefs d'analyse

Compréhension

Le propos de Montaigne

- À la ligne 120, Montaigne déclare « revenir à [son] propos ». Quel est son propos ? Par quelles réflexions l'a-t-il interrompu ?

Qu'est-ce qu'un « barbare » ?

- Relever les occurrences des mots « barbare » (ou « barbarie ») et « sauvage » et indiquer chaque fois leur sens. Quel rapport Montaigne établit-il entre cette « barbarie » et la civilisation de ses contemporains (souvent désignés par « nous ») ?

- Relever les principales qualifications que Montaigne attribue aux Indiens. Quelles sont celles qui pouvaient choquer les Européens ? Comment Montaigne les présente-t-il ?

Réflexion

La confrontation des cultures

- Pourquoi Montaigne confronte-t-il les Indiens à d'autres peuples, notamment aux Anciens et aux Européens ? Quelle attitude adopte-t-il dans cette confrontation ?

- Expliquer la dernière phrase de l'essai.

Les valeurs

- Expliquer l'anecdote et la dernière phrase du premier paragraphe.

- Quelles sont les valeurs humanistes dont se réclame Montaigne dans cet essai ?

À retenir

Montaigne exerce librement son jugement en donnant des « sauvages » une vision idéalisée, fondée sur son relativisme et son naturalisme. Cette idéalisation lui permet de dénoncer les préjugés ethnocentriques et les mœurs de ses contemporains, et même de remettre en cause la colonisation, alors à ses débuts.

Synthèse

La progression de l'argumentation

La composition de ce chapitre, sinueuse mais rigoureuse, peut s'analyser en quatre mouvements précédés d'une courte introduction et d'une conclusion lapidaire et ironique.

Introduction (l. 1 à 10)

Brève anecdote conduisant à formuler un principe général (critique des préjugés) et introduisant le thème principal : la confrontation des cultures (sens 1 de barbare, dépréciatif).

Préambule méthodologique (l. 11 à 119)

Il vise à préciser le thème (il va parler des Indiens du Brésil) et à présenter la source d'information de Montaigne (un témoin sûr : l. 11-14 et 94-119) ; un thème connexe, la difficulté de l'homme à parvenir à la connaissance, interrompt ce mouvement (l. 14-93).

Retour au thème principal (l. 120)

Montaigne entreprend de renverser le point de vue ethnocentrique des Européens (l. 120 à 183) en montrant que les Cannibales ne méritent pas d'être qualifiés de barbares (au sens dépréciatif 1). Ils sont jugés différents des Européens (sens 2 de barbare et sauvage), puis très supérieurs, du fait de leur proximité de l'état de nature (sens 3 de sauvage, mélioratif).

Développement de cette thèse

Montaigne décrit en ethnographe les mœurs des Cannibales (l. 184 à 471), toujours comparées favorablement à celles des Européens. Il évoque d'abord leur mode de vie (l. 184 à 237), leur religion (l. 238 à 264), « leurs guerres » et leur cannibalisme rituel (l. 265 à 437) ; sur ce point, il montre que les Indiens sont supérieurs aux Européens en courage et en sagesse, mais inférieurs en barbarie (au sens 4, dépréciatif). Il décrit ensuite leur polygamie (relativisée et valorisée, l. 438 à 454) puis donne des preuves de leur esprit (l. 455 à 471).

Anecdote probante

Fondée sur le témoignage personnel de Montaigne (l. 472 à 508), elle fait écho à l'anecdote initiale et montre l'intelligence et la sagesse des Cannibales.

Conclusion

Elle est sarcastique (l. 509-510).

La validité de cette argumentation

Dans ce chapitre solidement composé (ce qui est inhabituel dans les *Essais*), l'argumentation est très élaborée. Quelques réserves peuvent pourtant être formulées concernant sa validité.

Tout d'abord, Montaigne ne se tient pas rigoureusement au relativisme qu'il affiche dans le passage des lignes 120 à 127, il tend au contraire à universaliser les valeurs sur lesquelles repose son argumentation ; les mœurs des Cannibales et celles des Européens sont ainsi appréciées par comparaison à un idéal moral qui trouve sa source dans la culture antique (à laquelle il se réfère souvent) et dans la personnalité de Montaigne. Sur ce point, la faculté attribuée aux Cannibales de « savoir heureusement jouir de leur condition et s'en contenter » (l. 344) constitue pour Montaigne une vertu essentielle, accordée à sa « complexion » indépendante et indolente (qu'il décrit notamment dans le chapitre « De la présomption », p. 78, l. 535 et suivantes) et conforme à un des principes de sa morale, la modération (voir « De l'expérience », p. 239, l. 427-435).

D'autre part, la valorisation systématique de la nature (développée, elle aussi, dans le chapitre final, « De l'expérience ») est posée comme un postulat qui n'a pas à être justifié ; le parti pris de Montaigne est éclatant quand il entend prouver la supériorité de la nature sur « l'art » en affirmant que les hommes sont incapables de fabriquer une toile d'araignée (rétablissant ainsi entre les espèces une hiérarchie qu'il entend nier entre les peuples) et que les fruits qu'ils cultivent sont moins bons que ceux qui poussent naturellement (ce qui n'est vérifié que pour certains d'entre eux).

CHAPITRE 4

« LA TÊTE BIEN FAITE »

FORMER L'HOMME

A. EXTRAITS

Extrait 17. « Ô les lourdes testes ! » (I, 25, « Du pédantisme »).
Extrait 18. « On nous dresse à l'emprunt » (III, 12, « De la physionomie »).
Extrait 19. « Une amitié vraiment paternelle » (II, 8, « De l'affection des pères aux enfants »).

B. TEXTE INTÉGRAL

I, 26, « DE L'INSTITUTION DES ENFANTS »

Chapitre 4 : Former l'homme

A. EXTRAITS

Former l'homme, ce devrait être la tâche des maîtres, s'ils ne préfé-raient transmettre leur savoir plutôt que développer chez leurs élèves le jugement et la vertu. Montaigne se livre donc à une violente critique de l'enseignement de son temps (extrait 17), puis, à la demande d'un lecteur, il consacre un chapitre entier à « l'institution des enfants ». Mais c'est aussi en moraliste soucieux de maîtriser ses sentiments qu'il dénonce l'appétit de savoir qui anime l'espèce humaine (extrait 18) et qu'il définit l'affection qu'un père doit porter à ses enfants (extrait 19).

Extrait 17. « Ô les lourdes testes ! »

/ À la mode de quoi [*étant donné la manière dont*] nous sommes ins-truits, il n'est pas merveille si ni les écoliers, ni les maîtres n'en deviennent pas plus habiles [*intelligents*], quoiqu'ils s'y fassent plus doctes [*savants*]. De vrai, le soin et la dépense de nos pères ne visent
5   qu'à nous meubler la tête de science ; du jugement et de la vertu, peu de nouvelles. /// Criez d'un passant à notre peuple : « Ô le savant homme ! » Et d'un autre : « Ô le bon homme[1] ! » Il ne faudra [*manquera*] pas à détourner les yeux et son respect vers le premier. Il y faudrait un tiers crieur : « Ô les lourdes testes ! » / Nous nous
10   enquérons volontiers : « Sait-il du grec ou du latin ? Écrit-il en vers ou en prose ? » ; mais s'il est devenu meilleur ou plus avisé, c'était le principal, et c'est ce qui demeure derrière. Il fallait s'enquérir qui est [*le*] mieux savant, non qui est [*le*] plus savant.
Nous ne travaillons qu'à remplir la mémoire et laissons l'enten-
15   dement /// et la conscience / vides. Tout ainsi que les oiseaux vont quelquefois à la quête du grain, et le portent au bec sans le tâter [*goûter*] pour en faire becquée à leurs petits, ainsi nos pédants [*maîtres*] vont pillotant [*picorant*] la science dans les livres et ne la logent qu'au bout de leurs lèvres, pour la dégorger seulement et mettre
20   au vent. [...]
/ Si notre âme n'en va un meilleur branle, si nous n'en avons le jugement plus sain, j'aimerais aussi cher [*autant*] que mon écolier eût passé le temps à jouer à la paume, au moins le corps en serait

---

1. **Le bon homme**, c'est l'homme de bien, l'homme vertueux.

plus allègre. Voyez-le revenir de là, après quinze ou seize ans
25 employés, il n'est rien si mal propre à mettre en besogne [*au travail*],
tout ce que vous y reconnaissez d'avantage, c'est que son latin et
son grec l'ont rendu plus sot et présomptueux qu'il n'était parti de
la maison. /// Il en devait rapporter l'âme pleine, il ne l'en rapporte
que bouffie et l'a seulement enflée en lieu de la grossir.
30   Ces maîtres-ci, comme Platon dit des sophistes[1], leurs germains
[*frères*], sont de tous les hommes ceux qui promettent d'être les
plus utiles aux hommes et, [les] seuls entre tous les hommes qui
non seulement n'amendent point ce qu'on leur commet [*confié*],
comme font un charpentier et un maçon, mais l'empirent, et se
35 font payer de l'avoir empiré. Si la loi que Protagoras proposait à ses
disciples était suivie : ou qu'ils le payassent selon son mot [*au prix
qu'il avait fixé*], ou qu'ils jurassent au temple combien ils estimaient
le profit qu'ils avaient reçu de ses disciplines [*de son enseignement*], et
selon celui-ci satisfissent [*rétribuassent*] sa peine, mes pédagogues
40 se trouveraient choués [*trompés*], s'étant remis au serment de mon
expérience[2].
      / Mon vulgaire [*dialecte*] périgourdin appelle fort plaisamment « lettre-
ferits » ces savanteaux, comme si vous disiez « lettres-férus »[3], auxquels les lettres ont donné un coup de marteau, comme on dit. De
45 vrai, le plus souvent ils semblent être ravalés [*tombés au-dessous*] même
du sens commun. Car le paysan et le cordonnier, vous leur voyez
aller simplement et naïvement [*naturellement*] leur train, parlant de
ce qu'ils savent ; ceux-ci, pour se vouloir élever et gendarmer [*commander*] de ce savoir qui nage en la superficie de leur cervelle, vont
50 s'embarrassant et empêtrant sans cesse. Il leur échappe de belles

---

1. **Sophistes :** professeurs de philosophie, chez les Grecs. Le mot a pris un sens péjo-
ratif et désigne celui qui produit un raisonnement faux ayant l'apparence de la
vérité (un *sophisme*). Montaigne considère que les maîtres qui enseignent dans les
collèges de son temps sont semblables à ces sophistes malfaisants.
2. **Mes pédagogues […] mon expérience :** « ils seraient trompés [dans leurs espé-
rances] s'ils acceptaient d'être rétribués selon le prix [très bas, ou nul] que l'expérience que j'ai eue d'eux me ferait fixer [et jurer devant Dieu]. »
3. **Lettres-férus :** « féru », participe passé du verbe « férir », « frapper » (on dit encore
« sans coup férir »), signifie au sens figuré « touché par, épris de ». Montaigne joue
ici sur les deux sens du mot : les « écoliers » (élèves et étudiants), qui devraient
aimer les lettres, sont devenus idiots comme si elles les avaient frappés à la tête.

paroles, mais qu'un autre les accommode ; ils connaissent bien Galien[1], mais nullement le malade ; ils vous ont déjà rempli la tête de lois, et si [*pourtant*] n'ont encore conçu le nœud de la cause [*de l'affaire*] ; ils savent la théorique de toutes choses, cherchez qui la
55 mette en pratique.

Montaigne, *Essais*, « Du pédantisme », I, 25.
(PUF, Quadrige, p. 136 et 138-139 ; La Pochothèque, p. 208 et 212-213)

Extrait 18. « On nous dresse à l'emprunt »

Nous sommes chacun plus riches que nous ne pensons ; mais on nous dresse à l'emprunt et à la quête, on nous duit [*forme*] à nous servir plus de l'autrui que du nôtre. En aucune chose l'homme ne sait s'arrêter au point de son besoin : de volupté, de richesse, de puissance, il en embrasse plus qu'il n'en peut étreindre, son avidité
5 est incapable de modération. Je trouve qu'en curiosité de savoir, il en est de même : il se taille de la besogne bien plus qu'il n'en peut faire et bien plus qu'il n'en a affaire, /// étendant l'utilité du savoir autant qu'est sa matière[2]. *Ut omnium rerum, sic literarum quoque intemperantia laboramus.*[3] [Nous n'avons pas moins à souffrir d'im-
10 modération dans l'étude des lettres que dans tout le reste.] Et Tacite a raison de louer la mère d'Agricola d'avoir bridé en son fils un appétit trop bouillant de science. C'est un bien, à le regarder d'yeux fermes, qui a, comme les autres biens des hommes, beaucoup de vanité, et faiblesse propre et naturelle, et d'un cher coût. L'emploite [*l'acqui-*
15 *sition*] en est bien plus hasardeuse que de toute autre viande [*nour-riture*] ou boisson. Car ailleurs, ce que nous avons acheté, nous l'emportons au logis en quelque vaisseau [*récipient*], et là nous avons loi d'en examiner la valeur, combien, et à quelle heure, nous en prendrons. Mais les sciences, nous ne les pouvons d'arrivée [*d'emblée*]
20 mettre en autre vaisseau qu'en notre âme : nous les avalons en les achetant, et sortons du marché ou infects [*infectés*] déjà, ou

---

1. **Galien :** médecin grec (IIe s. après J.-C.) qui eut une influence considérable jusqu'au XVIIe siècle.
2. **Étendant [...] sa matière :** la totalité du savoir lui semble utile.
3. *Ut [...] laboramus :* Sénèque, *Lettres à Lucilius*, CVI.

amendés. Il y en a qui ne font que nous empêcher [*embarrasser*] et charger au lieu de nourrir, et telles encore qui, sous titre [*prétexte*] de nous guérir, nous empoisonnent. // J'ai pris plaisir de voir en quelque lieu des hommes, par dévotion, faire vœu d'ignorance, comme de chasteté, de pauvreté, de pénitence. C'est aussi châtrer nos appétits désordonnés d'émousser cette cupidité qui nous époinçonne [*aiguillonne*] à l'étude des livres, et priver l'âme de cette complaisance voluptueuse qui nous chatouille par l'opinion de science ; /// et [c']est richement accomplir le vœu de pauvreté d'y joindre encore celle de l'esprit. // Il ne nous faut guère de doctrine [*science*] pour vivre à notre aise. Et Socrate nous apprend qu'elle est en nous, et la manière de l'y trouver, et de s'en aider. Toute cette nôtre suffisance [*intelligence*] qui est au-delà de la naturelle est à peu près vaine et superflue. C'est beaucoup si elle ne nous charge et trouble plus qu'elle ne nous sert. /// *Paucis opus est litteris ad mentem bonam.*[1] [Peu de lettres suffisent à former un esprit sain.] // Ce sont des excès fiévreux de notre esprit, instrument brouillon et inquiet. Recueillez-vous, vous trouverez en vous les arguments de la nature contre la mort, vrais, et les plus propres à vous servir à la nécessité [*si nécessaire*]. Ce sont ceux qui font mourir un paysan et des peuples entiers aussi constamment [*avec le même constance*] qu'un philosophe. Fussé-je mort moins allègrement avant qu'avoir vu les *Tusculanes* ? J'estime que non. Et quand je me trouve au propre [*confronté à la réalité*], je sens que ma langue s'est enrichie, mon courage de peu : il est comme nature me le forgea et se targue [*s'arme*], pour le conflit, non que d'une marche populaire et commune[2]. Les livres m'ont servi non tant d'instruction que d'exercitation [*d'exercice*]. Quoi [*que dire*], si // la science, essayant de nous armer de nouvelles défenses contre les inconvénients [*malheurs*] naturels, nous a plus imprimé en la fantaisie [*l'imagination*] leur grandeur et leur poids qu'elle n'a [imprimé] ses raisons et subtilités à nous en couvrir [*protéger*] ? Ce sont vraiment subtilités par où elle nous éveille [*agite*]

---

1. *Paucis [...] bonam :* Sénèque, *Lettres à Lucilius*, CVI.
2. **Se targue [...] commune :** « il s'arme, pour affronter la réalité, en adoptant seulement une position ordinaire et commune. » (Le savoir ne lui est donc d'aucun secours.)

souvent bien vainement. Les auteurs mêmes [les] plus serrés [*concis*]
55 et [les] plus sages, voyez autour d'un bon argument combien ils en
sèment d'autres légers et, qui [*si l'on*] y regarde de près, incorporels
[*vains*]. /// Ce ne sont qu'arguties verbales qui nous trompent.

Montaigne, « De la physionomie », *Essais*, III, 12.
(PUF, Quadrige, p. 1038-1040 ; La Pochothèque, p. 1612-1614)

Extrait 19. « Une amitié vraiment paternelle »

/ Puisqu'il a plu à Dieu nous douer de quelque capacité de discours [*raison*], afin que comme les bêtes nous ne fussions pas ser-
vilement assujettis aux lois communes, ains [*mais*] que nous nous
y appliquassions par jugement et liberté volontaire, nous devons
5 bien prêter un peu à la simple autorité de nature, mais non pas
nous laisser tyranniquement emporter à elle : la seule raison doit
avoir la conduite de nos inclinations. J'ai de ma part le goût étrangement mousse [*émoussé*] à ces propensions qui sont produites en
nous sans l'ordonnance et entremise de notre jugement. Comme,
10 sur ce sujet de quoi je parle, je ne puis recevoir cette passion de
quoi on embrasse les enfants à peine encore nés, n'ayant ni mouvement en l'âme, ni forme reconnaissable au corps par où ils se
puissent rendre aimables ; /// et ne les ai pas soufferts volontiers
nourris près de moi[1]. / Une vraie affection, et bien réglée, devrait
15 naître et s'augmenter avec la connaissance qu'ils nous donnent
d'eux ; et lors, s'ils le valent, la propension naturelle marchant
quant et quant [*avec*] la raison, les chérir d'une amitié vraiment
paternelle, et en juger de même s'ils sont autres, nous rendant toujours à la raison, nonobstant [*malgré*] la force naturelle. Il en va fort
20 souvent au rebours, et le plus communément nous nous sentons
plus émus des trépignements, jeux et niaiseries puériles de nos
enfants que nous ne faisons après de leurs actions toutes formées,
comme si nous les avions aimés pour notre passe-temps, /// comme
des guenons, non comme des hommes. / Et tel fournit bien libéra-
25 lement de jouets à leur enfance, qui se trouve resserré [*économe*] à la
moindre dépense qu'il leur faut étant en âge. Voire [*vraiment*], il semble

---

1. **Et [...] moi :** et je n'ai pas supporté facilement qu'ils soient élevés près de moi.

que la jalousie que nous avons de les voir paraître et jouir du monde, quand nous sommes à même [*au moment*] de le quitter, nous rende plus épargnants et restreints [*avares*] envers eux ; il nous fâche
30 qu'ils nous marchent sur les talons, comme pour nous solliciter de sortir. Et si nous avions à craindre cela, puisque l'ordre des choses porte qu'ils ne peuvent, à dire vérité, être ni vivre qu'aux dépens de notre être et de notre vie, nous ne devions pas [*nous n'aurions pas dû*] nous mêler d'être pères.

Montaigne, « De l'affection des pères aux enfants », *Essais*, II, 8.
(PUF, Quadrige, p. 387 ; La Pochothèque, p. 613-615)

Clefs d'analyse

Compréhension

Le mauvais usage du savoir

- Dans l'extrait 17, reformuler l'opinion de Montaigne et relever les notions essentielles qu'elle oppose.

- Dans le même extrait, relever les marques de la satire.

- Dans l'extrait 18, relever les expressions qui formulent la critique fondamentale adressée à l'homme. Repérer la notion que Montaigne oppose au savoir.

Le bon usage de la paternité

- Dans l'extrait 19, quelle critique est adressée aux pères ? Repérer les deux notions qu'elle oppose.

Réflexion

La sagesse

- Expliquer en quoi consiste la sagesse de Montaigne dans ces trois extraits (préciser les valeurs qu'elle met en relation).

> ### À retenir
> *Les deux valeurs humanistes que sont la connaissance et la raison font l'objet d'une approche nuancée de la part de Montaigne qui les soumet à une valeur morale plus haute : bien vivre. L'homme doit se garder d'une confiance excessive en son savoir et en son jugement : la modération et le respect de la nature sont le fondement de la sagesse.*

Clefs d'analyse

134

B. ESSAI INTÉGRAL

« DE L'INSTITUTION DES ENFANTS » (I, 26)

La réflexion du moraliste sur l'homme le conduit nécessairement à s'interroger sur les moyens de le rendre meilleur par une éducation appropriée : « l'institution des enfants » a ainsi intéressé les humanistes du XVIᵉ siècle, au premier rang desquels Rabelais. Montaigne, à son tour, venait de faire la critique de l'enseignement livresque de son temps qui produisait des « lourdes têtes » (extrait 17) au lieu de rendre « le jugement plus sain » quand un lecteur, ayant pris connaissance de ce chapitre (« Du pédantisme »), lui demanda de développer ses idées sur l'éducation. La prochaine naissance d'un enfant dans une famille amie l'incita à composer un nouveau chapitre, formant diptyque avec le précédent : à la critique de l'enseignement donné dans les collèges s'articule un ensemble de propositions qui visent surtout à la formation morale d'un jeune aristocrate. La réflexion de Montaigne s'appuie largement sur son expérience propre, lui donnant l'occasion d'évoquer des souvenirs d'enfance et de célébrer la mémoire de son père.

À Madame Diane de Foix, comtesse de Gurson.

/ Je ne vis jamais père, pour teigneux ou bossu que fût son fils, qui laissât [manquât] de l'avouer [le reconnaître pour sien]. Non pourtant [ce n'est pas], s'il n'est du tout [tout à fait] enivré de cette affection, qu'il ne
5   s'aperçoive de sa défaillance [son défaut], mais tant y a qu'il est sien. Aussi [de même] moi, je vois, mieux que tout autre, que ce ne sont ici que rêveries d'homme qui n'a goûté des sciences que la croûte première, en son enfance, et n'en a retenu qu'un général et informe visage : un peu de chaque chose, et rien du tout [entièrement], à la
10 française. Car, en somme, je sais qu'il y a une médecine, une jurisprudence, quatre parties en la mathématique[1], et grossièrement ce à quoi elles visent. /// Et à l'aventure [peut-être] encore sais-je la prétention [but] des sciences en général au [pour le] service de notre vie. / Mais, d'y enfoncer plus avant, de m'être rongé les ongles à l'étude
15 de Platon ou d'Aristote, /// monarque de la doctrine [la science] / moderne, ou opiniâtré après quelque science, je ne l'ai jamais

---

1. **Quatre parties en la mathématique :** l'arithmétique, la musique, la géométrie et l'astronomie.

fait : ce n'est pas mon occupation, /// ni n'est art de quoi je susse peindre seulement les premiers linéaments. Et n'est enfant des classes moyennes qui ne se puisse dire plus savant que moi, qui n'ai seule-
20 ment pas de quoi l'examiner [*l'interroger*] sur sa première leçon, au moins selon celle-ci[1]. Et, si l'on m'y force, je suis contraint, assez ineptement, d'en tirer quelque matière de propos universel, sur quoi j'examine son jugement naturel : leçon qui leur est autant inconnue, comme à moi la leur. Je n'ai dressé commerce [*je ne suis*
25 *familier*] avec aucun livre solide, sinon Plutarque et Sénèque, où je puise comme les Danaïdes, remplissant et versant sans cesse. J'en attache quelque chose à ce papier ; à moi, si peu que rien.
/ L'histoire, c'est plus mon gibier [*mon affaire*], ou la poésie, que j'aime d'une particulière inclination. Car, comme disait Cléanthe, tout
30 ainsi que la voix, contrainte [*le son, resserré*] dans l'étroit canal d'une trompette, sort plus aiguë et plus forte, ainsi me semble-t-il que la sentence [*phrase*], pressée aux pieds nombreux de la poésie[2], s'élance bien plus brusquement et me fiert [*frappe*] d'une plus vive secousse. Quant aux facultés naturelles qui sont en moi, de quoi c'est ici l'essai,
35 je les sens fléchir sous la charge. Mes conceptions et mon juge- ment ne marchent qu'à tâtons, chancelant, bronchant et choppant [*trébuchant*], et quand je suis allé le plus avant que je puis, si [*pourtant*] ne me suis-je aucunement satisfait ; je vois encore du pays au-delà, mais d'une vue trouble et en nuage, que je ne puis démêler. Et,
40 entreprenant de parler indifféremment de tout ce qui se présente à ma fantaisie [*mon imagination*] et n'y employant que mes propres et naturels moyens, s'il m'advient, comme il fait [*cela m'arrive*] souvent, de rencontrer de fortune [*par hasard*] dans les bons auteurs ces mêmes lieux [*sujets*] que j'ai entrepris de traiter, comme je viens de
45 faire chez Plutarque tout présentement son discours [*traité*] de [*sur*] la force de l'imagination, à me reconnaître, au prix [*en comparaison*] de

---

1. **Selon celle-ci :** selon la manière dont l'école interroge. Il y a là une première critique du formalisme de l'enseignement, auquel Montaigne reproche de ne pas former le « *jugement naturel* ».
2. **La sentence [...] de la poésie :** Montaigne file la métaphore : l'élan poétique vient de ce que la phrase a été comme comprimée par les règles de la versification, qui imposent un nombre déterminé de pieds (dans le vers latin) ou de syllabes (dans le vers français).

ces gens-là, si faible et si chétif, si pesant et si endormi, je me fais
pitié ou dédain à moi-même. Si [*pourtant*] me gratifié-je [*je me réjouis*]
de ceci, que mes opinions ont cet honneur de rencontrer [*s'accorder*]
50 souvent aux leurs ; /// et que je vais au moins de loin après, disant
que voire[1]. / Aussi que j'ai cela, qu'un chacun n'a pas, de connaître
l'extrême différence d'entre eux et moi. Et [je] laisse, ce néanmoins
[*malgré cela*], courir mes inventions [*idées*] ainsi faibles et basses,
comme je les ai produites, sans en replâtrer et recoudre les défauts
55 que cette comparaison m'y a découverts. Il faut avoir les reins bien
fermes pour entreprendre de marcher front à front avec ces gens-
là. / Les écrivains indiscrets [*sans discernement*] de notre siècle, qui,
parmi leurs ouvrages de néant, vont semant des lieux [*passages*]
entiers des anciens auteurs pour se faire honneur, font le contraire.
60 Car cette infinie dissemblance de lustres rend un visage si pâle, si
terni et si laid à ce qui est leur, qu'ils y perdent beaucoup plus
qu'ils n'y gagnent. /// C'était deux contraires fantaisies [*opinions*]. Le
philosophe Chrysippe mêlait à ses livres, non les passages seulement, mais des ouvrages entiers d'autres auteurs, et, en un, la
65 *Médée* d'Euripide ; et disait Apollodore que, qui [*si l'on*] en retranche-
rait ce qu'il y avait d'étranger, son papier demeurerait en blanc.
Épicure au rebours, en trois cents volumes qu'il laissa, n'avait pas
semé une seule allégation [*citation*] étrangère. / Il m'advint l'autre
jour de tomber sur un tel passage. J'avais traîné languissant après
70 des paroles françaises si exsangues, si décharnées et si vides de
matière et de sens que ce n'étaient vraiment que paroles françaises ; au bout d'un long et ennuyeux chemin, je vins à rencontrer une pièce [*passage*] haute, riche et élevée jusqu'aux nues. Si
j'eusse trouvé la pente douce et la montée un peu allongée, cela
75 eût été excusable : c'était un précipice si droit et si coupé [*abrupt*]
que, des six premières paroles, je connus que je m'envolais en
l'autre monde. De là je découvris la fondrière d'où je venais, si
basse et si profonde, que je n'eus onques plus le cœur de m'y ravaler [*d'y redescendre*]. Si j'étoffais l'un de mes discours de ces riches
80 dépouilles, il éclairerait par trop la bêtise des autres. /// Reprendre
[*blâmer*] en autrui mes propres fautes ne me semble non plus incom-
patible que de reprendre, comme je fais souvent, celles d'autrui en

---

1. **Disant que voire :** disant que oui, c'est-à-dire comme eux.

moi. Il les faut accuser [*condamner*] partout et leur ôter tout lieu de franchise [*asile*]. Si [*encore*] sais-je bien combien audacieusement
85   j'entreprends moi-même à tous coups de m'égaler à mes larcins, d'aller pair à pair quant et [*avec*] eux, non sans une téméraire espérance que je puisse tromper les yeux des juges à les discerner. Mais c'est autant par le bénéfice de mon application que par le bénéfice de mon invention et de ma force[1]. Et puis je ne lutte point en gros
90   [avec] ces vieux champions-là, et corps à corps : c'est par reprises, menues et légères atteintes. Je ne m'y aheurte [*attaque*] pas ; je ne fais que les tâter ; et ne vais point tant comme je marchande [*j'envisage*] d'aller. Si je leur pouvais tenir palot [*les égaler*], je serais honnête [*habile*] homme, car je ne les entreprends [*attaque*] que par où ils sont
95   les plus raides [*supérieurs*]. De faire ce que j'ai découvert d'aucuns [*chez certains*], se couvrir des armes d'autrui jusqu'à ne montrer pas seulement le bout de ses doigts, conduire son dessein, comme il est aisé aux savants en une matière commune, sous les inventions [*idées*] anciennes rapiécées par-ci par-là, à [*pour*] ceux qui les veulent
100   cacher et faire propres [*passer pour leurs*], c'est premièrement injustice et lâcheté que, n'ayant rien en leur vaillant [*à eux*] par où se produire, ils cherchent à se présenter par une valeur étrangère, et puis grande sottise, se contentant par piperie [*tromperie*] de s'acquérir l'ignorante approbation du vulgaire, [de] se décrier [*discréditer*] envers
105   les gens d'entendement [*intelligents*] qui hochent du nez [*désapprouvent*] notre incrustation empruntée, desquels seuls la louange a du poids. De ma part, il n'est rien que je veuille moins faire. Je ne dis les autres, sinon pour autant plus me dire[2]. Ceci ne touche pas les centons[3] qui se publient pour centons ; et j'en ai vu de très ingé-
110   nieux en mon temps, entre autres un, sous le nom de Capilupus, outre les anciens. Ce sont des esprits qui se font voir et par ailleurs et par là, comme Juste Lipse en ce docte et laborieux tissu de ses *Politiques*. / Quoi qu'il en soit, veux-je dire, et quelles que soient

---

1. **Mais [...] ma force :** Montaigne espère que ses lecteurs ne distingueront pas ce qui est de lui (« de [son] invention et de [sa] force ») et ce qu'il a emprunté aux Anciens tant ces emprunts sont bien intégrés dans ses essais.

2. **Autant plus me dire :** Montaigne indique ici la fonction qu'il attribue aux citations dont il parsème les *Essais* : il ne cite les autres que pour mieux exprimer son avis.

3. **Centons :** œuvres en vers ou en prose composées uniquement de citations.

ces inepties[1], je n'ai pas délibéré [*décidé*] de les cacher, non plus
115 qu'un mien portrait chauve et grisonnant, où le peintre aurait mis
non un visage parfait, mais le mien. Car aussi ce sont ici mes
humeurs et opinions ; je les donne pour ce qui est en ma créance
[*ce que je crois*], non pour ce qui est à croire. Je ne vise ici qu'à [me]
découvrir moi-même, qui serai par aventure [*peut-être*] autre demain,
120 si nouveau apprentissage me change. Je n'ai point l'autorité d'être
cru, ni ne le désire, me sentant trop mal instruit pour instruire
autrui.

Quelqu'un donc, ayant vu l'article [l'essai] précédent, me disait
chez moi, l'autre jour, que je me devais être [*j'aurais dû m'être*] un
125 peu étendu sur le discours [*sujet*] de l'institution des enfants. Or,
Madame, si j'avais quelque suffisance [*capacité*] en ce sujet, je ne
pourrais la mieux employer que d'en faire un présent à ce petit
homme qui vous menace de faire tantôt une belle sortie de chez
vous (vous êtes trop généreuse [*noble*] pour commencer autrement
130 que par un mâle). Car, ayant eu tant de part à la conduite de votre
mariage, j'ai quelque droit et intérêt à la grandeur et prospérité de
tout ce qui en viendra ; outre ce [*le fait*] que l'ancienne possession
que vous avez sur ma servitude[2] m'oblige assez à désirer honneur,
bien et avantage à tout ce qui vous touche. Mais, à la vérité, je n'y
135 entends sinon cela, que la plus grande difficulté et importante de
l'humaine science semble être en cet endroit où il se traite de la
nourriture [*éducation*] et institution des enfants. /// Tout ainsi qu'en
l'agriculture, les façons qui vont avant le planter sont certaines
[*fixées*] et aisées, et le planter même, mais depuis [*une fois*] que ce
140 qui est planté vient à prendre vie, à l'élever, il y a une grande
variété de façons et difficulté, pareillement, aux hommes, il y a
peu d'industrie à les planter, mais, depuis qu'ils sont nés, on se
charge d'un soin divers, plein d'embesognement [*de préoccupation*]
et de crainte, à les dresser et nourrir [*instruire*]. / La montre [*manifes-*
145 *tation*] de leurs inclinations est si tendre [*inconstante*] en ce bas âge,

---

1. **Ces inepties :** les *Essais*, que Montaigne, par excès de modestie, juge inepties, sans
intérêt par rapport aux œuvres des grands auteurs de l'Antiquité.
2. **Ayant eu [...] ma servitude :** Montaigne était présent lors de la signature du
contrat de mariage de Diane de Foix-Candale, à qui est dédié cet essai. Elle appar-
tenait à une puissante famille qui protégeait celle de Montaigne.

et si obscure, les promesses si incertaines et fausses, qu'il est malaisé d'y établir aucun solide jugement. // Voyez Cimon, voyez Thémistocle et mille autres, combien ils se sont disconvenus [*montrés différents*] à eux-mêmes. Les petits des ours, des chiens, montrent
150 leur inclination naturelle ; mais les hommes, se jetant incontinent en des accoutumances, en des opinions, en des lois, se changent ou se déguisent facilement. / Si [*encore*] est-il difficile de forcer les propensions naturelles. D'où il advient que, par faute d'avoir bien choisi leur route, pour néant se travaille-t-on [*se tourmente-t-on*] sou-
155 vent et emploie-t-on beaucoup d'âge [*de temps*] à dresser des enfants aux choses auxquelles ils ne peuvent prendre pied. Toutefois, en cette difficulté, mon opinion est de les acheminer toujours aux meilleures choses et plus profitables, et qu'on se doit peu appliquer à ces légères divinations et pronostics que nous prenons des mou-
160 vements de leur enfance. /// Platon même, en sa *République*, me semble leur donner beaucoup [*trop*] d'autorité.

/ Madame, c'est un grand ornement que la science [*le savoir*], et un outil de merveilleux service, notamment aux personnes élevées en tel degré de fortune, comme vous êtes. À la vérité, elle n'a point
165 son vrai usage en mains viles et basses. Elle est bien plus fière [*grande*] de prêter ses moyens à conduire une guerre, à commander un peuple, à pratiquer [*gagner*] l'amitié d'un prince ou d'une nation étrangère, qu'à dresser un argument dialectique, ou à plaider un appel, ou ordonner une masse de pilules. Ainsi, Madame, parce
170 que je crois que vous n'oublierez pas cette partie en l'institution des vôtres, vous qui en avez savouré la douceur, et qui êtes d'une race [*famille*] lettrée (car nous avons encore les écrits de ces anciens comtes de Foix, d'où monsieur le comte votre mari et vous êtes descendus ; et François, monsieur de Candale, votre oncle, en
175 fait naître tous les jours d'autres, qui étendront la connaissance de cette qualité de votre famille à plusieurs siècles), je vous veux dire là-dessus une seule fantaisie [*opinion*], que j'ai contraire au commun usage ; c'est tout ce que je puis conférer [*toute ma contribution*] à votre service en cela. La charge du gouverneur que vous lui
180 donnerez, du choix duquel dépend tout l'effet de son institution, elle a plusieurs autres grandes parties, mais je n'y touche point, pour n'y savoir rien apporter qui vaille ; et de cet article, sur lequel je me mêle de lui donner avis, il [*le gouverneur*] m'en croira autant

qu'il y verra d'apparence [de raison]. À un enfant de maison [*noble*]
185 qui recherche les lettres, non pour le gain (car une fin si abjecte
est indigne de la grâce et faveur des Muses, et puis elle regarde et
dépend d'autrui), ni tant pour les commodités externes que pour
les siennes propres, et pour s'en enrichir et parer au-dedans, ayant
plutôt envie d'en tirer un habile homme [*un homme intelligent*] qu'un
190 homme savant, je voudrais aussi qu'on fût soigneux de lui choisir
un conducteur qui eût plutôt la tête bien faite que bien pleine,
et qu'on y requît tous les deux, mais plus les mœurs [*la vertu*] et
l'entendement [*l'intelligence*] que la science ; et qu'il se conduisît en sa
charge d'une nouvelle manière.

195 On ne cesse de criailler à nos oreilles, comme qui verserait dans
un entonnoir, et notre charge [*tâche*] ce n'est que redire ce qu'on
nous a dit. Je voudrais qu'il corrigeât cette partie, et que, de belle
arrivée [*d'emblée*], selon la portée de l'âme qu'il a en main, il commençât à la mettre sur la montre[1], lui faisant goûter les choses, les
200 choisir et discerner d'elle-même ; quelquefois lui ouvrant chemin,
quelquefois le lui laissant ouvrir. Je ne veux pas qu'il invente [*pense*]
et parle seul, je veux qu'il écoute son disciple parler à son tour.
/// Socrate et, depuis, Arcésilas faisaient premièrement parler leurs
disciples, et puis ils parlaient à eux. *Obest plerumque iis qui discere*
205 *volunt auctoritas eorum qui docent.*[2] [L'autorité de ceux qui enseignent nuit
la plupart du temps à ceux qui veulent apprendre.] Il est bon qu'il le fasse trotter devant lui pour juger de son train, et juger jusqu'à quel point
il se doit ravaler [*descendre*] pour s'accommoder à sa force. À faute
de cette proportion nous gâtons tout ; et de la savoir choisir, et s'y
210 conduire bien mesurément, c'est l'une des plus ardues besognes
que je sache ; et est l'effet d'une haute âme et bien forte, savoir
condescendre à ses allures puériles et les guider. Je marche plus
sûr et plus ferme à mont [*en montant*] qu'à val [*qu'en descendant*]. Ceux
qui, comme porte [*le veut*] notre usage, entreprennent d'une même
215 leçon et pareille mesure de conduite régenter [*de diriger*] plusieurs
esprits de si diverses mesures [*capacités*] et formes [*natures*], ce n'est pas

---

1. **Sur la montre** : on mettait un cheval « sur la montre », sur la piste, pour l'examiner avant de l'acheter. La métaphore hippique est développée dans le paragraphe
suivant.

2. *Obest [...] docent* : Cicéron, *La Nature des dieux*, I, v.

merveille si, en tout un peuple d'enfants, ils en rencontrent à peine deux ou trois qui rapportent [*retirent*] quelque juste fruit de leur discipline [*enseignement*]. / Qu'il ne lui demande pas seulement compte
220 des mots de sa leçon, mais du sens et de la substance, et qu'il juge du profit qu'il aura fait, non par le témoignage de sa mémoire, mais de sa vie. Que ce qu'il viendra d'apprendre, il le lui fasse mettre en cent visages et accommoder à autant de divers sujets, pour voir s'il l'a encore [*en outre*] bien pris et bien fait sien, /// prenant l'ins-
225 truction de son progrès des pédagogismes de Platon[1]. / C'est témoignage de crudité [*mauvaise digestion*] et indigestion que de regorger la viande [*rendre la nourriture*] comme on l'a avalée. L'estomac n'a pas fait son opération, s'il n'a fait changer la façon et la forme à ce qu'on lui avait donné à cuire [*digérer*]. // Notre âme ne branle [*bouge*] qu'à
230 crédit [*sur la foi d'autrui*], liée et contrainte à l'appétit des fantaisies [*opinions*] d'autrui, serve et captivée sous l'autorité de leur leçon. On nous a tant assujettis aux cordes[2] que nous n'avons plus de franches [*libres*] allures. Notre vigueur et liberté est éteinte. /// *Nunquam tutelæ suæ fiunt*.[3] [Ils sont toujours sous tutelle.] // Je vis privément à Pise
235 un honnête homme, mais si aristotélicien que le plus général de ses dogmes est : que la touche [*critère*] et règle de toutes imaginations [*idées*] solides et de toute vérité, c'est la conformité à la doctrine d'Aristote ; que, hors de là, ce ne sont que chimères et inanité ; qu'il a tout vu et tout dit. Cette proposition, pour avoir été un peu
240 trop largement et iniquement interprétée, le mit autrefois et tint longtemps en grand accessoire [*danger*] à l'inquisition à Rome. / Qu'il lui fasse tout passer par l'étamine [*le filtre*] et ne loge rien en sa tête par simple autorité et à crédit ; [que] les principes d'Aristote ne lui soient principes, non plus que ceux des Stoïciens ou Épicuriens. Qu'on lui
245 propose cette diversité de jugements : il choisira s'il peut, sinon il en demeurera en doute. /// Il n'y a que les fous certains et résolus.

---

1. **Pédagogismes de Platon :** le gouverneur de l'enfant doit régler sa marche selon les idées pédagogiques de Platon.
2. **On nous a tant assujettis aux cordes :** comme des enfants qui apprennent à marcher et que l'on tient en lisières.
3. *Nunquam [...] fiunt :* Sénèque, *Lettres à Lucilius*, 33.

/ Che non men che saper dubbiar m'aggrada.[1]

[Car il me plaît de douter non moins que de savoir.]

Car s'il embrasse les opinions de Xénophon et de Platon par son
250 propre discours [*jugement*], ce ne seront plus les leurs, ce seront les
siennes. Qui suit un autre, il ne suit rien. Il ne trouve rien, voire
il ne cherche rien. *Non sumus sub rege ; sibi quisque se vindicet.*[2] »

[Nous ne sommes pas sous la domination d'un roi ; que chacun dispose de lui-même.]

Qu'il sache qu'il sait, au moins. Il faut qu'il emboive [*s'imprègne de*]
255 leurs humeurs [*états d'esprit*], non qu'il apprenne leurs préceptes.
Et qu'il oublie hardiment, s'il veut, d'où il les tient, mais qu'il se
les sache approprier. La vérité et la raison sont communes à un
chacun et ne sont non plus à qui les a dites premièrement, qu'à
qui les dit après. /// Ce n'est non plus selon Platon que selon moi,
260 puisque lui et moi l'entendons et voyons de même. / Les abeilles
pillottent [*butinent*] deçà delà les fleurs, mais elles en font après le
miel, qui est tout leur ; ce n'est plus thym ni marjolaine : ainsi les
pièces empruntées d'autrui, il les transformera et confondra, pour
en faire un ouvrage tout sien, à savoir son jugement. Son institu-
265 tion, son travail et [son] étude ne visent qu'à le former. /// Qu'il cèle
[*cache*] tout ce de quoi il a été secouru, et ne produise [*montre*] que ce
qu'il en fait. Les pilleurs, les emprunteurs mettent en parade leurs
bâtiments, leurs achats, non pas ce qu'ils tirent d'autrui. Vous ne
voyez pas les épices d'un homme de parlement[3], vous voyez les
270 alliances qu'il a gagnées et honneurs à ses enfants. Nul ne met
en compte public sa recette ; chacun y met son acquêt. Le gain
de notre étude, c'est en être devenu meilleur et plus sage. / C'est,
disait Épicharme, l'entendement qui voit et qui ouït, c'est l'entendement qui approfite [*utilise*] tout, qui dispose tout, qui agit, qui
275 domine et qui règne : toutes autres choses sont aveugles, sourdes
et sans âme. Certes, nous le rendons servile et couard, pour ne lui
laisser la liberté de rien faire de soi. Qui demanda jamais à son disciple ce qu'il lui semble // de la rhétorique et de la grammaire, / de
telle ou telle sentence [*phrase*] de Cicéron ? On nous les plaque en la

---

1. *Che [...] m'aggrada :* Dante, *Enfer*, XI, 93.
2. *Non sumus [...] vindicet :* Sénèque, *Lettres à Lucilius*, 33.
3. **Les épices d'un homme de parlement :** les plaideurs offraient aux juges (qui sié-
geaient dans les parlements) des cadeaux ou une somme d'argent, les épices.

280 mémoire tout empennées[1], comme des oracles où les lettres et les syllabes sont de la substance de la chose. /// Savoir par cœur n'est pas savoir : c'est tenir ce qu'on a donné en garde à sa mémoire. Ce qu'on sait droitement [*bien*], on en dispose, sans regarder au patron [*modèle*], sans tourner les yeux vers son livre. Fâcheuse suf-
285 fisance [*capacité*] qu'une suffisance pure livresque ! Je m'attends [*je veux*] qu'elle serve d'ornement, non de fondement, suivant l'avis de Platon qui dit la fermeté, la foi, la sincérité être la vraie philosophie, les autres sciences et qui visent ailleurs, n'être que fard. / Je voudrais que le Paluel ou Pompée[2], ces beaux danseurs de mon temps,
290 apprissent [*enseignassent*] des cabrioles à les voir seulement faire, sans nous bouger de nos places, comme ceux-ci veulent instruire notre entendement, sans l'ébranler; /// ou qu'on nous apprît à manier un cheval, ou une pique, ou un luth, ou la voix, sans nous y exercer, comme ceux-ci nous veulent apprendre à bien juger et à bien par-
295 ler, sans nous exercer ni à parler, ni à juger.

/ Or, à cet apprentissage, tout ce qui se présente à nos yeux sert de livre suffisant : la malice d'un page, la sottise d'un valet, un propos de table, ce sont autant de nouvelles matières. À cette cause [*c'est pourquoi*], le commerce [*la fréquentation*] des hommes y est merveilleusement
300 propre, et la visite des pays étrangers, non pour en rapporter seulement, à la mode de notre noblesse française, combien de pas a Santa Rotonda, ou la richesse des caleçons de la signora Livia, ou, comme d'autres, combien le visage de Néron, de quelque vieille ruine de là, est plus long et plus large que celui de quelque pareille médaille,
305 mais pour en rapporter principalement les humeurs [*le tempérament*] de ces nations et leurs façons [*coutumes*], et pour frotter et limer notre cervelle contre celle d'autrui. Je voudrais qu'on commençât à le promener dès sa tendre enfance, et premièrement, pour faire d'une pierre deux coups, par les nations voisines où le langage est plus éloigné
310 du nôtre, et auquel, si vous ne la formez de bonne heure, la langue ne se peut plier. Aussi bien est-ce une opinion reçue d'un chacun que ce n'est pas raison de nourrir [*d'élever*] un enfant au giron de ses parents. Cet amour naturel les attendrit trop et [*les*] relâche, voire [*même*] les plus sages. Ils ne sont capables ni de châtier ses fautes, ni

---

1. **Empennées :** avec leurs plumes, c'est-à-dire sans les modifier d'une lettre.
2. **Le Paluel ou Pompée :** maîtres de danse milanais venus à la cour des rois de France.

315 de le voir nourri grossièrement, comme il faut [c'est nécessaire], et hasar-
deusement. Ils ne le sauraient souffrir revenir suant et poudreux de
son exercice, /// boire chaud, boire froid, / ni le voir sur un cheval
rebours [rétif], ni contre un rude tireur, le fleuret au poing, ni la première arquebuse. Car il n'y a remède : qui en veut faire un homme
320 de bien, sans [aucun] doute il ne le faut épargner en cette jeunesse, et
souvent choquer les règles de la médecine :

> // *vitamque sub dio et trepidis agat*
> *in rebus.*[1]

[Qu'il vive en plein air et dans les périls.]

325 /// Ce n'est pas assez de lui roidir l'âme, il lui faut aussi roidir les
muscles. Elle est trop pressée, si elle n'est secondée, et a trop à
faire de seule fournir à deux offices[2]. Je sais combien ahanne [peine]
la mienne en compagnie d'un corps si tendre, si sensible, qui se
laisse si fort aller sur elle. Et aperçois souvent en ma leçon [mes lec-
330 tures], qu'en leurs écrits mes maîtres font valoir, pour magnanimité
et force de courage, des exemples qui tiennent volontiers plus de
l'épaississure de la peau et dureté des os. J'ai vu des hommes, des
femmes et des enfants ainsi nés qu'une bastonnade leur est moins
qu'à moi une chiquenaude, qui ne remuent ni langue ni sourcil
335 aux coups qu'on leur donne. Quand les athlètes contrefont [égalent]
les philosophes en patience [endurance], c'est plutôt vigueur de nerfs
que de cœur. Or, l'accoutumance à porter [supporter] le travail est
accoutumance à porter la douleur : *labor callum obducit dolori*.[3]
[Le travail forme un cal contre la douleur.] Il le faut rompre à la peine et
340 âpreté des exercices, pour le dresser à la peine et âpreté de la des-
loueure [luxation], de la colique, du cautère, et de la geôle, et de la
torture. Car de ces dernières-ci, encore peut-il être en prise [touché],
qui regardent les bons, selon le temps, comme les méchants. Nous
en sommes à l'épreuve[4]. Quiconque combat les lois menace les
345 plus gens de bien d'escourgées [du fouet] et de la corde [de la pendaison].

---

1. *vitamque [...] rebus* : Horace, *Odes*, III, II, 5.
2. **Elle est trop pressée [...] deux offices** : la charge de l'âme est trop lourde (elle se
trouve « *pressée* ») si elle doit servir un corps défaillant.
3. *Labor [...] dolori* : Cicéron, *Tusculanes*, II, xv.
4. **Nous en sommes à l'épreuve** : en ce temps [de guerres civiles], les bons comme
les méchants peuvent être jetés en prison ou torturés. Nous en faisons l'expérience.

/ Et puis, l'autorité du gouverneur, qui doit être souveraine sur lui, s'interrompt et s'empêche [*est contrariée*] par la présence des parents. Joint que ce respect que la famille [*la maisonnée*] lui porte, la connaissance des moyens [*richesses*] et grandeurs de sa maison, ce ne sont à
350 mon opinion pas légères incommodités en cet âge.

En cette école du commerce des hommes, j'ai souvent remarqué ce vice, qu'au lieu de prendre connaissance d'autrui, nous ne travaillons qu'à la donner de nous, et sommes plus en peine d'emploiter [*d'utiliser*] notre marchandise que d'en acquérir de nouvelle. Le
355 silence et la modestie sont qualités très commodes à la conversation [*aux relations sociales*]. On dressera cet enfant à être épargnant et ménager de sa suffisance [*intelligence*], quand il l'aura acquise ; à ne se formaliser point des sottises et fables qui se diront en sa présence, car c'est une incivile importunité de choquer [*critiquer*]
360 tout ce qui n'est pas de notre appétit [*goût*]. /// Qu'il se contente de se corriger soi-même, et ne semble pas reprocher à autrui tout ce qu'il refuse à faire, ni contraster [*contrevenir*] aux mœurs publiques. *Licet sapere sine pompa, sine invidia.* »[1] [On peut être sage sans ostentation, sans insolence.] Fuie [*qu'il fuie*] ces images régenteuses et inciviles, et
365 cette puérile ambition de vouloir paraître plus fin pour être autre, et tirer nom [*de se faire un nom*] par répréhensions [*critiques*] et nouvelletés. Comme il n'affiert [*ne convient*] qu'aux grands poètes d'user des licences de l'art, aussi n'est-il supportable qu'aux grandes âmes et illustres de se privilégier au-dessus de la coutume. *Si quid Socrates*
370 *et Aristippus contra morem et consuetudinem fecerint, idem sibi ne arbitretur licere : magnis enim illi et divinis bonis hanc licentiam assequebantur.*[2] [Si Socrate et Aristippe ont agi en quelque chose contrairement aux usages et à la coutume, qu'il ne se croie pas permis d'en faire autant : chez eux, des mérites éminents et divins autorisaient cette licence.] / On lui apprendra
375 de n'entrer en discours [*débat*] ou contestation que où il verra un champion digne de sa lutte, et là même à n'employer pas tous les tours qui lui peuvent servir, mais ceux-là seulement qui lui peuvent le plus servir. Qu'on le rende délicat [*scrupuleux*] au choix et triage de ses raisons, et aimant la pertinence, et par conséquent

---

1. *Licet [...] invidia :* Sénèque, *Lettres à Lucilius*, 103.
2. *Si [...] assequebantur :* Cicéron, *Les Devoirs*, I, XLI.

380 la brièveté[1]. Qu'on l'instruise surtout à se rendre et à quitter les armes à la vérité, tout aussitôt qu'il l'apercevra ; soit qu'elle naisse ès mains de son adversaire, soit qu'elle naisse en lui-même par quelque ravisement [*changement d'avis*]. Car il ne sera pas mis en chaise [*chaire*] pour dire un rôle prescrit. Il n'est engagé à aucune
385 cause que parce qu'il l'approuve. Ni ne sera du métier où se vend à purs deniers comptants la liberté de se pouvoir repentir et reconnaître[2]. /// *Neque, ut omnia quæ præscripta et imperata sint defendat, necessitate ulla cogitur.* »[3] [Aucune nécessité ne le contraint à défendre des opinions prescrites et imposées.] Si son gouverneur tient de mon humeur,
390 il lui formera la volonté à être très loyal serviteur de son prince et très affectionné et très courageux ; mais il lui refroidira l'envie de s'y attacher autrement que par un devoir public. Outre plusieurs autres inconvénients qui blessent notre franchise [*liberté*] par ces obligations particulières, le jugement d'un homme gagé et acheté,
395 ou il est moins entier et moins libre, ou il est taché [*entaché*] et d'imprudence et d'ingratitude. Un courtisan ne peut avoir ni loi, ni volonté de dire et penser que favorablement d'un maître qui, parmi tant de milliers d'autres sujets, l'a choisi pour le nourrir et élever de sa main. Cette faveur et utilité corrompent non sans quelque
400 raison sa franchise, et l'éblouissent. Pourtant [*aussi*] voit-on coutumièrement le langage de ces gens-là divers à [*différent de*] tout autre langage d'un état, et de peu de foi [*loyauté*] en telle matière. / Que sa conscience et sa vertu reluisent en son parler, /// et n'aient que la raison pour guide. / Qu'on lui fasse entendre que de confesser la
405 faute qu'il découvrira en son propre discours [*raisonnement*], encore qu'elle ne soit aperçue que par lui, c'est un effet de jugement et de sincérité, qui sont les principales parties [*qualités*] qu'il cherche ; /// que l'opiniâtrer et contester sont qualités communes, plus apparentes [*visibles*] aux [*chez les*] plus basses âmes ; que se raviser et se
410 corriger, abandonner un mauvais parti sur le cours de son ardeur,

---

1. **Pertinence [...] brièveté :** dans la discussion, les arguments doivent être pertinents (appropriés) et brefs.
2. **Ni ne sera [...] reconnaître :** ce « métier » où l'on renonce, pour de l'argent, à sa liberté de penser, c'est sans doute celui de l'avocat ou du courtisan hypocrite et servile, dont il est question ensuite.
3. *Neque [...] cogitur :* Cicéron, *Académiques*, II, III.

ce sont qualités rares, fortes et philosophiques. / On l'avertira, étant en compagnie, d'avoir les yeux partout[1] ; car je trouve que les premiers sièges sont communément saisis par les hommes moins capables, et que les grandeurs de fortune ne se trouvent guère
415 mêlées à la suffisance. J'ai vu, cependant qu'on s'entretenait, au haut bout d'une table, de la beauté d'une tapisserie ou du goût de la malvoisie, se perdre beaucoup de beaux traits à l'autre bout. Il sondera la portée [*les capacités*] d'un chacun : un bouvier, un maçon, un passant ; il faut tout mettre en besogne, et emprunter [à] chacun
420 selon sa marchandise, car tout sert en ménage ; la sottise même et faiblesse d'autrui lui sera instruction. À contrôler [*observer*] les grâces et façons d'un chacun, il s'engendrera envie des bonnes et mépris des mauvaises. Qu'on lui mette en fantaisie [*dans l'esprit*] une honnête curiosité de s'enquérir de toutes choses ; tout ce qu'il y aura
425 de singulier autour de lui, il le verra : un bâtiment, une fontaine, un homme, le lieu d'une bataille ancienne, le passage de César ou de Charlemagne :

> *Quæ tellus sit lenta gelu, quæ putris ab æstu,*
> *Ventus in Italiam quis bene vela ferat.*[2]

430 [Quelle terre est paralysée par la glace, quelle autre est réduite en poussière
par la chaleur, quel vent favorable pousse les voiles vers l'Italie.]

/ Il s'enquerra des mœurs, des moyens [*richesses*] et des alliances de ce prince, et de celui-là. Ce sont choses très plaisantes à apprendre et très utiles à savoir.

435 En cette pratique [*fréquentation*] des hommes, j'entends y comprendre, et principalement, ceux qui ne vivent qu'en la mémoire des livres. Il pratiquera, par le moyen des histoires, ces grandes âmes des meilleurs siècles. C'est une vaine étude, qui [*si l'on*] veut ; mais qui veut aussi, c'est une étude de fruit inestimable, /// et la
440 seule étude, comme dit Platon, que les Lacédémoniens eussent réservée à [*pour*] leur part. / Quel profit ne fera-t-il en cette part-là, à la lecture des *Vies* de notre Plutarque ? Mais que mon guide se

---

1. **Avoir les yeux partout :** s'intéresser à tout le monde, et pas seulement aux puissants qui occupent les « premiers sièges » et auxquels Montaigne reproche de manquer d'intelligence. Ce sont eux aussi qui sont les premiers servis « au haut bout de la table » et qui échangent des propos futiles.
2. *Quæ [...] ferat :* Properce, IV, III, 39.

souvienne où vise sa charge ; et qu'il n'imprime pas [*ne fasse pas sou-venir*] tant à son disciple /// la date de la ruine de Carthage que les
445 mœurs d'Hannibal et de Scipion, ni tant / où mourut Marcellus[1], que pourquoi il fut indigne de son devoir qu'il mourût là. Qu'il ne lui apprenne pas tant les histoires, qu'à en juger. /// C'est à mon gré, entre toutes, la matière à laquelle nos esprits s'appliquent de plus diverse mesure. J'ai lu en Tite-Live cent choses que tel n'y a
450 pas lues. Plutarque en y a lu cent, outre ce que j'y ai su lire, et, à l'aventure [*peut-être*], outre ce que l'auteur y avait mis. À d'aucuns, c'est une pure étude grammairienne ; à d'autres, l'anatomie [*la dis-section*] de la philosophie, en laquelle les plus abstruses parties de notre nature se pénètrent. / Il y a dans Plutarque beaucoup de
455 discours [*réflexions*] étendus, très dignes d'être sus, car, à mon gré, c'est le maître ouvrier de telle besogne ; mais il y en a mille qu'il n'a que touché simplement : il guigne [*indique*] seulement du doigt par où nous irons, s'il nous plaît, et se contente quelquefois de ne donner qu'une atteinte dans le plus vif d'un propos. Il les faut
460 arracher de là et mettre en place marchande [*faire valoir*]. // Comme ce sien mot, que les habitants d'Asie servaient à [*étaient esclaves d'*] un seul, pour ne savoir prononcer une seule syllabe, qui est *Non*, donna peut-être la matière et l'occasion à La Boétie de sa *Servitude volontaire*[2]. / Cela même de lui voir trier une légère action en la
465 vie d'un homme, ou un mot, qui semble ne porter [*n'importer*] pas, cela, c'est un discours [*un acte de réflexion*]. C'est dommage que les gens d'entendement aiment tant la brièveté ; sans [*nul*] doute leur réputation en vaut mieux, mais nous en valons moins ; Plutarque aime mieux que nous le vantions de son jugement que de son
470 savoir ; il aime mieux nous laisser désir de soi que satiété. Il savait qu'ès choses bonnes mêmes on peut trop dire, et qu'Alexandridas reprocha justement à celui qui tenait aux éphores [*magistrats de Sparte*] des bons propos, mais trop longs : « Ô étranger, tu dis ce qu'il faut, autrement qu'il ne faut. » /// Ceux qui ont le corps grêle le gros-

---

1. **Marcellus :** général romain (268-208 avant J.-C.), adversaire d'Hannibal, il mourut dans une embuscade où l'avait conduit sa précipitation.
2. *Servitude volontaire :* La Boétie (1530-1563), grand ami de Montaigne, a composé un *Discours de la servitude volontaire* (publié en 1574) dans lequel il analyse ce qui pousse le peuple, ou une grande partie du peuple, à accepter la tyrannie.

475 sissent d'embourrures : ceux qui ont la matière exile [*mince*] l'enflent de paroles.

/ Il se tire une merveilleuse clarté, pour le jugement humain, de la fréquentation du monde. Nous sommes tout contraints [*resserrés*] et amoncelés en nous, et avons la vue raccourcie à la longueur de 480 notre nez. On demandait à Socrate d'où il était. Il ne répondit pas : « D'Athènes », mais : « Du monde ». Lui, qui avait son imagination [*sa pensée*] plus pleine et plus étendue, embrassait l'univers comme sa ville, jetait [*étendait*] ses connaissances, sa société et ses affections à tout le genre humain, non pas comme nous qui ne regardons que 485 sous nous. Quand les vignes gèlent en mon village, mon prêtre en argumente [*l'explique par*] l'ire [*la colère*] de Dieu sur la race humaine et juge que la pépie en tienne déjà les Cannibales [*les Indiens du Brésil*]. À voir nos guerres civiles, qui ne crie que cette machine [*ce monde*] se bouleverse et que le jour du jugement nous prend au collet, sans 490 s'aviser que plusieurs pires choses se sont vues, et que les dix mille parts du monde ne laissent pas de galler le bon temps [*mener joyeuse vie*] cependant [*pendant ce temps*] ? // Moi, selon leur licence et impunité, admire de les voir si douces et molles[1]. / À qui il grêle sur la tête, tout l'hémisphère semble être en tempête et orage. Et disait 495 le Savoyard que, si ce sot de roi de France eût su bien conduire sa fortune, il était homme pour devenir maître d'hôtel de son duc. Son imagination ne concevait autre plus élevée grandeur que celle de son maître. /// Nous sommes insensiblement [*sans le savoir*] tous en cette erreur, erreur de grande suite [*conséquence*] et préjudice. / Mais 500 [*celui*] qui se présente [*représente*], comme dans un tableau, cette grande image de notre mère nature en son entière majesté ; qui lit en son visage une si générale et constante variété ; qui se remarque [*se voit*] là-dedans, et non soi, mais tout un royaume, comme un trait d'une pointe très délicate [*fine*] : celui-là seul estime les choses 505 selon leur juste grandeur. Ce grand monde, que les uns multiplient

---

1. **Moi [...] molles :** Montaigne se distingue de ses contemporains par sa capacité (fruit de sa culture) à relativiser l'importance des événements : étant donné le dérèglement des mœurs (« la licence ») et l'impunité dont jouissent les coupables, il juge que les choses pourraient être pires. Ce relativisme est une forme de modestie et de sagesse qui naît de l'exacte conscience de la place de l'homme dans le monde : il n'est qu'un point dans la nature, comme le montre la fin du paragraphe.

encore comme espèces sous un genre, c'est le miroir où il nous
faut regarder pour nous connaître de bon biais. [En] Somme, je
veux que ce soit le livre de mon écolier. Tant d'humeurs, de sectes,
de jugements, d'opinions, de lois et de coutumes nous apprennent
510 à juger sainement des nôtres, et apprennent notre jugement à
reconnaître son imperfection et sa naturelle faiblesse : [ce] qui n'est
pas un léger apprentissage. Tant de remuements d'état [*révolutions*] et
changements de fortune [*sort*] publique nous instruisent à ne faire
pas grand miracle [*à ne pas nous étonner*] de la nôtre. Tant de noms, tant
515 de victoires et conquêtes ensevelies sous l'oubliance, rendent ridicule l'espérance d'éterniser notre nom par la prise de dix argolets
[*arquebusiers*] et d'un pouillier [*poulailler*] qui n'est connu que de [*par*]
sa chute[1]. L'orgueil et la fierté de tant de pompes étrangères, la
majesté si enflée de tant de cours et de grandeurs, nous fermit et
520 assure la vue à soutenir l'éclat des nôtres sans ciller les yeux. Tant
de milliasses d'hommes enterrés avant nous nous encouragent à
ne craindre d'aller trouver si bonne compagnie en l'autre monde.
Ainsi du reste. /// Notre vie, disait Pythagore, retire [*ressemble*] à la
grande et populeuse assemblée des jeux Olympiques. Les uns s'y
525 exercent le corps pour en acquérir la gloire des jeux ; d'autres y
portent des marchandises à vendre pour le gain. Il en est, et qui ne
sont pas les pires, lesquels ne cherchent aucun fruit que de regarder comment et pourquoi chaque chose se fait, et être spectateurs
de la vie des autres hommes, pour en juger et régler la leur.
530 / Aux [*à ces*] exemples se pourront proprement assortir tous les
plus profitables discours de la philosophie, à laquelle se doivent
toucher [*estimer*] les actions humaines comme à leur règle. On lui
dira,

// *quid fas optare, quid asper*
535 *Utile nummus habet ; patriæ charisque propinquis*
Quantum elargiri deceat : quem te Deus esse
Jussit, et humana qua parte locatus es in re ;
Quid sumus, aut quidnam victuri gignimur ;[2]

---

1. **Par sa chute :** les mots « argolet » (archer ou arquebusier à cheval) et « pouiller »
(comme métaphore d'une petite ville mal défendue) sont péjoratifs.
2. *Quid [...] gignimur :* Perse, III, 69.

[ce qu'il est permis de souhaiter ; à quoi sert l'argent si dur à gagner ; jusqu'où
540   l'on doit se dévouer à sa patrie et à ses parents ; ce que Dieu a voulu que
tu fusses et le rôle qu'il t'a attribué dans la société ; ce que nous sommes et le but
de notre existence.]

/ [Ce] Que c'est que savoir et ignorer, [ce] qui doit être le but de
l'étude ; [ce] que c'est que vaillance, tempérance et justice ; ce qu'il
545 y a à dire [*la différence*] entre l'ambition et l'avarice [*la cupidité*], la servitude et la sujétion, la licence et la liberté ; à quelles marques on
connaît le vrai et solide contentement ; jusqu'où il faut craindre la
mort, la douleur et la honte,

// *Et quo quemque modo fugiatque feratque laborem ;*[1]

550   [Et comment éviter ou supporter les épreuves.]

/ quels ressorts nous meuvent et le moyen de tant divers branles
en nous. Car il me semble que les premiers discours de quoi on
lui doit abreuver l'entendement, ce doivent être ceux qui règlent
ses mœurs et son sens, qui lui apprendront à se connaître, et à
555 savoir bien mourir et bien vivre. /// Entre [*parmi*] les arts libéraux[2],
commençons par l'art qui nous fait libres. Ils servent toutes aucunement [*en quelque manière*] à l'instruction de notre vie et à son usage,
comme toutes choses y servent aucunement. Mais choisissons
celui qui y sert directement et professoirement [*expressément*]. Si nous
560 savions restreindre les appartenances [*les parties*] de notre vie à leurs
justes et naturelles limites, nous trouverions que la meilleure part
des sciences qui sont en usage est hors de notre usage ; et en celles
mêmes qui le sont, qu'il y a des étendues et enfonçures très inutiles, que nous ferions mieux de laisser là, et, suivant l'institution
565 [*l'enseignement*] de Socrate, borner [*arrêter*] le cours de notre étude en
[*devant*] celles-ci où faut [*fait défaut*] l'utilité.

> *sapere aude,*
> *Incipe : vivendi qui recte prorogat horam,*
> *Rusticus expectat dum defluat amnis ; at ille*
570 > *Labitur, et labetur in omne volubilis ævum.*[3]

---

1. *Et [...] laborem :* Virgile, *Énéide*, III, 459.
2. **Les arts libéraux :** enseignés dans les facultés depuis le Moyen Âge, ils compre-
naient deux ensembles de disciplines : le *trivium* (la grammaire, la dialectique, la
rhétorique) et le *quadrivium* (l'arithmétique, la géométrie, l'histoire, la musique).
3. *Sapere [...] ævum :* Horace, *Épîtres*, I, ii, 40.

[Ose être sage, commence ; différer l'heure de bien vivre, c'est imiter ce paysan qui attend, pour passer, que le fleuve cesse de couler ; mais le fleuve coule et coulera en roulant ses flots pour l'éternité.]

C'est une grande simplesse d'apprendre à nos enfants

575 // *Quid moveant pisces, animosàque signa Leonis,*
Lotus et Hesperia quid Capricornus aqua,[1]

[Quelle est l'influence des Poissons, des signes enflammés du Lion, du Capricorne qui se baigne dans la mer d'Hespérie.]

/ la science des astres et le mouvement de la huitième sphère[2], 580 avant que les leurs propres :

Τί πλειάδεσσι κάμοί,
Τί δ'`άστράσι βοώτεω.[3]

[Que m'importent à moi les Pléiades, la constellation du Bouvier !]

/// Anaximène écrivant à Pythagore : « De quel sens puis-je m'amu-585 ser au secret des étoiles[4], ayant la mort ou la servitude toujours présente aux yeux ? » (car lors les rois de Perse préparaient la guerre contre son pays), chacun doit dire ainsi : « Étant battu [*frappé*] d'ambition, d'avarice [*d'avidité*], de témérité, de superstition, et ayant au-dedans tels autres ennemis de la vie, irai-je songer au branle du 590 monde ? » / Après qu'on lui aura dit [à l'élève] ce qui sert à le faire plus sage et meilleur, on l'entretiendra [de ce] que c'est que logique, physique, géométrie, rhétorique ; et la science qu'il choisira, ayant déjà le jugement formé, il en viendra bientôt à bout. Sa leçon se fera tantôt par devis [*conversation*], tantôt par livre ; tantôt son gou-595 verneur lui fournira [des extraits] de l'auteur même, propre à cette fin de son institution ; tantôt il lui en donnera la moelle et la substance toute mâchée. Et si, de soi-même, il n'est assez familier des livres pour y trouver tant de beaux discours qui y sont, pour l'effet [*l'exécution*] de son dessein, on lui pourra joindre quelque homme de 600 lettres, qui à chaque besoin fournisse les munitions qu'il faudra, pour les distribuer et dispenser à son nourrisson [*élève*]. Et que cette

---

1. *Quid [...] aqua :* Properce, IV, I, 89.
2. **La huitième sphère :** dans l'astronomie antique, le dernier des huit cercles concentriques (sur lequel les étoiles étaient fixées).
3. Τί [...] βοώτεω : Anacréon, *Odes*, XVII, 10.
4. **De quel sens [...] étoiles :** quelle sorte d'intelligence pourrait me faire passer mon temps [à chercher] le secret des étoiles… ?

leçon ne soit plus aisée et naturelle que celle de Gaza[1], qui y peut faire doute ? Ce sont là préceptes épineux et mal plaisants, et des mots vains et décharnés, où il n'y a point de prise, rien qui vous
605 éveille l'esprit. En celle-ci, l'âme trouve où mordre et où se paître. Ce fruit est plus grand, sans comparaison, et si [*pourtant* il] sera plus tôt mûri. C'est grand cas [*chose étonnante*] que les choses en soient là en notre siècle, que la philosophie, ce soit, jusqu'aux gens d'entendement, un nom vain et fantastique [*chimérique*], qui se trouve de
610 nul usage et de nul prix, /// et par opinion et par effet [*dans les faits*]. / Je crois que ces ergotismes [*arguties*] en sont cause, qui ont saisi ses avenues. On a grand tort de la peindre inaccessible aux enfants, et d'un visage renfrogné, sourcilleux et terrible. Qui me l'a masquée de ce faux visage, pâle et hideux ? Il n'est rien plus gai, plus
615 gaillard, plus enjoué, et à peu [*peu s'en faut*] que je ne dise folâtre. Elle ne prêche que fête en bon temps. Une mine triste et transie montre que ce n'est pas là son gîte. Démétrius le grammairien, rencontrant dans le temple de Delphes une troupe de philosophes assis ensemble, il leur dit : « Ou je me trompe, ou, à vous voir la contenance si
620 paisible et si gaie, vous n'êtes pas en grand discours entre vous. » À quoi l'un d'eux, Héracléon le Mégarien, répondit : « C'est à faire à ceux qui cherchent si le futur du verbe βαλλω a double λ, ou qui cherchent la dérivation des comparatifs ξείρον et βέλτιον, et des superlatifs ξείριστον βέλτιστον, qu'il faut rider le front, s'entrete-
625 nant de leur science. Mais quant aux discours de la philosophie, ils ont accoutumé d'égayer et réjouir ceux qui les traitent, non [de] les renfrogner et contrister. »
// *Deprendras animi tormenta latentis in ægro*
Corpore, deprendas et gaudia : sumit utrumque
630 *Inde habitum facies.*[2]

[On peut deviner, dans un corps malade, les tourments cachés de l'âme, on peut y deviner ses joies : le visage reflète ses deux états.]

/ L'âme qui loge la philosophie doit, par sa santé, rendre sain encore [*en outre*] le corps. Elle doit faire luire jusqu'au-dehors son repos[3] et

---

1. **Gaza** : auteur d'une grammaire grecque (1495) célèbre et obscure.
2. ***Deprendras [...] facies*** : Juvénal, IX, 18.
3. **Son repos** : c'est ici la quiétude d'une âme bien réglée et sage, comme l'indique la phrase suivante.

635 son aise ; doit former à son moule le port extérieur, et l'armer
par conséquent d'une gracieuse fierté, d'un maintien actif et
allègre, et d'une contenance contente et débonnaire [*bienveillante*].
/// La plus expresse marque de la sagesse, c'est une éjouissance
constante ; son état est comme des choses au-dessus de la lune :
640 toujours serein. / C'est « Barroco » et « Baralipton »[1] qui rendent
leurs suppôts ainsi crottés et enfumés, ce n'est pas elle ; ils ne la
connaissent que par ouï-dire. Comment ? Elle fait état de sereiner
les tempêtes de l'âme, et d'apprendre la faim et les fièvres à rire,
non par quelques épicycles imaginaires, mais par raisons naturelles
645 et palpables[2]. /// Elle a pour son but la vertu, qui n'est pas, comme
dit l'école, plantée à la tête [*au sommet*] d'un mont coupé [*abrupt*],
raboteux et inaccessible. Ceux qui l'ont approchée la tiennent, au
rebours, logée dans une belle plaine fertile et fleurissante, d'où elle
voit bien sous soi toutes choses ; mais si peut-on y arriver, qui [*si*
650 *l'on*] en sait l'adresse [*le chemin*], par des routes ombrageuses, gazon-
nées et doux fleurantes, plaisamment et d'une pente facile et polie,
comme est celle des voûtes célestes. Pour n'avoir hanté cette vertu
suprême, belle, triomphante, amoureuse, délicieuse pareillement et
courageuse, ennemie professe [*déclarée*] et irréconciliable d'aigreur,
655 de déplaisir, de crainte et de contrainte, ayant pour guide nature,
fortune et volupté pour compagnes, ils sont allés, selon leur faiblesse, feindre [*imaginer*] cette sotte image, triste, querelleuse, dépite
[*chagrine*], menaceuse, mineuse [*renfrognée*], et la placer sur un rocher,
à l'écart, emmi [*parmi*] des ronces, fantôme à étonner [*épouvanter*] les
660 gens. Mon gouverneur, qui connaît [*sait*] devoir remplir la volonté
de son disciple autant ou plus d'affection que de révérence envers
la vertu, lui saura dire que les poètes suivent les humeurs communes, et lui faire toucher au doigt que les dieux ont mis plutôt

---

1. **« Barroco » et « Baralipton :** les noms « Barroco » et « Baralipton » servaient à
désigner deux types de syllogisme. Le syllogisme, raisonnement enchaînant trois
propositions, tenait une grande place dans l'enseignement du Moyen Âge (la sco-
lastique), encore pratiqué à l'époque de Montaigne (voir ci-dessous l. 1034-1036).
2. **Elle a pour but [...] palpables :** la sagesse donne à l'homme la sérénité en lui
apprenant à dominer ses passions et ses épreuves (la faim, la maladie), sans recourir à des notions imaginaires (comme les épicycles que l'ancienne astronomie avait
inventés pour expliquer le mouvement des astres).

la sueur aux avenues des cabinets de Vénus que de Pallas[1]. Et
665 quand il commencera de se sentir, lui présentant Bradamante ou
Angélique pour maîtresse à jouir, et d'une beauté naïve, active,
généreuse, non hommasse, mais virile, au prix [*en regard*] d'une
beauté molle, affétée [*maniérée*], délicate, artificielle, l'une travestie
en garçon, coiffée d'un morion [*casque*] luisant, l'autre vêtue en
670 garce [*fille*], coiffée d'un attifet [*bonnet*] emperlé, il jugera mâle son
amour même, s'il choisit tout diversement à cet efféminé pasteur
de Phrygie. Il lui fera cette nouvelle leçon, que le prix et hauteur
de la vraie vertu est en la facilité, utilité et plaisir de son exercice,
si éloigné de difficulté que les enfants y peuvent [*en sont capables*]
675 comme les hommes, les simples comme les subtils. Le règlement
[*la modération*] c'est son outil, non pas la force [*l'effort*]. Socrate, son
premier mignon, quitte à escient sa force, pour glisser en la naïveté et aisance de son progrès[2]. C'est la mère nourrice des plaisirs humains. En les rendant justes, elle les rend sûrs et purs. Les
680 modérant, elle les tient en haleine et en goût. Retranchant ceux
qu'elle refuse, elle nous aiguise envers ceux qu'elle nous laisse ; et
nous laisse abondamment tous ceux que veut nature, et jusqu'à la
satiété, maternellement, sinon jusqu'à la lasseté [*lassitude*] (si d'aventure nous ne voulons dire que le régime, qui arrête le buveur
685 avant l'ivresse, le mangeur avant la crudité, le paillard avant la
pelade, soit ennemi de nos plaisirs[3]). Si la [bonne] fortune commune
[*ordinaire*] lui faut [*manque*], elle lui échappe ou elle s'en passe, et
s'en forge une autre toute sienne, non plus flottante et roulante.
Elle sait être riche et puissante et savante, et coucher dans des

---

1. **Vénus et Pallas :** l'amour (Vénus) exige plus de peine (de « sueur ») que la raison
(Pallas). C'est pourquoi, quand l'élève sentira s'éveiller sa sensualité, Montaigne
conseille de lui faire préférer un amour mâle, naturel, à un amour maniéré, sym-
bolisé par Vénus, que le berger troyen Pâris avait jugée plus belle que Junon
et Minerve. Ces deux formes d'amours sont représentées respectivement par
Bradamante et Angélique, deux héroïnes du *Roland furieux* de l'Arioste.
2. **Socrate [...] son progrès :** Socrate, son premier favori, renonce délibérément à l'effort
et s'abandonne à une marche naturelle et aisée (vers la vertu).
3. **(Si d'aventure [...] plaisirs) :** parenthèse ironique, « à moins que, par hasard, nous
ne prétendions que… ». Selon Montaigne, la modération (« le régime ») qui nous
fait éviter l'ivresse, l'indigestion, la pelade (maladie de peau d'origine vénérienne,
marque de la débauche) n'est pas l'ennemie mais la source de nos plaisirs.

690 matelas musqués. Elle aime la vie, elle aime la beauté et la gloire
et la santé. Mais son office [*son devoir*] propre et particulier, c'est [de]
savoir user de ces biens-là réglément [*modérément*], et [de] les savoir
perdre constamment [*avec constance*] : office bien plus noble qu'âpre,
sans lequel tout cours de vie est dénaturé, turbulent [*troublé*] et dif-
695 forme, et y peut-on justement attacher ces écueils, ces halliers et
ces monstres. Si ce disciple se rencontre [*se trouve être*] de si diverse
condition [*de tempérament si bizarre*] qu'il aime mieux ouïr une fable que
la narration d'un beau voyage ou un sage propos quand il l'enten-
dra ; qui [*que*], au son du tambourin qui arme la jeune ardeur de ses
700 compagnons, [*il*] se détourne à [*vers*] un autre qui l'appelle au jeu des
bateleurs ; qui [*que*], par souhait, [*il*] ne trouve plus plaisant et plus
doux [de] revenir poudreux et victorieux d'un combat que de la [*du
jeu de*] paume ou du bal avec le prix de cet exercice, je n'y trouve
autre remède, sinon que de bonne heure son gouverneur l'étrangle,
705 s'il est sans témoins, ou qu'on le mette pâtissier dans quelque
bonne ville, fût-il fils d'un duc, suivant le précepte de Platon qu'il
faut colloquer [*établir*] les enfants non selon les facultés de leur père,
mais selon les facultés de leur âme. / Puisque la philosophie est
celle qui nous instruit à vivre, et que l'enfance y a sa leçon, comme
710 les autres âges, pourquoi ne la lui communique-t-on ?
   // *Udum et molle lutum est ; nunc nunc properandus, et acri*
   Fingendus sine fine rota.[1]
   [L'argile est molle et humide ; hâtons-nous de la modeler sur la roue rapide qui
   tourne sans fin.]
715 / On nous apprend à vivre quand la vie est passée. Cent écoliers
ont pris la vérole avant que d'être arrivés à leur leçon d'Aristote,
[au sujet] de la tempérance[2]. /// Cicéron disait que, quand il vivrait
la vie de deux hommes, il ne prendrait pas le loisir d'étudier les
poètes lyriques. Et je trouve ces ergotistes [*ces ergoteurs*] plus triste-
720 ment encore inutiles. Notre enfant est bien plus pressé : il ne doit
au pédagogisme que les premiers quinze ou seize ans de sa vie ;
le demeurant est dû à l'action. Employons un temps si court aux

---

1. ***Udum [...] rota :*** Perse, III, 23.
2. **Cent écoliers [...] tempérance :** la philosophie apprend à bien vivre, elle doit donc
   être enseignée tôt : si les collégiens apprenaient la tempérance dans Aristote, ils se
   garderaient de la débauche qui donne la vérole (la syphilis).

instructions nécessaires. / Ce sont abus ; ôtez toutes ces subtilités épineuses de la dialectique[1], de quoi notre vie ne se peut amen-
725 der, prenez les simples discours [réflexions] de la philosophie, sachez les choisir et traiter à point : ils sont plus aisés à concevoir qu'un conte de Boccace. Un enfant en est capable, au partir de la [en quittant sa] nourrice, beaucoup mieux que d'apprendre à lire ou écrire. La philosophie a des discours pour la naissance des hommes
730 comme pour la décrépitude. Je suis de l'avis de Plutarque, qu'Aristote n'amusa [n'occupa] pas tant son grand disciple [Alexandre] à l'artifice de composer syllogismes, ou aux principes de géométrie, comme à l'instruire des bons préceptes touchant la vaillance, prouesse, la magnanimité et tempérance, et l'assurance [que donne le
735 fait] de ne rien craindre ; et, avec cette munition, il l'envoya encore enfant subjuguer [conquérir] l'empire du monde à tout [avec] seulement 30 000 hommes de pied, 4 000 chevaux et quarante-deux mille écus. Les autres arts et sciences, dit-il, Alexandre les honorait bien, et louait leur excellence et gentillesse [noblesse] ; mais, pour
740 plaisir qu'il y prît, il n'était pas facile à se laisser surprendre à l'affection de les vouloir exercer.

// *Petite hinc, juvenésque senesque,*
Finem animo certum, miserisque viatica canis.[2]

[Prenez là, jeunes gens et vieillards, une ferme règle de vie et un viatique pour l'âge
745 malheureux des cheveux blancs.]

/// C'est ce que dit Épicure au commencement de sa lettre à Ménicée : « [Que] Ni le plus jeune refuie à [ne refuse de] philosopher, ni le plus vieil s'y lasse. » Qui fait autrement, il semble dire ou qu'il n'est pas encore saison d'heureusement vivre, ou qu'il n'en est plus saison.
750 / Pour tout ceci, je ne veux pas qu'on emprisonne ce garçon. Je ne veux pas qu'on l'abandonne à l'humeur mélancolique [coléreuse] d'un furieux [insensé] maître d'école. Je ne veux pas corrompre son

---

1. **La dialectique :** l'art d'argumenter par le dialogue, tel qu'on le pratiquait dans l'enseignement de l'époque, à grand renfort de rhétorique et de syllogismes. À ces exercices difficiles et stériles, Montaigne préfère « les simples discours » (les réflexions sans artifice) de la philosophie qui s'inspire de la vie réelle et ambitionne de nous rendre plus sages.
2. *Petite [...] canis :* Perse, V, 64.

esprit à le tenir à la géhenne [*torture*] et au travail, à la mode des
autres, quatorze ou quinze heures par jour, comme un portefaix.
755 /// Ni [je] ne trouverais bon, quand par quelque complexion soli-
taire et mélancolique on le verrait adonné d'une application trop
indiscrète [*immodérée*] à l'étude des livres, qu'on la lui nourrît [*dévelop-
pât*] ; cela les rend ineptes [*inaptes*] à la conversation civile [*aux relations
sociales*] et les détourne de meilleures occupations. Et combien ai-je
760 vu de mon temps d'hommes abêtis par [une] téméraire [*inconsidérée*] avidité de science ? Carnéade s'en trouva si affolé, qu'il n'eut
plus le loisir de se faire le poil et les ongles. / Ni ne veux gâter
ses mœurs généreuses [*nobles*] par l'incivilité et barbarie d'autrui.
La sagesse française a été anciennement en proverbe, pour une
765 sagesse qui prenait de bonne heure, et n'avait guère de tenue [*de
durée*]. À la vérité, nous voyons encore qu'il n'est rien de si gentil
que les petits enfants en France ; mais ordinairement ils trompent
l'espérance qu'on en a conçue, et, hommes faits, on n'y voit aucune
excellence. J'ai ouï tenir à gens d'entendement que ces collèges où
770 on les envoie, de quoi ils ont foison, les abrutissent ainsi. Au nôtre,
un cabinet, un jardin, la table et le lit, la solitude, la compagnie, le
matin et le vêpre [*soir*], toutes heures lui seront unes, toutes places
lui seront étude ; car la philosophie, qui, comme formatrice des
jugements et des mœurs, sera sa principale leçon, a ce privilège
775 de se mêler partout. Isocrate l'orateur, étant prié en un festin de
parler de son art, chacun trouve qu'il eut raison de répondre : « Il
n'est pas maintenant temps de ce que je sais faire ; et ce de quoi il
est maintenant temps, je ne le sais pas faire. » Car de présenter des
harangues ou des disputes [*discussions*] de rhétorique à une compa-
780 gnie assemblée pour rire et faire bonne chère, ce serait un mélange
de trop mauvais accord. Et autant en pourrait-on dire de toutes les
autres sciences. Mais, quant à la philosophie, en la partie où elle
traite de l'homme et de ses devoirs et offices, ç'a été le jugement
commun de tous les sages que, pour [*du fait de*] la douceur de sa
785 conversation [*compagnie*], elle ne devait être refusée [*écartée*] ni aux
festins ni aux jeux. Et Platon l'ayant invitée à son convive [*banquet*],
nous voyons comme elle entretient l'assistance d'une façon molle
[*douce*] et accommodée au temps et au lieu, quoique ce soit de ses
plus hauts discours [*réflexions*] et plus salutaires :

Chapitre 4 : Former l'homme

790 *Æque pauperibus prodest, locupletibus æque ;*
Et, neglecta, æque pueris senibúsque nocebit.[1]

[Elle est également utile aux pauvres et aux riches ; s'ils la négligent, elle nuira
également aux enfants et aux vieillards.]

Ainsi, sans [aucun] doute, il chômera moins que les autres. Mais
795 comme les pas que nous employons à nous promener dans une
galerie, quoiqu'il y en ait trois fois autant, ne nous lassent pas
comme ceux que nous mettons à quelque chemin desseigné [*fixé
d'avance*], aussi notre leçon, se passant comme par rencontre [*par
hasard*], sans obligation de temps et de lieu, et se mêlant à toutes
800 nos actions, se coulera sans se faire sentir. Les jeux mêmes et les
exercices seront une bonne partie de l'étude : la course, la lutte,
/// la musique, / la danse, la chasse, le maniement des chevaux et
des armes. Je veux que la bienséance extérieure, et l'entregent [*la
sociabilité*], /// et la disposition [*vivacité*] de la personne, / se façonnent
805 quant et quant à [*en même temps que*] l'âme. Ce n'est pas une âme, ce
n'est pas un corps qu'on dresse, c'est un homme ; il n'en faut pas
faire à deux [*les séparer*]. Et, comme dit Platon, il ne faut pas les dresser l'un sans l'autre, mais les conduire également, comme un couple
de chevaux attelés à même timon. /// Et à l'ouïr, semble-t-il pas
810 prêter plus de temps et plus de sollicitude aux exercices du corps,
et estimer que l'esprit s'en exerce quant à quant, et non au rebours.

/ Au demeurant, cette institution se doit conduire par une
sévère douceur, non comme il [*cela*] se fait. Au lieu de convier les
enfants aux lettres, on ne leur présente, à la vérité, qu'horreur et
815 cruauté. Ôtez-moi la violence et la force : il n'est rien à mon avis
qui abâtardisse et étourdisse si fort une nature bien née. Si vous
avez envie qu'il craigne la honte et le châtiment, ne l'y endurcissez
pas. Endurcissez-le à la sueur et au froid, au vent, au soleil et aux
hasards qu'il lui faut mépriser ; ôtez-lui toute mollesse [*douceur*] et
820 délicatesse au vêtir et coucher, au manger et au boire ; accoutumez-
le à tout. Que ce ne soit pas un beau garçon et dameret [*efféminé*],
/// mais un garçon vert et vigoureux. Enfant, homme, vieil, j'ai toujours cru et jugé de même. Mais, entre autres choses, cette police
[*discipline*] de la plupart de nos collèges m'a toujours déplu. On eût
825 failli [*échoué*] à l'aventure [*peut-être*] moins dommageablement, s'incli-

---

1. *Æque [...] nocebit :* Horace, *Épîtres*, I, I, 25.

nant vers l'indulgence. C'est une vraie geôle de jeunesse captive.
On la rend débauchée, l'en punissant avant qu'elle le soit. Arrivez-
y sur le point de leur office [*au moment de leur travail*] : vous n'oyez
[*n'entendez*] que cris et d'enfants suppliciés et de maîtres enivrés
830 en leur colère. Quelle manière pour éveiller l'appétit envers leur
leçon, à ces tendres âmes et craintives, de les y guider d'une trogne
effroyable, les mains armées de fouets ? Inique et pernicieuse forme
[*méthode*]. Joint [*outre*] ce que Quintilien en a très bien remarqué, que
cette impérieuse autorité tire des suites périlleuses, et nommément
835 à notre façon de châtiment[1]. Combien leurs classes seraient plus
décemment [*convenablement*] jonchées de fleurs et de feuilles que de
tronçons d'osier sanglants ! J'y ferais pourtraire [*représenter*] la joie,
l'allégresse, et Flora et les Grâces, comme fit en son école le philosophe Speusippe. Où est leur profit, que ce fût aussi leur ébat. On
840 doit ensucrer les viandes [*nourritures*] salubres à l'enfant, et enfieller
[*rendre amères*] celles qui lui sont nuisibles. C'est merveille combien
Platon se montre soigneux en ses lois de la gaieté et passe-temps
de la jeunesse de sa cité, et combien il s'arrête à leurs courses, jeux,
chansons, sauts et danses, desquelles il dit que l'Antiquité a donné
845 la conduite et le patronage aux dieux mêmes : Apollon, les Muses
et Minerve. Il s'étend à mille préceptes pour ses gymnases ; pour
les sciences lettrées [*le savoir des livres*], il s'y amuse [*s'en occupe*] fort peu,
et semble ne recommander particulièrement la poésie que pour la
musique.
850 / Toute étrangeté et particularité en nos mœurs et conditions est
évitable [*à éviter*] comme ennemie de communication et de société,
/// et comme monstrueuse. Qui ne s'étonnerait de la complexion
[*tempérament*] de Démophon, maître d'hôtel d'Alexandre, qui suait à
l'ombre et tremblait au soleil ? / J'en ai vu fuir la senteur des pommes
855 plus que les arquebusades, d'autres s'effrayer pour une souris,
d'autres rendre la gorge [*vomir*] à voir de la crème, d'autres à voir
brasser un lit de plume, comme Germanicus ne pouvait souffrir
ni la vue, ni le chant des coqs. Il y peut avoir, à l'aventure [*peut-
être*], à cela quelque propriété occulte ; mais on l'éteindrait, à mon
860 avis, qui s'y prendrait [*si l'on s'y prenait*] de bonne heure. L'institution

---

1. **Et nommément à notre façon de châtiment** : et surtout du fait de notre manière
de châtier (en donnant les verges, dont il est question ensuite).

[*l'éducation*] a gagné cela sur moi, il est vrai que ce n'a point été sans quelque soin, que, sauf la bière, mon appétit est accommodable indifféremment à toutes choses de quoi on se paît [*nourrit*]. Le corps encore souple, on le doit, à [*pour*] cette cause, plier à toutes façons
865 et coutumes. Et pourvu qu'on puisse tenir l'appétit [*le désir*] et la volonté sous boucle [*les contrôler*], qu'on rende hardiment un jeune homme commode [*apte à s'adapter*] à toutes nations et compagnies, voire au dérèglement et aux excès, si besoin est. /// [Que] Son exercitation suive [*se conforme à*] l'usage. / Qu'il puisse faire toutes
870 choses, et n'aime à faire que les bonnes. Les philosophes mêmes ne trouvent pas louable en Callisthène d'avoir perdu la bonne grâce du grand Alexandre, son maître, pour n'avoir voulu boire d'autant à lui. Il rira, il folâtrera, il se débauchera avec son prince. Je veux qu'en la débauche même il surpasse en vigueur et en fermeté ses
875 compagnons, et qu'il ne laisse à [*renonce*] faire le mal ni à faute [*par manque*] de force ni de science, mais à faute de volonté. /// *Multum interest utrum peccare aliquis nolit aut nesciat.*[1] [Il y a une grande différence entre ne pas vouloir et ne pas savoir faire le mal.] / Je pensais faire honneur à un seigneur aussi éloigné de ces débordements qu'il en soit
880 en France de m'enquérir à lui, en bonne compagnie, combien de fois en sa vie il s'était enivré pour la nécessité des affaires du roi en Allemagne. Il le prit de cette façon, et me répondit que c'était trois fois, lesquelles il récita [*raconta*]. J'en sais qui, à faute de cette faculté, se sont mis en grande peine, ayant à pratiquer [*amadouer*]
885 cette nation. J'ai souvent remarqué avec grande admiration [*étonnement*] la merveilleuse nature d'Alcibiade, de se transformer si aisément à façons si diverses, sans intérêt de [*sans dommage pour*] sa santé : surpassant tantôt la somptuosité et [la] pompe persienne, tantôt l'austérité et frugalité lacédémonienne ; autant réformé en Sparte
890 comme voluptueux en Ionie,

Omnis Aristippum decuit color, et status, et res.[2]

[Aristippe s'accommoda de toute apparence, de toute condition, de toute fortune.]

Tel voudrais-je former mon disciple,

quem duplici panno patientia velat

---

1. *Multum [...] nesciat :* Sénèque, *Lettres à Lucilius*, 90.

2. *Omnis [...] res :* Horace, *Épîtres*, I, xvii, 23.

895 *Mirabor, vitæ via si conversa decebit,*
Personamque feret non inconcinnus utramque.[1]

[J'admirerai celui qui supporte avec patience d'être habillé de deux lambeaux
de drap et s'accommode d'un retour de fortune, jouant les deux rôles avec élégance.]

Voici mes leçons. /// Celui-là y a mieux profité qui les fait, que
900 qui les sait. Si vous le voyez, vous l'oyez ; si vous l'oyez, vous le
voyez[2]. « Jà [certes] à Dieu ne plaise, dit quelqu'un en Platon, que
philosopher ce soit apprendre plusieurs choses et traiter les arts ! »
*Hanc amplissimam omnium artium bene vivendi disciplinam vita
magis quam literis persequuti sunt.*[3] [Cet art de bien vivre, le plus grand
905 de tous, c'est par leurs actions plutôt que par leurs études qu'ils l'ont acquis.] Léon,
prince de Phliasiens, s'enquérant à Héraclide du Pont de quelle
science, de quel art il faisait profession : « Je ne sais, dit-il, ni art
ni science, mais je suis philosophe. » On reprochait à Diogène
comment, étant ignorant, il se mêlait de la philosophie : « Je m'en
910 mêle, dit-il, d'autant mieux à propos. » Hégésias le priait de lui lire
quelque livre : « Vous êtes plaisant, lui répondit-il, vous choisissez
les figues vraies et naturelles, non peintes ; que ne choisissez-vous
aussi les exercitations naturelles, vraies et non écrites ? » Il ne dira
pas tant sa leçon, comme il la fera. Il la répétera en ses actions.
915 / On verra s'il y a de la prudence [*sagesse*] en ses entreprises, s'il a de
la bonté et de la justice en ses déportements [*sa conduite*] ; /// s'il a du
jugement et de la grâce en son parler, de la vigueur en ses maladies, de la modestie en ses jeux, de la tempérance en ses voluptés, / de l'indifférence [*de la souplesse*] en son goût, soit chair [*viande*],
920 poisson, vin ou eau, /// de l'ordre en son économie [*la gestion de ses
biens*] : *Qui disciplinam suam, non ostentationem scientiæ sed legem
vitæ putet, quique obtemperet ipse sibi, et decretis pareat.*[4] [Qui pense
que la philosophie n'est pas un sujet d'ostentation, mais une règle de vie, qui obéit à
lui-même et se conforme à ses principes.] Le vrai miroir de nos discours est
925 le cours de nos vies. / Zeuxidamos répondit à un qui lui demanda

---

1. *Quem [...] utramque :* Horace, *Épîtres,* I, XVII, 25-29.
2. **Celui-là [...] voyez :** autrement dit : le bon élève ne récite pas des leçons de
   sagesse, il les met en pratique dans ses actions ; il n'y a donc pas de différence
   entre sa conduite et ses paroles.
3. *Hanc [...] sunt :* Cicéron, *Tusculanes,* IV, III.
4. *Qui [...] pareat :* Cicéron, *Tusculanes,* II, IV.

pourquoi les Lacédémoniens ne rédigeaient par écrit les ordonnances [*règles*] de la prouesse [*vaillance militaire*], et ne les donnaient à lire à leurs jeunes gens, que c'était parce qu'ils les voulaient accoutumer aux faits, non pas aux paroles. Comparez, au bout de
930 15 ou 16 ans, à celui-ci un de ses latineurs de collège, qui aura mis autant de temps à n'apprendre simplement qu'à parler !

Le monde n'est que babil, et [je] ne vis jamais homme qui ne dise plutôt plus que moins qu'il ne doit ; toutefois la moitié de notre âge [*vie*] s'en va là. On nous tient quatre ou cinq ans à entendre les mots
935 et les coudre en clauses [*phrases*] ; encore autant à en proportionner un grand corps, étendu en quatre ou cinq parties[1] ; et autres cinq, pour le moins, à les savoir brièvement mêler et entrelacer de quelque subtile façon. Laissons-le [*cela*] à ceux qui en font profession expresse. Allant un jour à Orléans, je trouvai, dans cette plaine au-deçà de
940 Cléry, deux régents [*professeurs*] qui venaient à Bordeaux, environ à cinquante pas l'un de l'autre. Plus loin, derrière eux, je découvris une troupe et un maître en tête, qui était feu M. le comte de la Rochefoucauld. Un de mes gens [*domestiques*] s'enquit au premier de ces régents, qui était ce gentilhomme qui venait après lui. Lui,
945 qui n'avait pas vu ce train qui le suivait, et qui pensait qu'on lui parlât de son compagnon, répondit plaisamment : « Il n'est pas gentilhomme ; c'est un grammairien, et je suis logicien. » Or, nous qui cherchons ici, au rebours, de former non un grammairien ou logicien, mais un gentilhomme, laissons-les abuser de leur loisir ;
950 nous avons affaire ailleurs. Mais [*pour peu*] que notre disciple soit bien pourvu de choses, les paroles ne suivront que trop ; il les traînera, si elles ne veulent suivre. J'en ois [*entends*] qui s'excusent de ne se pouvoir exprimer, et font contenance d'avoir la tête pleine de plusieurs belles choses, mais à faute d'éloquence, ne les pouvoir
955 mettre en évidence. C'est une baye [*tromperie*]. Savez-vous, à mon avis, [*ce*] que c'est que cela ? Ce sont des ombrages [*ombres*] qui leur viennent de quelques conceptions [*idées*] informes, qu'ils ne peuvent

---

1. **Quatre ou cinq parties :** la rhétorique enseignait à composer les discours en cinq parties : l'exorde, l'exposition (ou narration), la confirmation, la réfutation, la péroraison. La fin de la phrase fait allusion à la logique et à la dialectique, par lesquelles s'achevaient les études au collège.

démêler et éclaircir au-dedans, ni par conséquent produire au-
dehors : ils ne s'entendent pas encore eux-mêmes. Et voyez-les un
960 peu bégayer sur le point de l'enfanter, vous jugez que leur travail
n'est point à l'accouchement, mais à la conception, et qu'ils ne
font que lécher cette matière imparfaite. De ma part, je tiens, /// et
Socrate l'ordonne, / que, qui a en l'esprit une vive imagination et
claire, il la produira, soit en bergamasque [*dialecte de Bergame*], soit par
965 mimes s'il est muet :

Verbaque prævisam rem non invita sequentur.[1]

[Si la chose est bien vue, les mots suivront aisément.]

Et comme disait celui-là, aussi poétiquement en sa prose, *cum res
animum occupavere, verba ambiunt*[2] [quand la chose s'est emparée de l'esprit,
970 les mots viennent en foule]. /// Et cet autre : *ipsæ res verba rapiunt*[3]
[d'eux-mêmes, les choses entraînent les mots]. / Il ne sait pas ablatif, conjonc-
tif, substantif, ni la grammaire ; ne font pas son laquais ou une
harangère du Petit-Pont[4], et si [*pourtant*], vous entretiendront tout
votre saoul, si vous en avez envie, et se déferreront [*se démonteront*]
975 aussi peu, à l'aventure, aux [*selon les*] règles de leur langage, que le
meilleur maître ès arts [*professeur de lettres*] de France. Il ne sait pas la
rhétorique, ni, pour avant jeu [*en préambule*], capter la bénévolence
du candide lecteur[5], ni ne lui chaut [*importe*] de le savoir. De vrai,
toute belle peinture s'efface aisément par le lustre [*l'éclat*] d'une
980 vérité simple et naïve [*naturelle*]. Ces gentillesses ne servent que
pour amuser le vulgaire, incapable de prendre la viande [*nourriture*]
plus massive et plus ferme, comme Afer montre bien clairement
chez Tacite. Les ambassadeurs de Samos étaient venus à Cléomène,
roi de Sparte, préparés d'une belle et longue oraison [*discours*], pour
985 l'émouvoir [*l'inciter*] à la guerre contre le tyran Polycrate. Après qu'il
les eut bien laissés dire, il leur répondit : « Quant à votre commen-

---

1. ***Verbaque [...] sequentur :*** Horace, *Art poétique*, 311.
2. ***Cum [...] ambiunt :*** Sénèque le Rhéteur, *Controverses,* III.
3. ***Ipsæ res verba rapiunt :*** Cicéron, *Les Fins,* III, v.
4. **Ne font pas [...] Petit-Pont :** son laquais ou une harangère (vendeuse de poissons)
   du Petit-Pont (à Paris) ne le savent pas non plus.
5. **Capter la bénévolence du candide lecteur :** la rhétorique classique enseignait à
   l'orateur l'art de capter le bienveillance du lecteur (défini ici comme *« candide »*, de
   bonne foi) au début de son discours : c'était la *captatio benevolentiæ*.

cement et exorde, il ne m'en souvient plus, ni par conséquent du
milieu ; et quant à votre conclusion, je n'en veux rien faire. » Voilà
une belle réponse, ce me semble, et des harangueurs bien camus
990   [*déconfits*]. // Et quoi [*que dire de*] cet autre ? Les Athéniens étaient à
choisir de deux architectes à [*pour*] conduire une grande fabrique
[*édifice*]. Le premier, plus affété [*habile*], se présenta avec un beau discours prémédité sur le sujet de cette besogne et tirait le jugement
du peuple à sa faveur. Mais l'autre, en trois mots : « Seigneurs
995   Athéniens, ce que celui-ci a dit, je le ferai. » / Au fort de l'éloquence
de Cicéron, plusieurs en entraient en admiration ; mais Caton, n'en
faisant que rire : « Nous avons, disait-il, un plaisant consul. » [Qu'elle]
Aille devant ou après, une utile sentence, un beau trait est toujours
de saison. /// S'il n'est pas bien [*ne convient pas*] à ce qui va devant, ni
1000   à ce qui vient après, il est bien en soi. / Je ne suis pas de ceux qui
pensent le bon rythme faire le bon poème ; laissez-lui allonger
une courte syllabe, s'il veut ; pour cela, non force [*peu importe*] ; si
les inventions y rient, si l'esprit et le jugement y ont bien fait leur
office, voilà un bon poète, dirai-je, mais un mauvais versificateur.
1005   *Emunctæ naris, durus componere versus.*[1]

[Son goût est bon, si ses vers sont durs.]

Qu'on fasse, dit Horace, perdre à son ouvrage toutes ses coutures
et mesures,
    // *Tempora certa modosque, et quod prius ordine verbum est,*
1010   *Posterius facias, præponens ultima primis,*
    Invenias etiam disjecti membra poetæ,[2]

[Supprimez le rythme et la mesure, intervertissez l'ordre des mots, faisant
des premiers les derniers et des derniers les premiers, vous retrouverez le poète
même dans ses membres dispersés.]

1015   / il ne se démentira point [*il ne sera pas dénaturé*] pour cela ; les pièces
mêmes en seront belles. C'est ce que répondit Ménandre, comme
on le tançait [*réprimandait*], approchant le jour auquel il avait promis
une comédie, de quoi il n'y avait encore mis la main : « Elle est
composée et prête, il ne reste qu'à y ajouter les vers. » Ayant les
1020   choses et la matière disposée en l'âme, il mettait en peu de compte
le demeurant. Depuis que Ronsard et du Bellay ont donné crédit

---

1. *Emunctæ [...] versus :* Horace, *Satires*, I, IV, 8.
2. *Tempora [...] poetæ :* Horace, *Satires*, I, IV, 58.

à notre poésie française, je ne vois si petit apprenti qui n'enfle des mots, qui ne range les cadences [*rythmes*] à peu près comme eux. /// *Plus sonat quam valet.*[1] [Plus de bruit que de sens.] / Pour le vulgaire, il ne fut jamais tant de poètes. Mais, comme il leur a été bien aisé de représenter [*d'imiter*] leurs rythmes, ils demeurent bien aussi court à imiter les riches descriptions de l'un et les délicates inventions de l'autre. Voire [*oui*] mais, que fera-t-il si on le presse de la subtilité sophistique de quelque syllogisme[2] : le jambon fait boire, le boire désaltère, par quoi [*donc*] le jambon désaltère ? /// Qu'il s'en moque. Il est plus subtil de s'en moquer que d'y répondre. Qu'il emprunte d'Aristippe cette plaisante contrefinesse [*répartie*] : « Pourquoi le délierai-je, puisque, tout lié, il m'empêche [*m'embarrasse*] ? » Quelqu'un proposait contre Cléanthe des finesses dialectiques, à qui Chrysippe dit : « Joue-toi de ces batelages [*tours de bateleurs*] avec les enfants, et ne détourne à cela les pensées sérieuses d'un homme d'âge. » / Si ces sottes arguties, /// *contorta et aculeata sophismata,*[3] [ces sophismes contournés et subtils] / lui doivent persuader un mensonge, cela est dangereux ; mais si elles demeurent sans effet, et ne l'émeuvent [*l'excitent*] qu'à rire, je ne vois pas pourquoi il s'en doive donner garde. Il en est de si sots, qui se détournent de leur voie un quart de lieue, par courir après un beau mot ; /// *aut qui non verba rebus aptant, sed res extrinsecus arcessunt, quibus verba conveniant.*[4] [Ou bien qui n'adaptent pas les mots aux choses, mais vont chercher hors du sujet des choses qui conviennent aux mots.] Et l'autre : *Sunt qui alicujus verbi decore placentis vocentur ad id quod non proposuerant scribere.*[5] [Il en est qui, pour placer un mot qui leur plaît, s'engagent dans un sujet qu'ils ne voulaient pas traiter.] Je tords [*modifie*] bien plus volontiers une bonne sentence [*phrase*] pour la coudre sur moi, que je ne tords mon fil [*mon discours*] pour l'aller quérir. / Au rebours, c'est aux paroles

---

1. ***Plus [...] valet :*** Sénèque, *Lettres à Lucilius*, 40.
2. **Syllogisme :** un syllogisme est un raisonnement en trois propositions dans lequel la conclusion découle logiquement des deux premières (la majeure et la mineure). L'exemple qui suit est un sophisme, c'est-à-dire un raisonnement trompeur qui n'a que l'apparence de la vérité.
3. ***Contorta [...] sophismata :*** Cicéron, *Académiques*, II, xxiv.
4. ***Aut [...] conveniant :*** Quintilien, *Institution oratoire*, VIII, iii.
5. ***Sunt [...] scribere :*** Sénèque, *Épîtres*, 59.

à servir et à suivre, et que le gascon y arrive, si le français n'y peut aller ! Je veux que les choses surmontent [*l'emportent*] et qu'elles remplissent de façon l'imagination de celui qui écoute, qu'il n'ait aucune souvenance des mots. Le parler que j'aime, c'est un parler
1055 simple et naïf [*naturel*], tel sur le papier qu'à la bouche ; un parler succulent [*riche*] et nerveux, court et serré, /// non tant délicat et peigné comme véhément et brusque :

    Hæc demum sapiet dictio, quæ feriet,[1]

    [L'expression sera bonne si elle frappe]

1060 / plutôt difficile qu'ennuyeux, éloigné d'affectation, déréglé, décousu et hardi ; [que] chaque lopin y fasse son corps [*soit autonome*] ; non pédantesque, non fratesque, non plaideresque, mais plutôt soldatesque[2], comme Suétone appelle celui de Jules César ; /// et si [*pourtant*], ne sens pas bien pourquoi il l'en appelle. // J'ai volontiers
1065 imité cette débauche [*dérèglement*] qui se voit en notre jeunesse, au port de leurs vêtements : un manteau en écharpe, la cape sur une épaule, un bas mal tendu, qui représente [*traduit*] une fierté dédaigneuse de ces parements étrangers [*parures empruntées*] et nonchalante de l'art [*l'artifice*]. Mais je la trouve encore mieux employée en la
1070 forme du parler. /// Toute affectation, nommément [*surtout*] en la gaieté et liberté française, est mésadvenante [*malséante*] au courtisan. Et, en une monarchie, tout gentilhomme doit être dressé à la façon d'un courtisan. Par quoi [*c'est pourquoi*] nous faisons bien de gauchir [*dévier*] un peu sur le naïf [*naturel*] et méprisant [*le mépris de l'artifice*]. / Je
1075 n'aime point de tissure où les liaisons et les coutures paraissent ; tout ainsi qu'en un beau corps, il ne faut qu'on y puisse compter les os et les veines. /// *Quæ veritati operam dat oratio, incomposita sit et simplex.*[3] [Le discours qui est au service de la vérité doit être simple et sans art.] *Quis accurate loquitur, nisi qui vult putide loqui ?*[4] [Qui s'exprime
1080 avec soin, sinon celui qui veut parler avec affectation ?] L'éloquence fait injure

---

1. *Hæc [...] feriet :* épitaphe de Lucain.
2. **Non pédantesque [...] plutôt soldatesque :** Montaigne préfère un style concis (plus difficile à comprendre) à un style verbeux (ennuyeux). Il ne prend pour modèle ni le professeur de collège (le pédant), ni le frère prédicateur, ni l'avocat, qui cultivent tous l'éloquence, mais le soldat.
3. *Quæ [...] simplex :* Sénèque, *Lettres à Lucilius*, 40.
4. *Quis [...] loqui :* Sénèque, *Lettres à Lucilius*, 75.

[*du tort*] aux choses, qui nous détourne à soi[1]. Comme aux accoutrements, c'est pusillanimité [*petitesse d'esprit*] de se vouloir marquer par quelque façon particulière et inusitée, de même, au langage, la recherche des phrases nouvelles et de mots peu connus vient d'une ambition puérile et pédantesque. Puissé-je ne me servir que de ceux qui servent aux halles à Paris ! Aristophane le grammairien n'y entendait rien, de reprendre [*critiquer*] en Épicure la simplicité de ses mots et la fin de son art oratoire, qui était perspicuité [*clarté*] de langage seulement. L'imitation du parler, par [*à cause de*] sa facilité, suit incontinent tout un peuple[2] ; l'imitation du juger, de l'inventer ne va pas si vite. La plupart des lecteurs, pour avoir trouvé une pareille robe, pensent très faussement tenir un pareil corps. La force et les nerfs ne s'empruntent point ; les atours et le manteau s'empruntent. La plupart de ceux qui me hantent [*fréquentent*] parlent de même [*comme*] les *Essais* ; mais je ne sais s'ils pensent de même. / Les Athéniens, dit Platon, ont pour leur part le soin [*le souci*] de l'abondance et élégance du parler ; les Lacédémoniens, de la brièveté, et ceux de Crète, de la fécondité des conceptions [*idées*] plus que du langage ; ceux-ci sont les meilleurs. Zénon disait qu'il avait deux sortes de disciples : les uns, qu'il nommait φιλολογουσ [*philologos*], curieux d'apprendre les choses, qui étaient ses mignons [*préférés*] ; les autres λογοφιλυσ [*logophilos*], qui n'avaient soin que du langage. Ce n'est pas à dire que ce ne soit une belle et bonne chose que le bien dire, mais non pas si bonne qu'on la fait ; et [je] suis dépit [*fâché*] de quoi notre vie s'embesogne toute à cela. Je voudrais premièrement bien savoir ma langue, et celle de mes voisins où j'ai plus ordinaire commerce. C'est un bel et grand agencement [*ornement*] sans [nul] doute que le grec et latin, mais on l'achète trop cher. Je dirai ici une façon d'en avoir meilleur marché que de coutume, qui a été essayée [*expérimentée*] en [*sur*] moi-même. S'en servira qui voudra.

---

1. **L'éloquence [...] à soi :** Montaigne critique l'éloquence, la rhétorique qui est recherchée pour elle-même et qui prend le pas sur le contenu du discours, la pensée (« les choses »).

2. **Suit incontinent tout un peuple :** « tout un peuple suit aussitôt... » ; le complément d'objet (« L'imitation du parler ») est placé en tête de phrase pour préparer le parallélisme et l'antithèse qui interviennent dans la deuxième partie de la phrase.

Chapitre 4 : Former l'homme

Feu mon père, ayant fait toutes les recherches qu'homme peut faire, parmi les gens savants et d'entendement, d'une forme d'institution exquise [*excellente*], fut avisé de cet inconvénient qui était en usage ; et lui disait-on que cette longueur que nous mettions à apprendre les langues, /// qui ne leur coûtaient rien [*aux Anciens*], / est la seule cause pourquoi nous ne pouvions arriver à la grandeur d'âme et de connaissance des anciens Grecs et Romains. Je ne crois pas que c'en soit la seule cause. Tant y a [*toujours est-il*] que l'expédient que mon père y trouva, ce fut que, en nourrice et avant le premier dénouement de ma langue, il me donna en charge à un Allemand qui depuis est mort fameux médecin en France, du tout [*totalement*] ignorant de notre langue, et très bien versé en la latine. Celui-ci, qu'il avait fait venir exprès, et qui était bien chèrement gagé [*payé*], m'avait continuellement entre les bras. Il [*mon père*] en eut aussi avec lui deux autres [*précepteurs*] moindres en savoir pour me suivre, et soulager le premier. Ceux-ci ne m'entretenaient d'autre langue que latine. Quant au reste de sa maison, c'était une règle inviolable que ni lui-même, ni ma mère, ni valet, ni chambrière, ne parlaient en ma compagnie qu'autant de mots de latin que chacun avait appris pour jargonner avec moi. C'est merveille du fruit que chacun y fit. Mon père et ma mère y apprirent assez de latin pour l'entendre, et en acquirent à suffisance pour s'en servir à la nécessité, comme firent aussi les autres domestiques qui étaient [*les*] plus attachés à mon service. Somme, nous nous latinisâmes tant, qu'il en regorgea jusqu'à nos villages tout autour, où il y a encore, et ont pris pied par l'usage, plusieurs appellations latines d'artisans et d'outils. Quant à moi, j'avais plus de six ans avant que j'entendisse non plus de français ou de périgourdin que d'arabe. Et, sans art, sans livre, sans grammaire ou précepte, sans fouet et sans larmes, j'avais appris du latin, tout aussi pur que mon maître d'école le savait : car je ne le pouvais avoir mêlé ni altéré. Si, par essai, on me voulait donner un thème, à la mode des collèges, on le donne aux autres en français, mais à moi il me le fallait donner en mauvais latin, pour le tourner en bon. Et Nicolas Grouchy, qui a écrit *De comitiis Romanorum* [*Les Comices des Romains*], Guillaume Guérente, qui a commenté Aristote, George Buchanan, ce grand

poète écossais, // Marc-Antoine Muret[1], /// que la France et l'Italie reconnaissent pour le meilleur orateur du temps, / mes précepteurs
1150 domestiques[2], m'ont dit souvent que j'avais ce langage en mon enfance si prêt et si à la main, qu'ils craignaient à m'accoster. Buchanan, que je vis depuis à la suite de feu M. le maréchal de Brissac, me dit qu'il était après à écrire de l'institution des enfants, et qu'il prenait l'exemplaire de la mienne ; car il avait lors en
1155 charge ce comte de Brissac que nous avons vu depuis si valeureux et si brave. Quant au grec, duquel je n'ai quasi du tout point d'intelligence, mon père desseigna [*se proposa de*] me le faire apprendre par art[3], mais d'une voie nouvelle, par forme d'ébat et d'exercice. Nous pelotions nos déclinaisons à la manière de ceux qui, par certains
1160 jeux de tablier, apprennent l'arithmétique et la géométrie. Car, entre autres choses, il avait été conseillé de me faire goûter la science et le devoir par une volonté non forcée et de mon propre désir, et d'élever mon âme en toute douceur et liberté, sans rigueur et contrainte. Je dis jusqu'à telle superstition que, parce que
1165 aucuns [*certains*] tiennent que cela trouble la cervelle tendre des enfants de les éveiller le matin en sursaut, et de les arracher du sommeil (auquel ils sont plongés beaucoup plus que nous ne sommes) tout à coup et par violence, il me faisait éveiller par le son de quelque instrument ; et [je] ne fus jamais sans homme qui m'en servît. Cet
1170 exemple suffira pour en juger le reste, et pour recommander [*saluer*] aussi et la prudence [*sagesse*] et l'affection d'un si bon père, auquel il ne se faut nullement prendre s'il n'a recueilli aucuns fruits répondant à une si exquise culture. Deux choses en furent cause : le champ stérile et incommode [*impropre*] ; car, quoique j'eusse la santé

---

1. **Grouchy** [...] **Guillaume Guérente** [...] **George Buchanan** [...] **Marc-Antoine Muret :** auteurs de divers ouvrages en latin qui avaient été professeurs au collège de Guyenne, à Bordeaux, à l'époque où Montaigne y était élève.
2. **Mes précepteurs domestiques :** les « précepteurs de chambre » qui, au collège de Guyenne (voir plus loin), le faisaient travailler en dehors des cours.
3. **Par art :** à la différence du latin, Montaigne n'a pas appris le grec naturellement, comme une langue maternelle, mais « par art », c'est-à-dire par un enseignement, qu'il compare ensuite à un jeu : le maître et l'élève pelotaient (se renvoyaient) les déclinaisons comme des balles (il évoque aussi les « jeux de tablier » : dames, échecs, trictrac).

1175 ferme et entière, et quant et quant [*en même temps*] un naturel doux et traitable, j'étais parmi cela si pesant, mol et endormi qu'on ne me pouvait arracher de l'oisiveté, non pas [*pas même*] pour me faire jouer. Ce que je voyais, je le voyais bien et, sous cette complexion lourde, [je] nourrissais des imaginations [*idées*] hardies et des opinions au-
1180 dessus de mon âge. L'esprit, je l'avais lent, et qui n'allait qu'autant qu'on le menait ; l'appréhension [*la compréhension*], tardive ; l'inven-tion [*l'imagination*], lâche ; et après tout [*en outre*], un incroyable défaut de mémoire. De tout cela, il n'est pas merveille s'il ne sut rien tirer qui vaille. Secondement, comme ceux que presse un furieux désir
1185 de guérison se laissent aller à toute sorte de conseil, le bon homme, ayant extrême peur de faillir en chose qu'il avait tant à cœur, se laissa enfin emporter à l'opinion commune, qui suit tou-jours ceux qui vont devant, comme les grues, et se rangea à la cou-tume, n'ayant plus autour de lui ceux qui lui avaient donné ces
1190 premières institutions, qu'il avait apportées d'Italie[1] ; et m'envoya, environ mes six ans, au collège de Guyenne, très florissant pour lors, et le meilleur de France. Et là, il n'est possible de rien ajouter au soin qu'il eut, et à me choisir des précepteurs de chambre suffi-sants [*compétents*], et à toutes les autres circonstances de ma nourri-
1195 ture [*éducation*], en laquelle il réserva [*observa*] plusieurs façons parti-culières contre l'usage des collèges. Mais tant y a que [*quoi qu'il en soit*] c'était toujours collège. Mon latin s'abâtardit incontinent [*aussi-tôt*], duquel depuis par désaccoutumance j'ai perdu tout usage. Et ne me servit cette mienne nouvelle institution que de me faire
1200 enjamber d'arrivée [*d'emblée*] aux [*les*] premières classes : car, à treize ans que je sortis du collège, j'avais achevé mon cours [*mes études*] (qu'ils appellent [*comme on dit*]), et à la vérité sans aucun fruit que je puisse à présent mettre en compte. Le premier goût que j'eus aux livres, il me vint du plaisir des fables de la *Métamorphose* d'Ovide.
1205 Car, environ l'âge de sept ou huit ans, je me dérobais de tout autre plaisir pour les lire ; d'autant que cette langue était la mienne maternelle, et que c'était le plus aisé livre que je connusse, et le plus accommodé à la faiblesse de mon âge, à cause de la matière.

---

1. **D'Italie :** le père de Montaigne était revenu des guerres d'Italie en 1528. Il est qua-lifié de « bon homme », d'homme de bien.

Car des *Lancelot du Lac*, // des *Amadis*, des / *Huon de Bordeaux*[1], et
1210 tel fatras de livres à quoi l'enfance s'amuse, je n'en connaissais pas
seulement le nom, ni ne fais encore le corps, tant exacte était ma
discipline. Je m'en rendais plus nonchalant à l'étude de mes autres
leçons prescrites. Là, il me vint singulièrement à propos [*par une
chance unique*] d'avoir affaire à un homme d'entendement de précep-
1215 teur, qui sut dextrement [*adroitement*] conniver [*fermer les yeux*] à cette
mienne débauche, et autres pareilles. Car, par là, j'enfilai tout d'un
trait Virgile en l'*Énéide*, et puis Térence, et puis Plaute, et des
comédies italiennes, leurré toujours par la douceur du sujet. S'il
eût été si fol de rompre ce train, j'estime que je n'eusse rapporté du
1220 collège que la haine des livres, comme fait quasi toute notre
noblesse. Il s'y gouverna ingénieusement, faisant semblant de n'en
voir rien, il aiguisait ma faim, ne me laissant qu'à la dérobée gour-
mander [*dévorer*] ces livres, et me tenant doucement en office [*à la
tâche*] pour les autres études de la règle. Car les principales parties
1225 [*qualités*] que mon père cherchait à ceux à qui il donnait charge de
moi, c'était la débonnaireté [*bienveillance*] et facilité de complexion
[*d'humeur*]. Aussi n'avait la mienne autre vice que langueur et
paresse. Le danger n'était pas que je fisse mal, mais je ne fisse rien.
Nul ne prosnotiquait que je dusse devenir mauvais, mais inutile.
1230 On y prévoyait de la fainéantise, non pas de la malice [*méchanceté*].
/// Je sens qu'il en est advenu de même [*ainsi*]. Les plaintes qui me
cornent aux oreilles sont comme cela : « Oisif ; froid aux offices
[*devoirs*] d'amitié et de parenté et aux offices publics ; trop particulier
[*personnel*]. » Les plus injurieux ne disent pas : « Pourquoi a-t-il pris ?
1235 Pourquoi n'a-t-il payé ? » mais : « Pourquoi ne quitte-t-il [*ne remet-il
pas une dette*] ? ne donne-t-il ? » Je recevrais à [*comme une*] faveur qu'on
ne désirât en moi que tels effets [*actes*] de superérogation [*non obliga-
toires*]. Mais ils sont injustes d'exiger ce que je ne dois pas, plus
rigoureusement beaucoup, qu'ils n'exigent d'eux ce qu'ils doivent.

---

1. ***Lancelot du Lac [...] Amadis[...] Huon de Bordeaux :*** les récits d'aventures du
Moyen Âge mettant en scène des chevaliers, comme *Lancelot du Lac* (roman du
XIIe siècle), *Amadis des Gaules* (roman du XIVe siècle), *Huon de Bordeaux* (chan-
son de geste du XIIe siècle), étaient toujours édités et appréciés au XVIe siècle.
Montaigne, lui, n'en connaissait même pas « le nom » (le titre) ; il affirme en ignorer
toujours « le corps » (le contenu).

1240 En m'y condamnant, ils effacent la gratification de l'action et la gratitude qui m'en serait due ; là où le bien faire actif devrait plus peser de ma main, en considération de ce que je n'en ai passif nul qui soit[1]. Je puis d'autant plus librement disposer de ma fortune qu'elle est plus mienne. Toutefois, si j'étais grand enlumineur de

1245 mes actions, à l'aventure [*peut-être*] rembarrerais-je bien ces reproches ; et à quelques-uns apprendrais qu'ils ne sont pas si offensés que je ne fasse pas assez que de quoi je puisse faire assez [*bien*] plus que je ne fais[2]. / Mon âme ne laissait [*manquait*] pourtant en même temps d'avoir à part soi des remuements [*mouvements*] fermes /// et des juge-

1250 ments sûrs et ouverts autour des objets qu'elle connaissait, / et les digérait seule, sans aucune communication. Et, entre autres choses, je crois à la vérité qu'elle eût été du tout [*totalement*] incapable de se rendre à la force et violence.

// Mettrai-je en compte cette faculté de mon enfance : une assu-
1255 rance de visage, et souplesse de voix et de geste, à m'appliquer aux rôles que j'entreprenais [*j'interprétais*] ? Car, avant l'âge,

Alter ab undecimo tum me vix ceperat annus,[3]

[À peine avais-je atteint ma douzième année]

j'ai soutenu les premiers personnages ès tragédies latines de
1260 Buchanan, de Guérente et de Muret, qui se représentèrent en notre collège de Guyenne avec dignité. En cela, André de Gouvéa, notre principal, comme en toutes autres parties de sa charge, fut sans comparaison le plus grand principal de France ; et m'en tenait-on maître ouvrier. C'est un exercice que je ne mesloue [*désapprouve*]
1265 point aux jeunes enfants de maison ; et ai vu nos princes s'y adonner depuis en personne, à l'exemple d'aucuns [*de certains*] des

---

1. **En m'y condamnant [...] qui soit :** « en m'obligeant à accomplir cette action, ils suppriment son caractère de bienfait librement accordé et la reconnaissance qui m'en serait due ; alors qu'un bienfait volontaire devrait être d'autant plus apprécié, venant de moi [que l'on accuse d'être trop personnel], que je ne dois rien à personne. » (Montaigne affirme par deux fois que la reconnaissance n'est due qu'aux bienfaits accomplis sans obligation.)

2. **À quelques-uns [...] plus que je ne fais :** au reproche de n'être pas assez généreux et actif, Montaigne répond qu'il a mérité la reconnaissance en faisant preuve de tolérance comme maire de Bordeaux et en exerçant avec bienveillance son autorité.

3. *Alter [...] annus :* Virgile, *Bucoliques*, VIII, 39.

Anciens, honnêtement et louablement. /// Il était loisible même d'en faire métier aux gens d'honneur en Grèce : *Aristoni tragico actori rem aperit : huic et genus et fortuna honesta erant ; nec ars, quia nihil tale apud Græcos pudori est, ea deformabat.*[1] [Il découvre son projet à l'acteur tragique Ariston, homme de naissance et de fortune honorables, que son métier ne déconsidérait pas car il n'a rien de honteux chez les Grecs.] // Car j'ai toujours accusé d'impertinence [*d'absurdité*] ceux qui condamnent ces ébattements [*divertissements*], et d'injustice ceux qui refusent l'entrée de nos bonnes villes aux comédiens qui le valent [*de valeur*], et envient [*enlèvent*] au peuple ces plaisirs publics. Les bonnes polices [*les bons gouvernements*] prennent soin d'assembler les citoyens et les rallier [*réunir*], comme aux offices sérieux de la dévotion, aussi aux exercices et jeux ; la société et amitié s'en augmentent. Et puis on ne leur saurait concéder des passe-temps plus réglés que ceux qui se font en présence d'un chacun et à la vue même du magistrat [*l'autorité publique*]. Et trouverais raisonnable que le magistrat et le prince, à ses dépens, en gratifiât quelquefois la commune [*le peuple*], d'une affection et bonté comme paternelle ; /// et qu'aux villes populeuses il y eût des lieux destinés et disposés pour ces spectacles, quelque divertissement [*qui détournent*] de pires actions et occultes [*cachées*].

/ Pour revenir à mon propos, il n'y a [rien de] tel que d'allécher l'appétit et l'affection, autrement on ne fait que des ânes chargés de livres. On leur donne à coups de fouet en garde leur pochette pleine de science, laquelle, pour bien faire, il ne faut pas seulement loger chez soi, il la faut épouser.

---

1. *Aristoni [...] deformabat :* Tite-Live, XXIV, XXIV.

Clefs d'analyse

« De l'institution des enfants »,
p. 135 à 175

Compréhension

Étude suivie de l'essai

- Lignes 1 à 161. Quel thème Montaigne développe-t-il dans le premier paragraphe ? Dans quelles circonstances a-t-il écrit cet essai (2e §) ?

- Lignes 162 à 295. Quel est l'objectif de l'éducation selon Montaigne ?

- Lignes 296 à 529. Quelle importance accorde-t-il au « commerce des hommes » (l. 300) dans la formation de l'élève ?

- Lignes 530 à 811. Quelle conception Montaigne se fait-il de la philosophie ? Quelle place lui assigne-t-il dans l'éducation ?

- Lignes 812 à 1111. Que reproche-t-il à l'éducation et aux collèges de son temps ?

- Lignes 1112 à 1253. Quel nouveau thème Montaigne développe-t-il dans ce passage ? Comment l'a-t-il introduit ?

- Lignes 1254 à 1287. Quel jugement Montaigne porte-t-il sur le théâtre ?

- Lignes 1288 à 1292. Quelle est la fonction du dernier paragraphe ?

Réflexion

Extrait des lignes 812 à 876

- Reformuler et étudier les deux idées essentielles développées successivement dans cet extrait.

- En quoi Montaigne se démarque-t-il de l'éducation de son époque ? Pourquoi peut-on dire que son projet est l'œuvre d'un moraliste ?

À retenir

On appelait « humanités » (du latin studia humanitas*) les langues et littératures grecques et latines. Leur étude connut un grand essor sous l'impulsion des lettrés de la Renaissance, les « humanistes ». Elle avait pour but de rendre l'homme « meilleur et plus sage », comme l'écrit Montaigne (l. 272). Cette recherche de l'épanouissement de l'homme est caractéristique de l'humanisme.*

Synthèse

L'éducation selon Montaigne

Une finalité humaniste

S'adressant à « un enfant de maison », le projet de Montaigne est de « former non un grammairien ou un logicien, mais un gentilhomme » (l. 949) qui soit un honnête homme. Il vise ainsi à développer l'intelligence (« l'entendement », « le jugement ») de manière à permettre ensuite à l'individu d'intervenir librement et efficacement dans la vie. Conçue comme une préparation à la vie telle que la pratique Montaigne, cette éducation valorise la curiosité, l'ouverture d'esprit, l'aptitude à raisonner et à jouir de la vie selon un épicurisme tempéré. La finalité de cette « institution », résumée dans les lignes 915-921, est nettement morale : l'élève se voit aussi enseigner la vertu et la modération, la conduite d'une vie réglée devant lui assurer le bonheur ou du moins la sérénité. On ne le forme pas à réciter et à bien parler, mais à bien se conduire : « Le vrai miroir de nos discours est le cours de nos vie » (l. 924). Aujourd'hui, les programmes officiels affirment d'emblée cette orientation humaniste : « la formation personnelle et la formation du citoyen » font partie des « finalités générales de l'éducation au lycée ».

Une pédagogie nouvelle

Elle est déterminée par la finalité assignée à cette éducation (pour s'épanouir intellectuellement et moralement, l'élève doit assimiler le savoir qui lui est proposé afin de pouvoir le mettre en œuvre dans sa vie) et par le respect de la personne humaine.

Montaigne imagine des méthodes originales, autorisées par la condition sociale de l'enfant (noble). Il recommande de l'enlever à sa famille pour l'endurcir, lui donner la facilité de mœurs propre à un homme sociable (l. 850 à 898), mais aussi pour lui permettre de former son jugement par « la fréquentation du monde ». Pédagogiquement, cet enseignement personnalisé dispensé par un gouverneur se caractérise par sa souplesse et sa rupture avec les méthodes austères et rebutantes des collèges de l'époque : il doit être adapté au niveau de l'élève, varié, et « allécher [son] appétit » (l. 1288) : « On doit ensucrer les viandes [*nourritures*] salubres à l'enfant » (l. 840).

Synthèse

Cette idée, aujourd'hui commune, a été critiquée : le philosophe Alain a dit sa défiance vis-à-vis des « inventions au moyen desquelles on veut instruire en amusant ». Pour connaître « le pouvoir qu'il a de se gouverner », l'enfant doit avoir « le sentiment que ce travail sur lui-même est difficile et beau » (*Propos sur l'éducation*, 1932, V et II).

Un programme souple

Dans *Gargantua* (1534), Rabelais définit un programme d'enseignement encyclopédique (Pocket, édition bilingue, chap. 20 à 22) ; Montaigne choisit « plutôt la tête bien faite que bien pleine » (l. 191). La philosophie, qui forme le jugement, est un préalable à l'acquisition des autres connaissances : c'est « l'art qui nous fait libres » (l. 556), qui « nous instruit à vivre » (l. 709). Les « arts libéraux » de son époque (le *trivium* : la grammaire, la dialectique, la rhétorique, et le *quadrivium* : l'arithmétique, la géométrie, l'histoire, la musique) sont rapidement évoqués (l. 555), la physique est citée (l. 592). Les aspects formels de la rhétorique sont rejetés comme relevant du simple paraître (l. 932 à 1105). À l'apprentissage du latin et du grec, jugé trop difficile (l. 1108), est préféré celui du français et des langues vivantes (l. 309). Il ne néglige pas ce qui relève de la sociabilité, indispensable à l'honnête homme (« la bienséance extérieure, et l'entregent, et la disposition de la personne », l. 803-804), ni les exercices du corps, qui contribuent aussi à assouplir l'âme (l. 800-803).

CHAPITRE 5

A. EXTRAITS

Extrait 20. « Je suis dégoûté de la nouveauté » (I, 23, « De la coutume et de ne changer aisément une loi reçue »).

Extrait 21. « Les hommes se servent de la religion » (II, 12, « Apologie de Raymond Sebond »).

Extrait 22. « Bonnes intentions » et « effets très vicieux » (II, 19, « De la liberté de conscience »).

Extrait 23. « Monstrueuse guerre » (III, 12, « De la physionomie »).

Extrait 24. « N'épouser rien que soi » (I, 39, « De la solitude »).

Extrait 25. « L'exercice des âmes » (III, 3, « De trois commerces »).

B. TEXTE INTÉGRAL

III, 1, « De l'utile et de l'honnête »

Chapitre 5 : Morale et société

A. EXTRAITS

Montaigne a vécu une des périodes les plus sombres de l'histoire de France que l'on désigne sous l'appellation commode de guerres de Religion. La vision qu'il donne de l'homme, sa conception de la participation à la vie sociale et politique doivent sans doute beaucoup aux « troubles » sanglants qui ont déchiré le pays pendant plus de trente ans. Sa fidélité sans cesse réaffirmée à la religion et à la monarchie catholiques ne l'a pas empêché d'exercer sa réflexion et son esprit critique sur la « monstrueuse guerre » dont il était le témoin : c'est en modéré et en partisan de la paix civile qu'il juge les deux partis en lutte (extraits 20 à 23).

Le portrait qu'il fait de lui-même, marqué par la délicatesse du goût, la passion de l'indépendance et un égotisme qui ne se réduit jamais à l'égoïsme, se détache ainsi sur un fond de violence et de confusion qui lui donne tout son sens (extraits 24 et 25).

Extrait 20. « Je suis dégoûté de la nouveauté »

// Je suis dégoûté de la nouveauté, quelque visage [*aspect*] qu'elle porte, et ai raison car j'en ai vu des effets très dommageables. Celle qui nous presse [*accable*] depuis tant d'ans[1], elle n'a pas tout exploité [*provoqué*], mais on peut dire avec apparence [*vraisemblance*] que, par
5 accident [*indirectement*], elle a tout produit et engendré, voire et [*même*] les maux et ruines qui se font depuis sans elle et contre elle ; c'est à elle à s'en prendre au nez [*à reconnaître sa culpabilité*] :

Heu patior telis vulnera facta meis ![2]

[Hélas ! je souffre de blessures que m'ont faites mes flèches !]

10 Ceux qui donnent le branle à [*ébranlent*] un État sont volontiers [*souvent*] les premiers absorbés en sa ruine. /// Le fruit du trouble ne demeure guère à celui qui l'a ému [*provoqué*] : il bat et brouille l'eau pour d'autres pêcheurs. // La liaison et contexture de cette monarchie et [*de*] ce grand bâtiment ayant été démis [*ruinés*] et dis-
15 sous [*détruits*], notamment sur ses vieux ans, par elle [*la nouveauté*],

---

1. **Celle [...] d'ans :** allusion à la Réforme, qui, pour Montaigne, est à l'origine des guerres de Religion (1562-1598).
2. ***Heu [...] meis ! :*** Ovide, *Héroïde, Épître de Phyllis à Démophon,* 48.

donne tant qu'on veut d'ouverture et d'entrée à pareilles injures [*dommages*]. /// La majesté royale, dit un Ancien, s'avale [*s'écroule*] plus difficilement du sommet au milieu qu'elle ne se précipite du milieu au fond.

20 Mais si les inventeurs sont plus dommageables, les imitateurs sont plus vicieux de se jeter en des exemples desquels ils ont senti et puni l'horreur et le mal[1]. Et s'il y a quelque degré d'honneur, même au mal faire, ceux-ci doivent aux autres la gloire de l'invention et le courage du premier effort.

25 // Toutes sortes de nouvelle débauche [*abus*] puisent heureusement [*avec succès*] en cette première et féconde source les images et patrons à [*pour*] troubler notre police [*État*]. On lit en nos lois mêmes, faites pour le remède de ce premier mal, l'apprentissage et l'excuse de toute sorte de mauvaises entreprises ; et nous advient ce que

30 Thucydide dit des guerres civiles de son temps, qu'en faveur des vices publiques on les baptisait de mots nouveaux plus doux, pour leur excuse, abâtardissant et amollissant leurs vrais titres. C'est pourtant pour réformer nos consciences et nos créances : *honesta oratio est*.[2] [Le prétexte est honnête.] Mais le meilleur prétexte

35 de nouveauté est très dangereux : /// *adeo nihil motum ex antiquo probabile est*.[3] [Tant il est vrai qu'aucun changement apporté aux institutions ne mérite qu'on l'approuve.] // Si [*aussi*] me semble-il, à le dire franchement, qu'il y a grand amour de soi et présomption d'estimer ses opinions jusque-là que, pour les établir, il faille renverser une paix publique

40 et introduire tant de maux inévitables et une si horrible corruption de mœurs que les guerres civiles apportent, et [*avec*] les mutations d'État, en chose de tel poids, et les introduire en son pays propre.

---

1. **Mais si [...] le mal :** Montaigne, catholique modéré, présente un jugement équilibré : les protestants, « inventeurs » de la nouveauté religieuse, provoquent la ruine de l'État, mais les catholiques fanatiques de la Ligue sont moralement plus coupables puisqu'ils prennent les armes contre le roi Henri III, comme les protestants, qu'ils avaient pourtant punis de ce forfait (cette idée est reprise dans l'essai II, 12 – PUF, Quadrige, p. 443). Dans le paragraphe suivant, Montaigne accuse les Ligueurs de troubler l'ordre public (en attaquant les protestants) au nom des « lois mêmes ».

2. *Honesta oratio est :* Térence, *Andrienne*, I, 1, 114.

3. *Adeo [...] est :* Tite-Live, XXXIV, 54.

Est-ce pas mal ménagé [*gouverné*] d'avancer tant de vices certains et connus pour combattre des erreurs contestées et débattables [*discu-*
45 *tables*] ? Est-il quelque pire espèce de vices que ceux qui choquent la propre conscience et naturelle connaissance ? [...]
// La religion chrétienne a toutes les marques d'extrême justice et utilité, mais nulle plus apparente [*visible*] que l'exacte recommandation de l'obéissance du magistrat [*à l'autorité*] et manutention des
50 polices [*maintien des gouvernements*].

Montaigne, « De la coutume et de ne changer aisément une loi reçue »,
Essais, I, 23. (PUF, Quadrige, p. 119-120 ; La Pochothèque, p. 182-185)

Extrait 21. « Les hommes se servent de la religion »

/ Si ce rayon de la divinité nous touchait aucunement [*quelque peu*], il y paraîtrait partout : non seulement nos paroles, mais encore nos opérations [*actions*] en porteraient la lueur et le lustre. Tout ce qui partirait de nous, on le verrait illuminé de cette noble clarté. Nous
5 devrions avoir honte qu'ès sectes humaines il ne fut jamais partisan, quelque difficulté et étrangeté que maintînt sa doctrine, qui n'y conformât aucunement [*quelque peu*] ses déportements [*sa conduite*] et sa vie : et une si divine et céleste institution ne marque les chrétiens que par la langue [*dans leurs paroles*].
10 // Voulez-vous voir cela ? comparez nos mœurs à un mahométan, à un païen : vous demeurez toujours au-dessous, là où [*alors que*], au regard de l'avantage de notre religion, nous devrions luire en excellence, d'une extrême et incomparable distance, et devrait-on dire : Sont-ils si justes, si charitables, si bons ? Ils sont donc
15 chrétiens. /// Toutes autres apparences sont communes à toutes religions : espérance, confiance, événements, cérémonies, pénitence, martyres. La marque péculière [*propre*] de notre vérité devrait être notre vertu, comme elle est aussi la plus céleste marque et la plus difficile, et que c'est la plus digne production [*manifestation*] de la
20 vérité. [...]
/ Et nous trouvons étrange si, aux guerres qui pressent [*accablent*] à cette heure notre État, nous voyons flotter les événements et diversifier, d'une manière commune et ordinaire : c'est que nous

n'y apportons rien que le nôtre[1]. La justice qui est en l'un des par-
25 tis, elle n'y est que pour ornement et couverture, elle y est bien
alléguée [*invoquée*], mais elle n'y est ni reçue, ni logée, ni épousée :
elle y est comme en la bouche de l'avocat, non comme dans le
cœur et affection de la partie [*du plaignant*]. Dieu doit son secours
extraordinaire à la foi et à la religion, non pas à nos passions.
30 Les hommes y sont conducteurs, et s'y servent de la religion : ce
devrait être tout le contraire.

Sentez si ce n'est par nos mains que nous la menons, à tirer,
comme de cire, tant de figures contraires d'une règle si droite et
si ferme. Quand [*cela*] s'est-il vu mieux qu'en France en nos jours ?
35 Ceux qui l'ont prise à gauche, ceux qui l'ont prise à droite, ceux qui
en disent le noir, ceux qui en disent le blanc, l'emploient si pareillement à leurs violentes et ambitieuses entreprises, s'y conduisent
d'un progrès [*mouvement*] si conforme [*semblable*] en débordement et
injustice qu'ils rendent douteuse et malaisée à croire la diversité
40 qu'ils prétendent de leurs opinions en chose de laquelle dépendent
la conduite et loi de notre vie. Peut-on voir partir de même école
et discipline des mœurs plus unies, plus unes ? Voyez l'horrible
impudence de quoi nous pelotons les raisons divines[2], et combien
irréligieusement nous les avons et rejetées et reprises selon que la
45 fortune [*le sort*] nous a changés de place en ces orages publics.

Montaigne, « Apologie de Raymond Sebond », *Essais*, II, 12.
(PUF, Quadrige, p. 442-443 ; La Pochothèque, p. 695-697.)

Extrait 22. « Bonnes intentions » et « effets très vicieux »

/ Il est ordinaire de voir les bonnes intentions, si elles sont
conduites sans modération, pousser les hommes à des effets [*actes*]
très vicieux. En ce débat par lequel la France est à présent agitée

---

1. **Et nous trouvons [...] rien que le nôtre :** dans les guerres de Religion, nos actions
ne sont guidées que par des motifs humains, elles n'ont rien de divin. Montaigne
fait allusion à la Ligue : le parti catholique a pour lui la justice (puisqu'il s'est élevé
contre la rébellion protestante) mais il se conduit d'une manière injuste en se
rebellant à son tour contre le roi.
2. **Voyez [...] divines :** selon Montaigne, protestants et catholiques se renvoient
comme des balles les paroles divines.

183

de guerres civiles, le meilleur et le plus sain parti est sans [aucun]
5 doute celui qui maintient et la religion et la police [*forme de gouvernement*] ancienne du pays. Entre [*parmi*] les gens de bien, toutefois,
qui le suivent (car je ne parle point de ceux qui s'en servent de
prétexte pour, ou exercer leurs vengeances particulières, ou fournir à [*satisfaire*] leur avarice [*avidité*], ou suivre [*poursuivre*] la faveur des
10 princes, mais de ceux qui le font par vrai zèle envers leur religion,
et sainte affection à [*pour*] maintenir la paix et l'état de leur patrie),
de ceux-ci, dis-je, il s'en voit plusieurs que la passion pousse hors
les bornes de la raison, et leur fait parfois prendre des conseils [*partis*] injustes, violents, et encore téméraires [*inconsidérés*].

15   Il est certain qu'en ces premiers temps que notre religion commença de gagner autorité avec les lois, le zèle en arma plusieurs
contre toute sorte de livres païens[1], de quoi les gens de lettres souffrent
une merveilleuse [*terrible*] perte. J'estime que ce désordre ait plus
porté de nuisance aux lettres que tous les feux des barbares.
20 Cornélius Tacite en est un bon témoin [*exemple*] : car, quoique l'empereur Tacite, son parent, en eût peuplé par ordonnances expresses
toutes les librairies [*bibliothèques*] du monde, toutefois un seul exemplaire entier n'a pu échapper [à] la curieuse [*soigneuse*] recherche de
ceux qui désiraient l'abolir, pour cinq ou six vaines clauses [*phrases
25 sans importance*] contraires à notre créance [*foi*]. Ils ont aussi eu ceci,
de prêter aisément des louanges fausses à tous les empereurs qui
faisaient [*agissaient*] pour nous, et condamner universellement toutes
les actions de ceux qui nous étaient adversaires, comme il est aisé
à voir en l'empereur Julien, surnommé l'Apostat.

Montaigne, « De la liberté de conscience », Essais, II, 19.
(PUF, Quadrige, p. 668-669 ; La Pochothèque, p. 1031-1032)

Extrait 23. « Monstrueuse guerre »

// Monstrueuse guerre : les autres agissent au dehors, celle-ci
encore [*même*] contre soi ; se ronge et se défait, par son propre
venin. Elle est de nature si maligne et ruineuse qu'elle se ruine
quant et quant [*en même temps que*] le reste, et se déchire et démembre de

---

1. **Il est certain [...] livres païens :** quand le christianisme est devenu légal, des chrétiens zélés, fanatiques, ont détruit des livres païens.

5 rage. Nous la voyons plus souvent se dissoudre [*se détruire*] par elle-même que par disette [*manque*] d'aucune chose nécessaire, ou par la force ennemie. Toute discipline la fuit. Elle vient guérir la sédition, et en est pleine ; veut châtier la désobéissance, et en montre l'exemple ; et, employée à la défense des lois, fait sa part de rébel-10 lion à l'encontre des siennes propres[1]. Où en sommes-nous ? Notre médecine [*remède*] porte infection,

> *Notre mal s'empoisonne*
> *Du secours qu'on lui donne.*

> *Exuperat magis aegrescítque medendo.*[2]

15 [Le mal s'exaspère et s'aigrit par le remède.]

> *Omnia fanda, nefanda, malo permista furore,*
> *Justificam nobis mentem avertere deorum.*[3]

> [Les vertus et les crimes confondus par notre folie coupable ont détourné de nous la justice des dieux.]

20 En ces maladies populaires, on peut distinguer sur le commencement, les sains des malades ; mais quand elles viennent à durer, comme la nôtre, tout le corps s'en sent, et la tête et les talons, aucune partie n'est exempte de corruption. Car il n'est air qui se hume si goulûment, qui s'épande et pénètre, comme fait la licence 25 [*dérèglement*]. Nos armées ne se lient et tiennent plus que par ciment étranger[4] ; des Français, on ne sait plus faire un corps d'armée, constant et réglé : quelle honte ! Il n'y a qu'autant de discipline que nous en font voir des soldats empruntés. Quant à nous, nous nous conduisons à [*notre*] discrétion, et non pas [*selon celle*] du chef, cha-30 cun selon la sienne : il a plus affaire au-dedans qu'au-dehors[5]. C'est au commandement de suivre, courtiser et plier, à lui seul d'obéir : tout le reste est libre et dissolu. Il me plaît de voir combien il y a de lâcheté et de pusillanimité en l'ambition : par combien d'abjection et de servitude, il lui faut arriver à son but. Mais ceci me déplaît-il

---

1. **Elle vient [...] propres :** Montaigne critique ici la Ligue qui, pour lutter contre « la sédition » protestante, a utilisé elle aussi la « rébellion » contre le roi Henri III.
2. *Exuperat [...] medendo :* Virgile, *Énéide*, XII, 46.
3. *Omnia [...] deorum :* Catulle, *Épithalame*, 406.
4. **Par ciment étranger :** les mercenaires.
5. **Il a plus affaire au-dedans qu'au-dehors :** le chef a plus de mal à se faire obéir de ses propres soldats qu'à lutter contre l'ennemi.

35 de voir des natures débonnaires [*naturellement bonnes*] et capables de justice se corrompre tous les jours au maniement et commandement de cette confusion. La longue souffrance [*tolérance*] engendre la coutume, la coutume, le consentement et l'imitation. Nous avions assez d'âmes mal nées sans gâter les bonnes et généreuses. Si [bien]

40 que, si nous continuons, il restera malaisément à qui fier [*confier*] la santé de cet État, au cas que fortune [*le sort*] nous la redonne.

Montaigne, « De la physionomie », *Essais*, III, 12.
(PUF, Quadrige, pp. 1041-1042 ; La Pochothèque, p. 1616-1618)

Extrait 24. « N'épouser rien que soi »

/ Il faut avoir femmes, enfants, biens, et surtout de la santé, qui peut [*si possible*], mais non pas s'y attacher en manière que notre heur [*bonheur*] en dépende. Il se faut réserver une arrière-boutique, toute nôtre, toute franche [*libre*], en laquelle nous établissions notre vraie

5 liberté et principale retraite et solitude. En celle-ci faut-il prendre notre ordinaire entretien, de nous à nous-mêmes, et si privé que nulle accointance [*relation*] ou communication de chose étrangère y trouvent place ; [y] discourir [*méditer*] et y rire comme sans femme, sans enfants et sans biens, sans train [*suite*] et sans valets, afin que

10 quand l'occasion adviendra de leur perte, il ne nous soit pas nouveau de nous en passer. Nous avons une âme contournable en soi-même[1] ; elle se peut faire compagnie, elle a de quoi assaillir et de quoi défendre, de quoi recevoir et de quoi donner ; ne craignons pas en cette solitude nous croupir [*de nous ratatiner*] d'oisiveté

15 ennuyeuse :

// *in solis sis tibi turba locis.*[2]

[Dans la solitude, soyez-vous un monde à vous-même.]

/// La vertu, dit Antisthène, se contente de soi : sans disciplines [*règles*], sans paroles, sans effets [*actions*].

20 / En nos actions accoutumées, de mille il n'en est pas une qui nous regarde [*concerne*]. Celui que tu vois grimpant contremont les [*au sommet des*] ruines de ce mur, furieux et hors de soi, en butte de

---

1. **Contournable en soi-même :** qui peut se tourner vers elle-même.
2. *In solis sis tibi turba locis :* Tibulle, IV, 13, 1.

[*à*] tant d'arquebusades, et cet autre tout cicatrisé, transi et pâle de faim, délibéré de [*décidé à*] crever plutôt que de lui ouvrir la porte,
25 penses-tu qu'ils y soient pour eux ? Pour tel, à l'aventure [*peut-être*], qu'ils ne virent onques [*jamais*], et qui ne se donne aucune peine de leur fait [*de ce qu'ils font*], plongé cependant [*pendant ce temps*] en l'oisiveté et aux délices. Celui-ci tout pituiteux, chassieux et crasseux, que tu vois sortir après minuit d'une étude [*cabinet de travail*], penses-tu qu'il
30 cherche parmi les livres comment il se rendra plus homme de bien, plus content et plus sage ? Nulles nouvelles [*pas du tout*]. Il y mourra, ou il apprendra à la postérité la mesure des vers de Plaute et la vraie orthographe d'un mot latin. Qui ne contrechange volontiers la santé, le repos et la vie à [*contre*] la réputation et à la gloire, la plus
35 inutile, vaine et fausse monnaie qui soit en notre usage ? Notre mort ne nous faisait pas assez de peur, chargeons-nous encore de celle de nos femmes, de nos enfants, et de nos gens. Nos affaires ne nous donnaient pas assez de peine, prenons encore, à [*pour*] nous tourmenter et rompre la tête, de celles de nos voisins et amis.
40 *Vah ! quemquamne hominem in animum instituere, aut*
  Parare, quod sit charius, quam ipse est sibi ?[1]

  [Comment ! Qu'un homme aille se mettre en tête d'aimer quelque chose plus que
  soi-même ?]

  /// La solitude me semble avoir plus d'apparence [*motif*] et de
45 raison à [*chez*] ceux qui ont donné au monde leur âge plus actif et florissant, à l'exemple de Thalès.

  / C'est assez vécu pour autrui, vivons pour nous au moins ce bout de vie : ramenons à nous et à notre aise nos pensées et nos intentions. Ce n'est pas une légère partie que de faire sûrement
50 sa retraite ; elle nous empêche [*occupe*] assez sans y mêler d'autres entreprises. Puisque Dieu nous donne loisir de disposer de notre délogement [*préparer notre départ – notre mort*], préparons-nous-y ; plions bagage ; prenons de bonne heure congé de la compagnie ; dépêtrons-nous de ces violentes prises qui nous engagent ailleurs et [nous]
55 éloignent de nous. Il faut dénouer ces obligations [*liens*] si fortes et meshuy [*désormais*] aimer ceci et cela, mais n'épouser rien que soi ; c'est-à-dire [*que*] le reste soit à nous, mais non pas joint et collé en façon qu'on ne le puisse déprendre sans nous écorcher et arracher

---

1. **Vah ! [...] sibi ? :** Térence, *Adelphes*, I, 1, 38.

ensemble quelque pièce du nôtre. La plus grande chose du monde,
60 c'est de savoir être à soi.

/// Il est temps de nous dénouer de la société, puisque [*du moment que*] nous n'y pouvons rien apporter. Et qui ne peut prêter, qu'il se défende d'emprunter. Nos forces nous faillent [*manquent*] : retirons-les et resserrons [-les] en nous. Qui peut renverser et confondre
65 [*mêler*] en soi les offices [*rôles*] de l'amitié et de la compagnie, qu'il le fasse. En cette chute, qui le rend inutile, pesant et importun aux autres, qu'il se garde d'être importun à soi-même, et pesant, et inutile. Qu'il se flatte et [*se*] caresse, et surtout se régente [*gouverne*], respectant et craignant sa raison et sa conscience, si bien qu'il ne
70 puisse sans honte broncher [*trébucher*] en leur présence. « *Rarum est enim, ut satis se quisque vereatur.* »[1] [En effet, il est rare qu'on se respecte assez soi-même.]

Montaigne, « De la solitude », *Essais*, I, 39.
(PUF, Quadrige, p. 241-242 ; La Pochothèque, p. 372-375)

Extrait 25. « L'exercice des âmes »

// Il y a des naturels particuliers [*insociables*], retirés et internes [*renfermés*]. Ma forme [*manière d'être*] essentielle est propre à la communication et à la production [*l'expression*] : je suis tout au dehors et en évidence, né à [*pour*] la société et à l'amitié. La solitude que j'aime
5 et que je prêche, ce n'est principalement que ramener à moi mes affections et mes pensées, restreindre et resserrer non mes pas, ains [*mais*] mes désirs et mon souci, résignant la sollicitude étrangère [*ne m'inquiétant que de ce qui me concerne*] et fuyant mortellement la servitude et l'obligation, /// et non tant la foule des hommes que la foule
10 des affaires. // La solitude locale [*être seul dans un lieu*], à dire vérité, m'étend plutôt et m'élargit au dehors : je me jette aux affaires d'État et à l'univers plus volontiers quand je suis seul. Au Louvre et en la presse, je me resserre et contrains en ma peau ; la foule me repousse à moi, et [*je*] ne m'entretiens jamais si follement, si licen-
15 cieusement [*librement*] et particulièrement [*intimement*] qu'aux lieux de respect et de prudence cérémonieuse. Nos folies ne me font pas

---

1. « *Rarum [...] vereatur* » : Quintilien, X, 7.

rire, ce sont nos sapiences [*sagesses*]. De ma complexion [*par tempéra-ment*], je ne suis pas ennemi de l'agitation des cours : j'y ai passé partie de la vie et suis fait à me porter allègrement aux grandes com-
20 pagnies, pourvu que ce soit par intervalles et à mon point [*à mon heure*]. Mais cette mollesse de jugement, de quoi je parle[1], m'attache par force à la solitude. Voire [*et même*] chez moi, au milieu d'une famille peuplée et [d'une] maison des plus fréquentées, j'y vois des gens assez, mais rarement ceux avec qui j'aime à communiquer. Et
25 je réserve là, et pour moi et pour les autres, une liberté inusitée : il s'y fait trêve de cérémonie, d'assistance et convoiements[2], et telles autres ordonnances pénibles de notre courtoisie (ô la servile et importune usance !) ; chacun s'y gouverne à sa mode, y entretient qui veut ses pensées, je m'y tiens muet, rêveur et enfermé, sans
30 offense de mes hôtes.

Les hommes de la société et familiarité desquels je suis en quête sont ceux qu'on appelle honnêtes[3] et habiles [*intelligents*] hommes ; l'image [*l'idée*] de ceux-ci me dégoûte des autres. C'est, à le bien prendre, de nos formes, la plus rare, et forme qui se doit principale-
35 ment à la nature. La fin de ce commerce [*relation*], c'est simplement la privauté, fréquentation et conférence [*conversation*] : l'exercice des âmes, sans autre fruit. En nos propos, tous sujets me sont égaux : il ne me chaut [*m'importe*] qu'il y ait ni poids, ni profondeur, la grâce et la pertinence y sont toujours, tout y est teint d'un jugement mûr
40 et constant, et mêlé de bonté, de franchise, de gaieté et d'amitié.

---

1. **Cette mollesse [...] je parle :** dans les paragraphes précédents, Montaigne vient de confier que ses « mœurs molles [*délicates*], ennemies de toute aigreur et âpreté », le rendent « délicat à la pratique des hommes » : cette délicatesse de jugement dans le choix des personnes qu'il fréquente le conduit souvent à rester seul.

2. Supportant mal toute contrainte, Montaigne reçoit ses visiteurs sans cérémonie et se dispense de leur tenir compagnie, d'aller les accueillir ou les reconduire. Ses visi-teurs et lui-même agissent donc comme il leur plaît, sans s'offenser du non-respect des règles du savoir-vivre mondain (de la « courtoisie »).

3. **Les hommes [...] honnêtes :** l'honnête homme est à la fois honorable et affable, sociable (ces deux qualités, « jugement mûr » et « amitié », sont citées plus loin). Il doit cette manière d'être (cette « forme ») à « la nature », c'est-à-dire à son tempéra-ment et non à l'éducation ; dans les deux dernières phrases de l'extrait, Montaigne affirme à nouveau que l'art ne peut se substituer à la nature.

Chapitre 5 : Morale et société

Ce n'est pas au sujet des substitutions[1] seulement que notre esprit montre sa beauté et sa force, et aux affaires des rois : il la montre autant aux confabulations [*conversations*] privées. Je connais mes gens au silence même, et à leur sourire, et les découvre mieux à
45 l'aventure [*peut-être*] à table qu'au conseil. Hyppomachos disait bien qu'il connaissait les bons lutteurs à les voir simplement marcher par une rue. S'il plaît à la doctrine [*au savoir*] de se mêler à nos devis [*discussions*], elle n'en sera point refusée : non magistrale, impérieuse et importune, comme de coutume, mais suffragante [*auxiliaire*] et
50 docile elle-même. Nous n'y cherchons qu'à passer le temps : à l'heure d'être instruits et prêchés, nous l'irons trouver [*la « doctrine »*] en son trône. Qu'elle se démette à [*s'abaisse jusqu'à*] nous pour ce coup, s'il lui plaît : car toute utile et désirable qu'elle est, je présuppose qu'encore au besoin nous en pourrions-nous bien du tout
55 [*totalement*] passer et faire notre effet [*accomplir notre action*] sans elle. Une âme bien née et exercée à la pratique des hommes se rend pleinement agréable d'elle-même. L'art n'est autre chose que le contrôle [*le recueil*] et le registre des productions de telles âmes.

Montaigne, « De trois commerces », *Essais*, III, 3.
(PUF, Quadrige, p. 823-824 ; La Pochothèque, p. 1285-1287)

---

1. **Substitutions :** disposition juridique faisant obligation au légataire de transmettre une partie des biens dont il hérite à une autre personne. Autrement dit, le jugement ne se manifeste pas uniquement dans les affaires difficiles et importantes (ici, juridiques).

Clefs d'analyse

Compréhension

Les guerres de Religion

- Dans l'extrait 20, relever les arguments successifs que Montaigne invoque pour s'opposer au changement en matière de religion.
- Dans les extraits 21 et 22, relever les critiques adressées aux chrétiens.
- Dans l'extrait 23, relever les paradoxes qui caractérisent les guerres de Religion.

« Retraite » et sociabilité

- Dans les extraits 24 et 25, relever les éléments de l'autoportrait de Montaigne et les justifications qu'il donne à sa « retraite » et à son goût de la solitude.

Réflexion

Un jugement sur les mœurs

- Rédiger une synthèse de la pensée de Montaigne sur la coutume et sur la religion dans les extraits 20 à 23.
- Rédiger une synthèse de la pensée de Montaigne sur la situation de la France dans les extraits 20 à 23.

Montaigne et la « retraite »

- Comparer le comportement de Montaigne en société tel qu'il l'évoque dans les extraits 24 et 25 à sa manière de composer ses *Essais*.

> ### À retenir
> *La pensée de Montaigne, qui se pose en s'opposant, est souvent soulignée par des figures de rhétorique :*
> *– l'antithèse oppose deux termes pour accentuer l'un des deux : « resserrer non mes pas, ains [mais] mes désirs » (p. 188, l. 6) ;*
> *– l'oxymore juxtapose deux termes de sens contraire pour exprimer une pensée singulière et nuancée : « une sévère douceur » (p. 160, l. 813) ;*
> *– le paradoxe exprime une opinion contraire à l'opinion courante (la « doxa ») ou un enchaînement de faits inhabituel : « Notre médecine porte infection » (p. 185, l. 11).*

Clefs d'analyse

Chapitre 5 : Morale et société

B. ESSAI INTÉGRAL

« DE L'UTILE ET DE L'HONNÊTE » (III, 1)

Quand Montaigne reprend ses Essais *pour un « troisième allongeail du reste des pièces de [sa] peinture » (III, 9), le portrait qu'il fait de lui-même s'enrichit des expériences nouvelles qu'il a vécues : il a exercé la charge de maire de Bordeaux de 1583 à 1585, il a vu s'exacerber les guerres civiles, « [il a] eu à négocier entre [ses] princes », Henri de Navarre et Henri III, représenté par son lieutenant général en Guyenne, le maréchal de Matignon. Au seuil de ce troisième livre, il débat « de l'utile et de l'honnête », des exigences diverses et souvent contraires de la politique et de la morale, des conditions dans lesquelles l'honnête homme peut être utile à son pays, cherchant à dégager « une instruction propre au temps ». Mais c'est toujours l'homme Montaigne qui raisonne, avec une exigence accrue d'indépendance et de fidélité à soi-même. Il affirme ainsi les droits de la conscience et, contre l'exercice machiavélique de la politique, soutient que « toutes choses ne sont pas loisibles à un homme de bien pour le service de son roi ».*

// Personne n'est exempt de dire des fadaises ; le malheur est de les dire curieusement [*sérieusement*] :

Næ iste magno conatu magnas nugas dixerit.[1]

[Bien sûr, cet homme va se donner une grande peine pour me dire des grandes niaiseries.]

5   Cela ne me touche [*concerne*] pas : les miennes m'échappent aussi nonchalamment qu'elles le valent. D'où bien leur prend : je les quitterais soudain, à peu de coût qu'il y eût[2]. Et [je] ne les achète, ni ne les vends, que ce qu'elles pèsent. Je parle au papier comme je parle au premier que je rencontre. Qu'il soit vrai, voici de quoi[3].

10   À qui ne doit être la perfidie détestable, puisque Tibère la refusa à [*avec*] si grand intérêt [*dommage*] ? On lui manda [*fit savoir*] d'Allemagne que s'il le trouvait bon, on le déferait d'Ariminius par poison (c'était le plus puissant ennemi que les Romains eussent, qui les avait si

---

1. *Næ [...] dixerit :* Térence, *Héautontimoroumenos*, 111, 5, 8.
2. **Cela [...] qu'il y eût :** Montaigne dit ses « fadaises » (ses réflexions, consignées dans ses *Essais*) « nonchalamment » (et non « curieusement ») parce qu'elles sont sans valeur : il y renoncerait aussitôt pour peu qu'elles lui coûtassent quelque chose.
3. **Qu'il soit vrai, voici de quoi :** Voici la preuve que c'est vrai.

vilainement [*cruellement*] traités sous Varus, et qui seul empêchait
l'accroissement de sa domination en ces contrées-là). Il fit réponse
que le peuple romain avait accoutumé de se venger de ses ennemis par voie ouverte, les armes en main, non par fraude et en
cachette : il quitta l'utile pour l'honnête. C'était, me direz-vous, un
affronteur [*imposteur*]. Je le crois ; ce n'est pas grand miracle, à gens
de sa profession[1]. Mais la confession de la vertu ne porte pas moins
en la bouche de celui qui la hait ; d'autant que la vérité la lui arrache
par force, et que s'il ne la veut recevoir en soi, au moins il s'en couvre
pour s'en parer.

Notre bâtiment, et public et privé, est plein d'imperfection. Mais
il n'y a rien d'inutile en nature, non pas l'inutilité même ; rien ne
s'est ingéré en cet univers qui n'y tienne place opportune. Notre
être est cimenté de qualités [*manières d'être*] maladives ; l'ambition, la
jalousie, l'envie, la vengeance, la superstition, le désespoir logent
en nous, d'une si naturelle possession que l'image s'en reconnaît
aussi aux [*chez les*] bêtes ; voire et [*et même*] la cruauté, vice si dénaturé, car, au milieu de la compassion, nous sentons au-dedans je
ne sais quelle aigre-douce pointe de volupté maligne, à voir souffrir autrui ; et les enfants le sentent :

Suave mari magno turbantibus aequora ventis,
E terra magnum alterius spectare laborem.[2]

[Il est doux, quand sur la vaste mer les vents bouleversent les flots, de regarder
du rivage les rudes épreuves d'autrui.]

Desquelles qualités, qui ôterait les semences en l'homme, détrui-
rait les fondamentales conditions de notre vie. De même, en toute
police [*gouvernement*], il y a des offices [*fonctions*] nécessaires, non seulement abjects, mais encore vicieux [*immoraux*] ; les vices y trouvent leur
rang, et s'emploient à la couture de notre liaison [*des liens sociaux*],
comme les venins [*poisons*] à la conservation de notre santé. S'ils
deviennent excusables, d'autant qu'ils nous font besoin, et que la
nécessité commune efface leur vraie qualité [*nature*], il faut laisser
jouer cette partie [*ce rôle*] aux citoyens plus vigoureux et moins
craintifs qui sacrifient leur honneur et leur conscience, comme

---

1. **Ce n'est pas grand miracle, à gens de sa profession :** on reprochait à l'empereur
Tibère sa dissimulation et sa misanthropie.
2. *Suave [...] laborem :* Lucrèce, *La Nature des choses*, II, 1.

ces autres Anciens sacrifièrent leur vie pour le salut de leur pays ;
nous autres plus faibles prenons des rôles et plus aisés et moins
50 hasardeux. Le bien public requiert qu'on trahisse et qu'on mente
/// et qu'on massacre // : résignons [*laissons*] cette commission [*charge*]
à gens plus obéissants et plus souples. Certes, j'ai eu souvent dépit
de voir des juges attirer par fraude et fausses espérances de faveur
ou pardon le criminel à découvrir son fait, et y employer la piperie
55 [*la tromperie*] et l'impudence [*le cynisme*]. Il servirait bien à la justice,
et à Platon même, qui favorise cet usage, de me fournir d'autres
moyens plus selon moi. C'est une justice malicieuse [*vicieuse*] ; et [je]
ne l'estime pas moins blessée par soi-même que par autrui.

Je répondis, [il] n'y a pas longtemps, qu'à peine [*difficilement*]
60 trahirais-je le prince pour un particulier, [moi] qui serais très marri
[*fâché*] de trahir aucun particulier pour le prince. Et [je] ne hais pas
seulement à piper, mais je hais aussi qu'on se pipe en moi [*à mon
sujet*] : je n'y veux pas seulement fournir de matière et d'occasion.
En ce peu que j'ai eu à négocier entre nos princes, en ces divisions
65 et subdivisions qui nous déchirent aujourd'hui, j'ai curieusement
[*soigneusement*] évité qu'ils se méprissent en moi, et s'enferrassent
en mon masque. Les gens du métier se tiennent les plus couverts
[*masqués*], et [ils] se présentent et contrefont les plus moyens [*modérés*]
et les plus voisins [*proches*] qu'ils peuvent. Moi, je m'offre par mes
70 opinions les plus vives, et par la forme [*manière d'être la*] plus mienne :
tendre négociateur et novice, qui aime mieux faillir à l'affaire qu'à
moi[1]. Ç'a été pourtant, jusqu'à cette heure, avec tel heur [*chance*] (car,
certes, fortune [*le hasard*] y a principale part), que peu ont passé de
main [*d'un camp*] à autre avec moins de soupçon, plus de faveur
75 [*de crédit*] et de privauté [*de secrets*]. J'ai une façon ouverte, aisée à
s'insinuer et à se donner crédit aux premières accointances [*dès les
premières rencontres*]. La naïveté [*franchise*] et la vérité pure, en quelque
siècle que ce soit, trouvent encore leur opportunité et leur mise[2].
Et puis, de ceux-là est la liberté peu suspecte et peu odieuse, qui

---

1. **Tendre négociateur [...] qu'à moi :** « négociateur frêle [peu sûr] et novice, qui
préfère manquer l'affaire [la négociation] que manquer à moi-même [en déguisant
mes opinions] ».
2. **Leur opportunité et leur mise :** l'occasion d'être acceptées à leur juste valeur.

80 besognent sans aucun leur intérêt[1] et qui peuvent véritablement employer la réponse d'Hypéride aux Athéniens se plaignant de l'âpreté de son parler : « Messieurs, ne considérez pas si je suis libre, mais si je le suis sans rien prendre et sans amender par là mes affaires. » Ma liberté m'a aussi aisément déchargé du soupçon

85 de feintise [*d'hypocrisie*] par sa vigueur (n'épargnant rien à dire, pour pesant et cuisant qu'il [*que cela*] fût : je n'eusse pu dire pis, absent) et [du fait] qu'elle a une montre apparente [*un aspect manifeste*] de simplesse et de nonchalance. Je ne prétends autre fruit en agissant que d'agir, et n'y attache longues suites [*conséquences*] et propositions

90 [*projets*] ; chaque action fait particulièrement son jeu : [que le coup] porte s'il peut [*si c'est possible*] ! Au demeurant, je ne suis pressé de passion, ou haineuse, ou amoureuse, envers les grands, ni n'ai ma volonté garrottée d'offense ou d'obligation particulière[2]. /// Je regarde nos rois d'une affection simplement légitime et civile, ni

95 émue ni démue [*ni emportée ni détournée*] par intérêt privé, de quoi je me sais bon gré. // La cause générale et juste ne m'attache non plus que modérément et sans fièvre. Je ne suis pas sujet à ces hypothèques et engagements pénétrants et intimes ; la colère et la haine sont au-delà du devoir de la justice et sont passions ser-

100 vant seulement à ceux qui ne tiennent pas assez à leur devoir par la raison simple. Toutes intentions légitimes sont d'elles-mêmes égales et tempérées, sinon, elles s'altèrent en séditieuses et illégitimes. C'est ce qui me fait marcher partout la tête haute, le visage et le cœur ouverts. À la vérité, et [je] ne crains point de l'avouer,

105 je porterais facilement au besoin une chandelle à saint Michel, l'autre à son serpent, suivant le dessein de la vieille[3]. Je suivrai le bon parti jusqu'au feu [*au bûcher*], mais exclusivement si je puis. Que Montaigne [l'homme et son domaine] s'engouffre quant et [*avec*] la ruine publique, si besoin est ; mais s'il n'est pas besoin, je saurais bon gré

110 à la fortune qu'il se sauve ; et autant que mon devoir me donne de

---

1. **Sans aucun leur intérêt :** sans rechercher aucunement leur intérêt personnel.
2. **Au demeurant [...] d'obligation particulière :** Montaigne détermine librement son attitude vis-à-vis des grands puisqu'il n'a reçu d'eux ni offense ni services. Aucun « intérêt privé », « intime », ne l'engage, qui hypothéquerait, réduirait sa liberté.
3. **Une chandelle [...] la vieille :** offrir un cierge à la fois à saint Michel et au dragon, c'est chercher à se concilier les deux camps ennemis.

corde [*de liberté*], je l'emploie à sa conservation. Fut-ce pas Atticus, lequel se tenant au juste parti, et au parti qui perdit, se sauva par sa modération en cet universel naufrage du monde, parmi tant de mutations [*bouleversements*] et diversités ? Aux hommes, comme
115 lui, privés, il est plus aisé ; et en telle sorte de besogne, je trouve qu'on peut justement n'être pas ambitieux à [*désireux de*] s'ingérer et convier soi-même. De se tenir chancelant [*hésitant*] et métis [*lié aux deux partis*], de tenir son affection immobile, et sans inclination [*sans choisir*] aux [*dans les*] troubles de son pays et en une division
120 publique, je ne le trouve ni beau, ni honnête. /// *Ea non media, sed nulla via est, velut eventum expectantium, quo fortunæ consilia sua applicent.*[1] [Cela, ce n'est pas prendre un chemin moyen, c'est n'en prendre aucun ; c'est attendre l'événement pour passer du côté de la fortune.] Cela peut être permis envers les affaires des voisins ; et Gélon, tyran de Syracuse, sus-
125 pendit ainsi son inclination en la guerre des Barbares contre les Grecs, tenant une ambassade à Delphes, à tout [*avec*] des présents pour être en échauguette à voir [*pour guetter*] de quel côté tomberait la fortune [*le sort*], et prendre l'occasion à point pour le concilier aux [*amadouer les*] victorieux. Ce serait une espèce de trahison de le faire
130 aux [*dans nos*] propres et domestiques affaires, auxquelles néces-sairement // il faut prendre parti par application de dessein. Mais de ne s'embesogner [*s'engager*] point, à homme qui n'a ni charge, ni commandement exprès qui le presse, je le trouve plus excusable (et si [*pourtant je*] ne pratique pour moi cette excuse) qu'aux guerres
135 étrangères, desquelles pourtant, selon nos lois, ne s'empêche [*ne se charge*] qui ne veut. Toutefois, ceux encore qui s'y engagent tout à fait le peuvent avec tel ordre et attrempance [*modération*] que l'orage devra couler par-dessus leur tête sans offense [*sans leur nuire*]. N'avions-nous pas raison de l'espérer ainsi du feu évêque d'Orléans,
140 sieur de Morvilliers[2] ? Et j'en connais, entre [*parmi*] ceux qui y œuvrent valeureusement à cette heure, de mœurs ou si égales ou si douces qu'ils seront pour demeurer debout, quelque injurieuse [*dommageable*] mutation et chute que le ciel nous apprête.

---

1. *Ea [...] applicent :* Tite-Live, XXXII, XXI.
2. **Sieur de Morvilliers** : mort en 1577, Jean de Morvilliers, évêque d'Orléans et garde des Sceaux, avait des positions modérées.

Je tiens que c'est aux rois proprement de s'animer contre les rois,
145 et me moque de ces esprits qui de gaieté de cœur se présentent à
querelles si disproportionnées ; car on ne prend pas querelle particulière avec un prince pour marcher [*parce qu'on marche*] contre lui
ouvertement et courageusement pour son honneur et selon son
devoir ; s'il n'aime un tel personnage, il fait mieux, il l'estime. Et
150 notamment la cause des lois, et défense de l'ancien état [*de choses*] a
toujours cela que ceux mêmes qui pour leur dessein particulier le
troublent, en excusent les défenseurs, s'ils ne les honorent[1]. Mais
il ne faut pas appeler devoir, comme nous faisons tous les jours,
une aigreur et une intestine âpreté qui naît de l'intérêt et passion
155 privés ; ni courage, une conduite traîtresse et malicieuse [*vicieuse*].
Ils nomment zèle leur propension vers la malignité [*le mal*] et violence ; ce n'est pas la cause qui les échauffe, c'est leur intérêt ; ils
attisent la guerre, non parce qu'elle est juste, mais parce que c'est
guerre. Rien n'empêche qu'on ne se puisse comporter commodé-
160 ment [*sans excès*] entre des hommes qui se sont ennemis, et loyalement ; conduisez-vous-y d'une, sinon partout égale affection (car
elle peut souffrir différentes mesures), mais au moins tempérée
[*modérée*], et qui ne vous engage tant à l'un qu'il puisse tout requérir de vous ; et vous contentez [*contentez-vous*] aussi d'une moyenne
165 mesure de leur grâce, et de couler en eau trouble sans y vouloir
pêcher. L'autre manière, de s'offrir de toute sa force à ceux-là et
à ceux-ci, a encore moins de prudence que de conscience[2]. Celui
envers qui vous en trahissez un, duquel vous êtes pareillement
bien venu [*accueilli*], [ne] sait-il pas que de soi [*à son égard*] vous en
170 faites autant à son tour ? Il vous tient pour un méchant homme ;
cependant il vous écoute, et tire [*tire parti*] de vous, et fait ses affaires

---

1. **Je tiens [...] honorent :** Montaigne parle en catholique loyaliste : s'il combat le
prince (protestant) révolté, c'est parce que « son honneur et [...] son devoir » lui
commandent de défendre la monarchie légitime ; c'est pourquoi ce prince peut
l'estimer. Henri de Navarre, le futur Henri IV, l'a ainsi honoré en étant son hôte en
1581 et en 1587. Plus loin, Montaigne écrit pourtant que « les princes » du temps,
le roi de Navarre et le roi de France Henri III, veulent des hommes entièrement
soumis à leurs volontés.
2. **L'autre manière [...] conscience :** trahir (« s'offrir [...] à ceux-là et à ceux-ci ») est
encore plus imprudent qu'immoral.

de votre déloyauté ; car les hommes doubles sont utiles en ce qu'ils apportent, mais il se faut garder qu'ils n'emportent que le moins qu'on peut. Je ne dis rien à l'un que je ne puisse dire à l'autre, à
175 son heure, l'accent seulement un peu changé ; et [je] ne rapporte que les choses ou indifférentes ou connues, ou qui servent en commun. Il n'y a point d'utilité pour laquelle je me permette de leur mentir. Ce qui a été fié [*confié*] à mon silence, je le cèle religieusement, mais je prends à [*pour*] celer le moins que je puis ; c'est
180 une importune garde, du [*que le*] secret des princes, à qui n'en a que faire. Je présente volontiers ce marché, qu'ils me fient [*confient*] peu, mais qu'ils se fient hardiment de [*à*] ce que je leur apporte. J'en ai toujours plus su que je n'ai voulu. /// Un parler ouvert ouvre un autre parler et le tire hors, comme font le vin et l'amour. //
185 Philippide répondit sagement à mon gré, au roi Lysimaque, qui lui disait : « Que veux-tu que je te communique de mes biens ? – Ce que tu voudras, pourvu que ce ne soit de tes secrets. » Je vois que chacun se mutine si on lui cache le fond des affaires auxquelles on l'emploie et si on lui en a dérobé quelque arrière-sens ; pour moi,
190 je suis content qu'on ne m'en dise non [*pas*] plus qu'on veut que j'en mette en besogne, et ne désire pas que ma science outrepasse et contraigne ma parole. Si je dois servir d'instrument de tromperie, que ce soit au moins sauve [*sans porter atteinte à*] ma conscience. Je ne veux être tenu serviteur ni si affectionné ni si loyal, qu'on
195 me trouve bon à trahir personne [*qui que ce soit*]. Qui est infidèle à soi-même, l'est excusablement à son maître. Mais ce sont princes qui n'acceptent pas les hommes à moitié, et méprisent les services limités et conditionnés. Il n'y a remède : je leur dis franchement mes bornes, car esclave, je ne le dois être que de la raison, encore
200 n'en puis-je bien venir à bout. /// Et eux aussi ont tort d'exiger d'un homme libre telle sujétion à leur service et telle obligation que [*comme*] de celui qu'ils ont fait et acheté[1], ou duquel la fortune [*le sort*] tient particulièrement et expressément à la leur. // Les lois m'ont ôté de grande peine, elles m'ont choisi [*un*] parti et donné un maître ;
205 toute autre supériorité et obligation doit être relative à celle-là et retranchée [*limitée*]. Si n'est pas à dire, quand mon affection me porterait autrement, qu'incontinent j'y portasse la main. La volonté et

---

1. **Celui qu'ils ont fait et acheté** : c'est-à-dire d'un esclave.

les désirs se font loi eux-mêmes ; les actions ont à la recevoir de l'ordonnance publique[1].

210 Tout ce mien procéder est un peu bien dissonant à nos formes [*usages*]. Ce ne serait pas pour [*cela ne pourrait*] produire grands effets, ni pour y durer : l'innocence même ne saurait à cette heure ni négocier sans dissimulation, ni marchander sans menterie. Aussi ne sont aucunement [*nullement*] de mon gibier [*de mon goût*] les occupa-
215 tions publiques ; ce que ma profession en requiert, je l'y fournis, en la forme que je puis la plus privée. Enfant, on m'y plongea jusqu'aux oreilles[2], et il succédait [*cela réussissait*] : si [*pourtant*] m'en dépris-je de belle heure. J'ai souvent depuis évité de m'en mêler, rarement accepté, jamais requis [*demandé*], tenant le dos tourné à
220 l'ambition, mais sinon comme les tireurs d'aviron, qui s'avancent ainsi à reculons, tellement [*de telle sorte*] toutefois que de ne m'y être point embarqué, j'en suis moins obligé à ma résolution [*détermination*] qu'à ma bonne fortune ; car il y a des voies moins ennemies de mon goût et plus conformes à ma portée [*capacité*] par lesquelles,
225 si elle [*l'ambition*] m'eût appelé autrefois au service public et à mon avancement vers le crédit du monde, je sais que j'eusse passé par-dessus la raison de mes discours [*opinions*] pour la suivre. Ceux qui disent communément contre ma profession [*mes déclarations*] que ce que j'appelle franchise, simplesse et naïveté [*naturel*] en mes mœurs,
230 c'est art [*artifice*] et finesse, et plutôt prudence que bonté [*honnêteté*], industrie [*habileté*] que nature, bon sens que bonheur [*hasard heureux*], me font plus d'honneur qu'ils ne m'en ôtent. Mais certes ils font ma finesse trop fine. Et qui m'aura suivi et épié de près, je lui don-nerai gagné [*raison*] s'il ne confesse qu'il n'y a point de règle en leur
235 école qui sût rapporter [*imiter*] ce naturel mouvement et maintenir

---

1. **Si n'est pas à dire [...] l'ordonnance publique :** « mais cela ne veut pas dire que, même si ma sensibilité me portait vers un autre parti, j'agirais aussitôt avec lui. Les désirs [« *volonté* » a ici le même sens] sont à eux-mêmes leur propre loi [on ne peut leur résister] mais les actions ne sont légitimes que si elles sont conformes à l'ordre public. » Nouvelle illustration du loyalisme et du conservatisme de Montaigne : s'il avait été protestant, il n'aurait pas pris les armes contre son roi.

2. **Enfant, on m'y plongea jusqu'aux oreilles :** Montaigne a commencé ses études de droit très jeune parce qu'il avait appris le latin comme une langue maternelle (voir I, 26, p. 172, l. 1200 : « à treize ans [...] je sortis du collège »).

une apparence de liberté et de licence si pareille [*égale*] et inflexible parmi des routes si tortues et diverses, et que toute leur attention et engin [*habileté*] ne les y sauraient conduire. La voie de la vérité est une et simple, celle du profit particulier et de la commodité
240 [*l'intérêt*] des affaires qu'on a en charge, double, inégale, et fortuite. J'ai vu souvent en usage ces libertés contrefaites et artificielles, mais le plus souvent, sans succès. Elles sentent volontiers à l'âne d'Ésope, lequel, par émulation du chien, vint à se jeter tout gaiement, à deux pieds, sur les épaules de son maître ; mais autant que
245 le chien recevait de caresses de pareille fête, le pauvre âne en reçut deux fois autant de bastonnades. /// *Id maxime quemque decet, quod est cujusque suum maxime.*[1] [Ce qui nous sied le mieux, c'est ce qui nous est le plus naturel.]

// Je ne veux pas priver la tromperie de son rang, ce serait mal
250 entendre le monde ; je sais qu'elle a servi souvent profitablement, et qu'elle maintient et nourrit la plupart des vacations [*professions*] des hommes. Il y a des vices légitimes, comme plusieurs actions ou bonnes ou excusables illégitimes. La justice en soi, naturelle et universelle, est autrement réglée, et plus noblement, que n'est
255 cette autre justice /// spéciale, nationale, // contrainte [*assujettie*] au besoin de nos polices [*États*]. /// *Veri juris germanæque justitiæ solidam et expressam effigiem nullam tenemus ; umbra et imaginibus utimur*[2] [D'un droit véritable, d'une justice parfaite, nous ne possédons aucune représentation exacte et solide ; nous n'usons que de leur ombre et de leur image.] ; si
260 [bien] que le sage Dandamys, oyant réciter [*entendant raconter*] les vies de Socrate, Pythagore, Diogène, les jugea grands personnages en toute autre chose, mais trop asservis à la révérence des lois, pour lesquelles autoriser [*légitimer*] et seconder la vraie vertu a beaucoup à se démettre de sa vigueur originelle ; et non seulement par leur
265 permission plusieurs actions vicieuses ont lieu, mais encore à leur suasion [*persuasion*] : /// *Ex senatusconsultis plebisque scitis scelera exercentur.*[3] [C'est au nom de sénatus-consultes et de plébiscites que des crimes sont commis.] // Je suis le langage commun, qui fait différence entre

---

1. *Id maxime [...] maxime :* Cicéron, *Les Devoirs*, I, XXXI.
2. *Veri juris [...] utimur :* Cicéron, *Les Devoirs*, III, XVII.
3. *Ex [...] exercentur :* Sénèque, *Lettres à Lucilius*, XCV.

les choses utiles et les honnêtes, si [bien] que d'aucunes [*certaines*]
270 actions naturelles, non seulement utiles mais nécessaires, il les
nomme déshonnêtes et sales.

Mais continuons notre exemple de la trahison. Deux prétendants
au royaume de Thrace étaient tombés en débat de leurs droits.
L'Empereur les empêcha de venir aux armes, mais l'un d'eux, sous
275 couleur de conduire un accord amiable par leur entrevue, ayant
assigné [*invité*] son compagnon pour le festoyer en sa maison, le fit
emprisonner et tuer. La justice requérait que les Romains eussent
raison de ce forfait ; la difficulté en empêchait les voies ordinaires.
Ce qu'ils ne purent légitimement, sans guerre et sans hasard, ils
280 entreprirent de le faire par trahison ; ce qu'ils ne purent honnêtement, ils le firent utilement. À quoi se trouva propre un Pomponius
Flaccus : celui-ci, sous feintes paroles, et assurances, ayant attiré
cet homme dans ses rets, au lieu de l'honneur et faveur qu'il lui
promettait, l'envoya pieds et poings liés à Rome. Un traître y trahit
285 l'autre, contre l'usage commun ; car ils sont pleins de défiance, et
[il] est malaisé de les surprendre par leur art[1] ; témoin la pesante
expérience que nous venons d'en sentir.

Sera Pomponius Flaccus qui voudra, et [il] en est assez qui le
voudront. Quant à moi, et ma parole et ma foi sont, comme le
290 demeurant [*le reste*], pièces de ce commun corps ; leur meilleur effet
[*action*], c'est le service public, je tiens cela pour présupposé[2]. Mais
comme, si on me commandait que je prisse la charge du Palais [de
justice] et des plaids [*procès*], je répondrais : « Je n'y entends rien » ;
ou la charge de conducteur de pionniers, je dirais : « Je suis appelé
295 à un rôle plus digne » ; de même, qui me voudrait employer à
mentir, à trahir et à me parjurer pour quelque service notable, non
que d'assassiner ou empoisonner[3], je dirais : « Si j'ai volé ou dérobé
quelqu'un, envoyez-moi plutôt en galère. » Car il est loisible à un
homme d'honneur de parler ainsi que firent les Lacédémoniens,
300 ayant été défaits par Antipater, sur le point [*au moment*] de leurs

---

1. **Par leur art** : c'est-à-dire en utilisant leur méthode (la trahison).
2. **Service public [...] présupposé** : Montaigne exprime ici son souci d'agir pour « le
service public », l'intérêt de l'État (« ce commun corps »).
3. **De même [...] empoisonner** : « si l'on voulait m'employer [...], même sans
assassiner ».

accords : « Vous nous pouvez commander des charges pesantes et dommageables, autant qu'il vous plaira, mais de honteuses, et déshonnêtes, vous perdrez votre temps de nous en commander. » Chacun doit avoir juré à soi-même ce que les rois d'Égypte fai-
305 saient solennellement jurer à leurs juges, qu'ils ne se dévoieraient de leur conscience pour quelque commandement qu'eux-mêmes leur en fissent. À telles commissions [*charges*], il y a [une] note [*marque*] évidente d'ignominie et de condamnation ; et qui vous la donne vous accuse, et vous la donne, si vous l'entendez bien, en charge et en
310 peine [*comme un châtiment*] ; autant que les affaires publiques s'amendent de votre exploit, autant s'en empirent les vôtres : vous y faites d'autant pis que mieux vous y faites. Et [il] ne sera pas nouveau, ni à l'aventure [*peut-être*] sans quelque air de justice, que celui même vous ruine, qui vous aura mis en besogne [*confié cette tâche*]. /// La
315 perfidie peut être en quelque cas excusable ; lors seulement elle l'est, qu'elle s'emploie à châtier et trahir la trahison. // Il se trouve assez de perfidies non seulement refusées, mais punies par ceux en faveur desquels elles avaient été entreprises. Qui ne sait la sentence de Fabricius à l'encontre du médecin de Pyrrhus[1] ? Mais
320 ceci encore se trouve, que tel l'a commandée [*la trahison*] qui après l'a vengée rigoureusement sur celui qu'il y avait employé, refu-sant un crédit et pouvoir si effrénés, et désavouant un servage et une obéissance si abandonnée et si lâche. Jaropelc, duc de Russie, pratiqua [*suborna*] un gentilhomme de Hongrie pour trahir le roi de
325 Pologne Boleslas en le faisant mourir ou [en] donnant aux Russiens [le] moyen de lui faire quelque notable dommage. Celui-ci s'y porta [*ce gentilhomme s'y comporta*] en galant homme [*en homme habile*], s'adonna plus que devant au service de ce roi, obtint d'être de son conseil, et de ses plus féaux. Avec ces avantages, et choisissant à point
330 l'opportunité de l'absence de son maître, il trahit [*livra*] aux Russiens Vislicie, grande et riche cité, qui fut entièrement saccagée et arse [*brûlée*] par eux, avec occision [*massacre*] totale non seulement des habitants de celle-ci, de tout sexe et âge, mais de grand nombre de noblesse de là autour, qu'il y avait assemblée à ces fins. Jaropelc,

---

1. **Qui ne sait [...] Pyrrhus :** le jugement du consul romain Fabricius, qui renvoya à son ennemi, le roi grec Pyrrhus, un de ses médecins venu lui proposer de l'empoisonner.

335 assouvi de sa vengeance et de son courroux, qui pourtant n'était pas sans titre [*motif*] (car Boleslas l'avait fort offensé, et en pareille conduite) et saoul du fruit de cette trahison, venant à en considérer la laideur nue et seule, et la regarder d'une vue saine, et non plus troublée par sa passion, la prit à un tel remords et contrecœur
340 [*en aversion*] qu'il en fit crever les yeux et couper la langue et les parties honteuses à son exécuteur. Antigonos persuada les soldats argyraspides de lui trahir [*livrer*] Eumène, leur capitaine général, son adversaire. Mais [à peine] l'eut-il fait tuer, après qu'ils le lui eurent livré, il désira lui-même être commissaire de la justice divine pour
345 le châtiment d'un forfait si détestable et les consigna [*remit*] entre les mains du gouverneur de la province, lui donnant très exprès commandement de les perdre et mettre à male fin [*à mort*], en quelque manière que ce fût. Tellement que, de ce grand nombre qu'ils étaient, aucun ne vit onques puis [*jamais depuis*] l'air de Macédoine.
350 Mieux il en avait été servi, d'autant le jugea-t-il avoir été plus méchamment et punissablement. /// L'esclave qui trahit la cachette de P. Sulpicius, son maître, fut mis en liberté, suivant la promesse de la proscription de Sylla ; mais suivant la promesse de la raison publique, tout libre, il fut précipité du roc Tarpéien. Ils les font pendre[1],
355 avec la bourse de leur paiement au cou. Ayant satisfait à leur seconde foi [*parole*] et spéciale, ils satisfont à la générale et première. Mahomet second, se voulant défaire de son frère, pour la jalousie de la domination [*parce qu'il voulait gouverner seul*], suivant le style [*l'usage*] de leur race, y employa l'un de ses officiers qui le suffoqua, l'engor-
360 geant de quantité d'eau prise trop à coup [*d'un coup*]. Cela fait, il livra, pour l'expiation de ce meurtre, le meurtrier entre les mains de la mère du trépassé (car ils n'étaient frères que de père) ; elle, en sa présence, ouvrit à ce meurtrier l'estomac [*la poitrine*] et, tout chaudement, de ses mains fouillant et arrachant son cœur, le jeta man-
365 ger aux chiens. Et notre roi Clovis fit pendre les trois serviteurs de Cannacre après qu'ils lui eurent trahi leur maître, à quoi il les avait pratiqués [*subornés*]. // Et à ceux mêmes qui ne valent rien, il est si

---

1. **Ils les font pendre :** les rois font pendre les traîtres qui les ont servis (Montaigne, après une série d'exemples, reprend l'idée énoncée plus haut, ligne 317) : ils honorent donc leur parole vis-à-vis du traître (qu'ils ont d'abord récompensé) puis leur engagement vis-à-vis de « la raison publique » (qui n'aime pas les traîtres).

doux, ayant tiré l'usage [*le profit*] d'une action vicieuse, y pouvoir hormais [*ensuite*] coudre en toute sûreté quelque trait de bonté et de justice, comme par compensation et correction consciencieuse.

370

/// Joint [*outre*] qu'ils regardent les ministres [*agents*] de tels horribles maléfices [*méfaits*] comme gens qui les leur reprochent et cherchent par leur mort d'étouffer la connaissance et témoignage de telles menées. // Or, si par fortune on vous en récompense, pour ne

375 frustrer la nécessité publique de cet extrême et désespéré remède[1], celui qui le fait ne laisse pas de vous tenir, s'il ne l'est lui-même, pour un homme maudit et exécrable ; et vous tient plus traître que ne [le] fait celui contre qui vous l'êtes, car il touche la malignité de votre courage [*la méchanceté de votre cœur*], par vos mains, sans désaveu,

380 sans objet[2]. Mais il vous y emploie, tout ainsi qu'on fait les hommes perdus aux exécutions [capitales] de la haute justice, charge autant utile comme elle est peu honnête [*honorable*]. Outre la vilité [*l'infamie*] de telles commissions [*missions*], il y a de la prostitution de conscience. La fille de Séjan, ne pouvant être punie à mort en cer-

385 taine forme de jugement à Rome, d'autant qu'elle était vierge, fut, pour donner passage aux lois, forcée [*violée*] par le bourreau avant qu'il l'étranglât ; non sa main seulement, mais son âme est esclave à la commodité publique[3]. /// Quand le premier Amurat, pour aigrir [*rendre plus cruelle*] la punition contre ses sujets qui avaient donné sup-

390 port [*aide*] à la parricide rébellion de son fils, ordonna que leurs plus proches parents prêteraient la main à cette exécution, je trouve très honnête à aucuns [*certains*] d'avoir choisi plutôt d'être injustement tenus coupables du parricide d'un autre que de servir la justice de [*par*] leur propre parricide[4]. Et où [*quand*], en quelques bicoques for-

---

1. **Or [...] remède :** « or, si par hasard on vous récompense de cette trahison, pour ne pas priver l'État, qui en a parfois besoin, de ce remède extrême et désespéré [utilisé en dernier recours] ».
2. **Sans désaveu, sans objet :** « sans que vous puissiez la nier ou faire d'objection. »
3. **Mais il vous y emploie [...] à la commodité publique :** tout ce paragraphe développe l'idée que certains actes, accomplis pourtant au nom de l'intérêt public, déshonorent leurs auteurs, qui n'ont pas su conserver le respect d'eux-mêmes.
4. **Je trouve très honnête [...] leur propre parricide :** pour Montaigne, la loi morale qui interdit le parricide doit l'emporter sur le jugement du souverain qui demande, en quelque sorte, un parricide légal.

395 cées [*prises d'assaut*] de mon temps, j'ai vu des coquins, pour garantir leur vie, accepter de pendre leurs amis et consorts [*complices*], je les ai tenus de pire condition que les pendus. On dit que Vitold, prince des Lithuaniens, fit autrefois cette loi que les criminels condamnés à mort eussent à exécuter eux-mêmes de leur main la sentence
400 capitale contre eux donnée, trouvant étrange qu'un tiers, innocent de la faute, fût employé et chargé d'un homicide.

// Le prince, quand une urgente circonstance et quelque impétueux et inopiné accident du besoin de son État lui fait gauchir [*manquer à*] sa parole et sa foi, ou autrement le jette hors de son
405 devoir ordinaire, doit attribuer cette nécessité à un coup de la verge divine ; vice n'est-ce pas, car il a quitté sa raison à [*pour*] une plus universelle et puissante raison, mais certes c'est malheur. De manière qu'à quelqu'un qui me demandait : « Quel remède ? – Nul remède, fis-je : s'il fut véritablement gêné [*déchiré*] entre ces deux
410 extrêmes /// (*sed videat ne quæratur latebra perjurio*[1] [mais qu'il se garde de chercher des prétextes à son parjure]), // il le fallait faire ; mais s'il le fit sans regret, s'il ne lui greva [*pesa*] de le faire, c'est signe que sa conscience est en mauvais termes. » /// Quand il s'en trouverait quelqu'un de si tendre [*scrupuleuse*] conscience, à qui nulle guérison
415 ne semblât digne d'un si pesant remède, je ne l'en estimerais pas moins. Il ne se saurait perdre plus excusablement et décemment [*avec plus d'excuse et d'honneur*]. Nous ne pouvons pas tout. Ainsi comme ainsi [*de toute manière*], nous faut-il souvent, comme à la dernière ancre, remettre la protection de notre vaisseau à la pure conduite
420 du ciel. À quelle plus juste nécessité se réserve-t-il ? Que lui est-il moins possible à faire que ce qu'il ne peut faire qu'aux dépens de sa foi et de son honneur, choses qui, à l'aventure [*peut-être*], lui doivent être plus chères que son propre salut, oui et [*et même*] que le salut de son peuple ? Quand, les bras croisés, il appellera Dieu
425 simplement à son aide, n'aura-t-il pas à espérer que la divine bonté n'est pour [*n'est pas prête à*] refuser la faveur de sa main extraordinaire à une main pure et juste ? // Ce sont dangereux exemples, rares et maladives [*excessives*] exceptions à nos règles naturelles. Il y faut céder, mais avec grande modération et circonspection. Aucune uti-
430 lité privée n'est digne pour laquelle nous fassions cet effort [*cette vio-*

---

1. *Sed videat [...] perjurio* : Cicéron, *Les Devoirs*, III, XXIX.

lence] à notre conscience ; la publique, bien [*d'accord*], lorsqu'elle est et très apparente [*évidente*] et très importante. /// Timoléon se garantit à propos de l'étrangeté de son exploit[1] par les larmes qu'il rendit, se souvenant que c'était d'une main fraternelle qu'il avait tué le
435 tyran ; et cela pinça justement sa conscience, qu'il eût été nécessité d'acheter l'utilité publique à tel prix [*au prix*] de l'honnêteté de ses mœurs. Le sénat même, délivré de servitude par son moyen, n'osa rondement décider d'un si haut fait et déchiré en deux si pesants et contraires visages [*aspects*]. Mais les Syracusains ayant tout à point
440 [*opportunément*], à l'heure même, envoyé requérir les Corinthiens de leur protection et d'un chef digne de rétablir leur ville en sa première dignité et [de] nettoyer la Sicile de plusieurs tyranneaux qui l'oppressaient, il [*le Sénat*] y députa [*délégua*] Timoléon avec cette nouvelle défaite [*justification*] et déclaration que, selon ce qu'il se
445 porterait bien ou mal en sa charge, leur arrêt prendrait parti à la faveur [*en faveur*] du libérateur de son pays ou à la défaveur du meurtrier de son frère. Cette fantastique conclusion [*décision bizarre*] a quelque excuse sur le danger de l'exemple et importance d'un fait si divers [*singulier*]. Et [ils] firent bien d'en décharger leur jugement,
450 ou de l'appuyer ailleurs, et en des considérations tierces. Or les déportements [*la conduite*] de Timoléon en ce voyage rendirent bientôt sa cause plus claire, tant il s'y porta [*comporta*] dignement et vertueusement en toutes façons ; et le bonheur qui l'accompagna aux âpretés [*difficultés*] qu'il eut à vaincre en cette noble besogne sembla
455 lui être envoyé par les dieux conspirants et favorables à sa justification. La fin de celui-ci [*le but de Timoléon*] est excusable, si aucune le pouvait être. Mais l'utilité de l'augmentation du revenu public, qui servit de prétexte au sénat romain à cette orde conclusion [*ignoble décision*] que je m'en vais réciter [*raconter*], n'est pas assez forte pour
460 mettre à garant [*légitimer*] une telle injustice. Certaines cités s'étaient rachetées à prix d'argent et remises en liberté, avec l'ordonnance et permission du sénat, des mains de L. Sylla. La chose étant tombée en nouveau jugement, le sénat les condamna à être taillables [*imposables*] comme auparavant, et que l'argent qu'elles avaient employé
465 pour se racheter demeurerait perdu pour elles. Les guerres civiles

---

1. **L'étrangeté de son exploit :** « le caractère extraordinaire de son action » (le tyran qu'il avait fait assassiner étant son propre frère).

produisent souvent ces vilains [*vils*] exemples, que nous punissons les privés [*particuliers*] de ce qu'ils nous ont crus quand nous étions autres. Et un même magistrat fait porter la peine de son changement à qui n'en peut mais. Le maître fouette son disciple de [*pour sa*] docilité, et le guide son aveugle. Horrible image de justice ! Il y a des règles en la philosophie et fausses et molles. L'exemple qu'on nous propose, pour faire prévaloir l'utilité privée à la foi [*sur la parole*] donnée, ne reçoit pas assez de poids par la circonstance qu'ils y mêlent. Des voleurs vous ont pris ; ils vous ont remis en liberté, ayant tiré de vous serment du paiement de certaine somme. On a tort de dire qu'un homme de bien sera quitte de sa foi sans payer, étant hors de leurs mains. Il n'en est rien. Ce que la crainte m'a fait une fois vouloir, je suis tenu de le vouloir encore sans crainte ; et quand elle n'aura forcé que ma langue, sans la volonté, encore suis-je tenu de faire la maille bonne de ma parole[1]. Pour moi, quand parfois elle a inconsidérément devancé ma pensée, j'ai fait conscience [*j'ai eu scrupule*] de la désavouer pourtant [*pour cette raison*]. Autrement, de degré en degré, nous viendrons à abolir tout le droit qu'un tiers prend de nos promesses. *Quasi vero forti viro vis possit adhiberi.*[2] [Comme si l'on pouvait faire violence à homme de cœur.] En ceci seulement a loi l'intérêt privé de nous excuser de faillir à notre promesse, si nous avons promis chose méchante et inique de soi ; car le droit de la vertu doit prévaloir le droit de notre obligation.

// J'ai autrefois logé Épaminondas au premier rang des hommes excellents, et ne m'en dédis pas. Jusqu'où montait-il la considération de son particulier devoir, [*lui*] qui ne tua jamais homme qu'il eût vaincu, qui, pour ce bien inestimable de rendre la liberté à son pays, faisait conscience [*scrupule*] de tuer un tyran /// ou ses complices // sans les formes de la justice, et qui jugeait méchant homme, quelque bon citoyen qu'il fût, celui qui entre [*parmi*] les ennemis et en la bataille, n'épargnait son ami et son hôte ! Voilà une âme de riche composition. Il mariait aux plus rudes et violentes actions humaines la bonté et l'humanité, voire la plus délicate qui se trouve en l'école de la philosophie. Ce courage si

---

1. **Tenu de faire la maille bonne de ma parole :** « tenu de payer jusqu'à la dernière petite pièce (la maille) pour tenir parole ».
2. *Quasi [...] adhiberi :* Cicéron, *Les Devoirs*, III, xxx.

500 gros, enflé et obstiné contre la douleur, la mort, la pauvreté, était-
ce nature ou art qui l'eût attendri jusqu'au point d'une si extrême
douceur et débonnaireté de complexion [*bonté de caractère*] ? Horrible
de fer et de sang, il va fracassant et rompant une nation invincible contre tout autre que contre lui seul[1], et gauchit [*se détourne*]
505 au milieu d'une telle mêlée, à la rencontre de son hôte et de son
ami. Vraiment, celui-là proprement commandait bien à la guerre,
qui lui faisait souffrir le mors de la bénignité [*douceur*] sur le point
[*au moment*] de sa plus forte chaleur, ainsi enflammée qu'elle était et
écumeuse de fureur et de meurtre. C'est miracle de pouvoir mêler
510 à telles actions quelque image de justice ; mais il n'appartient qu'à
la roideur [*force*] d'Épaminondas d'y pouvoir mêler la douceur et la
facilité des mœurs les plus molles [*douces*] /// et la pure innocence.
// Et où [*alors que*] l'un [*Pompée*] dit aux Mammertins que les statuts
[*lois*] n'avaient point de mise [*point cours*] envers les hommes armés ;
515 [que] l'autre [dit] au tribun du peuple que le temps de la justice et
de la guerre étaient deux ; [que] le tiers [dit] que le bruit des armes
l'empêchait d'entendre la voix des lois ; celui-ci n'était pas seulement [*pas même*] empêché d'entendre celles de la civilité et pure
courtoisie : avait-il pas emprunté de ses ennemis l'usage de sacri-
520 fier aux muses, allant à la guerre, pour détremper par leur douceur
et gaieté cette furie et âpreté martiale[2] ? Ne craignons point, après
un si grand précepteur, d'estimer /// qu'il y a quelque chose illicite
contre les ennemis mêmes, // que l'intérêt commun ne doit pas
tout requérir de tous contre l'intérêt privé, /// *manente memoria*
525 *etiam in dissidio publicorum fœderum privati juris*[3] [le souvenir du droit
privé demeurant même au milieu des dissensions publiques] :

---

1. **Une nation invincible contre tout autre que contre lui seul :** « une nation invincible [Sparte] par tout autre que lui ». Épaminondas donne ici l'exemple de celui
   qui maîtrise sa passion guerrière (comparée ensuite à un cheval en furie).
2. **L'un [...] âpreté martiale :** Montaigne évoque successivement Pompée (« l'un »),
   César (« l'autre »), Marius (« le tiers »), pour opposer leur attitude pendant la guerre
   à celle d'Épaminondas (« celui-ci »).
3. *Manente [...] juris :* Tite-Live, XXV, XVIII.

// et nulla potentia vires
Præstandi, ne quid peccet amicus, habet ;[1]

[Et nulle puissance ne peut autoriser la violation des droits de l'amitié.]

530 et que toutes choses ne sont pas loisibles [*permises*] à un homme de
bien pour le service /// de son roi ni // de la cause générale et des
lois. /// *Non enim patria præstat omnibus officiis, et ipsi conducit*
pios habere cives in parentes.[2] [Car la patrie ne l'emporte pas sur tous les
devoirs, et il lui importe que les citoyens se conduisent bien avec leurs parents.]

535 // C'est une instruction propre au temps ; nous n'avons que faire
de durcir nos courages [*cœurs*] par ces lames de fer, c'est assez que
nos épaules le soient ; c'est assez de tremper nos plumes en encre,
sans les tremper en sang. Si c'est grandeur de courage et l'effet
d'une vertu rare et singulière de mépriser l'amitié, les obligations
540 privées, sa parole et la parenté pour le bien commun et obéissance
du magistrat [*de l'autorité*], c'est assez vraiment, pour nous en excuser
[*dispenser*], que c'est une grandeur qui ne peut loger en la grandeur
du courage d'Épaminondas. J'abomine les enhortements [*exhortations*]
enragés, de cette autre âme déréglée,

545 *dum tela micant, non vos pietatis imago*
Ulla, nec adversa conspecti fronte parentes
Commoveant ; vultus gladio turbate verendos.[3]

[Tant que les épées brillent, que rien n'émeuve votre pitié, pas même la vue
de vos pères dans le camp adverse ; de votre glaive, défigurez ces visages vénérables.]

550 Ôtons aux méchants naturels, et sanguinaires, et traîtres, ce prétexte de raison ; laissons-là cette justice énorme [*sans règle*] et hors
de soi, et nous tenons [*tenons-nous-en*] aux plus humaines imitations.
Combien peuvent le temps et l'exemple ? En une rencontre de la
guerre civile contre Cinna, un soldat de Pompée, ayant tué sans
555 y penser son frère qui était au [*du*] parti contraire, se tua sur-le-
champ soi-même, de honte et de regret, et, quelques années après,
en une autre guerre civile de ce même peuple, un soldat, pour
avoir tué son frère, demanda récompense à ses capitaines.

---

1. *Et nulla [...] amicus, habet :* Ovide, *Pontiques*, I, VII, 37.
2. *Non enim [...] in parentes :* Cicéron, *Les Devoirs*, III, XXIII.
3. *Dum [...] verendos :* paroles de César haranguant ses troupes, Lucain, *La Pharsale*,
VII, 320.

Chapitre 5

On argumente [*justifie*] mal l'honnêteté et la beauté d'une action par son utilité, et conclut-on mal d'estimer que chacun y soit obligé /// et qu'elle sait honnête à chacun, // si elle est utile :

/// *Omnia non pariter rerum sunt omnibus apta.*[1]

[Toutes choses ne conviennent pas également à tous.]

// Choisissons la plus nécessaire et plus utile de l'humaine société, ce sera le mariage ; si est-ce que [*pourtant*] le conseil des saints trouve le contraire parti plus honnête, et en exclut la plus vénérable vacation [*profession*] des hommes[2], comme nous assignons au haras les bêtes qui sont de moindre estime.

---

1. *Omnia [...] apta :* Properce, III, ɪx, 7.
2. **Choisissons [...] des hommes :** allusion au célibat des prêtres, institué notamment au concile du Latran (1123) et réaffirmé (contre les protestants) au concile de Trente (1545-1568).

Clefs d'analyse

Compréhension

Le sens du titre

• Relever les passages qui reprennent les mots du titre et indiquer à partir d'eux le sujet de cet essai.

La composition de l'essai

• Repérer les différentes anecdotes rapportées par Montaigne et indiquer leur fonction.

• Repérer les grands mouvements qui assurent la progression de l'argumentation.

Réflexion

L'influence du tempérament

• Repérer et commenter les passages où Montaigne évoque son tempérament et la manière dont il a servi ses princes.

La prise de position de Montaigne

• Relever les passages où Montaigne énonce son opinion sur le problème qu'il aborde dans cet essai. Quelle est son attitude pendant les guerres de Religion ?

• Quelles sont les valeurs qui inspirent et légitiment les choix de Montaigne ? En quoi est-ce là l'attitude d'un moraliste ?

• Comparez la critique de la justice dans les lignes 249-271 et dans les *Pensées* de Pascal.

À retenir

Les maximes d'un « honnête homme » :
« Il se faut réserver une arrière-boutique, toute nôtre, toute franche [libre] » (p. 186) ; « Je suivrai le bon parti jusqu'au feu [au bûcher], mais exclusivement si je puis » (p. 195) ; « Esclave, je ne le dois être que de la raison » (p. 198) ; « Toutes choses ne sont pas loisibles [permises] à un homme de bien pour le service de son roi ni de la cause générale et des lois » (p. 209).

Synthèse

Vie sociale et vie privée

Le goût de la « retraite »

Montaigne a le goût de la solitude, et il doit s'en justifier. « Les plaintes qui [lui] cornent aux oreilles sont comme cela : "Oisif ; froid aux offices [devoirs] d'amitié et de parenté et aux offices publics ; trop particulier [personnel]" » (p. 173). « Particulier », il l'est par tempérament (« J'ai une âme toute sienne, accoutumée à se conduire à sa mode »), il cultive même sa nonchalance et son refus des contraintes : il se dit « extrêmement oisif, extrêmement libre, et par nature et par art » (p. 75). Jouissant de l'indépendance que lui assure sa fortune, en 1571, à trente-huit ans il cesse d'exercer sa charge de magistrat : « Je me retirai chez moi, délibéré [résolu] autant que je pourrais, ne me mêler d'autre chose que de passer en repos, et à part, ce peu qui me reste de vie : il me semblait ne pouvoir faire plus grande faveur à mon esprit, que de le laisser en pleine oisiveté, s'entretenir soi-même, et s'arrêter et rasseoir en soi » (« De l'oisiveté », I, 8). « Je ne vis que pour moi », déclare-t-il, non sans provocation. Chez lui, il se retranche ainsi dans sa « librairie » (sa bibliothèque), située dans une tour écartée (« De trois commerces », III, 3).

Cette attitude correspond aussi à un impératif moral : « nous nous devons en partie à la société, mais en la meilleure partie à nous » (p. 26). Comme Socrate, dont il se réclame souvent, il veut se connaître pour s'estimer à sa juste valeur (la « présomption » est un vice redoutable) et tenter de parvenir ainsi à la sagesse (voir p. 51). Cela constitue un travail pour « celui qui en fait son étude, son ouvrage et son métier, qui s'engage à un registre de durée, de toute sa foi, de toute sa force » (« Du démentir », II, 18).

Le service du roi

La « retraite » de Montaigne n'a toutefois pas été totale : il a accepté la charge de maire de Bordeaux (1581-1585) et séjourné à la cour. Sa position de modéré lui a valu d'exercer des missions en Guyenne et de « négocier entre [les] princes » (p. 194) ; Henri de Navarre (futur Henri IV) tout comme Charles IX ont fait de lui un gentil-homme ordinaire de leur chambre. C'est donc aussi en homme d'expérience qu'il se pose la délicate question des rapports entre « l'utile » et « l'honnête » dans le service de l'État. Il y donne une réponse nuancée mais sans ambiguïté. D'une part, pragmatique, il reconnaît qu'« en toute police [*gouvernement*], il y a des offices [*fonctions*] nécessaires, non seulement abjects, mais encore vicieux [*immoraux*] » (p. 193), que la trahison est une pratique nécessaire pour qui veut gouverner les hommes tels qu'ils sont : « Je ne veux pas priver la tromperie de son rang, ce serait mal entendre le monde » (p. 200). Cette pratique est même devenue commune pendant les guerres de Religion, qui ont eu un effet corrupteur sur les hommes. Pour autant, Montaigne maintient la condamnation d'une action indigne, même quand elle est utile : « On argumente [*justifie*] mal l'honnêteté et la beauté d'une action par son utilité » (p. 210).

D'autre part, fidèle à son tempérament et à ce qu'il se doit à lui-même, il refuse pour sa part de mentir, de trahir, d'exécuter un ordre contraire à la haute idée qu'il se fait de la vertu : « le droit de la vertu doit prévaloir le droit de notre obligation » (p. 207). Il y aura toujours des hommes assez ambitieux ou vicieux pour agir en « esclave » du roi (p. 198). Montaigne n'est pas de ceux-là : en rappelant l'exigence pour tout homme de préserver sa liberté et l'estime de soi, il donne une leçon de morale politique qui n'a rien perdu de sa pertinence.

Synthèse

CHAPITRE 6

« Faire bien l'homme »

Conduire sa vie (la sagesse)

A. EXTRAITS

Extraits 26. « Apprendre à mourir » ?

Extrait 26a. « Savoir mourir » (I, 20, « Que philosopher c'est apprendre à mourir »).

Extrait 26b. « Si vous ne savez pas mourir, ne vous chaille » (III, 12 ; « De la physionomie »).

Extrait 27. « Nous avons abandonné nature » (III, 12, « De la physionomie »).

Extrait 28. « Pouvoir toute chose sur soi » (III, 12, « De la physionomie »).

Extrait 29. « Faire pour la conscience ce que nous faisons pour la gloire » (III, 2, « Du repentir »).

Extrait 30. « Nous appelons sagesse la difficulté de nos humeurs » (III, 2, « Du repentir »).

B. ESSAI INTÉGRAL

III, 13, « De l'expérience »

A. EXTRAITS

« L'institution » d'un enfant est d'abord une éducation morale : « les premiers discours de quoi on lui doit abreuver l'entendement, ce doivent être ceux qui règlent ses mœurs et son sens, qui lui apprendront à se connaître, et à savoir bien mourir et bien vivre » (I, 26 ; voir p. 152, l. 558). Montaigne lui-même prêche-t-il d'exemple ? La sagesse qui irrigue les Essais *ne constitue nullement un système puisqu'elle doit tout à la réflexion et à la personnalité d'une homme changeant et qui ne craint pas de se contredire. Sur la question de la mort, on le voit ainsi évoluer d'un stoïcisme exigeant à ce qu'on pourrait appeler un naturalisme* aimable (extraits 26). En véritable sage, en effet, il sait mettre « la philosophie » à l'épreuve de la vie et de la nature pour mieux « vivre à propos » : c'est ce que fait l'ultime chapitre, qui privilégie significativement « l'expérience », et notamment l'expérience personnelle. Dans le domaine moral, en effet, la raison et le savoir ont leurs limites (extrait 27), c'est en lui-même que l'homme doit trouver des ressources (extrait 28), c'est aussi dans la conduite de sa vie privée qu'il mène ses plus durs combats (extrait 29). Ainsi, cette morale qui pouvait paraître facile, faite d'abandon souriant à la condition humaine, révèle à son tour ses exigences : elle naît de la lucidité qu'autorise une longue étude de soi, et d'un véritable effort du cœur.]*

Extraits 26. « Apprendre à mourir » ?

Extrait 26a. « Savoir mourir »

/ Ils vont, ils viennent, ils trottent, ils dansent : de mort, nulles nouvelles. Tout cela est beau, mais aussi quand elle arrive, ou à eux ou à leurs femmes, enfants et amis, les surprenant en dessoude [*à l'improviste*] et à découvert [*sans défense*], quels tourments, quels cris,
5 quelle rage et quel désespoir les accable ! Vîtes-vous jamais rien si rabaissé, si changé, si confus ? Il y faut pourvoir de meilleure heure : et cette nonchalance bestiale [*animale*], quand elle pourrait loger en la tête d'un homme d'entendement (ce que je trouve entièrement impossible), nous vend trop cher ses denrées. Si c'était
10 ennemi qui se pût éviter, je conseillerais d'emprunter les armes de la couardise, mais puisqu'il ne se peut, // puisqu'il vous attrape [si vous êtes] fuyant et poltron aussi bien qu'honnête homme,

Chapitre 6 : La sagesse

/ *Nempe et fugacem persequitur virum,*
Nec parcit imbellis juventae
15 *Poplitibus, timidóque tergo,*[1]

[Certes, il poursuit l'homme qui le fuit, sans épargner les jarrets ni le dos poltron
d'une jeunesse sans courage]

// et que nulle trempe de cuirasse vous couvre,
Ille licet ferro cautus se condat in ære,
20 *Mors tamen inclusum protrahet inde caput*[2]

[Il a beau se cacher prudemment sous le fer et le bronze, la mort sortira bien sa tête
protégée.]

/ apprenons à le soutenir de pied ferme, et à le combattre. Et pour
commencer à lui ôter son plus grand avantage contre nous, pre-
25 nons voie toute contraire à la commune. Ôtons-lui l'étrangeté,
pratiquons-le, accoutumons-le, n'ayons rien si souvent en la tête
que la mort. À tout instant représentons-la à notre imagination et
en tous visages [*sous tous ses aspects*]. Au broncher [*faux pas*] d'un cheval,
à la chute d'une tuile, à la moindre piqûre d'épingle, remâchons
30 soudain : « Eh bien, quand ce serait la mort même ? » et là-dessus,
roidissons-nous et efforçons-nous. Parmi les fêtes et la joie, ayons
toujours ce refrain de la souvenance de notre condition, et ne
nous laissons pas si fort emporter au plaisir, que parfois il ne nous
repasse en la mémoire en combien de sortes cette nôtre allégresse
35 est en butte à la mort, et de combien de prises elle la menace. Ainsi
faisaient les Égyptiens qui, au milieu de leurs festins et parmi leur
meilleure chère, faisaient apporter l'anatomie sèche [*squelette*] d'un
homme pour servir d'avertissement aux conviés.

Omnem crede diem tibi diluxisse supremum,
40 *Grata superveniet, quæ non sperabitur hora.*[3]

[Imagine-toi que chaque jour qui luit est pour toi le dernier et c'est avec gratitude
que tu recevras l'heure que tu n'auras pas espérée.]

Il est incertain où la mort nous attende, attendons-la partout.
La préméditation de la mort est préméditation de la liberté. Qui
45 a appris à mourir, il a désappris à servir. /// Il n'y a rien de mal

---

1. *Nempe [...] tergo :* Horace, *Odes,* III, 2, 14.
2. *Ille licet [...] inde caput :* Properce, IV, 18, 25.
3. *Omnem crede [...] sperabitur hora :* Horace, *Épîtres,* I, 4, 13.

en la vie pour celui qui a bien compris que la privation de la vie n'est pas mal. Le savoir mourir nous affranchit de toute sujétion et contrainte.

> Montaigne, « Que philosopher c'est apprendre à mourir », *Essais*, I, 20.
> (PUF, Quadrige, p. 86-87 ; La Pochothèque, p. 131-133)

Extrait 26b. « Si vous ne savez pas mourir, ne vous chaille »

// Il est certain qu'à la plupart la préparation à la mort a donné plus de tourment que n'a fait la souffrance. /// Il fut jadis véritablement dit, et par un bien judicieux auteur : *minus afficit sensus fatigatio quam cogitatio.*[1] [La douleur affecte moins nos sens que la pensée de
5   la douleur.]

Le sentiment de la mort présente nous anime parfois de soi-même, d'une prompte résolution de ne plus éviter chose du tout [*totalement*] inévitable. Plusieurs gladiateurs se sont vus au temps passé, après avoir couardement combattu, avaler courageusement
10 la mort, offrant leur gosier au fer de l'ennemi et le conviant. La vue de la mort à venir a besoin d'une fermeté lente [*durable*], et difficile par conséquent à fournir. // Si vous ne savez pas mourir, ne vous chaille [*ne vous en souciez pas*], nature vous en informera sur le champ, pleinement et suffisamment ; elle fera exactement cette besogne
15 pour vous, n'en empêchez votre soin [*ne vous encombrez pas de ce souci*].

Incertam frustra, mortales, funeris horam
Quæritis, et qua sit mors aditura via.[2]

[Vous cherchez en vain, mortels, à connaître l'heure incertaine de votre mort et le chemin par où elle viendra.]

20 *Pœna minor certam subito perferre ruinam,*
Quod timeas gravius sustinuisse diu.[3]

[Un malheur soudain et certain est moins pénible que la longue crainte de l'événement.]

Nous troublons la vie par le soin [l'inquiétude] de la mort, et la mort par le soin de la vie. /// L'une nous ennuie[4], l'autre nous
25 effraie. // Ce n'est pas contre la mort que nous nous préparons,

---

1. *Minus [...] cogitatio :* Quintilien, I, 12.
2. *Incertam [...] aditura via :* Properce, II, 27, 1.
3. *Pœna minor [...] sustinuisse diu :* Pseudo-Gallus.
4. **L'une nous ennuie :** « L'une [la vie] nous chagrine [à l'idée de devoir la quitter] ».

c'est chose trop momentanée[1] : un quart d'heure de passion [*souffrance*] sans conséquence, sans nuisance, ne mérite pas des préceptes particuliers. // À dire vrai, nous nous préparons contre les préparations de la mort. La philosophie nous ordonne d'avoir la
30 mort toujours devant les yeux, de la prévoir et considérer avant le temps et nous donne après les règles et les précautions pour pourvoir à ce que cette prévoyance et cette pensée ne nous blessent. Ainsi font les médecins qui nous jettent aux maladies, afin qu'ils aient où employer leurs drogues et leur art. /// Si nous n'avons su
35 vivre, c'est injustice de nous apprendre à mourir et de difformer la fin de son tout[2]. Si nous avons su vivre, constamment et tranquillement, nous saurons mourir de même. Ils [les philosophes] s'en vanteront tant qu'il leur plaira. *Tota philosophorum vita commentatio mortis est*.[3] [Toute la vie des philosophes est une méditation sur la mort.] Mais
40 il m'est avis que c'est bien le bout, non pourtant le but de la vie ; c'est sa fin, son extrémité, non pourtant son objet.

Montaigne, « De la physionomie », *Essais,* III, 12.
(PUF, Quadrige, p. 1051-1052 ; La Pochothèque, p. 1632-1633)

Extrait 27. « Nous avons abandonné nature »

// La plupart des instructions de la science à nous encourager ont plus de montre [*apparence*] que de force, et plus d'ornement que de fruit. Nous avons abandonné nature, et lui voulons apprendre sa leçon, elle qui nous menait si heureusement et si sûrement[4].

---

1. **Ce n'est pas [...] trop momentanée :** la même idée est exprimée dans le chapitre II, 6 : « Nos souffrances ont besoin de temps, qui est si court et si précipité en la mort qu'il faut nécessairement qu'elle soit insensible » (p. 41, l. 72).
2. **Si nous n'avons su vivre [...] la fin de son tout :** apprendre à mourir à quelqu'un qui n'a pas su vivre, c'est donner à sa mort une forme différente de celle de sa vie.
3. *Tota philosophorum [...] mortis est :* Cicéron, *Tusculanes,* I, 30.
4. **Nous avons abandonné nature [...] si sûrement :** le renversement de l'ordre naturel des choses témoigne de la présomption de l'homme. Le passage qui suit est ironique (« Il fait beau voir... »). Montaigne y tend en outre un piège au lecteur (voir l'extrait 8, p. 33, note 2) en démarquant un passage de Plutarque *(De l'amour et charité naturelles des pères et mères envers leurs enfants).* Il possédait dans sa bibliothèque les *Œuvres morales* de Plutarque traduites par Amyot en 1572.

⁵ Et cependant, les traces de son instruction et ce peu qui, par le bénéfice [*bienfait*] de l'ignorance, reste de son image, empreint en la vie de cette tourbe [*foule*] rustique d'hommes impolis [*grossiers*], la science est contrainte de l'aller tous les jours empruntant, pour en faire patron [*un modèle*] à ses disciples de constance, d'innocence ¹⁰ et de tranquillité. Il fait beau voir que ceux-ci, pleins de tant de belle connaissance, aient à imiter cette sotte simplicité, et à l'imiter aux premières actions de la vertu, et que notre sapience [*sagesse*] apprenne des bêtes mêmes les plus utiles enseignements aux plus grandes et nécessaires parties de notre vie : comme il nous ¹⁵ faut vivre et mourir, ménager [*gérer*] nos biens, aimer et élever nos enfants, entretenir justice (singulier témoignage de l'humaine maladie) et que cette raison qui se manie à notre poste [*gré*], trouvant toujours quelque diversité et nouveauté, ne laisse chez nous aucune trace apparente de la nature. Et en ont fait les hommes ²⁰ comme les parfumiers de l'huile : ils l'ont sophistiquée de tant d'argumentations et de discours [*réflexions*] appelés du dehors qu'elle en est devenue variable et particulière à chacun, et a perdu son propre visage, constant et universel. Et nous faut en chercher témoignage des bêtes, non sujet à faveur, corruption, ni à diver- ²⁵ sité d'opinions. Car il est bien vrai qu'elles-mêmes ne vont pas toujours exactement dans la route de nature, mais ce qu'elles en dévient, c'est si peu que vous en apercevez toujours l'ornière. Tout ainsi que les chevaux qu'on mène en main font bien des bonds et des escapades, mais c'est à la longueur de leurs longes, et suivent ³⁰ néanmoins toujours les pas de celui qui les guide ; et comme l'oiseau prend son vol, mais sous la bride de sa filière.

Montaigne, « De la physionomie », *Essais*, III, 12.
(PUF, Quadrige, p. 1049-1050 ; La Pochothèque, p. 1629-1630)

Extrait 28. « Pouvoir toute chose sur soi »

Pendant la « monstrueuse guerre » civile, Montaigne le modéré était menacé par les extrémistes des deux camps (« au Gibelin j'étais Guelfe, au Guelfe Gibelin »). Des soldats en maraude s'en prirent à son domaine : « Le peuple y souffrit bien largement [...]. On le pilla, et moi par conséquent, jusqu'à l'espérance ».

Chapitre 6 : La sagesse

/// De ce qui m'advint lors, // un ambitieux s'en fut pendu ; si [*ainsi*] eût fait un avaricieux. Je n'ai soin quelconque d'acquérir.

Sit mihi quod nunc est etiam minus, ut mihi vivam
Quod superest ævi, si quid superesse volent dii.[1]

5   [Que je garde ce que j'ai maintenant, et même moins, et que je puisse vivre pour
moi ce qui me reste de temps, si les dieux veulent qu'il m'en reste.]

Mais les pertes qui me viennent par l'injure [*l'outrage*] d'autrui, soit larcin, soit violence, me pincent environ comme un homme malade et gêné [*torturé*] d'avarice. L'offense a sans mesure plus
10 d'aigreur que n'a la perte. Mille diverses sortes de maux accoururent à la file. Je les eusse gaillardement soufferts [*supportés*] à la foule [*s'ils étaient venus ensemble*]. Je pensais déjà, entre [*parmi*] mes amis, à qui je pourrais commettre [*confier*] une vieillesse nécessiteuse et disgraciée. Après avoir rôdé les yeux partout, je me trouvai en pourpoint
15 [*sans ressources*]. Pour se laisser tomber à plomb, et de si haut, il faut que ce soit entre les bras d'une affection solide, vigoureuse et fortunée. Elles sont rares, s'il y en a. Enfin, je connus que le plus sûr était de me fier à moi-même de moi et de ma nécessité et, s'il m'advenait d'être froidement en la grâce de la fortune, que je me
20 recommandasse de plus fort à la mienne, m'attachasse, regardasse de plus près à moi. /// En toutes choses les hommes se jettent aux appuis étrangers, pour épargner les [*leurs*] propres, seuls certains et seuls puissants qui [*si l'on*] sait s'en armer. Chacun court ailleurs, et à l'avenir, d'autant que [*dans la mesure où*] nul n'est arrivé à soi. // Et me
25 résolus que c'étaient utiles inconvénients [*malheurs*]. D'autant, premièrement, qu'il faut avertir à coups de fouet les mauvais disciples, quand la raison n'y peut assez, /// comme par le feu et violence des coins, nous ramenons un bois tortu à sa droiture. // Je me prêche il y a [*depuis*] si longtemps de me tenir à moi et [*de me*] séparer des
30 choses étrangères ; toutefois, je tourne encore toujours les yeux à côté : l'inclination, un mot favorable d'un grand, un bon visage, me tentent. Dieu sait s'il en est cherté [*si c'est rare*] en ce temps, et quel sens il porte ! J'entends encore sans rider le front les subornements [*tromperies*] qu'on me fait pour me tirer en place marchande
35 [*en vue*], et m'en défends si mollement qu'il semble que je souffrisse plus volontiers d'en être vaincu. Or à un esprit si indocile, il faut

---

1. *Sit mihi [...] volent dii :* Horace, *Épîtres,* I, XVIII, 107.

des bastonnades, et faut rebattre et resserrer, à bons coups de mail [*marteau*], ce vaisseau qui se déprend, se découd, qui s'échappe et dérobe de soi. Secondement, que cet accident [*ce malheur*] me servait
40 d'exercitation [*d'exercice*] pour me préparer à pis, si moi qui, et par le bénéfice de la fortune [*du sort*], et par la condition de mes mœurs, espérais être des derniers, venais à être des premiers attrapé de cette tempête : m'instruisant de bonne heure à contraindre ma vie et la ranger pour un nouvel état. La vraie liberté, c'est pouvoir
45 toute chose sur soi. *Potentissimus est qui se habet in potestate.*[1]
[L'homme le plus puissant est celui qui est maître de soi.]

Montaigne, « De la physionomie », *Essais*, III, 12.
(PUF, Quadrige, p. 1045-1046 ; La Pochothèque, p. 1623-1624)

Extrait 29. « Faire pour la conscience ce que nous faisons pour la gloire »

// Le peuple reconvoie [*escorte*] celui-là [à l'issue] d'un acte public, avec étonnement [*admiration*], jusqu'à sa porte ; il laisse avec sa robe ce rôle, il en retombe d'autant plus bas qu'il s'était plus haut monté ; au-dedans, chez lui, tout est tumultuaire [*sans règle*] et vil[2].
5 Quand le règlement s'y trouverait, il faut un jugement vif et bien trié [*rare*] pour l'apercevoir en ces actions basses et privées. Joint que l'ordre est une vertu morne et sombre : gagner une brèche, conduire une ambassade, régir un peuple, ce sont actions éclatantes ; tancer, rire, vendre, payer, aimer, haïr, et converser [*vivre*]
10 avec les siens et avec soi-même, doucement et justement, ne [se] relâcher point, ne se démentir point, c'est chose plus rare, plus difficile et moins remarquable. Les vies retirées soutiennent par là, quoi qu'on dise, des devoirs autant ou plus âpres et tendus que ne font les autres vies. /// Et les [hommes] privés, dit Aristote, servent la
15 vertu plus difficilement et hautement que ne font ceux qui sont en magistrat [*magistrature*]. // Nous nous préparons aux occasions

---

1. *Potentissimus [...] potestate :* Sénèque, *Lettres à Lucilius*, XC.
2. **Chez lui [...] vil :** cet homme (sans doute un magistrat, c'est-à-dire quelqu'un qui exerce une magistrature publique) n'est admirable que dans le cadre de sa fonction ; il néglige totalement la conduite de sa vie personnelle, qui est donc « sans règlement ».

éminentes plus par gloire que par conscience. /// La plus courte façon d'arriver à la gloire, ce serait faire pour la conscience ce que nous faisons pour la gloire. // Et la vertu d'Alexandre me semble
20 représenter assez [*beaucoup*] moins de vigueur en son théâtre[1] que ne fait celle de Socrate en cette exercitation [*exercice*] basse et obscure. Je conçois aisément Socrate en la place d'Alexandre ; Alexandre en celle de Socrate, je ne puis. Qui demandera à celui-là ce qu'il sait faire, il répondra : « Subjuguer le monde » ; qui le demandera
25 à celui-ci, il dira : « Mener l'humaine vie conformément à sa naturelle condition », science bien plus générale, plus pesante [*importante*] et plus légitime. Le prix de l'âme ne consiste pas à aller haut, mais ordonnément. /// Sa grandeur ne s'exerce pas en la grandeur : c'est en la médiocrité. Ainsi que ceux qui nous jugent et touchent
30 [*examinent*] au-dedans ne font pas grande recette [*compte*] de la lueur [*l'éclat*] de nos actions publiques et voient que ce ne sont que filets et pointes d'eau fine rejaillies d'un fond au demeurant limoneux et pesant, en pareil cas [*ainsi*], ceux qui nous jugent par cette brave [*belle*] apparence du dehors concluent de même de [*au sujet de*] notre
35 constitution interne et ne peuvent accoupler des facultés populaires [*communes*] et pareilles aux leurs à ces autres facultés qui les étonnent [*stupéfient*], si loin de leur visée [*de leur portée*]. Ainsi donnons-nous aux démons des formes sauvages. Et qui non, à Tamerlan, des sourcils élevés, des naseaux ouverts, un visage affreux et une taille
40 démesurée, comme est la taille de l'imagination qu'il en a conçue par le bruit de son nom[2] ? Qui [*si l'on*] m'eût fait voir Érasme[3] autre-

---

1. **En son théâtre :** le théâtre d'Alexandre, c'est « la lueur de [ses] actions publiques » de chef d'armée, à laquelle Montaigne préfère l'« exercitation basse et obscure » de Socrate conduisant sagement sa vie. Plus loin, il oppose de même « la médiocrité » sociale (c'est-à-dire une condition moyenne) à la « grandeur ».

2. **La taille de l'imagination [...] le bruit de son nom :** la renommée de Tamerlan, conquérant mongol du xive siècle qui s'imposa de l'Inde à la Turquie, fait que l'imagination d'un Européen ne peut que lui donner une forme sauvage et monstrueuse.

3. **Érasme :** humaniste hollandais qui exerça une grande influence en Europe dans la première moitié du xvie siècle. Son œuvre la plus connue aujourd'hui est l'*Éloge de la folie* (1511), mais il est aussi l'auteur d'un manuel de sentences (ou apophtegmes), les *Adages*. De son côté, Montaigne ramasse souvent sa pensée dans la forme brève et travaillée d'une sentence (par exemple, dans l'extrait 26a : « Qui a appris à mourir, il a désappris à servir »).

fois, il eût été malaisé que je n'eusse pris pour adages et apophtegmes tout ce qu'il eût dit à son valet et à son hôtesse. Nous imaginons bien plus sortablement [*facilement*] un artisan sur sa garde-robe [*sa*
45 *chaise percée*] ou sur sa femme qu'un grand président, vénérable par son maintien et suffisance [*compétence*]. Il nous semble que de ces hauts trônes ils ne s'abaissent pas jusqu'à vivre.

Montaigne, « Du repentir », *Essais*, III, 2.
(PUF, Quadrige, p. 809-810 ; La Pochothèque, p. 1263-1265)

Extrait 30. « Nous appelons sagesse la difficulté de nos humeurs »

/// Je serais honteux et envieux [*chagriné*] que la misère et défortune [*l'infortune*] de ma vieillesse eût à se préférer à mes bonnes années, saines, éveillées, vigoureuses, et qu'on eût à m'estimer non par où j'ai été, mais par où j'ai cessé d'être. À mon avis, c'est
5 le vivre heureusement, non, comme disait Antisthène, le mourir heureusement, qui fait l'humaine félicité. Je ne me suis pas attendu [*efforcé*] d'attacher monstrueusement la queue d'un philosophe à la tête et au corps d'un homme perdu ; ni que ce chétif bout eût à désavouer et démentir la plus belle, entière et longue
10 partie de ma vie. Je me veux présenter et faire voir partout uniformément. Si j'avais à revivre, je revivrais comme j'ai vécu. Ni je ne plains [*regrette*] le passé, ni je ne crains l'avenir ; et si je ne me déçois [*trompe*], il [en] est allé du dedans environ comme du dehors. C'est une des principales obligations que j'aie à ma fortune [*mon sort*] que
15 le cours de mon état corporel ait été conduit, chaque chose en sa saison : j'en ai vu l'herbe, et les fleurs, et le fruit, et en vois la sécheresse. Heureusement, puisque c'est naturellement. Je porte [*supporte*] bien plus doucement les maux que j'ai, d'autant qu'ils sont en leur point et qu'ils me font aussi plus favorablement souvenir
20 de la longue félicité de ma vie passée[1]. Pareillement, ma sagesse peut bien être de même taille, en l'un et en l'autre temps ; mais elle était bien de plus d'exploit [*plus active*] et de meilleure grâce,

---

1. **Heureusement [...] vie passée :** la vie de Montaigne s'est déroulée « heureusement », sans accident, conformément à son cours naturel. Il ne se plaint pas des maux qu'il endure (sa « colique » néphrétique, du fait de sa gravelle) puisqu'ils sont venus en leur temps (« en leur point »), avec l'âge.

verte, gaie, naïve [*spontanée*], qu'elle n'est à présent, cassée, gron-
deuse, laborieuse. Je renonce donc à ces reformations casuelles et
25 douloureuses[1]. // Il faut que Dieu nous touche le courage [*cœur*] :
il faut que notre conscience s'amende d'elle-même, par renforcement de notre raison, non par l'affaiblissement de nos appétits. La
volupté n'en est en soi ni pâle ni décolorée, pour être aperçue par
des yeux chassieux et troubles. On doit aimer la tempérance par
30 elle-même, et pour le respect de Dieu, qui nous l'a ordonnée, et
la chasteté : celle que les catarrhes nous prêtent et que je dois au
bénéfice [*bienfait*] de ma colique, ce n'est ni chasteté, ni tempérance.
On ne peut se vanter de mépriser et combattre la volupté si on ne
la voit, si on l'ignore, et [*avec*] ses grâces, et ses forces, et sa beauté
35 [la] plus attrayante. Je connais l'une et l'autre, c'est à moi de le dire,
mais il me semble qu'en la vieillesse nos âmes sont sujettes à des
maladies et imperfections plus importunes qu'en la jeunesse. Je le
disais étant jeune ; lors on me donnait de mon menton par le nez[2].
Je le dis encore à cette heure que mon poil /// gris // m'en donne
40 le crédit. Nous appelons sagesse la difficulté de nos humeurs, le
dégoût des choses présentes ; mais à la vérité, nous ne quittons
pas tant les vices, comme nous les [*en*] changeons, et, à mon opinion, en pis. Outre une sotte et caduque fierté, un babil ennuyeux,
ces humeurs épineuses [*difficiles*] et inassociables, et la superstition,
45 et un soin [*souci*] ridicule des richesses lorsque l'usage en est perdu,
j'y trouve plus d'envie, d'injustice et de malignité [*méchanceté*]. Elle
nous attache plus de rides en l'esprit qu'au visage ; et [il] ne se voit
point d'âmes, ou fort rares, qui en vieillissant ne sentent l'aigre et
le moisi. L'homme marche entier vers son croît et vers son décroît.

Montaigne, « Du repentir », *Essais*, III, 2.
(PUF, Quadrige, p. 816-817, La Pochothèque, p. 1274-1276)

---

1. **Ces reformations casuelles et douloureuses :** « ces amendements accidentels,
   dans la douleur » (c'est la maladie qui l'éloigne des plaisirs), n'ont aucune valeur
   morale puisque, comme Montaigne le dit ensuite, ils ne sont pas le fait d'une
   conscience qui choisit librement de renoncer à la volupté. La sagesse ne saurait
   être « la difficulté de nos humeurs », c'est-à-dire l'effet d'un trouble organique.
2. **On me donnait de mon menton par le nez :** on objectait à Montaigne qu'il était
   jeune (qu'il n'avait pas encore de poil gris au menton), donc qu'il ne pouvait parler
   de la vieillesse.

Clefs d'analyse

Compréhension

▮ **Montaigne et la mort**

• Quel problème est abordé dans les extraits 26a et 26b ?
Reformuler les opinions de Montaigne ainsi que les arguments
qui les justifient.

▮ **Montaigne et l'adversité**

• Reformuler l'extrait 28 en quelques lignes de manière à rendre
sensible l'évolution de l'attitude de Montaigne dans l'épisode
qu'il rapporte.

Réflexion

▮ **La sagesse de Montaigne**

• Dans l'extrait 27, analyser les rapports qui s'établissent entre
la nature et la raison humaine.

• Expliquer en quoi consiste la sagesse de Montaigne dans l'extrait 28.

• Dans l'extrait 29, expliquer le jugement paradoxal que
Montaigne porte sur la vie privée et la vie publique, le souci
de la conscience et celui de la gloire.

• Expliquer l'opinion de Montaigne dans l'extrait 30 puis
commenter la dernière phrase.

▮ **Une rhétorique de la persuasion**

• Commenter les phrases suivantes en prenant soin de les resituer
dans leur contexte : extrait 26a, l. 44-45 ; extrait 26b, l. 39-41 ;
extrait 27, l. 10-11 ; extrait 28, l. 36-39 ; extrait 29, l. 28-29 ;
extrait 30, l. 22-24.

> ### À retenir
>
> *Le stoïcisme, doctrine du philosophe grec Zénon et de ses disciples
> romains (Marc-Aurèle, Sénèque), considère que l'homme trouve
> le bonheur dans la vertu, en dominant par la raison sa sensibi-
> lité et ses passions. Montaigne partage cet idéal austère qui allie
> conscience morale et maîtrise de soi, mais le tempère et l'humanise
> fortement en invoquant une valeur essentielle pour lui : la nature.*

Clefs d'analyse

B. TEXTE INTÉGRAL

« DE L'EXPÉRIENCE » (III, 13)

L'expérience a déjà été évoquée dans le chapitre II, 6, « De l'exercitation », mais uniquement comme moyen de « s'apprivoiser à la mort » (voir p. 47). Elle constitue maintenant le sujet de ce chapitre, qui s'interroge sur la possibilité d'accéder à la connaissance par son entremise, étant donné les limites de la raison (la faiblesse de l'homme, qui n'a d'égale que sa présomption, a été décrite dans l'« Apologie de Raymond Sebond » – voir p. 55). L'expérience humaine étant d'une diversité infinie, Montaigne prend le parti de s'appuyer sur sa propre expérience de la vie, sur la longue étude de lui-même qui oriente son œuvre : « De l'expérience que j'ai de moi, je trouve assez de quoi me faire sage, si j'étais bon écolier ». Ainsi, le dernier chapitre des Essais *apparaît comme une sorte d'aboutissement dans lequel le moraliste expose une sagesse toute pratique, qui vise à bien conduire sa vie, à « faire bien l'homme ». Conforme à son tempérament, cette sagesse est illustrée, justifiée, par de constantes références personnelles, qui constituent un nouvel autoportrait. L'écriture de soi, dans de nombreux passages, n'a pas d'autre fin qu'elle-même.*

// Il n'est désir plus naturel que le désir de connaissance. Nous essayons tous les moyens qui nous y peuvent mener. Quand la raison nous faut [manque], nous y employons l'expérience,

/// *Per varios usus artem experientia fecit :*

5   *Exemplo monstrante viam,*[1]

[C'est par des essais variés que l'expérience a produit l'art, l'exemple montrant le chemin.]

// qui est un moyen plus faible et moins digne ; mais la vérité est chose si grande, que nous ne devons dédaigner aucune entremise [moyen] qui nous y conduise. La raison a tant de formes que nous ne

10 savons à laquelle nous prendre, l'expérience n'en a pas moins. La conséquence que nous voulons tirer de la ressemblance des événements est mal sûre, d'autant qu'ils sont toujours dissemblables : il n'est aucune qualité si universelle en cette image des choses que la diversité et variété. Et les Grecs, et les Latins, et nous, pour

15 le plus exprès exemple de similitude, [nous] nous servons de celui

---

1. *Per [...] viam :* Manilius, I, 59.

des œufs. Toutefois, il s'est trouvé des hommes, et notamment
un en Delphes, qui reconnaissait des marques de différence entre
les œufs, si [bien] qu'il n'en prenait jamais l'un pour l'autre ; /// et
y ayant plusieurs poules, [il] savait juger de laquelle était l'œuf.
20 // La dissimilitude s'ingère d'elle-même en nos ouvrages ; nul art
peut arriver à la similitude. Ni Perrozet[1], ni autre ne peut si soigneusement polir et blanchir l'envers de ses cartes qu'aucuns [*que*
certains] joueurs ne les distinguent à les voir seulement couler par
les mains d'un autre. La ressemblance ne fait pas tant un comme
25 la différence fait autre. /// Nature s'est obligée à ne rien faire autre,
qui ne fût dissemblable.

// Pourtant [*c'est pourquoi*], l'opinion de celui-là ne me plaît guère,
qui pensait par la multitude des lois brider l'autorité des juges, en
leur taillant leurs morceaux : il ne sentait [*comprenait*] point qu'il y a
30 autant de liberté et d'étendue à [*dans*] l'interprétation des lois qu'à
leur façon [*élaboration*]. Et ceux-là[2] se moquent, qui pensent appetis-
ser [*limiter*] nos débats et les arrêter en nous rappelant à l'expresse
parole de la Bible. D'autant que notre esprit ne trouve pas le
champ moins spacieux à contrôler le sens [*critiquer l'opinion*] d'autrui
35 qu'à représenter le sien, et comme s'il y avait moins d'animosité
et d'âpreté à gloser [*interpréter*] qu'à inventer. Nous voyons combien
il se trompait. Car nous avons en France plus de lois que tout le
reste du monde ensemble, et plus qu'il ne faudrait à régler tous
les mondes d'Épicure : /// *ut olim flagitiis, sic nunc legibus labora-*
40 *mus*[3] [comme nous souffrions autrefois des crimes, nous souffrons maintenant des
lois] ; // et si [*pourtant*], [nous] avons tant laissé à opiner et décider à
nos juges, qu'il ne fut jamais liberté si puissante et si licencieuse
[*déréglée*]. Qu'ont gagné nos législateurs à choisir [*distinguer*] cent
mille espèces et faits particuliers, et y attacher cent mille lois ? Ce
45 nombre n'a aucune proportion avec l'infinie diversité des actions
humaines. La multiplication de nos inventions n'arrivera pas à la
variation des exemples. Ajoutez-y-en cent fois autant : il n'adviendra pas pourtant que, des événements à venir, il s'en trouve aucun
qui, en tout ce grand nombre de milliers d'événements choisis et

---

1. **Perrozet :** fabricant de cartes à jouer.
2. **Ceux-là :** allusion aux protestants.
3. *Ut olim [...] laboramus :* Tacite, *Annales*, III, xxv.

50 enregistrés, en rencontre un auquel il se puisse joindre et apparier
si exactement qu'il n'y reste quelque circonstance et diversité qui
requière diverse considération de jugement. Il y a peu de relation
de nos actions, qui sont en perpétuelle mutation, avec les lois
fixes et immobiles. Les plus désirables, ce sont les plus rares, plus
55 simples et générales ; et encore crois-je qu'il vaudrait mieux n'en
avoir point du tout que de les avoir en tel nombre que nous avons.
Nature les donne toujours plus heureuses que ne sont celles que
nous nous donnons. Témoin la peinture de l'âge doré[1] des poètes,
et l'état où nous voyons vivre les nations qui n'en ont point
60 d'autres. En voilà qui, pour tout juge, emploient en leurs causes
le premier passant qui voyage le long de leurs montagnes. Et ces
autres élisent le jour du marché quelqu'un d'entre eux, qui sur-
le-champ décide tous leurs procès. Quel danger y aurait-il que
les plus sages vidassent [*réglent*] ainsi les nôtres, selon les occur-
65 rences [*circonstances*] et à l'œil [*sans règles*], sans obligation d'exemple
et de conséquence ? À chaque pied son soulier. Le roi Ferdinand,
envoyant des colonies aux Indes, pourvut [*prescrivit*] sagement
qu'on n'y menât aucun écolier de la jurisprudence, de crainte que
les procès ne peuplassent [*ne se multiplient*] en ce nouveau monde,
70 comme étant science, de sa nature, génératrice d'altercation et
division ; jugeant, avec Platon, que c'est une mauvaise provision
de [*pour un*] pays que jurisconsultes et médecins.

Pourquoi est-ce que notre langage commun, si aisé à tout autre
usage, devient obscur et non intelligible en un contrat et testa-
75 ment, et que celui qui s'exprime si clairement, quoi qu'il dise et
écrive, ne trouve en cela aucune manière de se déclarer qui ne
tombe en doute et contradiction ? Si ce n'est que les princes de
cet art, s'appliquant d'une péculière [*particulière*] attention à trier
des mots solemnes [*solennels*] et former des clauses [*phrases*] artistes
80 [*artificielles*] ont tant pesé chaque syllabe, épluché si primement [*soigneusement*] chaque espèce de couture [*liaison*], que les voilà enfras-

---

1. **L'âge doré :** l'âge d'or, vision mythique et idéalisée du premier âge de l'humanité,
   où les hommes menaient une vie heureuse, simple et naturelle. Montaigne l'a déjà
   évoquée à propos des Indiens du Brésil dans son essai « Des Cannibales » (voir
   p. 113). Il imagine ensuite une justice qui serait rendue par des sages qui juge-
   raient « à l'œil », c'est-à-dire sans se soucier des lois et de la jurisprudence.

qués [*empêtrés*] et embrouillés en l'infinité des figures [*cas*] et si
menues partitions [*divisions*], qu'elles ne peuvent plus tomber sous
aucun règlement et prescription ni aucune certaine intelligence.
85 /// *Confusum est quidquid usque in pulverem sectum est.*[1] [Tout ce qui
est divisé jusqu'à être réduit en poussière est confus.] // Qui a vu des enfants
essayant de ranger à certain nombre une masse de vif-argent, plus
ils le pressent et pétrissent et s'étudient à le contraindre à leur
loi, plus ils irritent la liberté de ce généreux métal[2] : il fuit [*échappe*]
90 à leur art et se va menuisant [*divisant*] et éparpillant au-delà de
tout compte. C'est de même, car, en subdivisant ces subtilités, on
apprend aux hommes d'accroître les doutes ; on nous met en train
[*en voie*] d'étendre et diversifier les difficultés, on les allonge, on les
disperse. En semant les questions et les retaillant, on fait fructifier
95 et foisonner le monde en incertitude et en querelles, /// comme la
terre se rend fertile plus elle est émiée [*émiettée*] et profondément
remuée. *Difficultatem facit doctrina.*[3] [La science crée la difficulté.] // Nous
doutons sur Ulpien[4], redoutons encore sur Bartolus et Baldus[5]. Il
fallait effacer la trace de cette diversité innumérable d'opinions,
100 non point s'en parer et en entêter [*emplir la tête de*] la postérité. Je ne
sais qu'en dire, mais il se sent par expérience que tant d'interprétations dissipent la vérité et la rompent. Aristote a écrit pour être
entendu ; s'il ne l'a pu, moins le fera un moins habile et un tiers
que celui qui traite sa propre imagination [*pensée*]. Nous ouvrons la
105 matière et l'épandons en la détrempant ; d'un sujet nous en faisons
mille, et retombons, en multipliant et subdivisant, à l'infinité des
atomes d'Épicure. Jamais deux hommes ne jugèrent pareillement
de même chose, et [il] est impossible de voir deux opinions semblables exactement, non seulement en divers hommes, mais en
110 même homme à diverses heures. Ordinairement, je trouve à douter en ce que le commentaire n'a daigné toucher. Je bronche plus
volontiers en pays plat, comme certains chevaux que je connais,

---

1. ***Confusum est [...] sectum est :*** Sénèque, *Lettres à Lucilius*, 89.
2. **Ce généreux métal :** le mercure, autrefois appelé « vif-argent », est noble (« généreux ») puisqu'il fait preuve de « liberté ».
3. ***Difficultatem facit doctrina :*** Quintilien, *Institution oratoire*, X, III.
4. **Ulpien :** jurisconsulte romain (IIIe s. apr. J.-C.).
5. **Bartolus et Baldus :** Bartole et Balde : professeurs de droit italiens (XIVe siècle).

qui choppent [*trébuchent*] plus souvent en chemin uni. Qui ne dirait
que les gloses augmentent les doutes et l'ignorance, puisqu'il ne se
115 voit aucun livre, soit humain, soit divin, auquel le monde s'embesogne [*s'occupe*], duquel l'interprétation fasse tarir la difficulté ? Le
centième commentaire le renvoie à son suivant, plus épineux et
plus scabreux [*difficile*] que le premier ne l'avait trouvé. Quand est-il
convenu entre nous : ce livre en a assez, il n'y a meshui [*désormais*]
120 plus que dire ? Ceci se voit mieux en la chicane. On donne autorité
de loi à infinis docteurs, infinis arrêts, et à autant d'interprétations.
Trouvons-nous pourtant quelque fin [*but*] au besoin d'interpréter ?
s'y voit-il quelque progrès et avancement vers la tranquillité ?
nous faut-il moins d'avocats et de juges que lorsque cette masse
125 de droit était encore en sa première enfance ? Au rebours, nous
obscurcissons et ensevelissons l'intelligence [*compréhension*] ; nous ne
la découvrons plus qu'à la merci de tant de clôtures et barrières.
Les hommes méconnaissent la maladie naturelle de leur esprit :
il ne fait que fureter et quêter, et va sans cesse tournoyant, bâtis-
130 sant et s'empêtrant en sa besogne, comme nos vers de soie, et s'y
étouffe. *Mus in pice*.[1] [Une souris dans de la poix.] Il pense remarquer
de loin je ne sais quelle apparence de clarté et vérité imaginaire,
mais, pendant qu'il y court, tant de difficultés lui traversent la voie,
d'empêchements [*d'obstacles*] et de nouvelles quêtes, qu'elles l'égarent
135 et l'enivrent. Non guère autrement qu'il advint aux chiens d'Ésope,
lesquels, découvrant quelque apparence de corps mort flotter en
mer, et ne le pouvant approcher, entreprirent de boire cette eau,
d'assécher le passage et s'y étouffèrent. /// À quoi se rencontre
[*s'accorde*] ce qu'un Cratès disait des écrits d'Héraclite, qu'ils avaient
140 besoin d'un lecteur bon nageur, afin que la profondeur et poids
de sa doctrine ne l'engloutît et suffoquât. // Ce n'est rien que faiblesse particulière qui nous fait contenter de ce que d'autres ou
que nous-mêmes avons trouvé en cette chasse de connaissance ;
un plus habile ne s'en contentera pas. Il y a toujours place pour un
145 suivant, /// oui et [*même*] pour nous-mêmes, // et route par ailleurs.
Il n'y a point de fin en nos inquisitions [*recherches*], notre fin est en
l'autre monde. /// C'est signe de raccourciment d'esprit quand il se

---

1. *Mus in pice :* d'après Érasme, *Adages*, II, III, 68 (dans la poix, la souris s'enfonce en
se débattant).

contente, ou de lasseté [*lassitude*]. Nul esprit généreux [*noble*] ne s'arrête en soi : il prétend [*tend au-delà*] toujours et va outre ces forces ; il a
150 des élans au-delà de ses effets [*de son pouvoir*] ; s'il ne s'avance et ne se presse et ne s'accule [*recule*] et ne se choque, il n'est vif [*vivant*] qu'à demi ; // ses poursuites sont sans terme et sans forme ; son aliment, c'est /// admiration [*étonnement*], chasse, // ambiguïté. Ce que déclarait [*montrait*] assez Apollon, parlant toujours à nous dou-
155 blement, obscurément et obliquement, ne nous repaissant pas, mais nous amusant et embesognant [*occupant*]. C'est un mouvement irrégulier, perpétuel, sans patron [*modèle*], et sans but. Ses inventions [*idées*] s'échauffent, se suivent, et s'entreproduisent l'une l'autre.

> *Ainsi voit l'on, en un ruisseau coulant,*
160 > *Sans fin l'une eau après l'autre roulant,*
> *Et tout de rang, d'un éternel conduit,*
> *L'une suit l'autre, et l'une l'autre fuit.*
> *Par celle-ci celle-là est poussée,*
> *Et celle-ci par l'autre est devancée :*
165 > *Toujours l'eau va dans l'eau, et toujours est-ce*
> *Même ruisseau, et toujours eau diverse*[1]

Il y a plus affaire à interpréter les interprétations qu'à interpréter les choses, et plus de livres sur les livres que sur autre sujet : nous ne faisons que nous entregloser. /// Tout fourmille de commen-
170 taires ; d'auteurs, il en est grand cherté [*pénurie*]. Le principal et plus fameux savoir de nos siècles, est-ce pas savoir entendre les savants ? Est-ce pas la fin commune et dernière de toutes études ? Nos opinions s'entent [*se greffent*] les unes sur les autres. La première sert de tige à la seconde, la seconde à la tierce. Nous échelons
175 ainsi de degré en degré. Et advient de là que le plus haut monté a souvent plus d'honneur que de mérite, car il n'est monté que d'un grain sur les épaules du pénultième. // Combien souvent, et sottement à l'aventure [*peut-être*], ai-je étendu mon livre à parler de soi ? /// Sottement, quand ce ne serait que pour cette raison
180 qu'il me devait souvenir de ce que je dis des autres qui en font de même : que ces œillades si fréquentes à leur ouvrage témoignent que le cœur leur frissonne de son amour, et les rudoiements mêmes, dédaigneux, de quoi ils le battent, que ce ne sont que

---

1. **Ainsi voit l'on [...] toujours eau diverse :** vers de La Boétie (à Marguerite de Carle).

mignardises et afféteries d'une faveur [*préférence*] maternelle, suivant
185 Aristote, à [*pour*] qui et se priser et se mépriser naissent souvent de
pareil air d'arrogance. Car mon excuse, que je dois avoir en cela
plus de liberté que les autres, d'autant qu'à point nommé [*justement*]
j'écris de moi et de mes écrits comme de mes autres actions, que
mon thème se renverse en soi, je ne sais si chacun la prendra.
190 // J'ai vu en Allemagne que Luther a laissé autant de divisions et
d'altercations sur le doute de ses opinions, et plus, qu'il n'en émut
[*suscita*] sur les Écritures Saintes. Notre contestation est verbale. Je
demande [ce] que c'est que nature, volupté, cercle, et substitution[1].
La question est de paroles, et se paie de même. Une pierre, c'est
195 un corps. Mais qui presserait [*si l'on insistait*] : « Et corps qu'est-ce ?
— Substance. — Et substance, quoi ? » ainsi de suite, acculerait enfin
le répondant au bout de son calepin [*dictionnaire*]. On échange un
mot pour un autre mot, et souvent plus inconnu. Je sais mieux [ce]
que c'est qu'homme que je ne sais [ce] que c'est animal, ou mortel,
200 ou raisonnable[2]. Pour satisfaire à un doute, ils m'en donnent trois :
c'est la tête de l'hydre. Socrate demandait à Memnon, [ce] que c'était
que vertu : « Il y a, fit Memnon, vertu d'homme et de femme, de
magistrat et d'homme privé, d'enfant et de vieillard. — Voici qui
va bien ! s'écria Socrate : nous étions en cherche d'une vertu, en
205 voici un essaim. » Nous communiquons une question, on nous
en redonne une ruchée. Comme nul événement et nulle forme
[ne] ressemblent entièrement à une autre, aussi ne diffère nulle de
l'autre entièrement. /// Ingénieux mélange de nature. Si nos faces
n'étaient semblables, on ne saurait discerner l'homme de la bête ;
210 si elles n'étaient dissemblables, on ne saurait discerner l'homme
de l'homme. // Toutes choses se tiennent par quelque similitude,
tout exemple cloche, et la relation qui se tire de l'expérience est
toujours défaillante et imparfaite ; on joint toutefois les comparai-

---

1. **Nature, volupté, cercle, et substitution :** chacune de ces quatre notions suscite
une « contestation [...] verbale », qui porte sur les mots. Sur *substitution*, voir
extrait 25, p. 190, note 1.
2. **Je sais mieux [...] raisonnable :** exemple des méfaits de la réflexion qui procède en
« subdivisant » la notion à définir (« homme ») en plusieurs notions tout aussi mal
définies (« animal », « mortel », « raisonnable ») : « d'un sujet nous en faisons mille »
(l. 105-106).

sons par quelque coin. Ainsi servent les lois, et s'assortissent ainsi
à chacune de nos affaires, par quelque interprétation détournée,
contrainte [*forcée*] et biaise [*oblique*].

Puisque les lois éthiques, qui regardent le devoir particulier
de chacun en soi, sont si difficiles à dresser [*établir*], comme nous
voyons qu'elles sont, ce n'est pas merveille si celles qui gouvernent
tant de particuliers le sont davantage. Considérez la forme de
cette justice qui nous régit : c'est un vrai témoignage de l'humaine
imbécillité [*faiblesse*], tant il y a de contradiction et d'erreur. Ce que
nous trouvons faveur et rigueur en la justice, et y en trouvons tant
que je ne sais si l'entre-deux s'y trouve si souvent, ce sont parties
maladives et membres injustes du corps même et essence de la
justice. Des paysans viennent de m'avertir en hâte qu'ils ont laissé
présentement en une forêt qui est à moi un homme meurtri de
cent coups, qui respire encore et qui leur a demandé de l'eau par
pitié et du secours pour le soulever ; disent qu'ils n'ont osé l'approcher et s'en sont fuis, de peur que les gens de la justice ne les y
attrapassent, et, comme il se fait de ceux qu'on rencontre près d'un
homme tué, ils n'eussent à rendre compte de cet accident à [*pour*]
leur totale ruine, n'ayant ni suffisance [*compétence*], ni argent, pour
défendre leur innocence. Que leur eussé-je dit ? Il est certain que
cet office d'humanité les eût mis en peine. Combien avons-nous
découvert d'innocents avoir été punis, je dis sans la coulpe [*faute*]
des juges ; et combien en y a-t-il eu que nous n'avons pas découverts ? Ceci est advenu de mon temps : certains sont condamnés
à la mort pour un homicide ; l'arrêt, sinon prononcé, au moins
conclu et arrêté. Sur ce point [*à ce moment*], les juges sont avertis par
les officiers d'une cour subalterne voisine qu'ils tiennent quelques
prisonniers, lesquels avouent disertement [*clairement*] cet homicide,
et apportent à tout ce fait une lumière indubitable. On délibère
si pourtant on doit interrompre et différer l'exécution de l'arrêt
donné contre les premiers. On considère la nouveauté de l'exemple,
et sa conséquence pour accrocher [*suspendre*] les jugements ; que
la condamnation est juridiquement passée, les juges privés de
repentance[1]. Somme, ces pauvres diables sont consacrés [*sacrifiés*]
aux formules de la justice. Philippe, ou quelque autre, pourvut à

---

1. **Privés de repentance :** sans regret (ou sans possibilité de se dédire ?).

250 un pareil inconvénient en cette manière : il avait condamné en grosses amendes un homme envers un autre, par un jugement résolu [*prononcé*]. La vérité se découvrant quelque temps après, il se trouva qu'il avait iniquement jugé. D'un côté était la raison [*l'intérêt*] de la cause [*du procès*], de l'autre côté la raison des formes judiciaires.

255 Il satisfit aucunement [*en quelque sorte*] à toutes les deux, laissant en son état la sentence, et récompensant [*dédommageant*] de sa bourse l'intérêt [*le préjudice*] du condamné. Mais il avait affaire à un accident réparable ; les miens furent pendus irréparablement. /// Combien ai-je vu de condamnations plus crimineuses que le crime ?

260 // Tout ceci me fait souvenir de ces anciennes opinions[1] : qu'il est forcé de faire tort en détail qui [*si l'on*] veut faire droit en gros, et injustice en petites choses qui veut venir à chef [*à bout*] de faire justice ès grandes ; que l'humaine justice est formée au modèle de la médecine, selon laquelle tout ce qui est utile est aussi juste
265 et honnête[2] ; et de ce que tiennent [*soutiennent*] les stoïciens, que nature procède contre justice, en la plupart de ses ouvrages ; /// et de ce que tiennent les Cyrénaïques, qu'il n'y a rien juste de soi, que les coutumes et lois forment la justice ; et les Théodoriens, qui trouvent juste au sage le larcin, le sacrilège, toute sorte de
270 paillardise, s'il connaît qu'elle lui soit profitable. // Il n'y a remède. J'en suis là, comme Alcibiade, que je ne me représenterai [*présenterai*] jamais, que je puisse [*si je peux*], à homme qui décide de ma tête, où mon honneur et ma vie dépende de l'industrie [*l'habileté*] et soin de mon procureur plus que de mon innocence. Je me hasarderais à
275 une telle justice qui me reconnût du bien fait comme du mal fait, où j'eusse autant à espérer qu'à craindre. L'indemnité n'est pas monnaie suffisante à un homme qui fait mieux que de ne faillir point[3]. Notre justice ne nous présente que l'une de ses mains, et encore la gauche. Quiconque il soit, il en sort avec perte. /// En

---

1. **Ces anciennes opinions :** ces opinions des Anciens (que Montaigne emprunte ensuite à Plutarque et Diogène Laërce, eux-mêmes évoquant diverses écoles philosophiques).
2. **Tout ce qui est utile est aussi juste et honnête :** sur la distinction entre l'utile et l'honnête, voir l'essai III, 1 (ci-dessus, p. 192).
3. **L'indemnité [...] ne faillir point :** celui qui agit bien (« qui fait mieux que de ne faillir point ») ne tire de notre justice aucun profit, sinon de ne pas être puni. La justice chinoise, au contraire, récompense ceux qui se sont distingués dans leur charge.

280 la Chine, duquel royaume la police [*le gouvernement*] et les arts, sans
commerce et connaissance des nôtres, surpassent nos exemples en
plusieurs parties d'excellence, et duquel l'histoire m'apprend combien le monde est plus ample et plus divers que ni les Anciens, ni
nous ne pénétrons [*ne le concevons*], les officiers députés par le prince
285 pour visiter l'état de ses provinces, comme ils punissent ceux qui
malversent [*sont malhonnêtes*] en leur charge, ils rémunèrent aussi de
pure libéralité ceux qui s'y sont bien portés [*comportés*], outre [*au-delà
de*] la commune sorte et outre la nécessité de leur devoir. On s'y
présente, non pour se garantir seulement, mais pour y acquérir, ni
290 simplement pour être payé, mais pour y être aussi étrenné [*récompensé par des dons*]. // Nul juge n'a encore, Dieu merci, parlé à moi
comme juge, pour quelque cause que ce soit, ou mienne ou tierce,
ou criminelle ou civile. Nulle prison [*ne*] m'a reçu, non pas seulement pour m'y promener. L'imagination m'en rend la vue, même
295 du dehors, déplaisante. Je suis si affadi après la [*épris de*] liberté, que
qui me défendrait l'accès de quelque coin des Indes, j'en vivrais
aucunement [*quelque peu*] plus mal à mon aise. Et tant que je trouverai terre ou air ouvert ailleurs, je ne croupirai en lieu où il me faille
cacher. Mon Dieu ! que mal pourrais-je souffrir la condition où je
300 vois tant de gens, cloués à un quartier [*une région*] de ce royaume,
privés de l'entrée des villes principales et des cours et de l'usage
des chemins publics, pour avoir querellé nos lois ! Si celles que
je sers me menaçaient seulement le bout du doigt, je m'en irais
incontinent [*aussitôt*] en trouver d'autres, où que ce fût. Toute ma
305 petite prudence, en ces guerres civiles où nous sommes, s'emploie
à ce qu'elles n'interrompent ma liberté d'aller et venir.

Or les lois se maintiennent en crédit, non parce qu'elles sont
justes, mais parce qu'elles sont lois. C'est le fondement mystique
de leur autorité ; elles n'en ont point d'autre. /// [*Ce*] Qui bien leur
310 sert. Elles sont souvent faites par des sots, plus souvent par des
gens qui, en haine d'égalité, ont faute d'équité, mais toujours par
des hommes, auteurs vains et irrésolus. Il n'est rien si lourdement
et largement fautier que les lois, ni si ordinairement. // Quiconque
leur obéit parce qu'elles sont justes ne leur obéit pas justement par
315 où il doit. Les nôtres françaises prêtent aucunement [*d'une certaine
manière*] la main, par leur dérèglement et difformité, au désordre et
corruption qui se voit en leur dispensation [*application*] et exécution.

Chapitre 6 : La sagesse

Le commandement est si trouble et inconstant qu'il excuse aucunement et la désobéissance et le vice de l'interprétation, de l'adminis-
320 tration et de l'observation.

Quel que soit donc le fruit que nous pouvons avoir de l'expérience, à [grand] peine servira beaucoup à notre institution celle que nous tirons des exemples étrangers, si nous faisons si mal notre profit de celle que nous avons de nous-mêmes, qui nous est plus
325 familière, et certes suffisante à nous instruire de ce qu'il nous faut[1].

Je m'étudie plus qu'autre sujet. C'est ma métaphysique, c'est ma physique.

Qua Deus hanc mundi temperet arte domum,
Qua venit exoriens, qua deficit, unde coactis
330 *Cornibus in plenum menstrua luna redit ;*
Unde salo superant venti, quid flamine captet
Eurus, et in nubes unde perennis aqua.
/// Sit ventura dies mundi quæ subruat arces.[2]

[Par quel art Dieu gouverne le monde, notre demeure ; d'où vient la lune qui
335 se lève, où se retire-t-elle et comment en rassemblant son double croissant,
elle retrouve chaque mois sa forme pleine ; d'où viennent les vents qui dominent
la mer ; quel est le pouvoir de l'Eurus [vent du midi] ; d'où vient l'eau qui se forme
sans cesse les nuages ; s'il doit venir un jour qui détruira le monde.]

// Quærite quos agitat mundi labor.[3]
340 [Cherchez, vous que tourmente le labeur du monde.]

/// En cette université [totalité], je me laisse ignoramment et négligemment manier à la loi générale du monde. Je la saurai assez quand je la sentirai. Ma science ne lui saurait faire changer de route ; elle ne se diversifiera [changera] pas pour moi. C'est folie de l'espérer, et
345 plus grande folie de s'en mettre en peine, puisqu'elle est nécessairement semblable, publique et commune. La bonté et capacité du gouverneur nous doit à pur et à plein [entièrement] décharger du soin

---

1. **Quel que soit donc [...] ce qu'il nous faut** : cette phrase de transition oppose l'instruction que l'on tire de sa propre expérience à celle que l'on tire des « exemples étrangers ». La même idée est reprise plus loin, l. 685 : « c'est pure sottise qui nous fait courir après les exemples étrangers et scolastiques ».
2. *Qua Deus [...] subruat arces* : Properce, III, v, 26.
3. *Quærite quos agitat mundi labor* : Lucain, I, 417.

236

de son gouvernement[1]. Les inquisitions [*recherches*] et contemplations [*méditation*] philosophiques ne servent que d'aliment à notre curiosité.

350 Les philosophes, avec grand raison, nous renvoient aux règles de nature ; mais elles n'ont que faire de si sublime connaissance ; ils les falsifient et nous présentent son visage peint trop haut en couleur et trop sophistiqué, d'où naissent tant de divers portraits d'un sujet si uniforme. Comme elle nous a fourni de pieds à marcher, aussi a-t-

355 elle de prudence [*sagesse*] à nous guider en la vie ; prudence, non tant ingénieuse, robuste et pompeuse comme celle de leur invention, mais à l'avenant [*comme il convient*], facile et salutaire, et qui fait très bien ce que l'autre dit, en celui qui a l'heur de savoir s'employer naïvement et ordonnément, c'est-à-dire naturellement. Le plus simple-

360 ment se commettre [*s'en remettre*] à nature, c'est s'y commettre le plus sagement. Ô que c'est un doux et mol chevet [*oreiller*], et sain, que l'ignorance et l'incuriosité [*l'insouciance*], à [*pour*] reposer une tête bien faite ! // J'aimerais mieux m'entendre bien en moi qu'en Cicéron. De l'expérience que j'ai de moi, je trouve assez de quoi me faire sage,

365 si j'étais bon écolier. Qui remet en sa mémoire l'excès de sa colère passée, et jusqu'où cette fièvre l'emporta, voit la laideur de cette passion mieux que dans Aristote, et en conçoit une haine plus juste. Qui se souvient des maux qu'il a courus, de ceux qui l'ont menacé, des légères occasions qui l'ont remué d'un état à autre, se prépare

370 par là aux mutations futures et à la reconnaissance de sa condition. La vie de César n'a point plus d'exemple que la nôtre pour nous ; et emperière et populaire, c'est toujours une vie que tous accidents humains regardent[2]. Écoutons-y seulement : nous nous disons tout

---

1. **Gouvernement :** contrairement à l'homme, animé par un désir de savoir insatiable (cf. l. 146 : « Il n'y a point de fin en nos inquisitions »), Montaigne, convaincu des limites de la science, de l'immuabilité et de la bonté de la nature, réduit son ambition à la connaissance de soi, qui se substitue pour lui à l'étude de la nature (la « physique ») et des fondements de la vie humaine et de la religion (la « métaphysique »). Le paragraphe suivant critique la philosophie, trop « sublime » (élevée) pour donner une connaissance exacte de la nature et qui invente une sagesse si contraire à la nature qu'elle n'est jamais mise en pratique. Voir aussi, plus loin : « Moi qui ne manie que terre à terre » (l. 1736) et, pour la critique de la science, le chapitre II, 17 : « La curiosité de connaître les choses a été donnée aux hommes pour fléau » (p. 65 et note 2).

2. **La vie de César [...] que tous accidents humains regardent :** la vie d'un empereur comme celle d'un homme du peuple sont concernées par les mêmes événements.

ce de quoi nous avons principalement besoin. Qui se souvient de
375 s'être tant et tant de fois mécompté [*trompé*] de son propre jugement,
est-il pas un sot de n'en entrer pour jamais en défiance ? Quand je
me trouve convaincu par la raison d'autrui d'une opinion fausse, je
n'apprends pas tant ce qu'il m'a dit de nouveau et cette ignorance
particulière, ce serait peu d'acquêt [*de profit*], comme en général
380 j'apprends ma débilité [*faiblesse*] et la trahison de mon entendement ;
d'où je tire la réformation de toute la masse. En toutes mes autres
erreurs je fais de même, et sens de cette règle grande utilité à [*pour*] la
vie. Je ne regarde pas l'espèce et l'individu comme une pierre où j'aie
bronché ; j'apprends à craindre mon allure partout[1], et m'attends
385 [*m'attache*] à la régler. /// D'apprendre qu'on a dit ou fait une sottise, ce
n'est rien que cela ; il faut apprendre qu'on n'est qu'un sot, instruction bien plus ample et importante. // Les faux pas que ma mémoire
m'a faits si souvent, lors même qu'elle s'assure le plus de soi, ne se
sont pas inutilement perdus : elle a beau me jurer à cette heure et
390 m'assurer, je secoue les oreilles [*je refuse de la croire*] ; la première opposition qu'on fait à son témoignage me met en suspens, et [je] n'oserais
me fier d'elle en chose de poids, ni la garantir sur le fait d'autrui.
Et n'était que ce que je fais par faute de mémoire, les autres le font
encore plus souvent par faute de foi [*loyauté*], je prendrais toujours en
395 chose de [*au sujet d'un*] fait la vérité de la bouche d'un autre plutôt que
de la mienne. Si chacun épiait de près les effets et circonstances des
passions qui le régentent, comme j'ai fait de celle à qui j'étais tombé
en partage, il les verrait venir, et ralentirait un peu leur impétuosité
et leur course. Elles ne nous sautent pas toujours au collet d'un pri-
400 mesaut [*brusquement*] ; il y a de la menace et des degrés.

> *Fluctus uti primo cœpit cum albescere ponto,*
> *Paulatim sese tollit mare, et altius undas*
> *Erigit, inde imo consurgit ad æthera fundo.*[2]

405 [De même qu'au premier souffle de vent la mer blanchit, puis, peu à peu, se gonfle,
soulève ses vagues plus haut et bientôt du fond des abîmes se dresse jusqu'aux nues.]

---

1. **J'apprends à craindre mon allure partout :** opposition entre le sentiment d'avoir
commis une erreur particulière et la conscience générale de la faiblesse de son
jugement.
2. *Fluctus [...] fundo :* Virgile, *Énéide*, VII, 258.

Le jugement tient chez moi un siège magistral, au moins il s'en efforce soigneusement ; il laisse mes appétits [*sentiments*] aller leur train, et la haine et l'amitié, voire et [*même*] celle que je me porte à moi-même, sans s'en altérer et corrompre. S'il ne peut réformer les autres parties selon soi, au moins ne se laisse-t-il pas déformer à [*par*] elles : il fait son jeu à part. L'avertissement à chacun de se connaître doit être d'un important effet, puisque ce dieu de science et de lumière le fit planter au front de son temple[1], comme comprenant tout ce qu'il avait à nous conseiller. /// Platon dit aussi que prudence [*la sagesse*] n'est autre chose que l'exécution de cette ordonnance, et Socrate le vérifie par le menu en Xénophon. // Les difficultés et l'obscurité ne s'aperçoivent en chacune science que par ceux qui y ont entrée. Car encore faut-il quelque degré d'intelligence à [*pour*] pouvoir remarquer qu'on ignore, et faut pousser à une porte pour savoir qu'elle nous est close. /// D'où naît cette platonique subtilité que, ni ceux qui savent n'ont à s'enquérir, d'autant qu'ils [*puisqu'ils*] savent, ni ceux qui ne savent, d'autant que pour s'enquérir il faut savoir de quoi on s'enquiert. // Ainsi en celle-ci de se connaître soi-même, ce [*le fait*] que chacun se voit si résolu et satisfait, ce que chacun y pense être suffisamment entendu [*savant*], signifie que chacun n'y entend rien du tout, comme Socrate apprend à Euthydème en Xénophon. // Moi qui ne fais autre profession, y trouve une profondeur et variété si infinie, que mon apprentissage n'a autre fruit que de me faire sentir combien il me reste à apprendre. À ma faiblesse si souvent reconnue je dois l'inclination que j'ai à la modestie, à l'obéissance des créances [*croyances*] qui me sont prescrites, à une constante froideur et modération d'opinions, et la haine à [*de*] cette arrogance importune et querelleuse, se croyant et fiant toute à soi, ennemie capitale de discipline et de vérité. Oyez-les régenter[2] : les premières sottises qu'ils mettent en avant, c'est au [*dans le*] style qu'on établit les religions et les lois. /// *Nil hoc est turpius quam cognitioni et perceptioni*

---

1. **L'avertissement [...] son temple :** le temple d'Apollon, à Delphes, portait l'inscription : « Connais-toi toi-même ».
2. **Oyez-les régenter :** « écoutez-les faire la leçon » (comme des régents de collège, de manière péremptoire). Montaigne vise ici ceux qui sont sûrs de leur science et se montrent arrogants et dogmatiques.

assertionem approbationemque prœcurrere.[1] [Rien n'est plus honteux que de donner le pas à l'assertion et à l'affirmation sur l'observation et la connaissance.]

440 Aristarque disait qu'anciennement à peine se trouva-t-il sept sages au monde, et que de son temps à peine se trouvait-il sept ignorants. Aurions-nous pas plus de raison que lui de le dire en notre temps ? L'affirmation et l'opiniâtreté sont signes exprès [*absolus*] de bêtise. Celui-ci aura donné du nez à terre cent fois pour un jour :

445 le voilà sur ses ergots, aussi résolu et entier que devant ; vous diriez qu'on lui a infus depuis quelque nouvelle âme et vigueur d'entendement, et qu'il lui advient comme à cet ancien fils de la terre [Antée], qui reprenait nouvelle fermeté et se renforçait par sa chute,

450 *cui, cum tetigere parentem,*
Jam defecta vigent renovato robore membra.[2]

[dont les membres défaillants recouvrent force et vigueur lorsqu'il touche sa mère.]

Ce têtu indocile pense-t-il pas reprendre un nouvel esprit pour reprendre [*parce qu'il reprend*] une nouvelle dispute ? C'est par mon

455 expérience que j'accuse l'humaine ignorance, qui est, à mon avis, le plus sûr parti de l'école du monde. Ceux qui ne la veulent conclure en eux par un si vain exemple que le mien ou que le leur, qu'ils la reconnaissent par Socrate, le maître des maîtres. Car le philosophe Antisthène à ses disciples : « Allons, disait-il, vous

460 et moi, ouïr Socrate. Là, je serai disciple avec vous. » Et, soutenant ce dogme de sa secte stoïque, que la vertu suffisait à rendre une vie pleinement heureuse et n'ayant besoin de chose quelconque : « Sinon de la force de Socrate », ajoutait-il.

// Cette longue attention que j'emploie à me considérer me

465 dresse à juger aussi passablement des autres, et est peu de choses de quoi je parle plus heureusement et excusablement [*valablement*]. Il m'advient souvent de voir et distinguer plus exactement les conditions [*le tempérament*] de mes amis qu'ils ne font eux-mêmes. J'en ai étonné quelqu'un par la pertinence de ma description et l'ai

470 averti de soi [*sur lui-même*]. Pour m'être, dès mon enfance, dressé à mirer ma vie dans celle d'autrui, j'ai acquis une complexion studieuse en cela ; et, quand j'y pense, je laisse échapper autour de

---

1. *Nil hoc [...] prœcurrere :* Cicéron, *Académiques*, I, XII.
2. *Cui [...] membra :* Lucain, IV, 599.

moi peu de choses qui y servent : contenances, humeurs, discours [*propos*]. J'étudie tout : ce qu'il me faut fuir, ce qu'il me faut suivre.

475 Ainsi à mes amis je découvre, par leurs productions [*ce qu'ils montrent*], leurs inclinations internes, non pour ranger cette infinie variété d'actions, si diverses et si découpées [*divisées*], à certains genres et chapitres, et distribuer distinctement mes partages et divisions en classes et régions connues,

480   *Sed neque quam multæ species, et nomina quæ sint,*
   Est numerus.[1]

   [Mais on ne pourrait dénombrer et nommer toutes ces espèces.]

/// Les savants partent [*analysent*] et dénotent [*consignent*] leurs fantaisies [*idées*] plus spécifiquement, et par le menu. Moi, qui n'y vois
485 qu'autant que l'usage m'en informe, sans règle, présente généralement [*en gros*] les miennes, et à tâtons. Comme en ceci : // je prononce ma sentence [*opinion*] par articles décousus, ainsi que de chose qui ne se peut dire à la fois et en bloc. La relation et la conformité [*la cohérence*] ne se trouvent point en telles âmes que les
490 nôtres, basses et communes. La sagesse est un bâtiment solide et entier, dont chaque pièce tient son rang et porte sa marque : /// *Sola sapientia in se tota conversa est.*[2] [Il n'y a que la sagesse qui soit tout entière enfermée en elle-même.] // Je laisse aux artistes, et ne sais s'ils en viennent à bout en chose si mêlée, si menue et fortuite, de ran-
495 ger en bandes cette infinie diversité de visages [*de formes*], et arrêter [*fixer*] notre inconstance et la mettre par ordre. Non seulement je trouve malaisé d'attacher nos actions les unes aux autres, mais chacune à part soi je trouve malaisé de la désigner proprement par quelque qualité principale, tant elles sont doubles et bigarrées
500 à divers lustres [*points de vue*]. /// Ce qu'on remarque pour rare au roi de Macédoine Persée, que son esprit, ne s'attachant à aucune condition, allait errant par tout genre de vie et représentant des mœurs si essorées [*ardentes*] et vagabondes qu'il n'était connu, ni de lui ni d'autre, quel homme ce fût, me semble à peu près convenir
505 à tout le monde. Et par-dessus tous, j'ai vu quelque autre de

---

1. ***Sed neque [...] numerus :*** Virgile, *Géorgiques*, II, 103.

2. ***Sola [...] conversa est :*** Cicéron, *Les Fins*, III, VII. Nouvelle justification du caractère *décousu* des *Essais* : Montaigne n'est pas un sage, il n'expose pas une pensée construite.

sa taille, à qui cette conclusion s'appliquerait plus proprement encore, ce crois-je : nulle assiette [*position*] moyenne, s'emportant toujours de l'un à l'autre extrême par occasions [*pour des causes*] indevinables, nulle espèce de train [*allure*] sans traverse [*changement*] et
510 contrariété [*contradiction*] merveilleuse [*étonnante*], nulle faculté simple ; si que, le plus vraisemblablement qu'on en pourra feindre un jour, ce sera qu'il affectait et étudiait de se rendre connu par être méconnaissable[1].

// Il fait besoin des oreilles bien fortes pour s'ouïr franchement
515 juger ; et parce qu'il en est peu qui le puissent souffrir sans morsure [*blessure*], ceux qui se hasardent de l'entreprendre envers nous nous montrent un singulier effet d'amitié ; car c'est aimer sainement d'entreprendre à blesser et offenser pour profiter [*rendre service*]. Je trouve rude [*dur*] de juger celui-là en qui les mauvaises qualités
520 surpassent les bonnes. /// Platon ordonne trois parties à qui veut examiner l'âme d'un autre : science, bienveillance, hardiesse. // Quelquefois [*une fois*] on me demandait à quoi j'eusse pensé être bon, qui [*si l'on*] se fût avisé de se servir de moi pendant que j'en avais l'âge.

525 *Dum melior vires sanguis dabat, æmula necdum*
Temporibus geminis canebat sparsa senectus.[2]

[Quand un sang meilleur me donnait des forces et que l'envieuse vieillesse n'avait pas encore blanchi mes tempes.]

« — À rien », fis-je. Et m'excuse volontiers de ne savoir faire chose
530 qui m'esclave à autrui. Mais j'eusse dit ses vérités à mon maître, et eusse contrôlé [*surveiller*] ses mœurs, s'il eût voulu. Non en gros [*en bloc*], par leçons scolastiques, que je ne sais point (et n'en vois naître aucune vraie réformation en ceux qui les savent), mais les observant pas à pas, à toute opportunité, et en jugeant à l'œil [*sans
535 règles*] pièce à pièce, simplement et naturellement, lui faisant voir quel il est en l'opinion commune, m'opposant à ses flatteurs[3]. Il

---

1. **Si que [...] méconnaissable :** « Si bien que, le portrait le plus vraisemblable qu'on pourra faire de lui un jour, ce sera de dire qu'il aimait et s'étudiait à se faire connaître en se montrant impossible à connaître. »
2. ***Dum melior [...] sparsa senectus :*** Virgile, *Énéide*, V.
3. **Flatteurs :** les rois sont corrompus par les flatteries des mauvais conseillers, qui recherchent leur intérêt personnel ; le thème est commun chez les moralistes.

n'y a nul de nous qui ne valût moins que les rois, s'il était ainsi continuellement corrompu, comme ils sont de cette canaille de gens. Comment [pourrait-il en être autrement], si Alexandre, ce grand et
540 roi et philosophe, ne s'en put défendre ! J'eusse eu assez de fidélité, de jugement et de liberté pour cela. Ce serait un office sans nom ; autrement, il perdrait son effet et sa grâce. Et [c']est un rôle qui ne peut indifféremment appartenir à tous. Car la vérité même n'a pas ce privilège d'être employée à toute heure et en toute sorte :
545 son usage, tout noble qu'il est, a ses circonscriptions et limites. Il advient souvent, comme le monde est, qu'on la lâche à l'oreille du prince, non seulement sans fruit, mais dommageablement, et encore injustement. Et ne me fera-t-on pas accroire qu'une sainte remontrance ne puisse être appliquée vicieusement [mal], et que
550 l'intérêt de la substance ne doive souvent céder à l'intérêt de la forme. Je voudrais à ce métier un homme content de sa fortune,

> *Quod sit esse velit, nihilque malit,*[1]
>
> [Qui voulût être ce qu'il est et rien de plus.]

et né de moyenne fortune ; d'autant que [dans la mesure où], d'une part,
555 il n'aurait point de crainte de toucher vivement et profondément le cœur du maître pour ne perdre par là le cours de son avancement, et d'autre part, pour être [étant] d'une condition moyenne, il aurait plus aisée communication à toute sorte de gens. /// Je le voudrais à [pour] un homme seul, car répandre le privilège de cette liberté et
560 privauté à plusieurs engendrerait une nuisible irrévérence. Oui, et de celui-là je requerrais surtout la fidélité du silence. // Un roi n'est pas à croire quand il se vante de sa constance à attendre la rencontre de l'ennemi pour le service de sa gloire, si pour son profit et amendement il ne peut souffrir la liberté des paroles d'un ami, qui
565 n'ont autre effort [violence] que de lui pincer l'ouïe, le reste de leur effet étant en sa main. Or il n'est aucune condition d'hommes qui ait si grand besoin que ceux-là de vrais et libres avertissements. Ils soutiennent une vie publique, et ont à agréer à l'opinion de tant de spectateurs, que, comme on a accoutumé de leur taire tout ce
570 qui les divertit [détourne] de leur route, ils se trouvent, sans le sentir, engagés dans la haine et détestation de leurs peuples pour des occasions [causes] souvent qu'ils eussent pu éviter, à nul intérêt de

---

1. ***Quod [...] malit :*** Martial, *Épigrammes*, X, XLVII, 12.

[*sans nul dommage pour*] leurs plaisirs mêmes, qui [*si on*] les en eût avisés et redressés à temps. Communément, leurs favoris regardent à soi
575 plus qu'au maître ; et il leur va de bon [*c'est mieux pour eux*], d'autant qu'à la vérité la plupart des offices [*devoirs*] de la vraie amitié sont envers le souverain en un rude et périlleux essai [*expérience*] ; de manière qu'il y fait besoin non seulement beaucoup d'affection et de franchise, mais encore de courage.

580 Enfin, toute cette fricassée que je barbouille ici n'est qu'un registre des essais de ma vie, qui est, pour l'interne santé [*la santé de l'âme*], exemplaire assez, à [*condition de*] prendre l'instruction à contre-poil[1]. Mais quant à la santé corporelle, personne ne peut fournir d'expérience plus utile que moi, qui la présente pure, nullement corrom-
585 pue et altérée par art et par opination. L'expérience est proprement sur son fumier au [*sur le*] sujet de la médecine, où la raison lui quitte [*laisse*] toute la place[2]. Tibère disait que quiconque avait vécu vingt ans se devait répondre des choses qui lui étaient nuisibles ou salutaires, et se savoir conduire sans médecine. /// Et [*il*] le pouvait avoir
590 appris de Socrate, lequel, conseillant à ses disciples, soigneusement et comme une très principale étude, l'étude de leur santé, ajoutait qu'il était malaisé qu'un homme d'entendement, prenant garde à ses exercices, à son boire et à son manger, ne discernât mieux que tout médecin ce qui lui était bon ou mauvais. // Si [*aussi*] fait
595 la médecine profession d'avoir toujours l'expérience pour touche [*critère*] de son opération [*action*]. Ainsi Platon avait raison de dire que pour être vrai médecin, il serait nécessaire que celui qui l'entreprendrait eût passé par toutes les maladies qu'il veut guérir et par tous les accidents et circonstances de quoi il doit juger. C'est rai-
600 son qu'ils prennent la vérole s'ils la veulent savoir panser. Vraiment je m'en fierais à celui-là. Car les autres nous guident comme celui qui peint les mers, les écueils et les ports, étant assis sur sa table et y

---

1. **Enfin [...] à contre-poil** : nouvel accès de modestie de Montaigne qui, en matière de sagesse, se donne comme un modèle... de ce qu'il faut éviter. Pour ce qui est de la santé, en revanche, il peut être cru, car il a une expérience directe de la maladie qui ne doit rien à la médecine (« l'art ») ou à l'opinion.
2. **L'expérience [...] toute la place** : la médecine est un « art », un ensemble de pratiques dans lesquelles la raison n'intervient pas ; elle est ainsi le terrain privilégié (le « fumier ») sur lequel l'expérience peut se développer.

fait promener le modèle d'un navire en toute sûreté. Jetez-le à l'effet
[*dans l'action*], il ne sait par où s'y prendre. Ils font telle description de
605 nos maux que fait un trompette de ville qui crie un cheval ou un
chien perdu : tel poil, telle hauteur, telle oreille ; mais présentez-
le-lui, il ne le connaît [*reconnait*] pas pourtant [*pour autant*]. Pour Dieu,
que la médecine me fasse un jour quelque bon et perceptible
secours, voir [*on verra*] comme je crierai de bonne foi :
610   *Tandem efficaci do manus scientiæ !*[1]
    [Enfin, je donne les mains à une science efficace.]
Les arts qui promettent de nous tenir le corps en santé et l'âme en
santé nous promettent beaucoup ; mais aussi n'en est-il point qui
tiennent moins ce qu'ils promettent. Et en notre temps, ceux qui
615 font profession de ces arts entre [*parmi*] nous en montrent moins les
effets [*résultats*] que tous autres hommes. On peut dire d'eux, pour
le plus, qu'ils vendent les drogues médicinales, mais qu'ils soient
médecins, cela ne peut-on dire.
    J'ai assez vécu pour mettre en compte [*énumérer*] l'usage qui m'a
620 conduit si loin. Pour qui en voudra goûter, j'en ai fait l'essai, [*comme*]
son échanson. En voici quelques articles, comme la souvenance me
les fournira. /// (Je n'ai point de façon [*comportement*] qui ne soit allée
variant selon les accidents [*événements*], mais j'enregistre celles que
j'ai [*le*] plus souvent vues en train, qui ont eu plus de possession
625 en moi [*qui m'ont le plus occupé*] jusqu'à cette heure.) // Ma forme de vie
est pareille en maladie comme en santé : même lit, mêmes heures,
mêmes viandes [*aliments*] me servent, et même breuvage. Je n'y
ajoute du tout rien, que la modération du plus et du moins, selon
ma force et appétit. Ma santé, c'est maintenir sans détourbier [*trouble*]
630 mon état accoutumé. Je vois que la maladie m'en déloge d'un
côté ; si je crois les médecins, ils m'en détourneront de l'autre ; et
par fortune [*le sort*], et par art [*la médecine*], me voilà hors de ma route.
Je ne crois rien plus certainement que ceci : que je ne saurais être
offensé [*incommodé*] par l'usage des choses que j'ai si longtemps
635 accoutumées. C'est à la coutume de donner forme à notre vie, telle
qu'il lui plaît ; elle peut tout en cela : c'est le breuvage de Circé,
qui diversifie [*change*] notre nature comme bon lui semble. Combien
de nations, et à trois pas de nous, estiment ridicule la crainte du

---

1. ***Tandem [...] scientiæ :*** Horace, *Épodes*, XVII, I.

serein, qui nous blesse si apparemment ; et nos bateliers et nos
640 paysans s'en moquent. Vous faites malade un Allemand de le coucher sur un matelas, comme un Italien sur la plume, et un Français
sans rideau et sans feu. L'estomac d'un Espagnol ne dure pas à
notre forme de manger, ni le nôtre à boire à la Suisse. Un Allemand
me fit plaisir [*m'amusa*], à Augsbourg, de combattre l'incommodité de
645 nos foyers par ce même argument de quoi nous nous servons ordinairement à condamner leurs poêles. (Car à la vérité, cette chaleur
croupie [*stagnante*], et puis la senteur de cette matière réchauffée de
quoi ils sont composés, entête [*étourdit*] la plupart de ceux qui n'y
sont expérimentés ; à moi non. Mais, au demeurant, étant cette
650 chaleur égale, constante et universelle, sans lueur, sans fumée, sans
le vent que l'ouverture de nos cheminées nous apporte, elle a bien
par ailleurs de quoi se comparer à la nôtre. Que n'imitons-nous
l'architecture romaine ? Car on dit qu'anciennement le feu ne se
faisait en leurs maisons que par le dehors, et au pied d'icelles : d'où
655 s'inspirait [*se diffusait*] la chaleur à tout le logis par les tuyaux pratiqués dans l'épais du mur, lesquels allaient embrassant les lieux qui
en devaient être échauffés ; ce que j'ai vu clairement signifié, je
ne sais où, en Sénèque.) Celui-ci, m'oyant louer les commodités et
beautés de sa ville, qui le mérite certes, commença à me plaindre
660 de quoi j'avais à m'en éloigner ; et [l'un] des premiers inconvénients
qu'il m'allégua, ce fut la pesanteur de tête que m'apporteraient les
cheminées ailleurs. Il avait ouï faire cette plainte à quelqu'un, et
nous l'attachait [*l'appliquait*], étant privé par l'usage de l'apercevoir
chez lui. Toute chaleur qui vient du feu m'affaiblit et m'appesantit.
665 Si [*pourtant*], disait Évenus que le meilleur condiment de la vie était
le feu. Je prends plutôt toute autre façon d'échapper au froid. Nous
craignons les vins au bas [*du fond du tonneau*]. En Portugal cette fumée
[*ce fumet*] est en délices, et est le breuvage des princes. En somme,
chaque nation a plusieurs coutumes et usances qui sont, non seule-
670 ment inconnues, mais farouches [*sauvages*] et miraculeuses [*étonnantes*] à
quelque autre nation.

Que ferons-nous à ce peuple qui ne fait recette [*ne tient compte*] que
de témoignages imprimés, qui ne croit les hommes s'ils ne sont en
livre, ni la vérité si elle n'est d'âge compétent [*convenable*] ? /// Nous
675 mettons en dignité nos bêtises quand nous les mettons en moule
[*dans des livres*]. // Il y a bien pour lui autre poids de dire : « Je l'ai lu »,

que si vous dites : « Je l'ai ouï dire. » Mais moi, qui ne mécrois non
plus la bouche [*la parole*] que la main des hommes [*l'écrit*] et qui sais
qu'on écrit autant indiscrètement [*inconsidérément*] qu'on parle, et qui
680 estime ce siècle comme un autre passé, j'allègue aussi volontiers
un mien ami qu'Aulu-Gelle et que Macrobe, et ce que j'ai vu que
ce qu'ils ont écrit. /// Et, comme ils tiennent de la vertu qu'elle
n'est pas plus grande pour être plus longue, j'estime de même de
la vérité que, pour être plus vieille, elle n'est pas plus sage. // Je dis
685 souvent que c'est pure sottise qui nous fait courir après les exemples
étrangers et scolastiques [*de l'école*]. Leur fertilité est pareille à cette
heure à celle du temps d'Homère et de Platon. Mais n'est-ce pas
que nous cherchons plus l'honneur de l'allégation [*la citation*] que
la vérité du discours ? Comme si c'était plus d'emprunter de la
690 boutique de Vascosan ou de Plantin[1] nos preuves, que de ce qui se
voit en notre village. Ou bien certes, que nous n'avons pas l'esprit
d'éplucher et faire valoir ce qui se passe devant nous, et le juger
assez vivement pour le tirer en exemple ? Car, si nous disons que
l'autorité nous manque pour donner foi à notre témoignage, nous
695 le disons hors de propos. D'autant qu'à mon avis, des plus ordinaires
choses et plus communes et connues, si nous savions trouver
leur jour [*les observer*], se peuvent former les plus grands miracles de
nature et les plus merveilleux exemples, notamment sur le sujet
des actions humaines. Or sur mon sujet, laissant les exemples
700 que je sais par les livres /// et ce que dit Aristote d'Andron, argien,
qu'il traversait sans boire les arides sablons de la Libye, // un
gentilhomme, qui s'est acquitté dignement de plusieurs charges,
disait où j'étais qu'il était allé de Madrid à Lisbonne en plein été
sans boire. Il se porte vigoureusement pour son âge, et n'a rien
705 d'extraordinaire en l'usage de sa vie que ceci : d'être deux ou trois
mois, voire un an, ce m'a-t-il dit, sans boire. Il sent de l'altération
[*de la soif*], mais il la laisse passer, et tient que c'est un appétit [*besoin*]
qui s'alanguit aisément de soi-même ; et boit plus par caprice
que pour le besoin ou pour le plaisir. En voici d'un autre. Il n'y a
710 pas longtemps que je rencontrai l'un des plus savants hommes
de France, entre ceux de non médiocre fortune, étudiant au coin

---

1. **Vascosan [...] Plantin :** imprimeurs de l'époque. Montaigne oppose le savoir livresque et pédant à celui qui est tiré d'une expérience et d'une réflexion personnelles.

d'une salle qu'on lui avait rembarrée [*entourée*] de tapisserie ; et
autour de lui un tabut [*tumulte*] de ses valets plein de licence. Il me
dit, /// et Sénèque quasi autant de soi, // qu'il faisait son profit de
715 ce tintamarre, comme si, battu de ce bruit, il se ramenât et resser-
rât plus en soi pour la contemplation, et que cette tempête de voix
répercutât [*renvoyât*] ses pensées au-dedans. Étant écolier [*étudiant*]
à Padoue, il eut son étude [*bureau*] si longtemps logée à la batterie
[*tapage*] des coches et du tumulte de la place qu'il se forma non
720 seulement au mépris, mais à l'usage du bruit, pour le service de
ses études. /// Socrate répondait à Alcibiade, s'étonnant comme il
pouvait porter le continuel tintamarre de la tête [*l'humeur acariâtre*] de
sa femme : « Comme ceux qui sont accoutumés à l'ordinaire son
des roues à puiser l'eau. » // Je suis bien au contraire : j'ai l'esprit
725 tendre et facile à prendre l'essor ; quand il est empêché à part soi,
le moindre bourdonnement de mouche l'assassine. /// Sénèque
en sa jeunesse, ayant mordu chaudement l'exemple de Sextius de
ne manger chose qui eût pris mort, s'en passait dans un an avec
plaisir, comme il dit. Et s'en laissa [*y renonça*] seulement pour n'être
730 soupçonné d'emprunter cette règle d'aucunes religions nouvelles,
qui la semaient. Il prit quant et quant [*en même temps*] les préceptes
d'Attale de ne se coucher plus sur des loudiers [*matelas*] qui enfondrent,
et continua [à utiliser] jusqu'à sa vieillesse ceux qui ne cèdent
point au corps. Ce que l'usage de son temps lui fait compter à
735 rudesse [*considérer comme austère*], le nôtre nous le fait tenir à mollesse.
// Regardez la différence du vivre de mes valets à bras [*mes manœuvres*]
à la mienne : les Scythes et les Indes n'ont rien plus éloigné de ma
force et de ma forme [*manière de vivre*]. Je sais avoir retiré de l'aumône
des enfants pour m'en servir, qui bientôt après m'ont quitté, et ma
740 cuisine et leur livrée, seulement pour se rendre à leur première
vie. Et en trouvai un, amassant depuis des moules emmi la voirie
[*parmi les ordures*] pour son dîner, que par prière ni par menace je ne
sus distraire [*détourner*] de la saveur et douceur qu'il trouvait en
l'indigence. Les gueux ont leurs magnificences et leurs voluptés,
745 comme les riches, et, dit-on, leurs dignités et ordres politiques. Ce
sont effets de l'accoutumance. Elle nous peut duire [*accoutumer*] non
seulement à telle forme [*manière de vivre*] qu'il lui plaît (pourtant [*c'est
pourquoi*], disent les sages, nous faut-il planter à la meilleure qu'elle
nous facilitera incontinent [*aussitôt*]), mais au changement aussi et à

750 la variation, qui est le plus noble et le plus utile de ses apprentis-
sages. La meilleure de mes complexions corporelles [*humeurs*], c'est
d'être flexible et peu opiniâtre ; j'ai des inclinations plus propres et
ordinaires et plus agréables que d'autres ; mais avec bien peu d'effort je
m'en détourne, et me coule aisément à la façon contraire. Un jeune
755 homme doit troubler [*varier*] ses règles pour éveiller sa vigueur, la
garder de moisir et s'apoltronir [*se relâcher*]. Et n'est train de vie si sot
et si débile que celui qui se conduit par ordonnance et discipline.

> *Ad primum lapidem vectari cùm placet, hora*
> *Sumitur ex libro ; si prurit frictus ocelli*
760 > *Angulus, inspecta genesi collyria quærit.*[1]

> [S'il lui plaît de se faire porter jusqu'à la première borne miliaire, elle consulte
> son livre d'astrologie pour choisir l'heure du départ ; si le coin de l'œil qu'elle a frotté
> la démange, elle ne demande de collyre qu'après avoir examiné son horoscope.]

Il se rejettera souvent aux excès mêmes, s'il m'en croit : autrement
765 la moindre débauche le ruine ; il se rend incommode et désagréable en conversation [*en société*]. La plus contraire qualité [*attitude*]
à un honnête homme, c'est la délicatesse et obligation [*soumission*] à
certaine façon particulière [*personnelle*] ; et elle est particulière si elle
n'est ployable et souple. Il y a de la honte de laisser [*renoncer*] à faire
770 par impuissance ou de n'oser ce qu'on voit faire à ses compagnons.
Que [de] telles gens gardent leur cuisine ! Partout ailleurs il [*cela*] est
indécent ; mais à un homme de guerre il est vicieux et insupportable, lequel, comme disait Philopœmen, se doit accoutumer à
toute diversité et inégalité de vie.

775 Quoique j'aie été dressé autant qu'on a pu à la liberté et à l'indifférence [*l'absence de préférence*], si est-ce que [*néanmoins*] par nonchalance,
m'étant en vieillissant plus arrêté sur certaines formes (mon âge
est hors d'institution [*d'éducation*] et n'a désormais de quoi regarder
ailleurs qu'à se maintenir), la coutume a déjà, sans y penser [*à*
780 *mon insu*], imprimé si bien en moi son caractère en certaines choses
que j'appelle excès de m'en départir. Et, sans m'essayer [*sans me for-*
cer], ne puis ni dormir sur jour, ni faire collation entre les repas,
ni déjeuner, ni m'aller coucher sans grand intervalle, /// comme
de trois bonnes heures // après le souper, ni faire des enfants
785 qu'avant le sommeil, ni les faire debout, ni porter [*supporter*] ma

---

1. ***Ad primum [...] collyria quærit* :** Juvénal, *Satires*, VI, 576.

sueur, ni m'abreuver d'eau pure ou de vin pur, ni me tenir nu-tête longtemps, ni me faire tondre après dîner [*déjeuner*]. Et me passerais autant malaisément de mes gants que de ma chemise, et de me laver à l'issue de table et à mon lever, et de ciel et rideaux à mon lit, comme de choses bien nécessaires. Je dînerais sans nappe ; mais à l'allemande, sans serviette blanche, très incommodément : je les souille plus qu'eux et les Italiens ne font ; et m'aide peu de cuiller et de fourchette[1]. Je plains [*regrette*] qu'on n'ait suivi un train [*un usage*] que j'ai vu commencer à l'exemple des rois : qu'on nous changeât de serviette selon les services, comme d'assiette. Nous tenons de ce laborieux [*rude*] soldat Marius que, vieillissant, il devint délicat en son boire et ne le prenait qu'en une sienne coupe particulière. Moi je me laisse aller aussi à certaine forme de verres, et ne bois pas volontiers en verre commun, non plus que d'une main commune. Tout métal m'y déplaît au prix [*en comparaison*] d'une matière claire et transparente. /// Que mes yeux y tâtent aussi, selon leur capacité. // Je dois plusieurs telles mollesses à l'usage. Nature m'a aussi, d'autre part, apporté les siennes : comme de ne soutenir plus deux pleins repas en un jour sans surcharger mon estomac, ni l'abstinence pure de l'un des repas sans me remplir de vents, assécher ma bouche, étonner [*troubler*] mon appétit, de m'offenser [*souffrir*] d'un long serein. Car depuis quelques années, aux corvées de la guerre, quand toute la nuit y court, comme il advient communément, après cinq ou six heures l'estomac me commence à troubler, avec véhémente douleur de tête, et n'arrive point au jour sans vomir. Comme les autres s'en vont déjeuner, je m'en vais dormir, et au partir de là [je suis] aussi gai qu'auparavant. J'avais toujours appris que le serein ne s'épandait qu'à la naissance de la nuit. Mais, hantant ces années passées familièrement et longtemps un seigneur imbu de cette créance que le serein est plus âpre et dangereux sur l'inclination du soleil une heure ou deux avant son coucher, lequel il évite soigneusement et méprise celui de la nuit, il m'a cuidé imprimer [*il a failli m'imposer*] non tant son discours [*son opinion*] que son sentiment [*sa sensation*]. Quoi ! [*que dire de ceci*] que le doute même et inquisition [*l'inquisition*] frappent notre imagination et nous

---

1. **De cuiller et de fourchette :** l'usage de la fourchette, importé d'Italie au XVIe siècle, ne s'est répandu en France que sous Louis XIII.

changent ? Ceux qui cèdent tout à coup à ces pentes attirent l'entière ruine sur eux. Et [je] plains plusieurs gentilshommes qui, par la sottise de leurs médecins, se sont mis en chartre [enfermés] tout jeunes et entiers [sans être malades]. Encore vaudrait-il mieux souf-
825 frir un rhume que de perdre pour jamais par désaccoutumance le commerce de la vie commune, en action de si grand usage[1]. /// Fâcheuse science, qui nous décrie les plus douces heures du jour. // Étendons notre possession jusqu'aux derniers moyens. Le plus souvent on s'y durcit en s'opiniâtrant, et corrige-t-on sa com-
830 plexion, comme fit César le haut mal [l'épilepsie], à force de le mépri-ser et corrompre [d'y résister]. On se doit adonner aux meilleures règles, mais non pas s'y asservir, si ce n'est à celles, s'il y en a quel-qu'une, auxquelles l'obligation et servitude soient utiles.

Et les rois et les philosophes fientent, et les dames aussi[2]. Les
835 vies publiques se doivent à la cérémonie ; la mienne, obscure et privée, jouit de toute dispense naturelle [ce qu'autorise la nature] ; sol-dat et gascon sont qualités aussi un peu sujettes à l'indiscrétion [l'excès]. Par quoi je dirai ceci de cette action : qu'il est besoin de la renvoyer à certaines heures prescrites et nocturnes, et s'y forcer
840 par coutume et assujettir, comme j'ai fait ; mais non s'assujettir, comme j'ai fait en vieillissant, au soin de particulière commodité de lieu et de siège pour ce service, et le rendre empêchant [gênant] par longueur et mollesse. Toutefois aux plus sales services, est-il pas aucunement [quelque peu] excusable de requérir plus de soin et
845 de netteté ? *Natura homo mundum et elegans animal est.*[3] [Par nature, l'homme est un animal propre et délicat.] De toutes les actions naturelles, c'est celle que je souffre [le] plus mal volontiers m'être interrompue. // J'ai vu beaucoup de gens de guerre incommodés du dérèglement de leur ventre ; le mien et moi ne nous faillons [manquons] jamais au

---

1. **Encore [...] si grand usage :** ne pas sortir le soir, par crainte du serein, c'est se couper de la vie sociale, si essentielle à « l'honnête homme ». Montaigne donne là un exemple de cette « délicatesse » excessive qu'il vient d'évoquer (voir ci-dessus, l. 767), et qu'une « fâcheuse science », la médecine, encourage à tort.
2. **Et les rois [...] les dames aussi :** dans l'édition de 1588, Montaigne justifiait cette crudité de langage : « Les autres ont pour leur part la discrétion [la retenue] et la suffisance [la compétence], moi l'ingénuité [le naturel] et la liberté. »
3. ***Natura [...] animal est :*** Sénèque, *Lettres à Lucilius*, 92.

850 point de notre assignation [*rendez-vous*], qui est au saut du lit, si quelque violente occupation ou maladie ne nous trouble.

Je ne juge donc point, comme je disais, où [*par quels moyens*] les malades se puissent mettre mieux en sûreté [autrement] qu'en se tenant cois dans le train de vie où ils se sont élevés et nourris. Le 855 changement, quel qu'il soit, étonne [*trouble*] et blesse. Allez croire que les châtaignes nuisent à un Périgourdin ou à un Lucquois, et le lait et le fromage aux gens de la montagne. On leur va ordonnant une non seulement nouvelle, mais contraire forme de vie : mutation qu'un sain ne pourrait souffrir. Ordonnez de l'eau à un 860 Breton de soixante-dix ans, enfermez dans une étuve un homme de marine, défendez le promener à un laquais basque : ils [*les médecins*] les privent de mouvement, et enfin d'air et de lumière.

An vivere tanti est ?[1]

[La vie est-elle d'un si grand prix ?]

865 *Cogimur a suetis animum suspendere rebus,*
Atque, ut vivamus, vivere desinimus.
Hos superesse rear, quibus et spirabilis aer
Et lux qua regimur redditur ipsa gravis ?[2]

[On nous force à renoncer à nos habitudes, et, pour prolonger notre vie, nous cessons 870 de vivre... Vivent-ils encore, ceux à qui on rend insupportables l'air qu'ils respirent et la lumière qui les éclaire ?]

S'ils ne font autre bien, ils font au moins ceci qu'ils préparent de bonne heure les patients à la mort, leur sapant peu à peu et retranchant l'usage de la vie. Et sain et malade, je me suis volontiers 875 laissé aller aux appétits [*désirs*] qui me pressaient. Je donne grande autorité à mes désirs et propensions. Je n'aime point à guérir le mal par le mal. Je hais les remèdes qui importunent plus que la maladie. D'être sujet à la colique[3] et sujet à m'abstenir du plaisir de manger des huîtres, ce sont deux maux pour un. Le mal nous 880 pince d'un côté, la règle de l'autre. Puisqu'on est au hasard de se mécompter [*tromper*], hasardons-nous plutôt à la suite du [*à suivre le*] plaisir. Le monde fait au rebours, et ne pense rien utile qui ne soit pénible, la facilité lui est suspecte. Mon appétit en plusieurs choses

---

1. *An vivere tanti est ? :* origine inconnue.
2. *Cogimur [...] gravis ? :* Maximianus, I, 155 et 247.
3. **La colique :** la colique néphrétique dont souffrait Montaigne.

885 s'est assez heureusement accommodé par soi-même et rangé à la santé de mon estomac. L'acrimonie [*l'âcreté*] et la pointe [*le piquant*] des sauces m'agréèrent étant jeune ; mon estomac s'en ennuyant [*en souffrant*] depuis, le goût l'a incontinent [*aussitôt*] suivi. /// Le vin nuit aux malades ; c'est la première chose de quoi ma bouche se dégoûte, et d'un dégoût invincible. // Quoi que je reçoive [*tout ce que* 890 *je reçois*] désagréablement me nuit, et rien ne me nuit que je fasse avec faim et allégresse ; je n'ai jamais reçu nuisance d'action qui m'eût été bien plaisante [*agréable*]. Et si [*pourtant*] ai fait céder à mon plaisir, bien largement, toute conclusion [*décision*] médicinale. Et me suis jeune,

895 *Quem circumcursans huc atque huc sæpe Cupido*
Fulgebat, crocina splendidus in tunica,[1]

[Alors que voltigeait autour de moi l'étincelant Cupidon, éclatant dans sa robe couleur de safran.]

prêté autant licencieusement et inconsidérément qu'autre au désir 900 qui me tenait saisi,

Et militavi non sine gloria,[2]

[Et j'ai combattu, non sans gloire.]

plus toutefois en continuation et en durée qu'en saillie :
Sex me vix memini sustinuisse vices.[3]

905 [Je me souviens à peine d'être allé jusqu'à six fois.]

Il y a du malheur certes, et du miracle, à confesser en quelle faiblesse d'ans [*jeunesse*] je me rencontrai premièrement en sa sujétion. Ce fut bien rencontre [*hasard*], car ce fut longtemps avant l'âge de choix et de connaissance. Il ne me souvient point de moi de si loin. 910 Et peut-on marier ma fortune [*ma destinée*] à celle de Quartilla, qui n'avait point mémoire de son fillage [*sa virginité*].

Inde tragus celeresque pili, mirandáque matri
Barba meæ.[4]

[Aussi j'eus, bien jeune, du poil sous l'aisselle et une barbe qui étonna ma mère.]

---

1. *Quem [...] in tunica :* Catulle, LXVI, 133.
2. *Et militavi non sine gloria :* Horace, *Odes*, III, xxv, 2.
3. *Sex [...] vices :* Ovide, *Amours*, III, vii, 26.
4. *Inde [...] barba meæ :* Martial, XI, xxii, 7. La virilité de Montaigne a donc été d'une étonnante précocité, et il a connu ses premières expériences sexuelles dans son enfance.

915   Les médecins ploient ordinairement avec utilité leurs règles à la violence des envies âpres qui surviennent aux malades ; ce grand désir ne se peut imaginer si étranger et vicieux que nature ne s'y applique[1]. Et puis, combien est-ce de contenter la fantaisie [*l'imagination*] ? À mon opinion cette pièce-là importe de tout [*est très importante*],
920 au moins au-delà de toute autre. Les plus griefs et ordinaires maux sont ceux que la fantaisie nous charge [*donne*]. Ce mot espagnol me plaît à plusieurs visages [*points de vue*] : *Defienda me Dios de my.* [Que Dieu me défende de moi-même.] Je plains [*regrette*], étant malade, de quoi je n'ai quelque désir qui me donne ce contentement de l'assouvir ; à
925 peine [*difficilement*] m'en détournerait la médecine. Autant en fais-je sain : je ne vois guère plus qu'espérer [*rien à espérer*] et vouloir. C'est pitié d'être alangui et affaibli jusqu'au souhaiter. L'art de médecine n'est pas si résolu que nous soyons sans autorité, quoi que nous fassions : il change selon les climats et selon les lunes, selon
930 Farnel et selon l'Escale[2]. Si votre médecin ne trouve bon que vous dormez, que vous usez de vin ou de telle viande [*aliment*], ne vous chaille [*ne vous en souciez pas*] : je vous en trouverai un autre qui ne sera pas de son avis. La diversité des arguments et opinions médicinales embrasse toute sorte de formes. Je vis un misérable malade
935 crever et se pâmer d'altération [*soif*] pour se guérir, et être moqué depuis par un autre médecin condamnant ce conseil comme nuisible ; avait-il pas bien employé sa peine ? Il est mort fraîchement [*récemment*] de la [maladie de la] pierre un homme de ce métier [*la médecine*], qui s'était servi d'extrême abstinence à combattre son mal ;
940 ses compagnons disent qu'au rebours ce jeûne l'avait asséché et lui avait cuit le sable dans les rognons [*les reins*]. J'ai aperçu qu'aux blessures et aux maladies, le parler m'émeut [*m'affecte*] et me nuit autant que désordre que je fasse. La voix me coûte et me lasse, car je l'ai haute et efforcée [*forte*] ; si [*au point*] que, quand je suis venu à
945 entretenir l'oreille des grands d'affaires de poids, je les ai mis souvent en soin de modérer ma voix. Ce conte mérite de me divertir [*une digression*] : quelqu'un, en certaine école grecque, parlait haut, comme moi ; le maître des cérémonies lui manda [*lui fit dire*] qu'il

---

1. **Ce grand désir [...] ne s'y applique :** « On ne peut imaginer que ce désir [des malades] soit si mauvais qu'il ne doive rien à la nature. »
2. **Farnel [...] l'Escale :** célèbres médecins de l'époque.

parlât plus bas : « Qu'il m'envoie, fit-il, le ton auquel il veut que je
950 parle. » L'autre lui répliqua qu'il prît son ton des oreilles de celui
à qui il parlait. C'était bien dit, pourvu qu'il s'entende [*que l'on com-
prenne*] : « Parlez selon ce que vous avez affaire à [*l'affaire que vous avez
avec*] votre auditeur. » Car si c'est à dire : « suffise-vous qu'il vous
oye » [*entende*], ou : « réglez-vous par lui », je ne trouve pas que ce
955 fût raison. Le ton et mouvement de la voix a quelque expression
et signification de mon sens [*mon opinion*], c'est à moi à le conduire
pour me représenter [*m'exprimer*]. Il y a voix pour instruire, voix pour
flatter, ou pour tancer [*réprimander*]. Je veux que ma voix, non seulement arrive à lui, mais à l'aventure [*éventuellement*] qu'elle le frappe
960 et qu'elle le perce. Quand je mâtine [*gronde*] mon laquais d'un ton
aigre et poignant, il ferait bon qu'il vînt à me dire : « Mon maître,
parlez plus doux, je vous ois bien. » /// *Est quædam vox ad auditum
accommodata, non magnitudine, sed proprietate.*[1] [Il y a une voix qui se
fait entendre, non par son volume mais par sa qualité.] // La parole est moitié à
965 celui qui parle, moitié à celui qui l'écoute. Celui-ci se doit préparer
à la recevoir selon le branle qu'elle prend. Comme entre ceux qui
jouent à la paume, celui qui soutient [*reçoit*] se démarche [*se recule*] et
s'apprête selon qu'il voit remuer celui qui lui jette le coup et selon
la forme du coup.

970 L'expérience m'a encore appris ceci, que nous nous perdons d'impatience. Les maux ont leur vie et leurs bornes, /// leurs maladies et
leur santé. La constitution des maladies est formée au patron [*sur le
modèle*] de la constitution des animaux. Elles ont leur fortune [*destinée*]
limitée dès leur naissance, et leurs jours [*leur temps*] ; qui essaie de les
975 abréger impérieusement, par force, au travers de leur course, il les
allonge et multiplie, et les harcèle au lieu de les apaiser. Je suis de
l'avis de Crantor, qu'il ne faut ni obstinément s'opposer aux maux,
et à l'étourdie, ni leur succomber de [*par*] mollesse, mais qu'il leur
faut céder naturellement, selon leur condition et la nôtre. // On
980 doit donner passage aux maladies ; et je trouve qu'elles arrêtent
[*demeurent*] moins chez moi, qui les laisse faire ; et en ai perdu,
de celles qu'on estime plus opiniâtres et tenaces, de leur propre
décadence, sans aide et sans art, et contre ses règles [*de la médecine*].
Laissons faire un peu à nature : elle entend mieux ses affaires que

---

1. *Est quædam [...] sed proprietate :* Quintilien, *Institution oratoire*, XI, III.

985 nous. « — Mais un tel en mourut. — Si [*ainsi*] ferez-vous, sinon de ce mal-là, d'un autre. » Et combien n'ont pas laissé d'en mourir, ayant trois médecins à leur cul ? L'exemple est un miroir vague, universel et à tout sens. Si c'est une médecine voluptueuse, acceptez-la : c'est toujours autant de bien présent[1]. /// Je ne m'arrêterai ni au

990 nom, ni à la couleur, si elle est délicieuse et appétissante. Le plaisir est des principales espèces du profit. // J'ai laissé envieillir et mourir en moi de mort naturelle des rhumes, défluxions goutteuses [*accès de goutte*], relaxation [*diarrhée*], battement de cœur, migraines et autres accidents, que j'ai perdus quand je m'étais à demi formé à

995 les nourrir [*habitué à vivre avec eux*]. On les conjure mieux par courtoisie que par braverie. Il faut souffrir doucement les lois de notre condition. Nous sommes pour vieillir, pour [*nous*] affaiblir, pour être malades, en dépit de toute médecine. C'est la première leçon que les Mexicains font à leurs enfants, quand, au partir du ventre des

1000 mères, ils les vont saluant ainsi : « Enfant, tu es venu au monde pour endurer ; endure, souffre, et tais-toi. » C'est injustice de se douloir [*plaindre*] qu'il soit advenu à quelqu'un ce qui peut advenir à chacun, /// *indignare si quid in te inique proprie constitutum est.*[2] [Indigne-toi si c'est à toi seul qu'on impose une loi injuste.] // Voyez un vieillard

1005 qui demande à Dieu qu'il lui maintienne sa santé entière et vigoureuse, c'est-à-dire qu'il le remette en jeunesse.

Stulte, quid hæc frustra votis puerilibus optas ?[3]

[Insensé ! pourquoi ces souhaits vains et ces vœux puérils ?]

N'est-ce pas folie ? Sa condition ne le porte [*comporte*] pas. /// La

1010 goutte, la gravelle, l'indigestion sont symptômes des longues années, comme des longs voyages la chaleur, les pluies et les vents. Platon ne croit pas qu'Esculape se mît en peine de pourvoir par régimes à faire durer la vie en un corps gâté et imbécile [*faible*], inutile à son pays, inutile à sa vacation [*profession*] et à produire des

1015 enfants sains et robustes, et ne trouve pas ce soin [*souci*] convenable à la justice et prudence divine, qui doit conduire toutes choses à

---

1. **Si c'est [...] bien présent :** puisqu'on ne peut pas tirer une leçon unique de l'exemple (de l'expérience d'autrui), donc savoir comment va évoluer notre maladie, il faut accepter un remède qui donne du plaisir dans le présent.

2. ***Indignare [...] constitutum est :*** Sénèque, *Lettres à Lucilius*, 91.

3. ***Stulte [...] optas ? :*** Ovide, *Tristes*, III, 8, 2.

utilité. // Mon bonhomme, c'est fait : on ne vous saurait redresser ; on vous plâtrera, pour le plus [*tout au plus*], et étançonnera un peu, /// et allongera-t-on de quelque heure votre misère.

1020
/// *Non secus instantem cupiens fulcire ruinam,*
Diversis contra nititur obicibus,
Donec certa dies, omni compage soluta,
Ipsum cum rebus subruat auxilium.[1]

[De même celui qui veut soutenir un bâtiment s'oppose à sa ruine par des étais,
1025 jusqu'au jour fatal où toute la charpente se disloque et les étais s'écroulent avec
le bâtiment.]

Il faut apprendre à souffrir ce qu'on ne peut éviter. Notre vie est composée, comme l'harmonie du monde, de choses contraires, aussi de divers tons, doux et âpres, aigus et plats [*bas*], mols [*doux*] et
1030 graves [*forts*]. Le musicien qui n'en aimerait que les uns, que voudrait-il dire ? Il faut qu'il s'en sache servir en commun et les mêler. Et nous aussi, les biens et les maux, qui sont consubstantiels à notre vie. Notre être ne peut [*exister*] sans ce mélange, et y est l'une bande non moins nécessaire que l'autre. D'essayer à regimber contre la
1035 nécessité naturelle, c'est représenter [*imiter*] la folie de Ctésiphon, qui entreprenait de faire [*se battre*] à coups de pieds avec sa mule. Je consulte peu [*au sujet*] des altérations que je sens, car ces gens-ci sont avantageux quand ils vous tiennent à leur miséricorde[2] : ils vous gourmandent les oreilles de leurs pronostics ; et, me surpre-
1040 nant autrefois affaibli du mal, m'ont injurieusement traité de [*fait du tort avec*] leurs dogmes et trogne magistrale, me menaçant tantôt de grandes douleurs, tantôt de mort prochaine. Je n'en étais abattu ni délogé de ma place, mais j'en étais heurté et poussé ; si mon juge-ment n'en est ni changé ni troublé, au moins il en était empêché
1045 [*gêné*] : c'est toujours agitation et combat.

Or je traite mon imagination le plus doucement que je puis et la déchargerais, si je pouvais, de toute peine et contestation. Il la faut secourir et flatter, et piper [*tromper*] qui [*si l'on*] peut. Mon esprit est propre à ce service : il n'a point faute [*ne manque pas*] d'apparences
1050 [*de raisons*] partout ; s'il persuadait comme il prêche, il me secourrait

---

1. *Non secus [...] auxilium :* Maximanus, I, 171.
2. **Ces gens-ci [...] leur miséricorde :** les médecins profitent de leur avantage quand ils vous tiennent en leur pouvoir.

heureusement. Vous en plaît-il un exemple ? Il dit que c'est pour mon mieux que j'ai la gravelle ; que les bâtiments de mon âge ont naturellement à souffrir quelque gouttière [*ennui*] (il est temps qu'ils commencent à se lâcher et [se] démentir [*s'ébranler*] ; c'est une com-
1055 mune nécessité, et n'eût-on pas fait pour moi un nouveau miracle ? je paie par là le loyer [*tribut*] dû à la vieillesse, et ne saurais en avoir meilleur compte) ; que la compagnie me doit consoler, étant tombé en l'accident le plus ordinaire des hommes de mon temps (j'en vois partout d'affligés de même nature de mal, et m'en est la société
1060 honorable, d'autant qu'il se prend plus volontiers aux grands : son essence a de la noblesse et de la dignité) ; que des hommes qui en sont frappés, il en est peu de quittes à meilleure raison [*compte*] : et si [*en effet*], il leur coûte la peine d'un fâcheux régime et la prise ennuyeuse et quotidienne des drogues médicinales, là où je le dois
1065 purement à ma bonne fortune, car quelques bouillons communs de l'eryngium et l'herbe du Turc[1], que deux ou trois fois j'ai avalés en faveur des dames, qui, plus gracieusement que mon mal n'est aigre, m'en offraient la moitié du leur, m'ont semblé également faciles à prendre et inutiles en opération [*inefficaces*]. Ils ont à payer
1070 mille vœux à Esculape, et autant d'écus à leur médecin, de la pro-fluvion du sable[2] aisée et abondante que je reçois souvent par le bénéfice de nature. La décence même de ma contenance en com-pagnie ordinaire n'en est pas troublée, et porte mon eau dix heures et aussi longtemps qu'un autre. // « La crainte de ce mal, fait-il[3],
1075 t'effrayait autrefois, quand il t'était inconnu ; les cris et le désespoir de ceux qui l'aigrissent par leur impatience t'en engendraient l'hor-reur. C'est un mal qui te bat les membres par lesquels tu as le plus failli ; tu es homme de conscience :

---

1. **Quelques bouillons communs de l'eryngium et l'herbe du Turc :** « Quelques tisanes banales de panicaut et de herniaire. » Montaigne n'a pris de ces tisanes que « deux ou trois fois », par galanterie.
2. **La profluvion du sable :** l'écoulement du sable (des calculs) est un soulagement pour qui souffre de la gravelle. Montaigne voit un signe de bonne santé dans le fait qu'il peut rester dix heures sans aller vider sa vessie (les hommes qui souffrent d'affections urologiques, au contraire, doivent souvent sortir pour aller aux toilettes).
3. **Fait-il :** Montaigne continue à rapporter (au discours direct, cette fois) les raisons que son esprit lui donne d'accepter sa maladie.

Quæ venit indignè pæna, dolenda venit.[1]

[Le mal non mérité, nous pouvons nous en plaindre.]

Regarde ce châtiment : il est bien doux au prix [*en comparaison*] d'autres, et d'une faveur paternelle. Regarde sa tardiveté : il n'incommode et occupe que la saison de ta vie qui, ainsi comme ainsi [*de toute façon*], est meshui [*désormais*] perdue et stérile, ayant fait place [*laissé libre cours*] à la licence et [aux] plaisirs de ta jeunesse, comme par composition [*compromis*]. La crainte et pitié que le peuple a de ce mal te sert de matière de gloire [*vanité*] ; qualité de laquelle, si tu as le jugement purgé et en as guéri ton discours [*ta pensée*], tes amis pourtant en reconnaissent encore quelque teinture en ta complexion [*ton tempérament*]. Il y a plaisir à ouïr dire de soi : « Voilà bien de la force, voilà bien de la patience [*endurance*]. » On te voit suer d'ahan, pâlir, rougir, trembler, vomir jusqu'au sang, souffrir des contractions et convulsions étranges, dégoutter parfois de grosses larmes des yeux, rendre les urines épaisses, noires et effroyables, ou les avoir arrêtées par quelque pierre épineuse et hérissée qui te point [*blesse*] et écorche cruellement le col de la verge, entretenant cependant les assistants d'une contenance commune [*ordinaire*], bouffonnant à pauses [*par moments*] avec tes gens, tenant ta partie en un discours [*un débat*] tendu, excusant [*minimisant*] de parole [*dans tes propos*] ta douleur et rabattant de ta souffrance. Te souvient-il de ces gens du temps passé, qui recherchaient les maux avec si grande faim, pour tenir leur vertu en haleine et en exercice ? Mets le cas [*suppose*] que nature te porte et te pousse à cette glorieuse école, en laquelle tu ne fusses jamais entré de ton gré. Si tu me dis que c'est un mal dangereux et mortel, quels autres ne le sont ? Car c'est une piperie [*tromperie*] médicinale d'en excepter aucuns [*certains*], qu'ils disent n'aller point de droit fil [*directement*] à la mort. Qu'importe, s'ils y vont par accident, et s'ils glissent et gauchissent [*dévient*] aisément vers la voie qui nous y mène ? /// Mais tu ne meurs pas de ce que tu es malade ; tu meurs de ce que tu es vivant. La mort te tue bien sans le secours de la maladie. Et à d'aucuns [*certains*] les maladies ont éloigné la mort, qui ont plus vécu de ce qu'il leur semblait s'en aller mourants. Joint qu'il est, comme des plaies, aussi des maladies médicinales et salutaires. // La colique [*la gravelle*] est souvent non

---

1. ***Quæ [...] venit :*** Ovide, *Héroïdes*, V, 8.

1115 moins vivace [*durable*] que vous ; il se voit des hommes auxquels
elle a continué depuis leur enfance jusqu'à leur extrême vieillesse,
et, s'ils ne lui eussent failli de [*faussé*] compagnie, elle était pour les
assister plus outre ; vous la tuez plus souvent qu'elle ne vous tue,
et quand elle te présenterait l'image de la mort voisine, serait-ce
1120 pas un bon office à un homme de tel âge de le ramener aux cogitations [*pensées*] de sa fin ? /// Et qui pis est, tu n'as plus pour qui [*de
raison de*] guérir. Ainsi comme ainsi [*de toute façon*], au premier jour la
commune nécessité t'appelle. // Considère combien artificiellement
[*habilement*] et doucement elle te dégoûte de la vie et déprend du
1125 monde : non te forçant, d'une sujétion tyrannique, comme tant
d'autres maux que tu vois aux vieillards, qui les tiennent continuellement entravés et sans relâche de faiblesses et douleurs, mais
par avertissements et instructions reprises à intervalles, entremê-
lant des longues pauses de repos, comme pour te donner moyen
1130 de méditer et répéter sa leçon à ton aise ; pour te donner moyen
de juger sainement et prendre parti en homme de cœur, elle te
présente l'état de ta condition entière, et en bien et en mal, et en
même jour une vie très allègre tantôt, tantôt insupportable. Si tu
n'accoles [*n'embrasses*] la mort, au moins tu lui touches en paume
1135 [*la main*] une fois le mois. /// Par où tu as de plus à espérer qu'elle
t'attrapera un jour sans menace, et que, étant si souvent conduit
jusqu'au port, te fiant d'être encore aux termes [*dans ton état*] accoutumés, on t'aura, et ta fiance [*avec ta confiance*], passé l'eau un matin
inopinément[1]. // On n'a point à se plaindre des maladies qui par-
1140 tagent loyalement le temps avec la santé. »

Je suis obligé à la fortune de quoi elle m'assaut si souvent de
même sorte d'armes ; elle m'y façonne et m'y dresse par usage,
m'y durcit et habitue ; je sais à peu près meshui [*désormais*] en quoi
j'en dois être quitte. /// À faute de mémoire naturelle, j'en forge de
1145 papier, et comme quelque nouveau symptôme survient à mon mal,
je l'écris. D'où il advient qu'à cette heure, étant quasi passé par
toute sorte d'exemples, si quelque étonnement [*trouble*] me menace,
feuilletant ces petits brevets [*notes*] décousus comme des feuilles

---

1. **Par où [...] inopinément :** « ... quand tu présumeras être encore dans les limites
habituelles [où tu ne faisais qu'entrevoir la mort], on t'aura, toi et ta confiance, fait
passer l'eau [de l'Achéron, le fleuve des Enfers] un matin à l'improviste. »

sibyllines¹, je ne faux [*manque*] plus de trouver où me consoler de
1150 [*par*] quelque pronostic favorable [pris] en mon expérience passée.
// Me sert aussi l'accoutumance à mieux espérer pour l'avenir ;
car, la conduite [*la méthode*] de cette vidange ayant continué si
longtemps, il est à croire que nature ne changera point ce train
et n'en adviendra autre pire accident que celui que je sens. En
1155 outre, la condition de cette maladie n'est point mal avenante à ma
complexion [*ma nature*] prompte et soudaine. Quand elle m'assaut
mollement elle me fait peur, car c'est pour longtemps. Mais naturellement, elle a des excès vigoureux et gaillards ; elle me secoue
à outrance pour un jour ou deux. Mes reins ont duré un âge sans
1160 altération ; il y en a tantôt un autre qu'ils ont changé d'état. Les
maux ont leur période comme les biens ; à l'aventure [*peut-être*] est
cet accident à sa fin. L'âge affaiblit la chaleur de mon estomac ; sa
digestion en étant moins parfaite, il renvoie cette matière crue à
mes reins. Pourquoi ne pourra être, à certaine révolution, affaiblie
1165 pareillement la chaleur de mes reins, si [*de sorte*] qu'ils ne puissent
plus pétrifier mon flegme, et nature s'acheminer à prendre quelque
autre voie de purgation ? Les ans m'ont évidemment fait tarir
aucuns [*certains*] rhumes. Pourquoi non ces excréments, qui four-
nissent de matière à la grave² ? Mais [*en outre*] est-il rien doux au prix
1170 [*en comparaison*] de cette soudaine mutation, quand d'une douleur
extrême je viens, par la vidange de ma pierre, à recouvrer comme
d'un éclair la belle lumière de la santé, si libre et si pleine, comme
il advient en nos soudaines et plus âpres coliques ? Y a-t-il rien en
cette douleur soufferte qu'on puisse contrepeser [*égaler*] au plaisir
1175 d'un si prompt amendement ? De combien la santé me semble plus

---

1. **Comme des feuilles sibyllines :** « comme les feuilles [d'arbre] de la sibylle de
   Cumes » (sur lesquelles elle écrivait ses oracles).
2. **La grave :** selon l'ancienne médecine, la gravelle (appelée aujourd'hui « lithiase
   urinaire ») provient d'une mauvaise digestion (due à un défaut de chaleur de l'estomac) qui provoque la pétrification (sous forme de « grave », de sable) du flegme par
   la chaleur des reins. Le flegme, le sang, la bile et la bile noire constituent les quatre
   humeurs (substances organiques liquides) dont l'équilibre détermine la santé et
   le tempérament (la « complexion ») de l'individu. Montaigne a évoqué de manière
   très directe les crises au cours desquelles les « pierres » qui se sont formées dans
   les reins sont expulsées par les voies urinaires, occasionnant de violentes douleurs
   (les coliques néphrétiques). Cette « vidange » est suivie d'une période de rémission.

belle après la maladie, si voisines et si contiguës que je les puis reconnaître en présence l'une de l'autre en leur plus haut appareil [*leur plus complet équipement*], où elles se mettent à l'envi comme pour se faire tête et contrecarre [*s'opposer*] ! Tout ainsi que les stoïciens disent
1180 que les vices sont utilement introduits pour donner prix et faire épaule à [*aider*] la vertu, nous pouvons dire, avec meilleure raison et conjecture moins hardie, que nature nous a prêté la douleur pour l'honneur et service de la volupté et indolence[1]. Lorsque Socrate, après qu'on l'eut déchargé de ses fers, sentit la friandise [*le plaisir*] de
1185 cette démangeaison que leur pesanteur avait causée en ses jambes, il se réjouit à considérer l'étroite alliance de la douleur à la volupté, comme elles sont associées d'une liaison nécessaire, si [*au point*] qu'à tours [*tour à tour*] elles se suivent et s'entr'engendrent ; et s'écriait au bon Ésope qu'il dût avoir pris [*aurait dû prendre*] de cette considéra-
1190 tion un corps [*sujet*] propre à une belle fable. Le pis que je vois aux autres maladies, c'est qu'elles ne sont pas si grièves en leur effet comme elles sont en leur issue [*suites*] : on est un an à se ravoir, toujours plein de faiblesse et de crainte ; il y a tant de hasard et tant de degrés à se reconduire à sauveté que ce n'est jamais fait ; avant
1195 qu'on vous ait défublé [*débarrassé*] d'un couvre-chef et puis d'une calotte, avant qu'on vous ait rendu l'usage de l'air, et du vin, et de votre femme, et des melons, c'est grand cas [*hasard*] si vous n'êtes rechu en quelque nouvelle misère. Celle-ci [*la gravelle*] a ce privilège qu'elle s'emporte [*disparaît*] tout net, là où [*alors que*] les autres laissent
1200 toujours quelque impression [*marque*] et altération qui rend le corps susceptible de nouveau mal, et se prêtent la main les uns aux autres. Ceux-là sont excusables qui se contentent de leur possession sur nous, sans l'étendre et sans introduire leur séquelles ; mais courtois et gracieux sont ceux de qui le passage nous apporte quelque
1205 utile conséquence. Depuis ma colique je me trouve déchargé d'autres accidents, plus ce me semble que je n'étais auparavant, et n'ai point eu de fièvre depuis. J'argumente que les vomissements extrêmes et fréquents que je souffre me purgent, et d'autre côté mes dégoûtements [*dégoûts alimentaires*] et les jeûnes étranges que je
1210 passe digèrent mes humeurs peccantes, et nature vide en ces pierres

---

1. **Indolence :** absence de douleur ; c'est donc un état agréable et, succédant à la douleur, de quiétude.

ce qu'elle a de superflu et nuisible. Qu'on ne me dise point que c'est une médecine trop cher vendue ; car quoi [*que dire de*] tant de puants breuvages, cautères, incisions, suées, sétons, diètes et tant de formes de guérir qui nous apportent souvent la mort pour ne pouvoir [*parce que nous ne pouvons*] soutenir leur violence et importunité ? Par ainsi, quand je suis atteint, je prends à médecine ; quand je suis exempt, je le prends à constante et entière délivrance[1]. Voici encore une faveur de mon mal, particulière : c'est qu'à peu près il fait son jeu à part et me laisse faire le mien, ou il [*cela*] ne tient qu'à faute [*mon manque*] de courage ; en sa plus grande émotion [*crise*], je l'ai tenu dix heures à cheval. Souffrez [*supportez*] seulement, vous n'avez que faire d'autre régime ; jouez, dînez, courez, faites ceci et faites encore cela, si vous pouvez : votre débauche y servira, plus qu'elle n'y nuira. Dites-en autant à un vérolé, à un goutteux, à un hernieux ! Les autres maladies ont des obligations plus universelles, gênent bien autrement nos actions, troublent tout notre ordre et engagent [*obligent*] à leur considération [*à tenir compte d'elles*] tout l'état de la vie. Celle-ci ne fait que pincer la peau ; elle vous laisse l'entendement et la volonté en votre disposition, et la langue, et les pieds, et les mains ; elle vous éveille plutôt qu'elle ne vous assoupit. L'âme est frappée de l'ardeur d'une fièvre, et atterrée d'une épilepsie, et disloquée par une âpre migraine, et enfin étonnée [*paralysée*] par toutes les maladies qui blessent la masse et les plus nobles parties. Ici, on ne l'attaque point. S'il lui va mal, à sa coulpe [*à elle la faute*] ! Elle se trahit elle-même, s'abandonne et se démonte. Il n'y a que les fous qui se laissent persuader que ce corps dur et massif qui se cuit en nos rognons [*reins*] se puisse dissoudre par breuvages ; par quoi [*c'est pourquoi*], depuis [*une fois*] qu'il est ébranlé [*en mouvement*], il n'est que de lui donner passage ; aussi bien, le prendra-t-il. Je remarque encore cette particulière commodité que c'est un mal auquel nous avons peu à deviner. Nous sommes dispensés du

---

1. **Délivrance** : les humeurs surabondantes ou corrompues (les « humeurs peccantes ») sont nocives ; elles doivent être expulsées du corps (par la purge, la saignée, la suée, etc.). Dans le cas de la gravelle, elles sont d'abord concentrées (« pétrifiées ») dans des « pierres ». D'où le paradoxe : une nouvelle atteinte de la maladie, qui se traduit par « la vidange » de ces pierres, est considérée comme un remède (une « médecine ») naturel.

trouble auquel les autres maux nous jettent par l'incertitude de leurs causes et conditions et progrès, trouble infiniment pénible. Nous n'avons que faire de consultations et interprétations docto-
1245 rales : les sens nous montrent [ce] que c'est, et où c'est.

Par tels arguments, et forts et faibles, comme Cicéron le mal de sa vieillesse, j'essaie d'endormir et amuser mon imagination, et graisser ses plaies. Si elles s'empirent demain, demain nous y pourvoirons d'autres échappatoires. /// Qu'il soit vrai [*la preuve*], voici
1250 depuis, de nouveau, que les plus légers mouvements épreignent [*font couler*] le pur sang de mes reins. Quoi, pour cela je ne laisse de me mouvoir comme devant et piquer [*galoper*] après mes chiens, d'une juvénile ardeur, et insolente. Et trouve que j'ai grand raison [*je me tire à bon compte*] d'un si important accident qui ne me coûte qu'une
1255 sourde pesanteur et altération en cette partie. C'est quelque grosse pierre qui foule et consomme la substance de mes rognons, et ma vie que je vide peu à peu, non sans quelque naturelle douceur, comme un excrément hormais [*désormais*] superflu et empêchant [*importun*]. // Or sens-je quelque chose qui croule ? Ne vous attendez
1260 pas que j'aille m'amusant à reconnaître mon pouls et mes urines pour y prendre quelque prévoyance [*prévision*] ennuyeuse ; je serai assez à temps à sentir le mal, sans l'allonger par le mal de la peur. /// Qui craint de souffrir, il souffre déjà de ce [*parce*] qu'il craint. Joint que la dubitation [*l'incertitude*] et ignorance de ceux qui se mêlent
1265 d'expliquer les ressorts de nature et ses internes progrès [*mouvements*], et tant de faux pronostics de leur art, nous doivent faire connaître qu'elle a ses moyens infiniment inconnus. Il y a grande incertitude, variété et obscurité de ce qu'elle nous promet ou menace. Sauf la vieillesse, qui est un signe indubitable de l'approche de la mort, de
1270 tous les autres accidents, je vois peu de signes de l'avenir sur quoi nous ayons à fonder notre divination. // Je ne me juge que par vrai sentiment, non par discours [*raisonnement*]. À quoi faire, puisque je n'y veux apporter que l'attente et la patience [*endurance*] ? Voulez-vous savoir combien je gagne à cela ? Regardez ceux qui font autrement
1275 et qui dépendent de tant de diverses persuasions et conseils : com- bien souvent l'imagination les presse sans le corps ! J'ai maintes fois pris plaisir, étant en sûreté et délivre [*libre*] de ces accidents dange- reux, de les communiquer aux médecins comme naissant lors en moi. Je souffrais [*supportais*] l'arrêt de leurs horribles conclusions [*juge-*

1280 *ments*] bien à mon aise, et en demeurais de tant plus obligé à Dieu de
sa grâce et mieux instruit de la vanité de cet art.

Il n'est rien qu'on doive tant recommander à la jeunesse que l'activité et la vigilance. Notre vie n'est que mouvement. Je m'ébranle
difficilement, et suis tardif partout : à me lever, à me coucher, et
1285 à mes repas ; c'est matin pour moi que sept heures, et où je gouverne, je ne dîne ni avant onze, ni ne soupe qu'après six heures. J'ai
autrefois attribué la cause des fièvres et maladies où je suis tombé
à la pesanteur et assoupissement que le long sommeil m'avait
apportés, et me suis toujours repenti de me rendormir le matin.
1290 /// Platon veut plus de mal à l'excès du dormir qu'à l'excès du
boire. // J'aime à coucher dur et seul, voire sans femme, à la royale,
un peu bien couvert ; on ne bassine jamais mon lit, mais depuis la
vieillesse, on me donne quand j'en ai besoin des draps à échauffer
les pieds et l'estomac [*le ventre*]. On trouvait à redire au grand Scipion
1295 d'être dormard, non à mon avis pour autre raison, sinon qu'il
fâchait aux hommes qu'en lui seul il n'y eût aucune chose à redire.
Si j'ai quelque curiosité [*soin*] en mon traitement, c'est plutôt au
coucher qu'à autre chose ; mais je cède /// et m'accommode // en
général, autant que tout autre, à la nécessité. Le dormir a occupé
1300 une grande partie de ma vie, et le continue encore en cet âge huit
ou neuf heures d'une haleine. Je me retire [*m'écarte*] avec utilité de
cette propension paresseuse, et en vaux évidemment mieux ; je
sens un peu le coup de la mutation, mais c'est fait en trois jours.
Et n'en vois guère qui vive à moins quand il est besoin, et qui
1305 s'exerce plus constamment, ni à qui les corvées [militaires] pèsent
moins. Mon corps est capable d'une agitation ferme, mais non pas
véhémente et soudaine. Je fuis meshui [*désormais*] les exercices violents, et qui me mènent à la sueur : mes membres se lassent avant
qu'ils s'échauffent. Je me tiens debout tout le long d'un jour, et ne
1310 m'ennuie point à me promener ; mais sur le pavé, /// depuis mon
premier âge, // je n'ai aimé d'aller qu'à cheval ; à pied je me crotte
jusqu'aux fesses, et les petites gens [*de petite taille*] sont sujets par ces
rues à être choqués /// et coudoyés [*rudoyés*] // à faute d'apparence
[*faute d'être imposants*]. Et ai aimé à me reposer, soit couché, soit assis,
1315 les jambes autant ou plus hautes que le siège.

Il n'est occupation plaisante comme la militaire ; occupation
et noble en exécution (car la plus forte, généreuse et superbe de

toutes les vertus est la vaillance), et noble en sa cause ; il n'est
point ni plus juste, ni plus universelle que la protection du repos
1320 et grandeur de son pays. La compagnie de tant d'hommes vous
plaît, nobles, jeunes, actifs, la vue ordinaire de tant de spectacles
tragiques, la liberté de cette conversation [*société*] sans art [*artifice*], et d'une façon de vie mâle et sans cérémonie, la variété de
mille actions diverses, cette courageuse harmonie de la musique
1325 guerrière qui vous entretient et échauffe et les oreilles et l'âme,
l'honneur de cet exercice, son âpreté même et sa difficulté, /// que
Platon estime si peu, qu'en sa république il en fait part aux femmes
et aux enfants. // Vous vous conviez aux rôles et hasards particuliers selon que vous jugez de leur éclat et de leur importance,
1330 /// soldat volontaire, // et voyez quand la vie même y est excusablement [*à juste titre*] employée,

    Pulchrúmque mori succurrit in armis.[1]

    [Et je pense qu'il est beau de mourir en combattant.]

De craindre les hasards [*dangers*] communs qui regardent une si
1335 grande presse [*foule*], de n'oser ce que tant de sortes d'âmes osent,
c'est à faire à un cœur mou et bas outre mesure. La compagnie
assure [*rassure*] jusqu'aux enfants. Si d'autres vous surpassent en
science, en grâce, en force, en fortune, vous avez des causes tierces
à qui vous en prendre, mais de leur céder en fermeté d'âme, vous
1340 n'avez à vous en prendre qu'à vous. La mort est plus abjecte, plus
languissante et pénible dans un lit qu'en un combat, les fièvres et
les catarrhes autant douloureux et mortels qu'une arquebusade.
Qui serait fait à porter [*supporter*] valeureusement les accidents de la
vie commune, n'aurait point à grossir son courage pour se rendre
1345 gendarme [*soldat*]. /// *Vivere, mi Lucili, militare est*.[2] [Vivre, mon cher
Lucilius, c'est être soldat.]

Il ne me souvient point de m'être jamais vu galeux. Si [*certes*] est la
gratterie des [*parmi les*] gratifications [*dons*] de nature les plus douces, et
autant à main [*faciles*]. Mais elle a la pénitence trop importunément
1350 voisine. Je l'exercice plus aux oreilles, que j'ai au-dedans pruantes
[*qui me démangent*] par saisons. // Je suis né de [*avec*] tous les sens
entiers quasi à la perfection. Mon estomac est commodément bon,

---

1. *Pulchrúmque mori succurrit in armis :* Virgile, *Énéide*, II, 317.
2. *Vivere, mi Lucili, militare est :* Sénèque, *Lettres à Lucilius*, XCVI.

comme est ma tête, et le plus souvent se maintiennent au travers de mes fièvres, et aussi mon haleine. J'ai outrepassé /// tantôt de six ans le cinquantième, // auquel des nations, non sans occasion [raison], avaient prescrit une si juste fin à la vie qu'elles ne permettaient point qu'on l'excédât. Si ai-je encore des remises [prolongations], quoique inconstantes et courtes, si nettes, qu'il y a peu à dire [regretter] de la santé et indolence de ma jeunesse. Je ne parle pas de la vigueur et allégresse ; ce n'est pas raison qu'elle me suive hors ses limites :

Non hæc amplius est liminis, aut aquæ
Cælestis, patiens latus.[1]

[Désormais mes forces ne me permettent plus de braver les intempéries sur le seuil [d'une maîtresse].]

Mon visage me découvre incontinent, /// et [ainsi que] mes yeux ; // tous mes changements commencent par là, et un peu plus aigres qu'ils ne sont en effet [en réalité] ; je fais souvent pitié à mes amis avant que j'en sente la cause. Mon miroir ne m'étonne pas, car, en la jeunesse même, il m'est advenu plus d'une fois de chausser ainsi un teint et un port troubles et de mauvais pronostic sans grand accident [malheur] ; en manière que les médecins, qui ne trouvaient au-dedans cause qui répondît à cette altération externe, l'attribuaient à l'esprit et à quelque passion secrète qui me rongeât au-dedans : ils se trompaient. Si le corps se gouvernait autant selon moi que fait l'âme, nous marcherions un peu plus à notre aise. Je l'avais lors, non seulement exempte de trouble, mais encore pleine de satisfaction et de fête, comme elle est le plus ordinairement, moitié de sa complexion, moitié de son dessein :

Nec vitiant artus ægræ contagia mentis.[2]

[Mon corps n'est pas troublé par mon esprit malade.]

Je tiens que cette sienne température [modération] a relevé maintes fois le corps de ses chutes : il est souvent abattu. Que si elle n'est enjouée, elle est au moins en état tranquille et reposé. J'eus la fièvre quarte quatre ou cinq mois, qui m'avait tout dévisagé [défiguré] ; l'esprit alla toujours non paisiblement seulement, mais plaisamment. Si la douleur est hors de moi, l'affaiblissement et langueur ne m'attristent

---

1. *Non hæc [...] latus :* Horace, *Odes*, III, 10.
2. *Nec [...] mentis :* Ovide, *Tristes*, III, 8, 25.

guère. Je vois plusieurs défaillances corporelles, qui font horreur seulement à nommer, que je craindrais moins que mille passions et
1390 agitations d'esprit que je vois en usage. Je prends parti de ne plus courir, c'est assez que je me traîne ; ni ne me plains de la décadence naturelle qui me tient,

> *Quis tumidum guttur miratur in Alpibus ?*[1]

[Qui s'étonne de voir un goitreux dans les Alpes ?]

1395 Non plus que je ne regrette que ma durée ne soit aussi longue et entière que celle d'un chêne. Je n'ai point à me plaindre de mon imagination : j'ai eu peu de pensées en ma vie qui m'aient seulement interrompu le cours de mon sommeil, si elles n'ont été du désir, qui m'éveillât sans m'affliger. Je songe [*rêve*] peu souvent ; et
1400 lors, c'est des choses fantastiques et des chimères produites communément de pensées plaisantes, plutôt ridicules que tristes. Et tiens qu'il est vrai que les songes sont loyaux interprètes de nos inclinations, mais il y a de l'art à les assortir et entendre[2].

> /// *Res quæ in vita usurpant homines, cogitant, curant, vident,*
1405 > *Quæque agunt vigilantes, agitántque, ea sicut in somno accidunt,*
> *Minus mirandum est.*[3]

[Il ne faut pas s'étonner que les hommes retrouvent en songe ce qui les occupe dans la vie, ce qu'ils pensent, ce qu'ils voient, ce qu'ils font quand ils sont éveillés, et ce qu'ils recherchent.]

1410 Platon dit davantage [*en outre*] que c'est l'office [*le rôle*] de la prudence [*sagesse*] d'en tirer des instructions divinatrices pour l'avenir. Je ne vois rien à cela, sinon les merveilleuses expériences que Socrate, Xénophon, Aristote en récitent [*rapportent*], personnages d'autorité irréprochable. Les histoires disent que les Atlantes ne songent
1415 jamais ; qui ne mangent aussi rien qui ait pris mort, ce que j'y ajoute, d'autant que c'est, à l'aventure [*peut-être*], l'occasion [*la cause*] pourquoi ils ne songent point. Car Pythagore ordonnait certaine préparation de nourriture pour faire les songes à propos. Les miens sont tendres et ne m'apportent aucune agitation de corps,
1420 ni expression de voix. J'ai vu plusieurs de mon temps en être mer-

---

1. *Quis [...] in Alpibus ? :* Juvénal, XIII, 162.
2. **Il y a de l'art à les assortir et entendre :** « mais il faut être habile pour les mettre ensemble [les ordonner, les comparer] et les comprendre [les interpréter] ».
3. *Res [...] mirandum est :* Attius, *Brutus*, cité par Cicéron, *La Divination*, I, 22.

veilleusement [*étrangement*] agités. Théon le philosophe se promenait en songeant, et le valet de Périclès sur les tuiles mêmes et [le] faîte de la maison.

1425 // Je ne choisis guère à table, et me prends à la première chose et plus voisine, et me remue mal volontiers d'un goût à un autre. La presse [*foule*] des plats et des services me déplaît autant qu'autre presse. Je me contente aisément de peu de mets ; et hais l'opinion de Favorinus qu'en un festin il faut qu'on vous dérobe la viande [*la nourriture*] où vous prenez appétit, et qu'on vous en substitue

1430 toujours une nouvelle, et que c'est un misérable souper si on n'a saoulé les assistants de croupions de divers oiseaux, et que le seul becfigue mérite qu'on le mange entier. J'use familièrement de viandes salées ; si [*et pourtant*], aimé-je mieux le pain sans sel, et mon boulanger chez moi n'en sert pas d'autre pour ma table, contre

1435 l'usage du pays. On a eu en mon enfance principalement à corriger le refus que je faisais des choses que communément on aime le mieux en cet âge : sucres, confitures, pièces de four [*pâtisseries*]. Mon gouverneur [*précepteur*] combattit cette haine de viandes délicates comme une espèce de délicatesse. Aussi n'est-elle autre chose que

1440 difficulté de goût, où qu'il s'applique. Qui ôte à un enfant certaine particulière et obstinée affection au pain bis et au lard, ou à l'ail, il lui ôte la friandise [*la gourmandise*]. Il en est qui font les laborieux et les patients [*ceux qui souffrent*] pour regretter le [*d'avoir à se priver de*] bœuf et le jambon parmi les perdrix. Ils ont bon temps : c'est la

1445 délicatesse des délicats ; c'est le goût d'une molle fortune qui s'affadit aux [*se dégoûte des*] choses ordinaires et accoutumées, /// *per quæ luxuria divitiarum tædio ludit*[1] [par lesquelles le luxe se joue de l'ennui des richesses]. // Laisser à [*cesser de*] faire bonne chère de ce [*parce*] qu'un autre la fait, avoir un soin curieux [*raffiné*] de son traitement [*alimen-*

1450 *tation*], c'est l'essence de ce vice :

Si modica cænare times olus omne patella.[2]

[Si tu crains de dîner de légumes dans un modeste plat.]

Il y a bien vraiment cette différence, qu'il vaut mieux obliger [*plier*] son désir aux choses [les] plus aisées à recouvrer, mais c'est toujours

1455 vice de s'obliger. J'appelais autrefois délicat un mien parent qui

---

1. *Per quæ [...] ludit :* Sénèque, *Lettres à Lucilius*, 18.
2. *Si [...] patella :* Horace, *Épîtres*, I, v, 2.

avait désappris en nos galères à se servir de nos lits et se dépouiller [*se déshabiller*] pour se coucher.

Si j'avais des enfants mâles, je leur désirasse volontiers ma fortune [*mon sort*]. Le bon père que Dieu me donna, qui n'a de moi que
1460 la reconnaissance de sa bonté, mais certes bien gaillarde, m'envoya dès le berceau nourrir [*élever*] à un pauvre village des siens, et m'y tint autant que je fus en nourrice, et encore au-delà, me dressant à la plus basse et commune façon de vivre : /// *Magna pars libertatis est bene moratus venter.*[1] [Un ventre bien réglé est une grande partie de la
1465 liberté.] // Ne prenez jamais et donnez encore moins à vos femmes la charge de leur nourriture [*éducation*] ; laissez-les former à la fortune [*par le sort*] sous des lois populaires [*simples*] et naturelles ; laissez à la coutume de les dresser à la frugalité et à l'austérité : qu'ils aient plutôt à descendre de l'âpreté qu'à monter vers elle. Son humeur
1470 visait encore à une autre fin, de me rallier avec le peuple et cette condition d'hommes qui a besoin de notre aide et estimait que je fusse tenu de regarder plutôt vers celui qui me tend les bras que vers celui qui me tourne le dos. Et fut cette raison pourquoi aussi il me donna à tenir sur les fonts [baptismaux] à des personnes de la
1475 plus abjecte fortune [*basse condition*], pour m'y obliger et attacher [*me lier à elles*]. Son dessein n'a pas du tout mal succédé [*réussi*] : je m'adonne volontiers aux petits, soit pour ce qu'il y a plus de gloire, soit par naturelle compassion, qui peut infiniment en moi. Le parti que je condamnerai en nos guerres, je le condamnerai plus âpre-
1480 ment fleurissant et prospère ; il sera pour me concilier aucunement [*quelque peu*] à soi quand je le verrai misérable et accablé. Combien volontiers je considère la belle humeur de Chélonis, fille et femme de rois de Sparte. Pendant que Cléombrotos son mari, aux désordres de sa ville, eut avantage sur Léonidas son père, elle fit la
1485 bonne fille, se rallia [*s'allia*] avec son père en son exil, en sa misère, s'opposant au victorieux. La chance vint-elle à tourner ? La voilà changée de vouloir avec la fortune, se rangeant courageusement à son mari, lequel elle suivit partout où sa ruine le porta, n'ayant, ce semble, autre choix que de se jeter au parti où elle faisait le plus de
1490 besoin [*était le plus nécessaire*] et où elle se montrait plus pitoyable [*compatissante*]. Je me laisse plus naturellement aller après l'exemple de

---

1. ***Magna [...] venter :*** Sénèque, *Lettres à Lucilius*, 123.

Flaminius, qui se prêtait à ceux qui avaient besoin de lui plus qu'à ceux qui lui pouvaient bien faire, que je ne fais à celui de Pyrrhus, propre à s'abaisser sous les grands et à s'enorgueillir sur les petits.

1495 Les longues tables [*repas*] me /// fâchent et me // nuisent : car, soit pour m'y être [*peut-être parce que je m'y suis*] accoutumé enfant, à faute de meilleure contenance [*occupation*], je mange autant que j'y suis. Pourtant [*c'est pourquoi*] chez moi, /// quoiqu'elle soit des courtes, // je m'y mets volontiers un peu après les autres, sur la forme [*à la*
1500 *manière*] d'Auguste ; mais je ne l'imite pas en ce qu'il en sortait aussi avant les autres. Au rebours, j'aime à me reposer longtemps après et en ouïr conter, pourvu que je ne m'y mêle point, car je me lasse et me blesse de parler l'estomac plein, autant comme je trouve l'exercice de crier et contester [*discuter*] avant le repas très salubre et
1505 plaisant. /// Les anciens Grecs et Romains avaient meilleure raison [*étaient plus sensés*] que nous, assignant à la nourriture, qui est une action principale de la vie, si autre extraordinaire occupation ne les en divertissait [*détournait*], plusieurs heures et la meilleure partie de la nuit, mangeant et buvant moins hâtivement que nous, qui
1510 passons en poste [*en courant*] toutes nos actions, et étendant ce plaisir naturel à plus de loisir et d'usage, y entresemant divers offices de conversations [*obligations mondaines*] utiles et agréables. // Ceux qui doivent avoir soin de moi pourraient à bon marché me dérober ce qu'ils pensent m'être nuisible ; car en telles choses, je ne désire
1515 jamais ni ne trouve à dire [*ni ne regrette*] ce que je ne vois pas ; mais aussi de celles qui se présentent, ils perdent leur temps de m'en prêcher l'abstinence. Si [*au point*] que, quand je veux jeûner, il me faut mettre à part des soupeurs, et qu'on me présente justement [*exactemet*] autant qu'il est besoin pour une réglée collation ; car si
1520 je me mets à table, j'oublie ma résolution. Quand j'ordonne qu'on change d'apprêt à quelque viande [*mets*], mes gens [*domestiques*] savent que c'est à dire que mon appétit est alangui et que je n'y toucherai point. En toutes celles qui le peuvent souffrir [*supporter*], je les aime peu cuites et les aime fort mortifiées [*avancées*], et jusqu'à l'altération
1525 de la senteur en plusieurs. Il n'y a que la dureté qui généralement me fâche (de toute autre qualité je suis aussi nonchalant et souffrant [*tolérant*] qu'homme que j'aie connu), si [bien] que, contre l'humeur commune, entre les poissons même, il m'advient d'en trouver et de trop frais et de trop fermes. Ce n'est pas la faute de

1530 mes dents, que j'ai eues toujours bonnes jusqu'à l'excellence, et que l'âge ne commence de menacer qu'à cette heure. J'ai appris dès l'enfance à les frotter de ma serviette, et le matin, et à l'entrée et issue de la table.

Dieu fait grâce à ceux à qui il soustrait la vie par le menu [*petit*
1535 *à petit*] ; c'est le seul bénéfice [*bienfait*] de la vieillesse. La dernière mort en sera d'autant moins pleine et nuisible ; elle ne tuera plus qu'un demi ou un quart d'homme. Voilà une dent qui me vient de choir, sans douleur, sans effort : c'était le terme naturel de sa durée. Et cette partie de mon être et plusieurs autres sont déjà
1540 mortes, autres demi-mortes, des plus actives et qui tenaient le premier rang pendant la vigueur de mon âge. C'est ainsi que je fonds et échappe à moi. Quelle bêtise sera-ce à mon entendement de sentir le saut de cette chute, déjà si avancée, comme si elle était entière ? Je ne l'espère pas. /// À la vérité, je reçois une principale
1545 consolation, aux pensées de ma mort, qu'elle soit des justes [*parmi les morts normales*] et naturelles, et que meshui [*désormais*] je ne puisse en cela requérir, ni espérer de la destinée faveur qu'illégitime. Les hommes se font accroire qu'ils ont eu autrefois, comme la stature, la vie aussi plus grande. Mais Solon, qui est de ces vieux temps-là,
1550 en taille pourtant l'extrême durée à soixante-dix ans. Moi, qui ai tant adoré, et si universellement, cet ἄριστον μέτρον[1] [cette excellente médiocrité] du temps passé et ai pris pour la plus parfaite la moyenne mesure, prétendrai-je une démesurée et monstrueuse vieillesse[2] ? Tout ce qui vient au revers du cours de nature peut être fâcheux
1555 [*désagréable*], mais ce qui vient selon elle doit être toujours plaisant : *Omnia, quæ secundum naturam fiunt, sunt habenda in bonis.*[3] [Tout ce qui arrive conformément à la nature doit être compté parmi les biens.] Par ainsi, dit Platon, [j'admets que] la mort que les plaies ou maladies apportent

---

1. **Cet** ἄριστον μέτρον : Diogène Laerce, I, XCIII.
2. **Une démesurée et monstrueuse vieillesse :** une vieillesse trop longue serait « monstrueuse », contraire à l'ordre de la nature. La modération (« la moyenne mesure », la médiocrité) constitue un élément essentiel de la sagesse selon les moralistes, de l'Antiquité à l'âge classique (voir par exemple la fable de La Fontaine intitulée « Rien de trop »). Montaigne développe à nouveau ce thème un peu plus loin, l. 1912 et suivantes.
3. *Omnia [...] bonis :* Cicéron, *La Vieillesse*, XIX.

soit violente, mais celle qui nous surprend, la vieillesse nous y
1560 conduisant, est de toutes la plus légère et aucunement [*quelque peu*]
délicieuse. *Vitam adolescentibus vis aufert, senibus maturitas.*[1] [C'est
un coup violent qui arrache la vie aux jeunes gens ; aux vieillards ; c'est la maturité.]
// La mort se mêle et confond partout à notre vie : le déclin préoc-
cupe [*devance*] son heure et s'ingère au cours de notre avancement
1565 [*développement*] même. J'ai des portraits de ma forme de vingt et cinq
et de trente-cinq ans ; je les compare avec celui d'asteure [*de maintenant*] : combien de fois ce n'est plus moi ! combien est mon image
présente plus éloignée de celles-là que de celle de mon trépas ! C'est
trop abuser de nature de la tracasser si loin, qu'elle soit contrainte
1570 de nous quitter, et abandonner notre conduite, nos yeux, nos dents,
nos jambes et le reste à la merci d'un secours étranger et mendié, et
nous résigner [*abandonner*] entre les mains de l'art, las de nous suivre[2].

Je ne suis excessivement désireux ni de salades, ni de fruits,
sauf les melons. Mon père haïssait toute sorte de sauces : je les
1575 aime toutes. Le trop manger m'empêche [*m'embarrasse*] ; mais, par
sa qualité, je n'ai encore connaissance bien certaine qu'aucune
viande [*mets*] me nuise ; comme aussi je ne remarque ni lune pleine,
ni basse, ni l'automne du printemps. Il y a des mouvements [*changements*] en nous, inconstants et inconnus ; car des raiforts, pour
1580 exemple, je les ai trouvés premièrement commodes [*me convenant*],
depuis fâcheux : à présent, derechef [*de nouveau*] commodes. En
plusieurs choses, je sens mon estomac et mon appétit [*goût*] aller
ainsi diversifiant : j'ai rechangé du blanc au clairet [*vin rouge*], et puis
du clairet au blanc. Je suis friand de poisson et fais mes jours gras
1585 des maigres, et mes fêtes des jours de jeûne ; je crois ce qu'aucuns
[*certains*] disent, qu'il est de plus aisée digestion que la chair. Comme
je fais conscience [*j'ai scrupule*] de manger de la viande le jour de
poisson, aussi fait mon goût de mêler le poisson à la chair : cette
diversité me semble trop éloignée [*leur différence me semble trop grande*].
1590 Dès ma jeunesse, je dérobais [*supprimais*] parfois quelques repas :
ou afin d'aiguiser mon appétit au lendemain, car, comme Épicure

---

1. ***Vitam [...] maturitas :*** Cicéron, *La Vieillesse*, XIX.
2. **C'est trop abuser [...] las de nous suivre :** selon Montaigne, il faut s'abandonner
au cours naturel de la vie et ne pas chercher à compenser par « l'art » (la médecine)
l'amoindrissement de nos facultés produit par la vieillesse.

jeûnait et faisait des repas maigres pour accoutumer sa volupté à se passer de l'abondance, moi, au rebours, pour dresser ma volupté à faire mieux son profit et se servir plus allègrement de
1595 l'abondance ; ou je jeûnais pour conserver ma vigueur au service de quelque action de corps ou d'esprit, car l'un et l'autre s'apparessent [*s'alanguissent*] cruellement en moi par la réplétion [*l'excès de nourriture*], et surtout je hais ce sot accouplage d'une déesse si saine et si allègre avec ce petit dieu indigeste et roteur, tout bouffi de
1600 la fumée de sa liqueur[1] ; ou pour guérir mon estomac malade ; ou pour être [*parce que j'étais*] sans compagnie propre [*convenable*], car je dis, comme ce même Épicure, qu'il ne faut pas tant regarder ce qu'on mange qu'avec qui on mange, et loue Chilon de n'avoir voulu promettre de se trouver au festin de Périandre avant que
1605 d'être informé qui étaient les autres conviés. Il n'est point de si doux apprêt pour moi, ni de sauce si appétissante, que celle qui se tire de la société. Je crois qu'il est plus sain de manger plus bellement [*lentement*] et moins, et de manger plus souvent. Mais je veux faire valoir l'appétit et la faim ; je n'aurais nul plaisir à traîner, à la
1610 médicinale [*en suivant un régime*], trois ou quatre chétifs repas par jour ainsi contraints. /// Qui m'assurerait que le goût ouvert que j'ai ce matin je le retrouvasse encore à souper ? Prenons, surtout [nous] les vieillards, prenons le premier temps opportun qui nous vient. Laissons aux faiseurs d'almanachs les éphémérides, et aux méde-
1615 cins. // L'extrême fruit de ma santé, c'est la volupté : tenons-nous à la première présente et connue. J'évite la constance en ces lois de jeûne. [que celui] Qui veut qu'une forme [*manière d'être*] lui serve, fuie à [*évite de*] la continuer ; nous nous y durcissons, nos forces s'y endorment ; six mois après, vous y aurez si bien acoquiné votre
1620 estomac que votre profit, ce ne sera que d'avoir perdu la liberté d'en user autrement sans dommage. Je ne porte les jambes et les cuisses non plus couvertes en hiver qu'en été, un bas de soie tout simple. Je me suis laissé aller pour le secours de mes rhumes à tenir la tête plus chaude, et le ventre pour ma colique, mes maux
1625 s'y habituèrent en peu de jours et dédaignèrent mes ordinaires provisions [*précautions*]. J'étais monté d'une coiffe à un couvre-chef,

---

1. **Je hais [...] sa liqueur :** Montaigne n'aime donc pas associer l'amour et l'ivresse, représentés par Vénus et Bacchus.

et d'un bonnet à un chapeau double. Les embourrures de mon pourpoint ne me servent plus que de garbe [*parure*] : ce n'est rien, si je n'y ajoute une peau de lièvre ou de vautour, une calotte à ma tête. Suivez cette gradation, vous irez beau train. Je n'en ferai rien, et me dédirais volontiers du commencement que j'y ai donné, si j'osais. Tombez-vous en quelque inconvénient nouveau ? cette réformation ne vous sert plus : vous y êtes accoutumé, cherchez-en une autre. Ainsi se ruinent ceux qui se laissent empêtrer à des régimes contraints [*sévères*] et s'y astreignent superstitieusement : il leur en faut encore, et encore après d'autres au-delà, ce n'est jamais fait [*fini*]. Pour nos occupations et le plaisir, il est beaucoup plus commode, comme faisaient les Anciens, de perdre le dîner [*supprimer le déjeuner*] et remettre à faire bonne chère à l'heure de la retraite et du repos, sans rompre [*interrompre*] le jour : ainsi le faisais-je autrefois. Pour la santé, je trouve depuis par expérience, au rebours, qu'il vaut mieux dîner et que la digestion se fait mieux en veillant.

Je ne suis guère sujet à être altéré, ni sain ni malade : j'ai bien volontiers [*d'ordinaire*] lors la bouche sèche, mais sans soif ; communément, je ne bois que du désir qui m'en vient en mangeant, et bien avant dans le repas. Je bois assez bien pour un homme de commune façon : en été et en un repas appétissant, je n'outrepasse point seulement les limites d'Auguste, qui ne buvait que trois fois précisément ; mais, pour n'offenser la règle de Démocrite, qui défendait de s'arrêter à quatre comme à un nombre mal fortuné, je coule à un besoin jusqu'à cinq, trois demi-setiers [*trois quarts de litre*] environ ; car les petits verres sont les miens favoris, et me plaît de les vider, ce que d'autres évitent comme chose malséante. Je trempe mon vin [le] plus souvent à moitié, parfois au tiers d'eau. Et quand je suis en ma maison, d'un ancien usage que son médecin ordonnait à mon père et à soi, on mêle celui qu'il me faut dès la sommellerie, deux ou trois heures avant qu'on serve. /// Ils disent [*on dit*] que Granaos, roi des Athéniens, fut inventeur de cet usage de tremper le vin d'eau ; utilement ou non, j'en ai vu débattre. J'estime plus décent et plus sain que les enfants n'en usent qu'après seize ou dix-huit ans. // La forme de vivre plus usitée et commune est la plus belle : toute particularité m'y semble à éviter, et haïrais autant un Allemand qui mît de l'eau au vin qu'un Français qui le boirait pur. L'usage public donne loi à telles choses.

1665   Je crains un air empêché [*confiné*] et fuis mortellement la fumée (la première réparation où je courus chez moi, ce fut aux cheminées et aux retraits [*cabinets*], vice commun des vieux bâtiments et insupportable), et entre les difficultés de la guerre compte ces épaisses poussières dans lesquelles on nous tient enterrés, au chaud [*pen-*
1670 *dant la saison chaude*], tout le long d'une journée. J'ai la respiration libre et aisée, et se passent mes morfondements [*rhumes*] le plus souvent sans offense [*affection*] du poumon et sans toux. L'âpreté [*la rigueur*] de l'été m'est plus ennemie que celle de l'hiver ; car, outre l'incommodité de la chaleur, moins remédiable que celle du froid,
1675 et outre le coup que les rayons du soleil donnent à la tête, mes yeux s'offensent [*souffrent*] de toute lueur éclatante : je ne saurais à cette heure dîner assis vis-à-vis d'un feu ardent et lumineux. Pour amortir la blancheur du papier, au temps que j'avais plus accoutumé de lire, je couchais sur mon livre une pièce de verre, et m'en
1680 trouvais fort soulagé. J'ignore jusqu'à présent l'usage des lunettes et vois aussi loin que je fis onques et que tout autre. Il est vrai que sur le déclin du jour je commence à sentir du trouble et de la faiblesse à lire, de quoi l'exercice a toujours travaillé mes yeux, mais surtout nocturne. /// Voilà un pas en arrière, à toute peine [*à*
1685 *peine*] sensible. Je reculerai d'un autre, du second au tiers, du tiers au quart, si coiement [*insensiblement*] qu'il me faudra être aveugle formé avant que je sente décadence et vieillesse de ma vue, tant les Parques détordent [*infléchissent*] artificiellement [*habilement*] notre vie. Si suis-je en doute [*ainsi je doute encore*] que mon ouïe marchande
1690 à [*soit en train de*] s'épaissir, et [*vous*] verrez que je l'aurai demi-perdue que je m'en prendrai encore à la voix de ceux qui parlent à moi. Il faut bien bander [*diriger*] l'âme pour lui faire sentir comme elle s'écoule. // Mon marcher est prompt et ferme ; je ne sais lequel des deux, ou l'esprit ou le corps, j'ai arrêté [*tenu immobile le*] plus malaisé-
1695 ment en même point. Le prêcheur est bien de mes amis, qui oblige [*retient*] mon attention tout un sermon. Aux lieux de cérémonie, où chacun est si bandé [*tendu*] en contenance, où j'ai vu les dames tenir leurs yeux mêmes si certains [*immobiles*], je ne suis jamais venu à bout que quelque pièce des miennes [*quelque chose en moi*] n'extra-
1700 vague [*ne soit distrait*] toujours ; encore que j'y sois assis, j'y suis peu rassis [*calme*]. /// Comme la chambrière du philosophe Chrysippe

disait de son maître qu'il n'était ivre que par les jambes (car il avait coutume de les remuer en quelque assiette [*situation*] qu'il fût, et elle le disait lorsque le vin émouvant [*excitant*] les autres, lui n'en sentait aucune altération), on a pu dire aussi dès mon enfance que j'avais de la folie aux pieds, ou du vif-argent[1], tant j'y ai de remuement et d'inconstance [*d'agitation*] en quelque lieu que je les place. // C'est indécence, outre ce qu'il [*que cela*] nuit à la santé, voire et [*et même*] au plaisir, de manger goulûment, comme je fais : je mords souvent ma langue, parfois mes doigts, de hâtiveté. Diogène, rencontrant un enfant qui mangeait ainsi, en donna un soufflet à son précepteur. /// Il y avait à Rome des gens qui enseignaient à mâcher, comme à marcher, de bonne grâce. // J'en perds le loisir de parler, qui est un si doux assaisonnement des tables, pourvu que ce soient des propos de même [*appropriés*], plaisants et courts. Il y a de la jalousie et envie entre nos plaisirs : ils se choquent et empêchent l'un l'autre. Alcibiade, homme bien entendu à faire bonne chère, chassait la musique même des tables, à ce [*afin*] qu'elle ne troublât la douceur des devis [*conversations*], /// par la raison, que Platon lui prête, que c'est un usage d'hommes populaires [*vulgaires*] d'appeler des joueurs d'instruments et des chantres [*chanteurs*] à leurs festins, à faute de bons discours et agréables entretiens, de quoi les gens d'entendement savent s'entrefestoyer. // Varron demande ceci au convive [*banquet*] : l'assemblée de personnes belles de présence et agréables de conversation, qui ne soient ni muettes, ni bavardes, netteté [*propreté*] et délicatesse aux vivres et au lieu, et le temps serein. /// Ce n'est pas une fête peu artificielle [*de peu d'art*] et peu voluptueuse qu'un bon traitement de table : ni les grands chefs de guerre, ni les grands philosophes n'en ont refusé l'usage et la science. Mon imagination en a donné trois en garde à ma mémoire, que la fortune me rendit de principale douceur en divers temps de mon âge plus fleurissant (car chacun des conviés y apporte la principale grâce, selon la bonne trempe de corps et d'âme en quoi il se trouve). Mon état présent m'en forclôt [*exclut*].

---

1. **Du vif-argent :** du mercure (qui a la propriété de bouger au moindre ébranlement).

Chapitre 6 : La sagesse

// Moi, qui ne manie que terre à terre[1], [je] hais cette inhumaine sapience [*sagesse*] qui nous veut rendre dédaigneux et ennemis de la culture du corps. J'estime pareille injustice prendre à contrecœur les voluptés naturelles que de les prendre trop à cœur. /// Xerxès était un fat [*sot*], qui, enveloppé en toutes les voluptés humaines, allait proposer prix à qui lui en trouverait d'autres. Mais non guère moins fat est celui qui retranche celles que nature lui a trouvées. // Il ne les faut ni suivre, ni fuir, il les faut recevoir. Je les reçois un peu plus grassement [*librement*] et gracieusement [*favorablement*], et me laisse plus volontiers aller vers la pente naturelle. /// Nous n'avons que faire d'exagérer leur inanité ; elle se fait assez sentir et se produit [*manifeste*] assez, merci à [*à cause de*] notre esprit maladif, rabat-joie, qui nous dégoûte d'elles comme de soi-même : il traite et soi et ce qu'il reçoit tantôt avant, tantôt arrière, selon son être insatiable, vagabond et versatile.

Sincerum est nisi vas, quodcumque infundis acescit.[2]

[Si le vase n'est pas pur, tout ce qu'on y verse s'aigrit.]

Moi qui me vante d'embrasser si curieusement [*avec tant d'application*] les commodités de la vie, et si particulièrement [*minutieusement*], n'y trouve quand j'y regarde ainsi finement, à peu près que du vent. Mais quoi, nous sommes partout vent. Et le vent encore, plus sagement que nous, s'aime à bruire, à s'agiter, et se contente en ses propres offices [*fonctions*], sans désirer la stabilité, la solidité, qualités non siennes. Les plaisirs purs de l'imagination [*imaginaires*], ainsi que les déplaisirs, disent aucuns [*certains*], sont les plus grands, comme l'exprimait la balance de Critolaüs[3]. Ce n'est pas merveille [*étonnant*] : elle les compose à sa poste [*à sa guise*] et se les taille en plein drap. J'en vois tous les jours des exemples insignes, et à l'aventure [*peut-être*] désirables. Mais moi, d'une condition mixte, grossier, ne puis mordre si à fait [*entièrement*] à ce seul objet [imaginaire] si simple, que

---

1. **Moi, qui ne manie que terre à terre :** métaphore équestre et déclaration de modestie : dans ses *Essais*, Montaigne ne manie son cheval (sa raison) qu'à ras de terre. Il revendique une sagesse pratique, qui se nourrit d'une expérience concrète et complète de la vie humaine ; le corps y a donc toute sa place.
2. *Sincerum est [...] acescit :* Horace, *Épîtres*, I, II, 54.
3. **La balance de Critolaüs :** selon Critolaüs, si l'on mettait dans un plateau de la balance les biens matériels et les biens spirituels dans l'autre, ces derniers l'emporteraient toujours.

je ne me laisse tout lourdement aller aux plaisirs présents, de la loi humaine et générale, intellectuellement sensibles, sensiblement intellectuels[1]. Les philosophes cyrénaïques tiennent, comme les douleurs, aussi les plaisirs corporels plus puissants, et comme doubles
1770 et comme plus justes [*vrais*]. // Il en est qui /// d'une farouche stupidité, comme dit Aristote, // en sont dégoûtés. J'en connais qui par ambition le font ; que ne renoncent-ils encore au respirer ? que ne vivent-ils du leur, /// et ne refusent la lumière, de ce qu'elle est gratuite et ne leur coûte ni invention ni vigueur ? // Que Mars, ou
1775 Pallas, ou Mercure les sustentent pour voir, au lieu de Vénus, de Cérès et de Bacchus[2] : /// chercheront-ils pas la quadrature du cercle, juchés sur leurs femmes ! // Je hais qu'on nous ordonne d'avoir l'esprit aux nues, pendant que nous avons le corps à table. Je ne veux pas que l'esprit s'y cloue ni qu'il s'y vautre, mais je veux qu'il
1780 s'y applique, qu'il // s'y siée [*assoie*], non qu'il s'y couche. Aristippe ne défendait que le corps, comme si nous n'avions pas d'âme ; Zénon n'embrassait que l'âme, comme si nous n'avions pas de corps. Tous deux vicieusement. Pythagore, disent-ils [*dit-on*], a suivi une philosophie toute en contemplation, Socrate toute en mœurs et en action ;
1785 Platon en a trouvé le tempérament [*l'équilibre*] entre les deux. Mais ils le disent pour en conter, et le vrai tempérament se trouve en Socrate, et Platon est bien plus socratique que pythagorique, et [*cela*] lui sied mieux. // Quand je danse, je danse ; quand je dors, je dors ; voire et [*et même*] quand je me promène solitairement en un beau
1790 verger, si mes pensées se sont entretenues des occurrences étrangères quelque partie du temps, quelque autre partie je les ramène à la promenade, au verger, à la douceur de cette solitude et à moi. Nature a maternellement observé cela, que les actions qu'elle nous a enjointes pour notre besoin nous fussent aussi voluptueuses, et

---

1. **Mais moi [...] intellectuels :** la formule combine l'oxymore, le parallélisme et le chiasme. Elle signifie que les plaisirs humains mêlent toujours l'esprit et les sens. De même, les philosophes cyrénaïques (Aristippe, IVe s. avant J.-C.) associent le plaisir et la vertu dans la recherche du bonheur ; les plaisirs et les douleurs corporels sont « doubles » puisqu'ils touchent aussi l'esprit.
2. **Que Mars [...] Bacchus :** Montaigne exalte ici les plaisirs des sens que donnent l'amour, la bonne chère et le vin et que méprisent ceux qui ne trouvent de satisfaction que dans les exploits guerriers, l'exercice de l'intelligence ou de l'éloquence.

₁₇₉₅ nous y convie non seulement par la raison, mais aussi par l'appétit [*le désir*] : c'est injustice de corrompre ses règles.

Quand je vois et César et Alexandre, au plus épais de sa grande besogne, jouir si pleinement des plaisirs /// naturels, et par conséquent nécessaires et justes, // je ne dis pas que ce soit relâcher ₁₈₀₀ son âme, je dis que c'est la roidir, soumettant par vigueur de courage à l'usage de la vie ordinaire ces violentes occupations et laborieuses pensées. // Sages, s'ils eussent cru que c'était là leur ordinaire vacation [*occupation*], celle-ci l'extraordinaire. Nous sommes de grands fous : « Il a passé sa vie en oisiveté, disons-nous ; je n'ai rien ₁₈₀₅ fait aujourd'hui. — Quoi, avez-vous pas vécu ? C'est non seulement la fondamentale, mais la plus illustre de vos occupations. — Si on m'eût mis au propre [*en mesure de m'occuper*] des grands maniements [*des hautes charges*], j'eusse montré ce que je savais faire. — Avez-vous su méditer et manier [*diriger*] votre vie ? vous avez fait la plus grande ₁₈₁₀ besogne de toutes. » Pour se montrer et exploiter [*être mise à profit*], nature n'a que faire de fortune [*d'un sort élevé*], elle se montre également en tous étages, et derrière comme sans rideau. Composer nos mœurs est notre office, non pas composer des livres, et gagner, non pas des batailles et provinces, mais l'ordre et tranquillité à ₁₈₁₅ notre conduite. Notre grand et glorieux chef-d'œuvre, c'est vivre à propos. Toutes autres choses, régner, thésauriser, bâtir, n'en sont qu'appendicules et adminicules [*petits compléments*], pour le plus. // Je prends plaisir de voir un général d'armée au pied d'une brèche qu'il veut tantôt [*bientôt*] attaquer, se prêtant tout entier et délivre ₁₈₂₀ [*librement*] à son dîner, son devis [*conversation*], entre ses amis ; /// et Brutus, ayant le ciel et la terre conspirés [*conjurés*] à l'encontre de lui et de la liberté romaine, dérober à ses rondes quelques heures de nuit pour lire et breveter [*annoter*] Polybe en toute sécurité [*sérénité*]. C'est aux petites âmes, ensevelies du poids des affaires, de ne s'en ₁₈₂₅ savoir purement démêler, de ne les savoir et laisser et reprendre :

> *ô fortes pejoráque passi*
> *Mecum sæpe viri, nunc vino pellite curas*
> *Cras ingens iterabimus æquor.*[1]

[Ô vaillants guerriers, qui avez souvent partagé avec moi de plus rudes épreuves, ₁₈₃₀ noyez maintenant vos soucis dans le vin ; demain, nous naviguerons sur la vaste mer.]

---

1. *Ô fortes [...] æquor :* Horace, *Odes*, I, VII, 30.

Soit par gausserie [*plaisanterie*], soit à certes [*sérieusement*], que le vin théologal et sorbonnique est passé en proverbe[1], et leurs festins, je trouve que c'est raison qu'ils en dînent d'autant plus commodément et plaisamment qu'ils ont utilement et sérieusement employé
1835 la matinée à l'exercice de leur école. La conscience d'avoir bien dispensé [*utilisé*] les autres heures est un juste et savoureux condiment des tables. Ainsi ont vécu les sages ; et cette inimitable contention à [*effort vers*] la vertu qui nous étonne en l'un et l'autre Caton[2], cette humeur sévère jusqu'à l'importunité, s'est ainsi mollement soumise
1840 et plu aux lois de l'humaine condition et de Vénus et de Bacchus, suivant les préceptes de leur secte, qui demandent le sage parfait autant expert et entendu à l'usage des voluptés naturelles qu'en tout autre devoir de la vie. *Cui cor sapiat, ei et sapiat palatus.*[3] [Que celui qui a le cœur délicat ait aussi le palais délicat.] // Le relâchement et facilité
1845 honorent, ce semble, à merveille et siéent mieux à une âme forte et généreuse [*noble*]. Épaminondas n'estimait pas que de se mêler à la danse des garçons de sa ville, /// de chanter, de sonner [*jouer de la musique*] // et s'y embesogner avec attention fut chose qui dérogeât à l'honneur de ses glorieuses victoires et à la parfaite réformation
1850 de mœurs qui était en lui. Et parmi tant d'admirables actions de Scipion /// l'aïeul, personnage digne de l'opinion [*qu'on le croie*] d'une origine céleste, // il n'est rien qui lui donne plus de grâce que de le voir nonchalamment et puérilement baguenaudant [*s'amusant*] à amasser et choisir des coquilles, et jouer à cornichon-va-devant[4] le
1855 long de la marine [*la mer*] avec Lélius, et, s'il faisait mauvais temps, s'amusant et se chatouillant à représenter par écrit en comédie les plus populaires [*vulgaires*] et basses actions des hommes,

---

1. **Soit par gausserie [...] en proverbe :** proverbial, en effet, était le goût des gens d'Église pour le vin, au point que l'on appelait le bon vin « vin théologal ». Par exemple, dans le chapitre XVII de *Gargantua*, le théologien Janotus se présente devant Gargantua « bien protégé de bon pain et d'eau bénite de cave ». À la Sorbonne, alors faculté de théologie, les étudiants pouvaient être mis à l'amende et tenus d'apporter du vin.
2. **L'un et l'autre Caton :** Caton l'Ancien et Caton d'Utique, hommes politiques romains, célèbres pour la rigueur de leurs idées morales et républicaines.
3. *Cui [...] palatus :* Cicéron, *Les Fins*, II, VIII.
4. **Jouer à cornichon-va-devant :** jeu où l'on doit ramasser des objets en courant.

/// et, la tête pleine de cette merveilleuse entreprise d'Annibal et d'Afrique, visitant les écoles en Sicile, et se trouvant aux leçons de
1860 la philosophie jusqu'à en avoir armé les dents de [*donné des armes à*] l'aveugle envie de ses ennemis à Rome. // Ni chose plus remarquable en Socrate que ce que, tout vieil, il trouve le temps de se faire instruire à baller [*danser*] et jouer des instruments, et le tient pour bien employé. Celui-ci s'est vu en extase, debout, un jour entier et
1865 une nuit, en présence de toute l'armée grecque, surpris et ravi par quelque profonde pensée. Il s'est vu, /// le premier parmi tant de vaillants hommes de l'armée, courir au secours d'Alcibiade accablé des ennemis, le couvrir de son corps et le décharger [*délivrer*] de la presse [*mêlée*] à vive force d'armes, et le premier emmi [*parmi*] tout
1870 le peuple d'Athènes, outré comme lui d'un si indigne spectacle, se présenter à recourir [*délivrer*] Théramène, que les trente tyrans faisaient mener à la mort par leurs satellites ; et ne désista [*renonça à*] cette hardie entreprise qu'à la remontrance de Théramène même, quoiqu'il ne fût suivi que de deux en tout. Il s'est vu, recherché par
1875 une beauté de laquelle il était épris, maintenir au besoin une sévère abstinence [*continence*]. Il s'est vu, en la bataille délienne, relever et sauver Xénophon, renversé de son cheval. Il s'est vu // continuellement marcher à la guerre /// et fouler la glace // les pieds nus, porter même robe en hiver et en été, surmonter tous ses compagnons
1880 en patience de travail [*pour supporter la peine*], ne manger point autrement en festin qu'en son ordinaire. /// Il s'est vu, vingt et sept ans de pareil visage, porter [*supporter*] la faim, la pauvreté, l'indocilité de ses enfants, les griffes de sa femme, et enfin la calomnie, la tyrannie, la prison, les fers et le venin [*le poison*]. // Mais cet homme-là était-il
1885 convié de boire à lut [*à un concours de boisson*] par devoir de civilité, c'était aussi celui de l'armée à qui en demeurait l'avantage [*qui gagnait*] ; et ne refusait ni à jouer aux noisettes avec les enfants, ni à courir avec eux sur un cheval de bois ; et y avait bonne grâce ; car toutes actions, dit la philosophie, siéent également bien et honorent également
1890 le sage. On a de quoi, et ne doit-on jamais se lasser de présenter l'image de ce personnage à tous patrons et formes de perfection[1].

---

1. **À tous patrons et formes de perfection :** comme un modèle de toutes les perfections, par opposition à ceux qui n'en possèdent que quelques-unes, ou même une seule (« un seul pli »).

/// Il est fort peu d'exemples de vie pleins et purs, et fait-on tort à notre instruction, de nous en proposer tous les jours d'imbéciles [*faibles*] et manques [*défectueux*], à peine bons à un seul pli, qui nous tirent arrière plutôt, corrupteurs plutôt que correcteurs.

// Le peuple se trompe : on va bien plus facilement par les bouts, où l'extrémité sert de borne d'arrêt et de guide, que par la voie du milieu, large et ouverte, et selon l'art que selon nature, mais bien moins noblement aussi, et moins recommandablement [*de manière moins estimable*]. // La grandeur de l'âme n'est pas tant tirer à mont [*d'aller en haut*] et tirer avant comme savoir se ranger et circonscrire. Elle tient pour grand tout ce qui est assez, et montre sa hauteur à aimer mieux les choses moyennes que les éminentes. // Il n'est rien si beau et légitime que de faire bien l'homme et dûment [*comme on doit*], ni science si ardue que de bien /// et naturellement // savoir vivre cette vie ; et, de nos maladies, la plus sauvage, c'est mépriser notre être. Qui veut écarter [*tenir à l'écart*] son âme, le fasse hardiment, s'il peut, lorsque le corps se portera mal, pour la décharger de cette contagion ; ailleurs au contraire, qu'elle l'assiste et favorise, et ne refuse point de participer à ses naturels plaisirs et de s'y complaire conjugalement, y apportant, si elle est plus sage, la modération, de peur que par indiscrétion [*excès*] ils ne se confondent avec le déplaisir. /// L'intempérance est peste de la volupté, et la tempérance n'est pas son fléau : c'est son assaisonnement. Eudoxe, qui en établissait [*faisait de la volupté*] le souverain bien, et ses compagnons, qui la montèrent à si haut prix, la savourèrent en sa plus gracieuse douceur par le moyen de la tempérance, qui fut en eux singulière et exemplaire. // J'ordonne à mon âme de regarder et la douleur et la volupté de vue pareillement /// réglée (*eodem enim vitio est effusio animi in lætitia, quo in dolore contractio*[1] [l'exaltation de l'âme dans la joie est aussi blâmable que sa contraction dans la douleur]) et pareillement // ferme, mais gaiement l'une, l'autre sévèrement, et, selon ce qu'elle y peut apporter, autant soigneuse d'en éteindre l'une que d'étendre l'autre. /// Le voir sainement les biens tire après soi le voir sainement les maux. Et la douleur a quelque chose de non évitable en son tendre commencement, et la volupté quelque chose d'évitable en sa fin excessive. Platon les accouple et veut

---

1. *Eodem [...] contractio :* Cicéron, *Tusculanes*, IV, XXXI.

que ce soit pareillement l'office de la fortitude [*la bravoure*] combattre à l'encontre de la douleur et à l'encontre de ces immodérées et

1930 charmeresses blandices [*séductions*] de la volupté. Ce sont deux fontaines auxquelles qui puise, d'où, quand et combien il faut, soit cité, soit homme, soit bête, il est bien heureux. La première, il la faut prendre par médecine et par nécessité, plus escharsement [*parcimonieusement*], l'autre, par soif, mais non jusqu'à l'ivresse. La

1935 douleur, la volupté, l'amour, la haine sont les premières choses que sent un enfant ; si, la raison survenant, elles s'appliquent [*se plient*] à elle, cela c'est vertu.

// J'ai un dictionnaire tout à part moi : je *passe le temps*, quand il est mauvais et incommode [*désagréable*] ; quand il est bon, je ne le

1940 veux pas *passer*, je le retâte, je m'y tiens. Il faut courir le mauvais et se rasseoir [*s'arrêter*] au bon. Cette phrase [*expression*] ordinaire de *passe-temps* et de *passer le temps* représente l'usage de ces prudentes [*sages*] gens, qui ne pensent point avoir meilleur compte de leur vie que de la [laisser] couler et échapper, de la passer, gauchir

1945 [*éviter*] et, autant qu'il est en eux [*qu'ils le peuvent*], ignorer et fuir, comme chose de qualité ennuyeuse [*désagréable*] et dédaignable. Mais je la connais autre, et la trouve et prisable [*estimable*] et commode [*agréable*], voire [*même*] en son dernier décours [*phase décroissante*], où je la tiens ; et nous l'a nature mise en main, garnie de telles

1950 circonstances et si favorables, que nous n'avons à nous plaindre qu'à nous si elle nous presse [*accable*] et si elle nous échappe inutilement. /// *Stulti vita ingrata est, trepida est, tota in futurum fertur.*[1] [La vie de l'insensé est ingrate, agitée, tournée tout entière vers l'avenir.] // Je me compose [*dispose*] pourtant [*pour ce motif*] à la perdre sans regret, mais

1955 comme perdable de sa condition, non comme moleste [*pénible*] et importune. /// Aussi ne sied-il proprement bien de ne se déplaire à mourir qu'à ceux qui se plaisent à vivre. // Il y a du ménage à la jouir [*un art de jouir de la vie*] : je la jouis au double des autres, car la mesure en la jouissance dépend du plus ou moins d'applica-

1960 tion que nous y prêtons. Principalement à cette heure que j'aperçois la mienne si brève en temps, je la veux étendre en poids ; je veux arrêter la promptitude de sa fuite par la promptitude de

---

1. *Stulti [...] fertur :* Sénèque, *Lettres à Lucílius*, XV.

ma saisie, et par la vigueur de l'usage compenser la hâtiveté de son écoulement. À mesure que la possession du vivre est plus courte, il me la faut rendre plus profonde et plus pleine. Les autres sentent la douceur d'un contentement et de la prospérité ; je la sens ainsi qu'eux, mais ce n'est pas en passant et glissant. Si [*et*] la faut-il étudier, savourer et ruminer, pour en rendre grâces condignes [*justes*] à celui qui nous l'octroie. Ils jouissent les autres plaisirs comme ils font celui du sommeil, sans les connaître. À cette fin que le dormir même ne m'échappât ainsi stupidement, j'ai autrefois trouvé bon qu'on me le troublât pour que je l'entrevisse. Je consulte d'un [*je délibère sur un*] contentement avec moi ; je ne l'écume pas, je le sonde et plie ma raison à le recueillir, devenue chagrine [*renfrognée*] et dégoûtée. Me trouvé-je en quelque assiette [*situation*] tranquille ? Je ne la laisse pas friponner aux [*accaparer par les*] sens, j'y associe mon âme, non pas pour s'y engager, mais pour s'y agréer, non pas pour s'y perdre, mais pour s'y trouver ; et [je] l'emploie de [*pour*] sa part à se mirer dans ce prospère état, à en peser et estimer le bonheur et amplifier. Elle mesure combien c'est qu'elle doit à Dieu d'être en repos de sa conscience et d'autres passions intestines, d'avoir le corps en sa disposition [*son état*] naturelle, jouissant ordonnément et compétemment [*convenablement*] des fonctions molles et flatteuses [*douces et agréables*] par lesquelles il lui plaît compenser de sa grâce les douleurs de quoi sa justice nous bat à son tour ; combien lui vaut d'être logée en tel point que, où qu'elle jette sa vue, le ciel est calme autour d'elle, nul désir, nulle crainte ou doute qui lui trouble l'air, aucune difficulté /// passée, présente, future, // par-dessus laquelle son imagination ne passe sans offense [*souffrance*]. Cette considération [*ce sentiment*] prend grand lustre de [*par*] la comparaison [à] des conditions différentes. Ainsi je me propose [*représente*] en mille visages [*aspects*] ceux que la fortune ou que leur propre erreur emporte et tempête [*ruine*], et encore ceux-ci, plus près de moi, qui reçoivent si lâchement [*nonchalamment*] et incurieusement [*négligemment*] leur bonne fortune. Ce sont gens qui passent voirement [*vraiment*] leur temps ; ils outrepassent le présent et ce qu'ils possèdent, pour servir [*se soumettre*] à l'espérance et pour des ombrages [*confuses*] et vaines images que la fantaisie [*l'imagination*] leur met au-devant [*devant les yeux*],

Chapitre 6 : La sagesse

2000
Morte obita quales fama est volitare figuras,
Aut quæ sopitos deludunt somnia sensus,[1]

[Pareils à ces fantômes, qui voltigent, dit-on, après la mort, ou à ces songes qui trompent nos sens dans le sommeil.]

lesquelles hâtent et allongent leur fuite à même [*à mesure*] qu'on
2005 les suit. Le fruit et but de leur poursuite, c'est poursuivre, comme
Alexandre disait que la fin de son travail, c'était travailler,
Nil actum credens cum quid superesset agendum.[2]

[Croyant n'avoir rien fait tant qu'il restait quelque chose à faire.]

Pour moi donc, j'aime la vie et la cultive telle qu'il a plu à Dieu
2010 nous l'octroyer. Je ne vais pas désirant qu'elle eût à dire [*qu'elle fût privée de*] la nécessité de boire et de manger, /// et me semblerait faillir
[*me tromper*] non moins excusablement de désirer qu'elle l'eût double
(*Sapiens divitiarum naturalium quæsitor acerrimus*[3] [Le sage recherche
avec avidité les richesses naturelles]), ni // que nous nous sustentassions
2015 mettant seulement en la bouche un peu de cette drogue par
laquelle Épiménide se privait d'appétit et se maintenait, ni qu'on
produisît stupidement [*sans plaisir*] des enfants par les doigts ou par
les talons, /// ains [*mais*], parlant en révérence [*sauf votre respect*], plutôt
qu'on les produise encore [*aussi*] voluptueusement par les doigts et
2020 par les talons, // ni que le corps fût sans désir et sans chatouillement. Ce sont plaintes ingrates /// et iniques. // J'accepte de bon
cœur, /// et reconnaissant, // ce que nature a fait pour moi, et m'en
agrée et m'en loue. On fait tort à ce grand et tout-puissant donneur de refuser son don, [de] l'annuler et défigurer. /// Tout bon, il
2025 a fait tout bon. *Omnia quæ secundum naturam sint, æstimatione
digna sunt.*[4] [Tout ce qui est selon la nature est digne d'estime.] // Des opinions
de la philosophie, j'embrasse plus volontairement celles qui sont
les plus solides, c'est-à-dire les plus humaines et nôtres : mes discours [*jugements*] sont, conformément à mes mœurs, bas et humbles.
2030 /// Elle fait bien l'enfant, à mon gré, quand elle se met sur ses
ergots pour nous prêcher que c'est une farouche [*grossière*] alliance
de marier le divin avec le terrestre, le raisonnable avec le dérai-

---

1. *Morte [...] sensus :* Virgile, *Énéide*, X, 641.
2. *Nil [...] agendum :* Lucain, *La Pharsale*, II, 637
3. *Sapiens [...] acerrimus :* Sénèque, *Lettres à Lucilius*, CXI.
4. *Omnia quæ [...] digna sunt :* Cicéron, *Les Fins*, III, VI.

sonnable, le sévère à l'indulgent, l'honnête au déshonnête, que volupté est qualité brutale [*bestiale*], indigne que le sage la goûte : le seul plaisir qu'il tire de la jouissance d'une belle jeune épouse, c'est le plaisir de sa conscience, de faire une action selon l'ordre, comme de chausser ses bottes pour une utile chevauchée. N'eussent ses suivants [*puissent ses sectateurs n'avoir*] non plus de droit et de nerfs et de suc au dépucelage de leurs femmes qu'en a sa leçon ! Ce n'est pas ce que dit Socrate, son précepteur et le nôtre. Il prise, comme il doit, la volupté corporelle, mais il préfère celle de l'esprit, comme ayant plus de force, de constance [*stabilité*], de facilité, de variété, de dignité. Celle-ci ne va nullement seule selon lui (il n'est pas si fantastique [*chimérique*]), mais seulement première. Pour lui, la tempérance est modératrice, non adversaire des voluptés. // Nature est un doux guide, mais non pas plus doux que prudent [*sage*] et juste. /// *Intramdum est in rerum naturam, et penitus quid ea postulet, pervidendum.*[1] [Il faut pénétrer la nature des choses et voir exactement ce qu'elle exige.] // Je quête [*cherche*] partout sa piste : nous l'avons confondue de [*avec des*] traces artificielles ; /// et ce souverain bien académique [*selon Platon*] et péripatétique [*selon Aristote*], qui est [de] vivre selon celle-ci, devient à cette cause [*pour cette raison*] difficile à borner [*définir*] et exprimer ; et [*ainsi que*] celui des stoïciens, voisin à celui-là, qui est consentir à nature. // Est-ce pas erreur d'estimer aucunes [*certaines*] actions moins dignes de ce [*parce*] qu'elles sont nécessaires ? Si [*aussi*] ne m'ôteront-ils pas de la tête que ce ne soit un très convenable mariage du plaisir avec la nécessité, /// avec laquelle, dit un Ancien, les dieux complotent [*s'accordent*] toujours. // À quoi faire [*pourquoi*] démembrons-nous en divorce un bâtiment tissu d'une si jointe et fraternelle correspondance ? Au rebours, renouons-le par mutuels offices. Que l'esprit éveille et vivifie la pesanteur du corps, le corps arrête la légèreté de l'esprit et la fixe. *Qui velut summum bonum laudat animæ naturam, et tanquam malum naturam carnis accusat, profecto et animam carnaliter appetit et carnem carnaliter fugit, quoniam id vanitate sentit humana, non veritate divina.*[2] [Quiconque loue l'âme comme le souverain bien et condamne la chair comme mauvaise, assurément il recherche l'âme charnellement et charnellement fuit la chair,

---

1. *Intramdum [...] pervidendu :* Cicéron, *Les Fins*, V, XVI.
2. *Qui [...]divina :* Saint Augustin, *Cité de Dieu*, XIV, V.

parce qu'il en juge selon la vanité humaine et non selon la vérité divine.] // Il n'y a pièce [*partie*] indigne de notre soin en ce présent que Dieu nous 2070 a fait ; nous en devons compte jusqu'à un poil. Et n'est pas une commission [*charge*] par acquit [*négligeable*] à l'homme de conduire l'homme selon sa condition : elle est expresse, naïve [*naturelle*] /// et très principale, // et nous l'a le Créateur donnée sérieusement et sévèrement. /// L'autorité peut seule envers les communs entende- 2075 ments, et pèse plus en langage pérégrin [*étranger*]. Rechargeons en ce lieu : *Stultitiæ proprium quis non dixerit, ignavè et contumacier facere quæ facienda sunt, et aliò corpus impellere, aliò animum, distrahique inter diversissimos motus.*[1] [Comment nier que le propre de la sottise est de faire lâchement et à contrecœur ce qu'on doit faire, de pousser le corps 2080 dans une direction et l'âme dans une autre, et d'être tiraillé entre des mouvements si contraires ?].

// Or sus, pour voir, faites-vous dire un jour les amusements [*pré- textes*] et imaginations [*idées fausses*] que celui-là met en sa tête, et pour lesquelles il détourne la pensée d'un bon repas et plaint [*regrette*] 2085 l'heure qu'il emploie à se nourrir ; vous trouverez qu'il n'y a rien si fade en tous les mets de votre table que ce bel entretien de son âme (le plus souvent il nous vaudrait mieux dormir tout à fait que de veiller à [*pour*] ce à [*pour*] quoi nous veillons), et trouverez que son discours et intentions ne valent pas votre capirotade [*ragoût*]. Quand 2090 ce seraient les ravissements d'Archimède même, que serait-ce ? Je ne touche [*n'évoque*] pas ici et ne mêle point à cette marmaille d'hommes que nous sommes et à cette vanité de désirs et cogitations [*pensées*] qui nous divertissent [*égarent*], ces âmes vénérables, élevées par ardeur de dévotion et religion à une constante et consciencieuse 2095 méditation des choses divines, /// lesquelles, préoccupant [*prenant à l'avance*] par l'effort d'une vive et véhémente espérance l'usage de la nourriture éternelle, but final et dernier arrêt des chrétiens désirs, seul plaisir constant, incorruptible, dédaignent de s'attendre [*s'attacher*] à nos nécessiteuses commodités [*au plaisir de satisfaire nos besoins*], fluides 2100 [*éphémères*] et ambiguës [*incertaines*], et résignent [*abandonnent*] facilement

---

1. *Stultitiæ [...] motus :* Sénèque, *Lettres à Lucilius*, 74. Montaigne ajoute *(recharge)* délibérément un argument d'autorité en adressant ce passage (ce « lieu ») de Sénèque à ceux qui n'ont pas assez de jugement pour se rendre compte par eux-mêmes de la justesse du raisonnement précédent.

au corps le soin et l'usage de la pâture sensuelle et temporelle. // C'est une étude privilégiée. /// Entre [*parmi nous*] nous, ce sont choses que j'ai toujours vues de singulier accord : les opinions super-célestes et les mœurs souterraines[1].

2105 // Ésope, ce grand homme, vit son maître qui pissait en se promenant : « Quoi donc, fit-il, nous faudra-t-il chier en courant ? » Ménageons le temps[2] ; encore nous en reste-t-il beaucoup d'oisif et mal employé. Notre esprit n'a volontiers [*sans doute*] pas assez d'autres heures à faire ses besognes, sans se désassocier du corps 2110 en ce peu d'espace qu'il lui faut pour sa nécessité. Ils veulent se mettre hors d'eux et échapper à l'homme. C'est folie : au lieu de se transformer en anges, ils se transforment en bêtes[3], au lieu de se hausser, ils s'abattent. /// Ces humeurs transcendantes m'effraient, comme les lieux hautains [*élevés*] et inaccessibles ; et rien ne m'est 2115 à digérer fâcheux [*désagréable*] en la vie de Socrate que ses extases et ses démoneries, rien si humain en Platon que ce pour quoi ils disent [*on dit*] qu'on l'appelle divin. // Et de nos sciences, celles-là me semblent [les] plus terrestres et basses qui sont le plus haut montées. Et je ne trouve rien si humble [*bas*] et si mortel en 2120 la vie d'Alexandre que ses fantaisies [*imaginations*] autour de son immortalisation. Philotas le mordit plaisamment par sa réponse ; il s'était conjoui [*réjoui*] avec lui par lettre de l'oracle de Jupiter Ammon qui l'avait logé entre les dieux : « Pour ta considération [*ce qui te concerne*] j'en suis bien aise, mais il y a de quoi plaindre des 2125 hommes qui auront à vivre avec un homme et lui obéir, lequel outrepasse /// et ne se contente // de la mesure d'un homme. »

---

1. **Les opinions super-célestes et les mœurs souterraines :** Montaigne s'en est pris au stoïcisme d'Épictète et Marc Aurèle qui place le souverain bien dans l'effort qui conduit à la vertu, la raison, le rejet de la passion, l'indifférence vis-à-vis du plaisir, de la souffrance, des biens matériels. Il prend soin de préciser ensuite que cette critique ne vise pas les religieux qui vouent leur vie à la méditation. En revanche, chez les hommes ordinaires qui voudraient les imiter, cette séparation de l'esprit et du corps a quelque chose de « singulier » : la contradiction entre des mœurs basses et des opinions mystiques n'est pas du goût de Montaigne.

2. **Ménageons le temps :** employons-le à bon escient et prenons le temps de goûter la vie, contrairement au maître d'Ésope.

3. **Au lieu de [...] bêtes :** Pascal a repris cette idée en lui donnant une formulation encore plus concise : « Qui veut faire l'ange fait la bête. » *(Pensées)*

Chapitre 6 : La sagesse

/// *Diis te minorem quod geris, imperas.*[1] [C'est en te soumettant aux dieux que tu règnes sur le monde.] La gentille inscription de quoi les Athéniens honorèrent la venue de Pompée en leur ville se conforme à mon sens :

2130   *D'autant es-tu Dieu comme*
    Tu te reconnais homme.

C'est une absolue perfection, et comme divine, de savoir jouir loyalement de son être. Nous cherchons d'autres conditions, pour n'entendre [*faute de comprendre*] l'usage des nôtres, et sortons hors de

2135 nous, pour ne savoir quel il y fait. /// Si [*aussi*], avons-nous beau [*pouvons-nous bien*] monter sur des échasses, car sur des échasses encore faut-il marcher de nos jambes. Et au plus élevé trône du monde, si [*encore*] ne sommes-nous assis que sur notre cul. // Les plus belles vies sont, à mon gré, celles qui se rangent [*ramènent*] au

2140 modèle commun /// et humain, avec ordre, mais // sans miracle et sans extravagance [*excès*].

Or la vieillesse a un peu besoin d'être traitée plus tendrement. Recommandons-la à ce dieu [*Apollon*] protecteur de santé et de sagesse, mais [d'une sagesse] gaie et sociale [*sociable*] :

2145   *Frui paratis et valido mihi,*
    Latoe, dones, et, precor, integra
    Cum mente, nec turpem senectam
    Degere, nec cythara carentem.[2]

[Accorde-moi, fils de Latone, de jouir de mes biens en bonne santé, et, je t'en prie,

2150 avec toutes mes facultés. Fais que ma vieillesse ne soit pas honteuse, et que je puisse toucher la lyre.]

---

1. *Diis [...] imperas :* Horace, *Odes*, III, 6, 5.
2. *Frui [...] carentem :* Horace, *Odes*, I, 31.

Clefs d'analyse

Essai intégral :
« De l'expérience »
(p. 226 à 290)

Compréhension

L'enchaînement des thèmes

- Quel est le rôle du paragraphe des lignes 321-325 dans l'argumentation de Montaigne ? Dans le paragraphe suivant (l. 326-405), relever et commenter une autre phrase de sens voisin.
- Quel thème moral puis politique Montaigne développe-t-il ensuite ?
- Comment en vient-il ensuite à évoquer la médecine, la coutume, sa manière de vivre, sa personne ?
- Quelle question traite-t-il dans les dernières pages du chapitre ?

Réflexion

La faiblesse humaine

- Quelle image de l'homme se dégage de ce chapitre ?

La philosophie contre la nature

- Relever, expliquer et commenter les passages où il est question de la nature.
- Relever, expliquer et commenter les critiques adressées à la philosophie.

L'épicurisme

- Expliquer et commenter l'opinion de Montaigne sur le corps et le plaisir.
- Expliquer et commenter la phrase des lignes 1956-1957.
- Expliquer en quoi consiste la sagesse de Montaigne.

> ### À retenir
> *Contrairement au stoïcisme, l'épicurisme propose à l'homme de trouver le bonheur dans le plaisir et l'absence de souffrance. Pour cela, il doit limiter ses besoins et ses désirs à ceux qui sont naturels et peuvent être facilement satisfaits. Ainsi caractérisé par la sobriété, l'épicurien est un sage. Paradoxalement et abusivement, le sens commun le définit comme un libertin à la recherche de tous les plaisirs.*

Clefs d'analyse

Synthèse

Le « naturalisme » de Montaigne

La pensée de Montaigne, nuancée et mouvante, ne se fige pas en doctrine. On peut pourtant parler de son naturalisme philosophique (bien qu'il se revendique chrétien) dans la mesure où elle élève la nature au rang de référence majeure et se situe délibérément hors du domaine religieux. Sous sa plume, d'ailleurs, les mots « nature » et « Dieu » semblent commutables puisqu'il écrit à la même page aussi bien : « J'accepte de bon cœur, et reconnaissant, ce que nature a fait pour moi » (et il l'appelle « ce grand et tout-puissant donneur ») que : « Pour moi donc, j'aime la vie et la cultive telle qu'il a plu à Dieu nous l'octroyer » (p. 286).

La nature est supérieure aux hommes

« Notre grande et puissante mère nature » (p. 112) a donné aux hommes de quoi vivre heureux : les Indiens du Brésil « jouissent encore de cette uberté [abondance] naturelle qui les fournit, sans travail et sans peine, de toutes choses nécessaires ». Leurs mœurs sont supérieures à celles des Européens parce que « les lois naturelles leur commandent encore, fort peu abâtardies par les nôtres » (p. 113 et suivantes). Par rapport à un état de nature originel et mythique (l'âge d'or des Anciens), la civilisation constitue une dégradation, particulièrement sur le plan moral. Les productions des artisans et des artistes sont aussi jugées inférieures à celles de la nature : « Ce n'est pas raison que l'art gagne le point d'honneur sur notre grande et puissante mère nature ».

Si cette valorisation de la nature représente une arme efficace contre l'ethnocentrisme des Européens, elle permet aussi de combattre l'anthropocentrisme et la présomption, « maladie naturelle et originelle » de l'homme qui croit connaître et dominer le monde, « qui présume de son savoir » mais « qui n'est rien » (voir les extraits 11 et 12).

La nature est un guide

Les lois des hommes sont diverses et variables. « Nature les donne toujours plus heureuses que ne sont celles que nous nous donnons. Témoin la peinture de l'âge doré des poètes, et l'état où nous voyons vivre les nations qui n'en ont point d'autres » (p. 228). La conformité à la nature devient donc un critère de jugement. C'est sur elle que le sage doit régler sa vie : il faut « mener l'humaine vie conformément à sa naturelle condition » (p. 222). Faire confiance à la nature permet de se délivrer des angoisses de la mort (« si vous ne savez pas mourir, ne vous chaille [ne vous en souciez pas], nature vous en informera sur-le-champ », p. 217), de ne pas être dupe de « la vanité de cet art » trompeur qu'est la médecine (p. 265), de jouir raisonnablement des plaisirs de la vie (p. 279).

Guide pour la vie morale, la nature l'est aussi pour l'art, que Montaigne, qui ne se veut pas écrivain professionnel, veut « naturaliser » en l'arrachant à la rhétorique et à l'imitation (« Si j'étais du métier, je naturaliserais l'art, autant comme ils artialisent la nature »). Il se range dans la catégorie des « naturalistes » et veut inventer un style personnel en utilisant librement toutes « les formes de parler » présentes dans le langage commun (p. 35-37).

La nature fonde la personnalité et l'œuvre

La condition humaine mais aussi le tempérament individuel sont des données naturelles qu'il faut respecter : d'où la nécessité du travail sur soi pour bien se connaître. L'écriture des *Essais* se trouve ainsi justifiée, d'autant que l'extrême diversité que la nature a introduite entre les hommes impose à chacun de tirer profit de sa propre expérience : Montaigne est donc fondé à se prendre lui-même comme sujet de son livre.

Synthèse

POUR
APPROFONDIR

Genre, thèmes, langage

L'essai

Le mot désigne un genre littéraire très ouvert, qui appartient à la littérature d'idées : l'essai est un ouvrage en prose dans lequel l'auteur présente librement sa réflexion sur un sujet donné. Sa visée argumentative est très nette, mais son ambition est limitée : l'essai n'expose pas une pensée aboutie et structurée en doctrine, il ne recherche pas l'exhaustivité et autorise l'implication personnelle de l'auteur.

Réflexion personnelle et autoportrait

Cette modestie et cette personnalisation de la réflexion apparaissent bien comme l'héritage direct d'une œuvre dont le titre original était : les *Essais de Messire Michel, seigneur de Montaigne*. Montaigne fait ici l'*essai* de son jugement, il l'exerce sur les sujets les plus divers, et notamment sur lui-même. Dès la deuxième édition, le titre devient : les *Essais, par Michel, seigneur de Montaigne*, comme si le mot *essai* désignait déjà un genre littéraire.

Sous la plume de Montaigne, le mot *essais*, quand il ne fait pas référence à l'œuvre ou à des chapitres, désigne des expériences et particulièrement les productions, toujours remises en cause, d'un esprit au travail : son entreprise se veut modeste et personnelle. Ainsi conçue, l'œuvre apparaît comme un exercice du jugement qui prend comme objet de réflexion l'expérience d'un homme.

De ce fait, elle est aussi un autoportrait, mais inachevé : Montaigne dit de son âme qu'elle ne peut se fixer, étant « toujours en apprentissage et en épreuve », et qu'il ne peut donc présenter de lui un portrait définitif. C'est l'écriture même qui lui permet de se connaître et de prendre forme : forme instable, provisoire, sans cesse modifiée et complétée dans un livre qui n'a pas de fin.

Une relation au lecteur nonchalante

Montaigne a bien conscience de la nouveauté de son projet, qu'il juge propre à choquer un lecteur habitué à des références plus savantes et plus convenues. Il pousse son naturel jusqu'à son terme en plaçant sa personnalité au centre de ses essais : c'est à travers elle qu'il examine l'homme et la société qui l'entoure. Mettant à l'épreuve son intelligence, il confronte son jugement à l'autorité des livres, pourtant souvent sollicités. Il ne s'agit plus, en effet, comme dans les premiers essais, de produire une collection de citations appréciées des lecteurs de l'époque. Sur tous les grands sujets qu'il aborde, la référence de Montaigne, c'est maintenant lui-même et son expérience de la vie.

Ainsi, sa réflexion sur « l'institution des enfants » (p. 135-175) est nourrie de son expérience propre, notamment du contraste entre l'éducation originale et efficace que son père lui a fait donner et les pratiques rébarbatives, voire révoltantes, qu'il a ensuite découvertes au collège. Son jugement sur le service des grands et la conduite des affaires publiques (voir p. 192-210) doit beaucoup à son expérience de maire de Bordeaux et de négociateur pendant les guerres de Religion, mais aussi à un tempérament épris de liberté qui l'amène à ne jamais oublier ce qu'il se doit à lui-même.

« Le jugement est un outil à [*pour*] tous sujets, et se mêle partout » (p. 29). Tout sujet est donc pour Montaigne une occasion d'exercer librement son jugement et de se connaître. Librement, car il consigne ses réflexions, qu'il se plaît à appeler ses « fadaises », sans ordre ni mesure. Le lecteur doit s'accommoder de cette nonchalance, accordée au tempérament de l'auteur et à la modestie de son projet.

Une composition libre

C'est une entreprise difficile, dit Montaigne, « de suivre une allure si vagabonde que celle de notre esprit, de pénétrer les profondeurs opaques de ses replis internes », et qui exclut toute organisation fixée d'avance. C'est pourquoi l'essai constitue une œuvre ouverte, toujours susceptible de s'enrichir d'une citation, d'une réflexion, d'une anecdote, d'une digression. Le lecteur se voit prié de « suivre » le discours sinueux d'un auteur ennemi de toute contrainte, de comprendre ce qu'apportent un détour par l'exemple ou une référence antique, de se plier à une progression thématique très souple.

Pour approfondir

Genre, thèmes, langage

Le titre ne donne souvent qu'une indication incertaine sur le contenu du chapitre : si « De l'institution des enfants » annonce fidèlement le sujet, « Des coches » ne consacre que quelques lignes à ces moyens de transport. La réflexion sur le sujet annoncé par le titre est souvent écartée au profit de l'écriture de soi. On peut être surpris que le thème « De la présomption » entraîne une véritable « confession » de l'auteur ou que celui « De l'expérience » l'amène à décrire son attitude devant la maladie ou à table, à faire son portrait ou à présenter son épicurisme. Une place est faite aussi aux justifications et commentaires de l'auteur appelés par la nouveauté de l'entreprise : il y a dans les *Essais* un discours sur les *Essais*.

On pourrait appliquer à la communication que l'œuvre établit entre l'auteur et le lecteur ce que Montaigne dit de l'échange oral : « La parole est moitié à celui qui parle, moitié à celui qui l'écoute. Celui-ci se doit préparer à la recevoir selon le branle qu'elle prend » (p. 255).

L'écriture du moi

La justification du projet

Dans leur version initiale, les tout premiers essais, composés vers 1572, ne portent pas la marque du dessein de se peindre. Progressivement, les chapitres écrits ultérieurement font entendre un ton plus personnel jusqu'à faire de l'auteur le sujet du livre : « C'est moi que je peins », proclame l'avis qui ouvre la première édition (1580).

Montaigne n'ignore pas que « la coutume a fait le parler de soi vicieux » (p. 48, l. 322). Il joint donc à ce thème personnel un discours justificatif revendiquant sa liberté et son dilettantisme. Il insiste d'abord sur la nouveauté du dessein de « [se] pourtraire au vif » et sur sa modestie : l'avis au lecteur et le chapitre « Du démentir » le destinent à ses « parents et amis » (voir p. 24 et 26). Il attribue ensuite à son autoportrait une valeur universelle puisque « chaque homme porte la forme entière de l'humaine condition » (voir p. 28). La peinture de soi conserve pourtant un caractère personnel et privé et les détails intimes donnés dans le dernier chapitre n'ont d'autre fonction que de montrer « tout entier » l'homme qu'il était.

Par ailleurs, pour qu'on ne le taxe pas d'un orgueil excessif, Montaigne présente dans « De la présomption » une véritable « confession » qui met l'accent sur ses défauts (voir p. 87). L'instabilité de l'homme et de son propre jugement lui interdit aussi d'atteindre ce qui serait l'essence de lui-même et le contraint à reprendre sans cesse ce portrait, son âme étant « toujours en apprentissage et en épreuve » (voir p. 27).

L'idée essentielle reste que cette peinture du *moi* est en réalité un approfondissement du *moi*. Se connaître est pour Montaigne un impératif moral et le fondement de la sagesse : prendre conscience de sa *nature* profonde et l'accepter permet en effet d'accéder à la maîtrise de soi.

Les éléments d'un autoportrait

Montaigne ne laisse rien ignorer de sa « taille un peu au-dessous de la moyenne », « forte et ramassée », de son « visage, non pas gras, mais plein », de son tempérament « entre le jovial et le mélancolique » (ces termes renvoyant à des « humeurs » d'origine organique, selon les conceptions médicales du temps), de sa manière de manger, de boire, de se vêtir, de son pas « prompt et ferme ». Sur sa vie amoureuse, ses confidences sont voilées par le recours à la citation et à l'allusion. Elles sont d'ailleurs porteuses d'une « leçon », qui consiste ici à défendre le plaisir charnel contre les tenants d'une morale austère (chrétienne ou stoïcienne). De même, en donnant des détails sur sa maladie, Montaigne expose une morale naturelle qui accepte les plaisirs de la vie comme les maux qu'elle apporte : « Il faut souffrir doucement les lois de notre condition. »

Il décrit longuement sa personnalité, qui a déterminé le sujet et la forme de son livre, « consubstantiel à son auteur ». La souplesse de la composition et la liberté de ton des *Essais* témoignent que « la liberté et l'oisiveté [...] sont [ses] maîtresses qualités ». Ce refus de toute contrainte se manifeste aussi dans sa vie, jusqu'au sein de sa famille. On lui reproche son individualisme, il fait valoir les qualités qui l'accompagnent : le respect de soi-même, la franchise, la loyauté

Pour approfondir

dans les négociations politiques, le refus de se faire l'esclave des rois et des grands, la souplesse et l'ouverture d'esprit, essentielles à l'honnête homme. En outre, une conscience aiguë des limites et de l'instabilité de son jugement lui fait adopter en toute chose une attitude modérée : le rejet du fanatisme et de la violence n'était pas une mince qualité à l'époque des guerres de Religion.

« *La culture de l'âme* »

La singularité de Montaigne découle donc essentiellement de l'attention qu'il se porte à lui-même et de la fidélité à sa personnalité, présentée comme une donnée naturelle. C'est par là, en effet, qu'il se distingue des aristocrates de son temps, « gens qui ont peu de soin de la culture de l'âme, et auxquels on ne propose pour toute béatitude que l'honneur, et pour toute perfection que la vaillance » (voir p. 94). Pour lui, la grandeur de l'homme s'exerce moins dans l'héroïsme guerrier que dans « la médiocrité », dans la conduite ordinaire de sa vie. Le sage trouve d'ailleurs dans la vertu une forme de bonheur : « Ce n'est pas un léger plaisir de se sentir préservé de la contagion d'un siècle si gâté » (III, 2). À ce bonheur, s'ajoute celui qu'il tire de la connaissance de soi, Montaigne limitant son ambition à « savoir jouir loyalement de son être » (voir p. 290).

Se connaître, c'est aussi mettre à l'épreuve son jugement, notamment en le confrontant à celui des autres. La conscience de l'instabilité du monde et de la diversité infinie des coutumes le conduit ainsi à « juger par la voie de la raison, non par la voix commune » (p. 108). Contre les préjugés ethnocentriques de ses compatriotes, « enivrés de cette sotte humeur de s'effaroucher des formes [*façons de vivre*] contraires aux leurs », il affirme les bienfaits du voyage et du dépaysement (voir p. 104).

L'écriture de soi conduit enfin Montaigne à se confronter à lui-même : ayant rendu publiques ses mœurs et ses valeurs, il doit veiller à ne pas les démentir dans ses actes. C'est une autre justification morale de l'écriture de soi, qui amène l'auteur à agir en permanence sous le regard vigilant d'un juge qu'il s'est lui-même donné : le public.

Pour approfondir

Morales de Montaigne

▌Idéal humaniste et esprit critique

Les humanités constituent le socle sur lequel Montaigne construit sa réflexion, et il ne se lasse pas de chercher dans l'Antiquité des pensées et des anecdotes pouvant illustrer ou justifier ses propres jugements. Le courage, la grandeur d'âme, la franchise et la loyauté, la générosité, le bien commun, mais aussi la liberté, le plaisir et le loisir antique, la modération sont les valeurs traditionnelles sur lesquelles se fondent le jugement de Montaigne et qu'il célèbre, par exemple, dans la description idéalisée qu'il donne des Cannibales (voir p. 113 et suivantes).

Cette constante référence aux valeurs et aux idéaux antiques le conduit à critiquer ses contemporains, qui les ont réduits à des mots. Dans les deux camps, les partisans des guerres civiles justifient le massacre et la trahison par la justesse de leur cause, alors que la justice n'admet ni la colère ni la haine : « ils attisent la guerre, non parce qu'elle est juste, mais parce que c'est guerre ». Montaigne dénonce une corruption générale dont témoignent la vie privée des contemporains, mais aussi la conduite des rois : « continuellement corrompu[s] » par leur entourage, ils auraient bien besoin d'un conseiller sincère et désintéressé comme Montaigne, qui, contrairement aux courtisans, aurait « dit ses vérités à [son] maître et contrôlé ses mœurs » (III, 13).

La même condamnation pèse sur la justice, « un vrai témoignage de l'humaine imbécillité [*faiblesse*], tant il y a de contradiction et d'erreur » (voir p. 233), et sur l'éducation, dispensée dans des collèges d'où les élèves sortent pires qu'ils n'y étaient entrés.

▌Un scepticisme raisonné

La conscience d'une dégradation constante de l'humanité conduit Montaigne à préférer l'état très imparfait de sa société aux réformes qui promettent de l'améliorer. Ce conservatisme se fonde sur plusieurs constats : l'instabilité du monde, la diversité infinie des coutumes, la faiblesse de la raison, que chacun peut plier à sa cause,

Pour approfondir

ce qui interdit l'accès à une vérité définitive et universelle dans le domaine de la science.

Dans les domaines sensibles que constituent la politique et la religion, Montaigne se montre particulièrement prudent. Il assimile tout changement dans l'organisation politique existante à un trouble dangereux aux conséquences imprévisibles : la sagesse exige donc « de ne changer aisément une loi reçue », de se montrer fidèle à la monarchie et au monarque légitime, de condamner toute rébellion, et notamment celle des protestants qui, pour imposer leur religion, ont renversé la paix publique. Montaigne refuse les querelles théologiques et adopte la religion de son pays. Il proclame sans cesse sa foi dans le dieu chrétien tout en affirmant qu'il n'appartient pas à la raison de le justifier, que cette religion elle-même est contingente.

▌Vers les Lumières

Ce scepticisme raisonné le conduit à adopter des positions qui font de lui un précurseur des philosophes des Lumières. Sa fidélité déclarée à l'Église ne l'empêche pas de se ranger du côté des « politiques », partisans de la conciliation entre les catholiques et les protestants (voir son éloge de Michel de l'Hospital p. 97). Il exprime ses réserves vis-à-vis des miracles récents et son hostilité aux procès en sorcellerie (dans un chapitre prudemment intitulé « Des boiteux »). Il revendique l'autonomie de la littérature par rapport à la religion et récuse le jugement de l'Église sur ses *Essais* : « Je propose les fantaisies [opinions] humaines et miennes, simplement comme humaines fantaisies, et séparément considérées, non comme arrêtées et réglées par l'ordonnance céleste » (« De la prière », I, 56). Il dénonce l'usage que la justice du temps fait de la torture et des supplices (dans « De la cruauté », II, 11).

La confrontation des cultures et des points de vue lui procure une ouverture d'esprit qui l'amène à rejeter la hiérarchisation des peuples et des civilisations, qui allait pourtant de soi à son époque. La notion de nature transcende les différences culturelles, qui sont

Pour approfondir

présentées comme secondaires, et ruine ainsi les fondements de l'ethnocentrisme européen : « C'est une même nature qui roule son cours » (II, 12). Ce relativisme et ce naturalisme conduisent aussi Montaigne, qu'on ne saurait pourtant qualifier de « féministe », sur la voie d'un réexamen des relations entre hommes et femmes : « Je dis que les mâles et femelles sont jetés en même moule ; sauf l'institution et l'usage, la différence n'y est pas grande » (III, 5). Dans tous les cas, sa position est celle d'un humaniste qui voudrait persuader chacun de « faire bien l'homme et dûment [*comme on doit*] ».

Une sagesse humaine

Nulle spiritualité n'est perceptible dans les *Essais*, même quand il est question de la mort. Montaigne développe une pensée laïque et limite l'autorité de l'Église aux dogmes religieux. Il ne reconnaît qu'une instance régulatrice, la nature, « ce grand et tout-puissant donneur » auquel il exprime soumission et gratitude : « Tout bon, il a fait tout bon » (voir p. 286). Source de richesses et de plaisirs, elle apparaît comme une mère et la sagesse commande de vivre selon ses lois : « Nature est un doux guide » (p. 287). C'est ce que font les prétendus « sauvages » alors que les Européens connaissent une véritable dégénérescence morale pour l'avoir oublié (voir p. 112). La pensée de Montaigne, sur ce point, relève d'un naturalisme philosophique, que Diderot a développé et systématisé dans le *Supplément au voyage de Bougainville*.

Cela conduit à une acceptation lucide de la condition humaine et à lever le discrédit que le christianisme a jeté sur le corps. L'impassibilité des stoïciens, le refus des passions et des plaisirs ne conviennent pas à Montaigne, partisan d'un épicurisme modéré. La juste connaissance de soi et de « la mesure de l'homme » permet de « jouir loyalement de son être », c'est-à-dire conformément aux lois de la nature, et sans excès.

La modération est en effet pour Montaigne la vertu la plus nécessaire et la plus difficile, celle qui manque le plus aux hommes. L'excès même de vertu, comme l'excès de philosophie, est condamnable,

Pour approfondir

selon la sentence de saint Paul que Montaigne avait fait inscrire en latin dans sa bibliothèque : « Ne soyez pas plus sages qu'il ne faut, mais soyez sobrement sages » *(Épître aux Romains)*. Cette exigence de mesure convient à la faiblesse humaine.

L'art de persuader

Les *Essais* ont aussi une visée argumentative, dans la mesure où ils constituent un exercice de la pensée et présentent une réflexion sur des comportements, des valeurs, des faits historiques ou sociaux. L'auteur y recourt à tout l'éventail des usages et des figures de la langue pour persuader le lecteur.

Le recours à l'anecdote

Ses « Mémoires », même parcellaires, offrent l'occasion à Montaigne d'invoquer sa propre expérience pour étayer sa pensée, donnant ainsi à une opinion le crédit d'un fait vrai. Une bonne partie de sa réflexion sur la mort est fondée sur l'expérience de sa chute de cheval et de l'évanouissement, racontée et analysée en détail : « ce conte d'un événement si léger est assez vain, n'était l'instruction que j'en ai tirée pour moi ; car à la vérité pour s'apprivoiser à la mort, je trouve qu'il n'y a que de s'en avoisiner » (voir p. 47). De même, le récit de sa conversation avec les Indiens a pour fonction de montrer la supériorité intellectuelle et morale des « sauvages » (voir p. 122). Le « conte » acquiert ici la valeur d'un apologue : il est porteur d'une leçon explicite.

C'est aussi le cas des anecdotes savantes empruntées aux Anciens, comme celle qui ouvre le chapitre « Des Cannibales » : en quelques lignes, et sous une forme canonique, Montaigne rapporte la scène puis formule la morale qui en découle (« Voilà comment il se faut garder de s'attacher aux opinions vulgaires »).

Dans « De l'utile et de l'honnête », il multiplie les exemples antiques qui invitent à ne pas confondre la politique et la morale et donc à ne pas accepter la trahison et la cruauté comme un moyen de gouvernement juste. Mais, pour montrer que l'homme doit « conduire l'homme selon sa condition » et ne pas mépriser les soins de son corps, il sait aussi trouver un argument dans la concision grotesque d'une fable d'Ésope : « Ésope, ce grand homme, vit son maître qui pissait en se promenant : "Quoi donc, fit-il, nous faudra-t-il chier en courant ?" Ménageons le temps ; encore nous en reste-t-il beaucoup d'oisif et mal employé » (p. 289).

▌ Les figures de rhétorique

La pensée de Montaigne, à la fois nuancée et forte, s'exprime souvent par de nombreuses figures de rhétoriques. En voici quelques exemples :

– **La métaphore filée** et **la redondance** persuadent le lecteur en le prenant dans un réseau serré de références familières : « Il faut ordonner à l'âme non de se tirer à quartier [*à l'écart*], de s'entretenir à part, de mépriser et abandonner le corps (aussi ne le saurait-elle faire que par quelque singerie contrefaite), mais de se rallier à lui, de l'embrasser, le chérir, lui assister, le contrôler, le conseiller, le redresser et ramener quand il [*se*] fourvoie, l'épouser en somme et lui servir de mari, à ce [*afin*] que leurs effets ne paraissent pas divers et contraires, ains [*mais*] accordants et uniformes » (p. 71).

– **L'oxymore** exprime de façon concise une pensée subtile : « on peut être humble de gloire » (p. 63) ; l'éducation des enfants doit être conduite avec « une sévère douceur » (p. 160).

– **La paronomase** est aussi propre à l'expression de formules frappantes, surtout quand elle est combinée avec la symétrie (« Voici mes leçons. Celui-là y a mieux profité, qui les fait, que qui les sait. Si vous le voyez, vous l'oyez ; si vous l'oyez, vous le voyez » (p. 163) ou le paradoxe (« s'accuser serait s'excuser en ce sujet-là ; et se condamner, ce serait s'absoudre » (p. 91).

– **Le paradoxe** est souvent au service de la pointe satirique, de l'ironie sarcastique : « Qui n'est que parricide en nos jours, et sacrilège, il est homme de bien et d'honneur » (p. 79).

– **Les néologismes** et les emprunts à la langue populaire ou régionale jouent efficacement leur partie dans le registre polémique pour discréditer un professeur : « un de ses latineurs de collège »

Pour approfondir

(p. 164) ou un pédant : « Mon vulgaire [*dialecte*] périgourdin appelle fort plaisamment "lettreferits" ces savanteaux, comme si vous disiez "lettres-férus", auxquels les lettres ont donné un coup de marteau, comme on dit » (p. 129).

▌ *L'art de la formule*

Les *Essais* fourmillent de maximes qui allient le travail de la forme (par la concision, les figures : symétrie, parallélisme) à l'exactitude de la pensée. Certaines formules sont passées en proverbes (« plutôt la tête bien faite que bien pleine » – p. 141) ; beaucoup d'autres retiennent l'attention du lecteur, qui se prend à les relire pour mieux les goûter et les méditer. En voici cinq exemples rapidement commentés :

– « Un honnête homme, c'est un homme mêlé » (p. 104) : la métaphore assure la concision et l'expressivité de cette sentence qui célèbre l'ouverture d'esprit, le sens de la relativité et condamne l'ethnocentrisme.

– « On doit ensucrer les viandes [*nourritures*] salubres à l'enfant, et enfieller celles qui lui sont nuisibles » (p. 161) : en renvoyant à une expérience familière (l'enfant aime ce qui est sucré et non ce qui est amer), la métaphore filée (nourriture/savoir), le parallélisme et l'antithèse rendent plus naturel le principe pédagogique selon lequel il faut associer le plaisir à l'éducation.

– « Le vrai miroir de nos discours [*pensées*] est le cours de nos vies » (p. 163) : la paronomase (*discours/cours*) souligne l'opposition implicite entre les paroles et les actes à propos de la vertu.

– La mort, « c'est bien le bout, non pourtant le but de la vie » (p. 218) : la paronomase (*bout/but*) oppose deux attitudes, la première étant présentée comme naturelle, la deuxième comme contraire au bon sens (qui peut penser que l'on vit *pour* mourir ?).

– « Il n'y a rien d'inutile en nature, non pas l'inutilité même » (p. I93) : le polyptote (reprise de *inutile* par *inutilité*) et le paradoxe soulignent le fait que la nature s'impose à l'homme comme un ordre supérieur qu'il est vain de vouloir modifier.

Pour approfondir

L'œuvre : origines et prolongements

La lente élaboration des Essais

▌L'œuvre d'une vie

EN HOMME dont « la liberté et l'oisiveté [...] sont [les] maîtresses qualités » (III, 9), Montaigne vend sa charge de conseiller au parlement de Bordeaux peu après la mort de son père, qui fait de lui l'héritier du domaine : il entend se ménager une « retraite » où il puisse ne vivre que pour lui. Une tour de son château, qui réunit une chapelle, une chambre et une « librairie » (une bibliothèque), devient le lieu privilégié où il peut dialoguer avec les auteurs qu'il aime et avec lui-même : « avoir chez soi où être à soi » (III, 3), c'est pour lui la condition du bonheur.

IL A DÉCIDÉ de se vouer aux lettres, mais en toute indépendance : Montaigne répétera souvent qu'il n'est pas « du métier » (« mon métier et mon art, c'est vivre »). Jusque-là, il n'a publié que la traduction de la *Théologie naturelle* de Raymond Sebond. Il va donc mettre environ huit ans pour composer ce qui deviendra les deux premiers livres des *Essais*, en 1580. Pendant les douze dernières années de sa vie, il leur adjoint un troisième livre (1588) et de très nombreuses additions qu'il n'a pas le temps de mettre en ordre. Il a ainsi consacré, avec des interruptions (le grand voyage en Allemagne et en Italie de 1580-1581, les années d'activité politique en 1581-1585), une vingtaine d'années de sa vie à l'élaboration de ces *Essais*, dont il parle avec tant de modestie (« des fantaisies informes et irrésolues », « cette fricassée que je barbouille ici »). Rares sont les écrivains qui s'accomplissent en une seule œuvre, mais c'est ici une œuvre somme, l'œuvre d'une vie, toujours en mouvement comme elle, et que seule la mort pouvait interrompre.

▌L'inspiration stoïcienne des premiers essais (1572)

LA PLUPART des chapitres du livre I sont assez courts (certains occupent une seule page) et mêlent, sur divers sujets, réflexions personnelles et compilations de pensées et d'anecdotes singulières ou exemplaires que Montaigne, selon une pratique courante à son époque, a tirées de ses lectures. Ainsi, le chapitre 34 juxtapose huit anecdotes pour montrer que « La fortune se rencontre souvent au train de la raison », c'est-à-dire que le hasard produit souvent de meilleurs effets que la volonté des hommes. L'auteur y fait montre d'une sagesse élevée inspirée du stoïcisme de Sénèque, il exalte la vertu antique dont ses contemporains n'ont conservé que le mot : « Ce siècle auquel nous vivons, au moins pour notre climat, est si plombé [*grossier*] que, je ne dis pas l'exécution, mais l'imagination même de la vertu en est à dire [*y manque*] ; et semble ce ne soit autre chose que jargon de collège » (I, 37). Mais il accorde peu de poids à la raison humaine, fondement de l'attitude stoïcienne : notre conduite doit davantage à la coutume et, devant la diversité infinie des lois, le mieux est de s'en tenir à celles de son pays (I, 23).

Le scepticisme des essais suivants (1572-1574)

Cette mise en doute de la raison se développe dans les chapitres 2 à 6 du livre II et, pour une part, dans l'« Apologie de Raymond Sebond » (II, 12). Le relativisme et le scepticisme déjà perceptibles dans les premiers chapitres s'y exposent explicitement : Montaigne adopte à cette époque la devise du philosophe sceptique Pyrrhon, « Que sais-je ? ». C'est essentiellement pour lui le moyen de rabaisser l'orgueil humain. Recherchant une sagesse moins ambitieuse, plus pratique, il fonde aussi sa réflexion sur des faits quotidiens et sur son expérience personnelle ; il en tire une « instruction », qui vaut pour lui-même et pour son lecteur, par exemple quand il montre comment « s'apprivoiser à la mort » (voir p. 47).

Le choix de l'écriture de soi (1578-1580)

L'articulation entre l'expérience d'un homme et sa réflexion morale devient ensuite systématique. Plus longs, les chapitres autorisent des développements personnels : « Je veux représenter le progrès de mes humeurs », écrit Montaigne dans un chapitre au titre très général, « De la ressemblance des enfants aux pères », où il décrit sa maladie et son attitude face à la médecine. À propos de « la présomption », il présente un véritable portrait de lui-même, qu'il qualifie de « confession » (p. 87). Le chapitre sur « l'institution des enfants » est l'occasion d'évoquer son enfance et de rendre hommage à son père (voir p. 170). Montaigne met l'accent sur ce que son entreprise a de personnel : « je me suis présenté moi-même à moi, pour argument [*matière*] et pour sujet. C'est le seul livre au monde de son espèce, un dessein farouche et extravagant » (« De l'affection des pères aux enfants »). Au moment de publier enfin ses *Essais*, dans l'avis « Au lecteur » de 1580, il déclare n'avoir pas d'autre but que de se peindre pour laisser à ses parents et à ses amis « aucuns [*quelques*] traits de ses conditions et de ses humeurs ».

Il est difficile, pour le lecteur d'aujourd'hui, de mesurer ce qu'étaient exactement les *Essais* de 1580. Ces deux premiers livres ont été en effet enrichis, lors des éditions ultérieures, de nombreuses additions qui ont modifié profondément certains chapitres.

Les Essais de 1588

En 1588, Montaigne publie à Paris, chez un grand éditeur, une édition comprenant les livres I et II pourvus de « six cents additions » et de treize nouveaux chapitres (livre III).

La peinture du *moi* et l'expérience personnelle y deviennent dominantes. Les additions sont souvent des confidences et des réflexions inspirées par des événements importants de sa vie : son voyage, son activité de maire, la peste de 1585, sa position difficile de modéré loyaliste et de négociateur pendant les guerres civiles. Son portrait se fait de plus en plus complet et intime, incluant des détails qui peuvent paraître de peu d'importance concernant sa maladie ou ses manières de table. En outre, les *Essais* se doublent d'un discours sur les *Essais*, sous la forme d'avertissement au début des chapitres 2, 8, 9, ou de réflexions éparses : il y commente son projet, ses emprunts (voir p. 33), son style (voir p. 35) ou la composition de ses chapitres (voir p. 31).

Moraliste, Montaigne peint aussi, à travers lui, « l'honnête homme », doté de qualités morales et sociables qui lui font appré-

Pour approfondir

cier les plaisirs que donnent l'amitié, la fréquentation des femmes et des livres et la conversation. Il définit des valeurs et une attitude devant la vie : la liberté, la confiance en la nature, la connaissance de soi, l'aptitude à jouir de la vie, la modération. Il y brosse enfin un tableau plus sombre de son époque : ainsi, alors qu'en 1580 dans « Des Cannibales » il usait de l'ironie et du relativisme pour renverser ironiquement le préjugé ethnocentrique de ses contemporains et valoriser les Indiens du Brésil, en 1588, dans « Des coches », il recourt au registre pathétique pour dénoncer le génocide que les Européens ont perpétré en détruisant les civilisations précolombiennes (voir p. 106).

▌Les ultimes additions (1588-1592)

À L'APPROCHE DE LA MORT, ce n'est pas dans des expériences nouvelles mais dans ses lectures que Montaigne trouve matière à réflexion. Il consigne ainsi dans un exemplaire de l'édition de 1588 un millier d'additions, dont un quart de confidences personnelles. Il procède aussi à des modifications, contrairement à ce qu'il affirmait en 1588 (« J'ajoute, mais je ne corrige pas » – III, 9). Cette troisième strate de l'œuvre, distribuée dans les trois livres, accentue souvent l'impression de désordre que donne la composition des chapitres. Parfois, elle éclaire le projet de Montaigne, comme ces quatre pages ajoutées d'un bloc à la fin du chapitre « De l'exercitation » pour expliciter et justifier l'inspiration personnelle de ses *Essais* (voir p. 48-51).

C'EST PROBABLEMENT à partir d'une copie imparfaite (qui n'a pas été retrouvée) de l'exemplaire de 1588 annoté par Montaigne que sa « fille d'alliance », Marie de Gournay, a publié l'édition posthume de 1595.

Les éditions modernes des Essais

LA DÉCOUVERTE à Bordeaux, au début du xxe siècle, de l'exemplaire des *Essais* de 1588 sur lequel Montaigne avait noté les additions et les corrections qu'il voulait apporter à ses *Essais* a permis de constater les imperfections de l'édition de 1595. L'inachèvement (relatif) de l'œuvre oblige donc les éditeurs modernes à faire des choix.

Pour approfondir

ON PEUT PRENDRE comme base « l'exemplaire de Bordeaux », comme Pierre Villey, dont l'édition de référence (1930, collection « Quadrige », PUF, 1992) fait apparaître les trois « strates » de 1580, 1588 et 1592 et, pour la commodité de la lecture, divise en paragraphes le texte de Montaigne, qui n'en comportait quasiment pas. André Tournon (Imprimerie nationale, 1998) se veut encore plus fidèle en restituant la ponctuation et les majuscules indiquées par Montaigne afin de préserver ce qu'il appelait lui-même, dans une note destinée à son éditeur, « un langage coupé », c'est-à-dire fortement rythmé.

ON PEUT AU CONTRAIRE, comme Jean Céard (La Pochothèque, 2001) ou Jean Balsamo (« Bibliothèque de La Pléiade », 2007), reprendre l'édition de 1595 en rappelant que c'est dans cette version que les *Essais* ont été lus pendant plus de deux siècles. L'édition de La Pochothèque facilite l'accès à l'œuvre en modernisant l'orthographe.

Réception et prolongements

▌Montaigne et les moralistes du XVIIᵉ siècle

LA PLACE CENTRALE que Montaigne accorde à l'écriture de soi heurte les chrétiens austères du XVIIᵉ siècle : dans ses *Pensées*, Pascal lui a ainsi reproché « le sot projet qu'il a eu de se peindre ! et cela non pas en passant, et contre ses maximes, comme il arrive à tout le monde de faillir ; mais par ses propres maximes et par un dessein premier et principal ». Il n'en a pas moins repris le tableau pessimiste que Montaigne, dans sa période sceptique, fait de la condition humaine (voir les extraits 11 à 13 de l'« Apologie de Raymond Sebond ») en l'accentuant pour montrer la misère de l'homme sans Dieu, privé de la vraie justice, trompé par ses sens et son imagination.

TOUTEFOIS, à en croire le romancier Charles Sorel, les *Essais* plaisaient aux esprits cultivés du XVIIᵉ siècle : « cet ouvrage a tant de cours, et [...] on rencontre souvent l'occasion d'en parler ». On aimait sa hardiesse, sa lucidité, sa hauteur de vue et l'originalité de sa

Pour approfondir

L'œuvre : origines et prolongements

réflexion. La forme libre, incisive, fragmentaire qu'adopte la pensée de Montaigne sur l'homme et la société de son temps trouve ainsi un écho dans les œuvres des moralistes classiques : La Rochefoucauld, dans ses *Maximes* et ses *Réflexions diverses*, et La Bruyère, qui va même jusqu'à imiter la langue ancienne et ondoyante des *Essais* quand il écrit dans un passage de ses *Caractères* : « Je ne puis me forcer et contraindre pour quelconque à estre fier » (« De la société et de la conversation », 30).

L'intérêt des philosophes des Lumières

Au XVIIIᵉ SIÈCLE, l'indépendance d'esprit de Montaigne, son relativisme, son aptitude à raisonner et à rejeter les préjugés, son épicurisme modéré conviennent aux philosophes. Voltaire apprécie « le charmant projet que Montaigne a eu de se peindre naïvement, comme il l'a fait ! Car il a peint la nature humaine. Si Nicole et Malebranche avaient toujours parlé d'eux-mêmes, ils n'auraient pas réussi. Mais un gentilhomme campagnard du temps de Henri III, qui est savant dans un siècle d'ignorance, philosophe parmi les fanatiques, et qui peint sous son nom nos faiblesses et nos folies, est un homme qui sera toujours aimé » (*Lettres philosophiques*, XXV, « Sur les *Pensées* de M. Pascal », 1734-1748). On aime rencontrer l'homme dans son œuvre. Montaigne ouvre la voie à l'écriture de soi : Rousseau entreprend à son tour de se peindre dans ses *Confessions*, qu'il veut plus sincères que les *Essais*. Il poursuit en fait un projet différent : il cherche à se faire connaître et à se justifier quand Montaigne ambitionnait de se connaître.

Diderot salue sa liberté de parole dans un passage de *Jacques le Fataliste* démarqué de « Sur des vers de Virgile » (*Essais*, III, 5). Il systématise la vision idéalisée que Montaigne a donnée des « sauvages » (« Des Cannibales », p. 108) dans le *Supplément au voyage de Bougainville*, où il fait l'éloge des mœurs des Tahitiens fondées sur la nature. Ce mythe du Bon Sauvage se développe aussi dans le *Discours sur l'inégalité* de Rousseau.

Montaigne et les réalistes du XIXᵉ siècle

AU XIXᵉ SIÈCLE, il apparaît nettement que l'intérêt pour la personnalité de Montaigne est indissociable de celui que suscite son œuvre, et c'est une relation intime qui s'établit entre le lecteur et l'auteur de cette œuvre originale, mêlant réflexion philosophique et autoportrait. Flaubert s'exclame ainsi : « je suis ébahi, souvent, de trouver l'analyse très déliée de mes moindres sentiments ! Nous avons mêmes goûts, mêmes opinions, même manière de vivre, mêmes manies. — Il y a des gens que j'admire plus que lui, mais il n'y en a pas que j'évoquerais plus volontiers, et avec qui je causerais mieux » (lettre à Louise Colet, 28 octobre 1853).

DE MÊME, LE JEUNE ZOLA trouve dans les *Essais* « une philosophie essence de toutes les philosophies » et se plaît dans la compagnie de Montaigne : « C'est là l'homme qu'il me fallait : point de pédantisme, point de ces grands mots qui m'effarouchent, une raison droite, parfois railleuse, toujours élevée. Il n'est pas jusqu'à son style, ce bon vieux style français, qui ne m'attache à lui ; j'aime cette lecture libre, cette grammaire, cette orthographe si peu stables ; j'aime ces tournures singulières mais justes, ces phrases mal polies, contournées et bizarres mais puissantes et toujours vraies » (lettre à J.-B. Baille, 10 juin 1861). Plus tard, c'est à Montaigne qu'il emprunte le mot *naturalisme* pour désigner le mouvement artistique dont il se fait le héraut et qui privilégie la fidélité à la nature et la personnalité de l'artiste.

La tradition de l'essai « montaignien »

L'ŒUVRE DE MONTAIGNE présente le paradoxe d'être à la fois unique (indissociable de la personne de son auteur) et fondatrice d'un genre.

EN CHOISISSANT de donner libre cours à sa réflexion et de se prendre comme objet d'étude, en rejetant tout modèle littéraire et même tout *art*, assimilé à un *artifice*, Montaigne, justement parce qu'il refuse d'être « du métier », a inventé un genre qui, aujourd'hui

Pour approfondir

L'œuvre : origines et prolongements

encore, porte sa marque. Philippe Sollers, écrivain et directeur de collection chez Gallimard, le confirme : « Le mot *essai* est surplombé en français par Montaigne. [...] Les essais que je publie n'ont rien de scolaire ni d'universitaire. [...] ce qui compte pour moi, c'est avant tout le style de l'auteur et son engagement personnel dans la pensée qu'il est amené à développer ». Il parle aussi d'essai « au sens montaignien du terme, c'est-à-dire d'essai sur soi, d'essai de réflexion sur sa propre vie » (« La tradition des essais aux éditions Gallimard », *Les Mots du cercle*, août-septembre-octobre 2001).

LE GENRE DE L'ESSAI a été illustré notamment par Alain dans ses « propos », courtes réflexions conduites pendant des années par un professeur de philosophie qui s'est gardé de tout système : comme Montaigne, il exerce librement son jugement sur des situations réelles en retouchant continuellement sa pensée puisque, comme lui, il se défie des connaissances établies et des certitudes : « Le doute est le sel de l'esprit ; sans la pointe du doute, toutes les connaissances sont bientôt pourries » *(Propos sur les pouvoirs)*.

L'œuvre : son courant, ses tendances

La renaissance des arts et de la poésie

Elle est favorisée par les échanges avec l'Italie, facilités par les guerres, le séjour de Français en Italie (Rabelais, Marot, du Bellay, Montaigne) ou d'artistes italiens en France (le Primatice, Léonard de Vinci), la diffusion des livres (plus de cent cinquante mille titres au XVIe siècle), parmi lesquels les traductions des grandes œuvres antiques mais aussi récentes (les sonnets de Pétrarque, l'*Éloge de la folie* d'Érasme, *Le Prince* de Machiavel).

La monarchie voit dans l'art le moyen d'affirmer son prestige et l'architecture connaît une véritable révolution, dont témoignent les châteaux de la Loire, de Fontainebleau ou le Louvre et les églises (à Paris, Saint-Eustache ou la façade et le jubé de Saint-Étienne-du-Mont). À Fontainebleau se développe un art de cour raffiné qui fait une place au nu (Jean Cousin, *Eva Prima Pandora*), au portrait (François Clouet, *Portrait équestre de François Ier*), à la peinture historique et allégorique (Antoine Caron, *Les Massacres du triumvirat*).

Une floraison d'œuvres poétiques se produit autour de la Pléiade (Ronsard, *Les Amours*, les *Odes* ; du Bellay, *Les Antiquités de Rome*, *Les Regrets*) et de l'école lyonnaise (Maurice Scève, *Délie* ; Louise Labé, *Sonnets*). Par leur lyrisme, leurs références érudites ou leur élaboration formelle, elles représentent aujourd'hui la poésie de la Renaissance.

Montaigne admire ces poètes : « Il me semble aussi de la poésie qu'elle a eu sa vogue en notre siècle. [...] Quant aux Français, je pense qu'ils l'ont montée au plus haut degré où elle sera jamais ; et aux parties en quoi Ronsard et du Bellay excellent, je ne les trouve guère éloignés de la perfection ancienne [antique] ». Il vit dans un château que son père a fait aménager selon le goût du temps en rentrant des guerres d'Italie.

Le développement de l'esprit critique

Il est favorisé par l'élargissement des connaissances qui se produit alors. L'héliocentrisme de Copernic (1473-1543) remet en cause la place de l'homme dans l'univers et la validité scientifique des Écritures. L'exploration géographique et ethnographique du Nouveau Monde met à mal les préjugés des Européens. Montaigne lit les récits de voyage de Jean de Léry et d'André Thevet, il rencontre des Indiens à Rouen et compare avantageusement leurs mœurs à celles de ses contemporains (voir p. 122). La confrontation des cultures peut conduire au relativisme et même au scepticisme.

Deux humanistes issus de l'Église, le Hollandais Érasme (*Éloge de la folie*, 1511) et le Français Rabelais, souhaitent épurer la religion catholique de ses nombreux abus : les théologiens, les moines, le culte des saints et les pèlerinages font l'objet d'une violente satire. Ils voudraient revenir à une pratique du christianisme à la fois plus personnelle et plus authentique par la lecture, la méditation et l'imitation des Évangiles et des Pères de l'Église (comme saint Paul) : cet *évangélisme* conduit à la Réforme protestante.

Montaigne, grâce à sa fortune personnelle, jouit d'une indépendance qui convient à son humeur et qui lui permet d'être à la fois gentilhomme ordinaire de la chambre de Charles IX (catholique) et du roi de Navarre (protestant). Il exerce librement son jugement dans ses *Essais* et, quand il défend la religion du roi, c'est sans excès de zèle : « Nous sommes chrétiens comme nous sommes périgourdins » (II, 12), non en raison de la supériorité de cette religion. L'Église lui reproche d'employer les mots « fortune, destinée, accident, heur et malheur, et les dieux » sans se référer au dogme de la providence : il maintient sa rédaction et se revendique « laïque ».

Les limites à la liberté d'expression et de conscience

Il est pourtant dangereux de s'affranchir des dogmes et des pratiques de l'Église catholique. Depuis l'affaire des Placards (en 1534, des affiches calvinistes apposées à Paris et au château d'Amboise s'en prenaient au dogme catholique de la *transsubstantiation*), François Ier et plus encore Henri II veulent que la religion du roi soit celle du royaume ; en 1559, le conseiller au parlement Anne Du Bourg est pendu et brûlé pour avoir protesté contre les persécutions dont sont victimes les protestants. Après l'exécution des conjurés protestants d'Amboise (1560) et la tuerie de Wassy (1562) perpétrées par François de Guise (catholique), débute une guerre de trente-six ans interrompue par de brèves périodes de pacification et marquée par des actes si horribles (dont les massacres de la Saint-Barthélemy, en 1572) que Montaigne juge les chrétiens de son temps plus barbares que les Cannibales du Brésil (voir p. 117).

Écrivains et humanistes ne sont pas épargnés. Le poète Marot, proche des protestants, doit s'exiler en Italie. La Sorbonne, alors faculté de théologie et tribunal ecclésiastique, condamne *Gargantua*, et Rabelais juge prudent d'accompagner à Rome le cardinal Jean Du Bellay en qualité de médecin. Quand il réédite son œuvre, il atténue (au moins verbalement) ses attaques contre l'Église : les « sorbonagres » deviennent des « sophistes », les « régents théologiques » des « régents antiques ». En 1546, l'humaniste Étienne Dolet, éditeur de Marot et de Rabelais et traducteur du Nouveau Testament, qui, en 1536, se félicitait du « triomphe des lettres », est arrêté pour avoir diffusé des livres évangéliques, accusé d'hérésie et d'athéisme puis brûlé avec ses livres à Paris.

L'humaniste et le roi

Les humanistes confèrent à la littérature une visée didactique (morale, religieuse ou politique). Dans la première moitié du siècle, ils font volontiers la leçon au roi. Érasme, dans son *Éloge de la folie* puis dans *L'Institution du Prince chrétien* (1516), rappelle qu'il doit oublier ses intérêts privés et rechercher le bien du peuple et que l'Évangile lui commande de maintenir son royaume en paix. Par le biais de l'apologue et de la satire, Rabelais oppose au tyran féodal Picrochole deux figures de rois philosophes et humanistes, Grandgousier et Gargantua. L'Anglais Thomas More définit une société parfaite (*L'Utopie*, 1516) : utopie morale où les hommes trouvent le bonheur dans la modération de leurs désirs et dans l'étude, mais aussi utopie politique où la propriété privée n'existe pas et où le prince gouverne sous le contrôle de lettrés. La Boétie compose son *Discours de la servitude volontaire*, violent pamphlet contre la tyrannie.

Pour approfondir

L'œuvre : son courant, ses tendances

La question du rapport au pouvoir se pose avec une acuité d'autant plus grande que les « guerres de Religion » comportent aussi des aspects politiques : elles opposent des grandes familles féodales qui supportent mal le renforcement de l'absolutisme et la centralisation intervenus depuis François Iᵉʳ. Dans ces conditions, c'est aussi l'unité du royaume qui est en cause avec la prise d'armes des protestants (1562) puis la constitution de la Ligue (1576), grâce à laquelle les catholiques, opposés à tout compromis, espéraient détrôner Henri III au profit d'Henri de Guise. Ainsi le soutien de Ronsard à la cause catholique (*Discours sur les misères de ce temps*, 1562) s'explique-t-il par sa fidélité au régime et non par son intransigeance religieuse.

La déploration des malheurs du temps

Montaigne, quand il rédige ses *Essais*, a toutes les raisons de se montrer pessimiste. Il a lu dans l'*Histoire générale des Indes* de Lopez de Gomara, secrétaire de Cortés, des faits montrant la cupidité, la cruauté et la fourberie des conquistadores. Le pamphlet de Las Casas, *Très Brève Relation de la destruction des Indes* (traduit en 1579), a pu aussi l'alerter sur les méfaits de l'esclavage et de la colonisation. Son indignation se teinte d'amertume devant la dégradation morale dont font preuve ses contemporains (voir p. 106). Mais ce sont surtout le fanatisme religieux et les guerres civiles qui en découlent qui suscitent la réflexion du philosophe.

Sa position s'exprime au détour des chapitres des *Essais* où il réaffirme sa foi catholique, son horreur de cette « monstrueuse guerre » civile et sa condamnation de ceux (protestants puis Ligueurs) qui se sont rebellés contre le roi. Il la manifeste aussi dans ses actes en favorisant les négociations entre les deux camps. Fidèle à la monarchie, il soutient Henri IV, devenu roi de France après l'assassinat d'Henri III.

En s'achevant ainsi dans le crime et la confusion, le xviᵉ siècle déçoit les espoirs que les premiers humanistes mettaient en lui. L'éducation fait plus que jamais problème : « Elle a eu pour sa fin [*pour but*] de nous faire non bons et sages, mais savants : elle y est arrivée », ironise Montaigne qui rappelle qu'elle doit essentiellement former le jugement et la conscience morale : savoir bien juger pour bien conduire sa vie est un thème essentiel des *Essais* (voir p. 95 et 143).

Vers le bac

Objet d'étude : l'argumentation : convaincre, persuader et délibérer.

Corpus bac : cinq textes du XVIᵉ au XVIIIᵉ siècle évoquant l'idéal d'une vie réglée sur la nature (le mythe du Bon Sauvage).

TEXTE 1

Sénèque, *Lettres à Lucilius* (62 apr. J.-C.), lettre 4, traduction Henri Noblot, Les Belles Lettres, 1945-1995.

Le philosophe et homme politique romain compose ces Lettres à Lucilius *alors qu'il vient de connaître la disgrâce, peu avant sa mort. Il y exprime une sagesse toute stoïcienne, qui développe ici une pensée d'Épicure rapportée dans la première phrase.*

C'est un riche fonds que la pauvreté réglée sur la loi de la nature. » Or, cette loi de la nature, sais-tu à quoi elle borne nos besoins ? À ne pas souffrir de la faim, de la soif, du froid. S'il ne s'agit que de chasser la faim et la soif, on n'est pas obligé d'assiéger un seuil superbe pour subir de grands airs sourcilleux, une politesse qui sait elle-même se faire insolente. On n'est pas obligé de courir les mers, de suivre la carrière des armes. Ce que réclame la nature s'acquiert sans peine : la table est toute servie. On s'épuise pour le superflu. C'est le superflu qui nous fait user nos toges dans la vie civile, nous contraint à vieillir sous la tente, nous jette aux rives étrangères. Ce qui suffit, nous l'avons sous la main. Faire bon ménage avec la pauvreté, c'est être riche.

TEXTE 2

Montaigne, « *Des Cannibales* », (depuis « Trois d'entre eux » à la fin, p. 122-123).

TEXTE 3

> Fénelon, *Les Aventures de Télémaque*,
> livre septième, 1699.

En 1689, Fénelon est nommé précepteur de l'héritier présomptif de la couronne, le duc de Bourgogne. Pour instruire son élève de ses devoirs de roi, il compose Les Aventures de Télémaque *(publiées en 1699) : le voyage du jeune homme à la recherche de son père, Ulysse, est l'occasion de multiples expériences chargées de sens. Il apprend ainsi d'un marin, Adoam, l'existence d'un pays idéal, la Bétique, véritable utopie socialiste où les habitants sont animés par l'amour du Bien.*

Quand on leur parle des peuples qui ont l'art de faire des bâtiments superbes, des meubles d'or et d'argent, des étoffes ornées de broderies et de pierres précieuses, des parfums exquis, des mets délicieux, des instruments dont l'harmonie charme, ils répondent en ces termes : « Ces peuples sont bien malheureux d'avoir employé tant de travail et d'industrie à se corrompre eux-mêmes ! Ce superflu amollit, enivre, tourmente ceux qui le possèdent : il tente ceux qui en sont privés de vouloir l'acquérir par l'injustice et par la violence. Peut-on nommer bien un superflu qui ne sert qu'à rendre les hommes mauvais ? Les hommes de ces pays sont-ils plus sains et plus robustes que nous ? Vivent-ils plus longtemps ? Sont-ils plus unis entre eux ? Mènent-ils une vie plus libre, plus tranquille, plus gaie ? Au contraire, ils doivent être jaloux les uns des autres, rongés par une lâche et noire envie, toujours agités par l'ambition, par la crainte, par l'avarice, incapables des plaisirs purs et simples, puisqu'ils sont esclaves de tant de fausses nécessités dont ils font dépendre tout leur bonheur. »

C'est ainsi, continuait Adoam, que parlent ces hommes sages, qui n'ont appris la sagesse qu'en étudiant la simple nature. [...] Tous les biens sont communs : les fruits des arbres, les légumes de la terre, le lait des troupeaux sont des richesses si abondantes, que des peuples si sobres et si modérés n'ont pas besoin de les partager. Chaque famille, errante dans ce beau pays, transporte ses tentes d'un lieu en un autre, quand elle a consumé les fruits et épuisé les pâturages de l'endroit où elle s'était mise. Ainsi, ils n'ont point d'intérêts à soutenir les uns contre les autres, et ils s'aiment tous d'une amour fraternelle que rien ne trouble. C'est le retranchement des vaines richesses et des plaisirs trompeurs qui leur conserve cette paix, cette union et cette liberté.

Jean-Jacques Rousseau, *Discours sur l'origine de l'inégalité*,
note XVI, 1755.

Dans ce Discours, *Rousseau considère que l'inégalité entre les hommes*
est née de l'instauration progressive de liens sociaux consécutifs à l'éta-
blissement de la propriété privée. Il oppose à la société réelle, inégalitaire,
les « Peuples Sauvages » déjà éloignés d'un hypothétique état de nature,
mais qui jouissent d'un bonheur inconnu des peuples dits civilisés.

C'est une chose extrêmement remarquable que, depuis tant d'années
que les Européens se tourmentent pour amener les sauvages de
diverses contrées du monde à leur manière de vivre, ils n'aient pu
encore en gagner un seul, non pas même à la faveur du christianisme ; car nos missionnaires en font quelquefois des chrétiens,
mais jamais des hommes civilisés. Rien ne peut surmonter l'invincible répugnance qu'ils ont à prendre nos mœurs et à vivre de notre
manière. Si ces pauvres sauvages sont aussi malheureux qu'on le
prétend, par quelle inconcevable dépravation du jugement refusent-
ils constamment de se policer[1] à notre imitation, ou d'apprendre
à vivre heureux parmi nous, tandis qu'on lit en mille endroits que
des Français et des Européens se sont réfugiés parmi ces nations, y
ont passé leur vie entière, sans pouvoir plus quitter une si étrange
manière de vivre, et qu'on voit même des missionnaires sensés
regretter avec attendrissement les jours calmes qu'ils ont passés
chez ces peuples si méprisés ? Si l'on répond qu'ils n'ont pas assez
de lumières[2] pour juger sainement de leur état et du nôtre, je répli-
querai que l'estimation du bonheur est moins l'affaire de la raison
que du sentiment. D'ailleurs, cette réponse peut se rétorquer contre
nous avec plus de force encore ; car il y a plus loin de nos idées à la
disposition d'esprit où il faudrait être pour concevoir le goût que
trouvent ces sauvages à leur manière de vivre, que des idées des
sauvages à celles qui peuvent leur faire concevoir la nôtre. En effet,
après quelques observations, il leur est aisé de savoir que tous
nos travaux se dirigent vers deux seuls objets : savoir[3], pour soi les

---

1. **Se policer :** se civiliser.
2. **Lumières :** connaissances.
3. **Savoir :** c'est-à-dire.

commodités de la vie, et la considération[1] parmi les autres. Mais le moyen pour nous d'imaginer la sorte de plaisir qu'un sauvage prend à passer sa vie au milieu de bois, ou à la pêche, ou à souffler dans une mauvaise flûte, sans jamais savoir en tirer un seul ton, et sans se soucier de l'apprendre ?

On a plusieurs fois amené des sauvages à Paris, à Londres, et dans d'autres villes ; on s'est empressé de leur étaler notre luxe, nos richesses, et tous nos arts[2] les plus utiles et les plus curieux : tout cela n'a jamais excité[3] chez eux qu'une admiration stupide[4], sans le moindre mouvement de convoitise. Je me souviens entre autres de l'histoire d'un chef de quelques Américains septentrionaux qu'on mena à la cour d'Angleterre, il y a une trentaine d'années. On lui fit passer mille choses devant les yeux pour chercher à lui faire quelque présent qui pût lui plaire, sans qu'on trouvât rien dont il parût se soucier. Nos armes lui semblaient lourdes et incommodes, nos souliers lui blessaient les pieds, nos habits le gênaient, il rebutait tout ; enfin on s'aperçut qu'ayant pris une couverture de laine il semblait prendre plaisir à s'en envelopper les épaules. « Vous conviendrez au moins, lui dit-on aussitôt, de l'utilité de ce meuble[5]. – Oui, répondit-il, cela me paraît presque aussi bon qu'une peau de bête. » Encore n'eût-il pas dit cela s'il eût porté l'une et l'autre à la pluie.

Peut-être me dira-t-on que c'est l'habitude qui, attachant chacun à sa manière de vivre, empêche les sauvages de sentir ce qu'il y a de bon dans la nôtre : et, sur ce pied-là, il doit paraître au moins fort extraordinaire que l'habitude ait plus de force pour maintenir les sauvages dans le goût de leur misère que les Européens dans la jouissance de leur félicité.

TEXTE 5

Voltaire, *Lettre à Rousseau* du 30 août 1755 (début).

J'ai reçu, Monsieur, votre nouveau livre contre le genre humain, et je vous en remercie. Vous plairez aux hommes, à qui vous dites leurs

---

1. **La considération** : l'estime, les honneurs.
2. **Arts** : arts et techniques.
3. **Excité** : suscité.
4. **Stupide** : sans réaction (ici : sans désir de posséder l'objet présenté).
5. **Meuble** : objet.

vérités, et vous ne les corrigerez pas. On ne peut peindre avec des couleurs plus fortes les horreurs de la société humaine, dont notre ignorance et notre faiblesse se promettent tant de consolations. On n'a jamais employé tant d'esprit à vouloir nous rendre bêtes ; il prend envie de marcher à quatre pattes, quand on lit votre ouvrage. Cependant, comme il y a plus de soixante ans que j'en ai perdu l'habitude, je sens malheureusement qu'il m'est impossible de la reprendre, et je laisse cette allure naturelle à ceux qui en sont plus dignes que vous et moi.

SUJET

a. Question préliminaire (sur 4 points)

Comment l'opposition qui structure la réflexion de Sénèque (texte 1) est-elle développée dans les textes de Montaigne (texte 2), Fénelon (texte 3) et Rousseau (texte 4) ?

b. Travaux d'écriture (sur 16 points) – au choix

Sujet 1. Commentaire.

Vous rédigerez un commentaire de la fin de l'essai « Des Cannibales » (texte 2).

Sujet 2. Dissertation.

L'argumentation par l'exemple (l'anecdote, la fiction) est-elle préférable au raisonnement ? Vous appuierez votre réflexion sur des références précises aux textes de ce corpus et à d'autres textes que vous connaissez bien.

Sujet 3. Écriture d'invention.

En vous inspirant du début de la lettre de Voltaire à Rousseau (texte 5), écrivez la réponse qu'un partisan du progrès pourrait adresser aujourd'hui aux moralistes qui veulent régler la vie de l'homme sur la nature.

 Documentation et compléments d'analyse sur :
www.petitsclassiqueslarousse.com

Vers le bac

À l' **oral**

« De la présomption », p. 79 (de « Les qualités mêmes ») à p. 81 (jusqu'à « dire vérité »).

Sujet : dans quelle mesure peut-on dire que Montaigne s'exprime ici en moraliste ?

RAPPEL

Une lecture analytique peut suivre les étapes suivantes :
I. Mise en situation du passage, puis lecture à haute voix.
II. Projet de lecture.
III. Composition du passage.
IV. Analyse du passage.
V. Conclusion – remarques à regrouper un jour d'oral en fonction de la question posée.

I. Situation du passage

Consacrer un livre à soi-même pouvait être considéré comme une marque de « gloire », de « présomption » (d'orgueil, de vanité). Montaigne rejette cette critique en déclarant : « il est bien difficile, ce me semble, qu'aucun autre s'estime moins, voire qu'aucun autre m'estime moins, que ce que je m'estime ». Il justifie ce jugement en présentant un autoportrait sans complaisance qui met l'accent sur ses défauts et sur son tempérament « extrêmement oisif, extrêmement libre » : il se reconnaît « une âme toute sienne, accoutumée à se conduire à sa mode », un « naturel pesant, paresseux et fainéant » (l. 439-443), « une complexion [*tempérament*] délicate et incapable de sollicitude ». Ce trait de caractère exclut toute forme d'ambition, mais le singularise par rapport à ses contemporains.

(Lors de la lecture du texte, les explications données entre crochets ne doivent pas être lues à haute voix. Les élèves non latinistes liront uniquement la traduction des citations.)

II. Projet de lecture

La question appelle une définition préalable de la notion de « moraliste » : on qualifie ainsi un écrivain qui décrit la nature humaine et les mœurs de son siècle en se référant à des valeurs morales, éventuellement en formulant des règles de conduite. Cette description est souvent satirique dans la mesure où les moralistes déplorent la corruption ou la faiblesse des hommes et la dépravation de la société.

Il s'agit donc de savoir si, dans ce passage, Montaigne décrit bien les hommes et les mœurs de son temps en référence à un idéal moral. Contrairement aux moralistes du XVIIe siècle (Pascal, La Fontaine, La Rochefoucauld, La Bruyère), c'est d'abord lui-même qu'il soumet à son observation : quelles vertus s'attribue-t-il, quel jugement porte-t-il sur lui-même ? Celui qu'il porte sur ses contemporains est critique, conformément à la tradition moraliste, il recourt même à la satire, dont il faudra examiner les moyens et les effets. La description est sous-tendue par un ensemble de valeurs explicitement formulées qui doivent régler la vie d'un homme sage et digne.

III. Composition du passage

La réflexion de Montaigne progresse très librement, selon un développement non linéaire qui croise deux thèmes liés : le jugement que Montaigne porte sur lui-même (il apparaît surtout dans la rédaction initiale, notée par /), celui qu'il porte sur les mœurs de son siècle.

– Lignes 573 (« Les qualités ») à 604 *(« quam bonitas »)* : Montaigne s'attribue des qualités morales qui le singularisent et le valorisent dans un siècle dépravé (thème A, jusqu'à *« debeat agna »*). Il étend ensuite cette réflexion aux rois : dans cette époque de guerres civiles, les qualités morales sont très rares (thème B), aussi est-ce par elles, et non par l'ardeur au combat, très commune au contraire, qu'un roi pourra se distinguer et obtenir l'appui du peuple. (La reformulation de l'opinion de Montaigne n'est pas inutile ici, vu la difficulté que le texte présente à la première lecture.)

Vers le bac

– Lignes 606 (« Par cette proportion ») à la fin de l'extrait : Montaigne reformule son jugement ambivalent et relatif sur sa vertu, grande par rapport à ses contemporains mais mince par rapports aux grands hommes de l'Antiquité, notamment sur sa loyauté (retour du thème A, jusqu'à « pour leur service »). Il exprime alors son horreur de l'hypocrisie des hommes de son temps (thème B).

Les additions des éditions de 1588 et de 1595 (repérables par les marques // et ///) montrent que Montaigne, au fil de sa rédaction, a développé le thème critique (B).

IV. Analyse du passage

1. L'autoportrait d'un homme singulier

Montaigne s'attribue quatre qualités naturelles : « la facilité de [ses] mœurs », c'est-à-dire la capacité à s'adapter à des façons de vivre différentes, dont il donne une longue illustration dans « De la vanité » (voir l'extrait 14 : « j'ai la complexion [constitution] du corps libre et le goût commun ») ; « la foi et la conscience », c'est-à-dire la loyauté, la fidélité à sa parole (l'importance que Montaigne accorde à cette valeur est soulignée par l'emploi du mot « religieux ») ; « la franchise et la liberté » (de parole, d'opinion), liée à son indépendance naturelle, à son refus de toute contrainte ; l'absence de caractère vindicatif, remarquable à une époque où le « ressentiment » inspiré par les dommages subis engage à en faire subir de plus grands au camp adverse. Le paradoxe est que ces « qualités [...] non reprochables » constitueraient un obstacle à son ambition, s'il en était doté : pour réussir « en ce siècle » de guerres civiles, il faut en effet savoir se montrer déloyal et cruel au service d'un des deux camps.

Son manque d'ambition, qui le singularise par rapport aux Français (voir lignes 565-568), est en outre conforté par un autre aspect de sa personnalité : sa haine du mensonge, d'abord mentionnée (l. 575-576, l. 599) puis longuement développée (l. 611 à 699). La « feintise », le « masque » sont évidemment indispensables à l'ambitieux ; or Montaigne, en refusant d'« accommod[er] sa foi à la volonté d'autrui et aux occasions », se montre impropre au service des grands et des princes à une époque où l'hypocrisie semble de règle.

Sa singularité apparaît aussi dans sa modération (l. 610), liée à la tolérance dont il fait preuve à l'égard des autres : c'est encore une qualité qui n'a pas cours en un temps où le fanatisme est vertu. C'est celle de l'honnête homme, de l'« homme mêlé », dont Montaigne fait souvent l'éloge (voir l'extrait 14 et le chapitre « De l'institution des enfants », p. 161-163).

2. Le portrait satirique des contemporains

Le portrait que Montaigne fait de ses contemporains est l'exact opposé du sien : il les juge excessivement attachés à leurs mœurs, serviles et hypocrites, intolérants et violents. Ils ignorent la loyauté et la franchise, fondements du véritable courage. Ce jugement négatif s'explique par les exemples de trahison et de cruauté que les guerres civiles offraient à Montaigne mais aussi par le sentiment que l'humanité a subi une dégradation morale depuis l'Antiquité (voir les lignes 625-629, l'extrait 16 et le chapitre « Des Cannibales »).

Cette dégradation est figurée par l'image de la ligne 607, qui opère un brusque renversement de perspective en présentant un homme « grand et rare » comme un « pygmée [...] populaire » aux yeux des Anciens. La double antithèse souligne le changement d'échelle, si défavorable aux contemporains, et produit un paradoxe : un homme pourvu des qualités jugées aujourd'hui les plus rares serait alors passé inaperçu (l. 609-613). L'opposition entre le présent et le passé se lit aussi dans l'ironie marquée par l'exagération et le paradoxe (« Qui n'est que parricide en nos jours, et sacrilège, il est homme de bien et d'honneur », l. 580) et l'oxymore (« cette nouvelle vertu de feintise », l. 615).

Montaigne reconnaît aux hommes de son temps une seule qualité, la « vaillance et science militaire » (l. 595), et il la dévalorise doublement : d'une part, en indiquant qu'elle est commune aux roturiers et aux nobles et ne permet à personne de se distinguer ; d'autre part, en suggérant qu'elle est directement liée au fanatisme des guerres civiles.

3. La réflexion d'un sage

Les lignes qui précèdent l'extrait choisi montrent que Montaigne revivifie la sagesse antique : la lecture de « [ses] bons amis du temps passé » (l. 559) lui permet de mieux comprendre les hommes de son temps et de leur montrer la voie du progrès moral. Sans plus se soucier de l'accusation de « présomption », c'est sa propre personnalité qu'il donne en exemple : il a su « établir un être tranquille et reposé » et « [se] défaire de ce désir » de s'élever toujours plus haut (l. 551 et 560). Ce *repos*, lié à la nécessaire modération des désirs, est à la fois le signe et la récompense de cette sagesse, qui se nourrit d'une série de vertus énumérées aux lignes 610-614.

La singularité de Montaigne le conduit à des réflexions paradoxales. Ainsi, pour éclairer ses contemporains, sur leurs vrais devoirs, il redéfinit le courage en le caractérisant non par l'ardeur au combat mais par la fidélité à soi-même : l'hypocrisie est « une humeur couarde » (l. 618), « un cœur généreux ne doit point démentir ses pensées » (l. 623) ni parler pour chercher l'approbation d'autrui. Là est la véritable noblesse. Deux arguments d'autorité, les références à Aristote et Apollonios, viennent donner du poids à cette réflexion ; le deuxième recourt à une formule éloquente qui combine l'hyperbole, l'antithèse et le parallélisme et assimile l'hypocrite à un esclave. Autre paradoxe : si la sagesse consiste à satisfaire d'abord aux devoirs que l'on se doit à soi-même, elle commande de faire passer la fidélité à sa parole (« sa foi ») avant le service des grands, ce que Montaigne exprime dans une formule imagée et catégorique : « Plutôt laisserais-je rompre le col aux affaires que de tordre ma foi pour leur service » (l. 613).

Sa critique n'épargne pas le prince, jugé implicitement responsable de l'hypocrisie de ceux dont il attend un service qui va jusqu'à la servilité et la servitude (puisque l'hypocrite est un serf). L'action et ses résultats (les victoires militaires) doivent ainsi céder le pas à une conscience morale exigeante, comme l'*utile* à l'*honnête* (voir p. 193-194). Comme, avant lui, les humanistes chrétiens (Érasme, Rabelais), Montaigne réaffirme ici les devoirs du roi : « Qu'il reluise d'humanité, de vérité, de loyauté, de tempérance et surtout de justice, marques rares, inconnues et exilées » (l. 599). Toujours pragmatique, il ajoute pour emporter la conviction que c'est aussi le meilleur moyen pour le roi d'obtenir « la volonté » (la sympathie) donc le soutien du peuple.

V. Éléments de conclusion

Montaigne s'exprime bien en moraliste capable de décrire l'homme en référence à des valeurs susceptibles de le rendre meilleur. Inspirée par un idéal antique, cette description, conformément à la tradition, tend à devenir une déploration, ici le constat amer de la dégradation des hommes et des mœurs dans une époque marquée par l'horreur des guerres civiles.

Ces considérations, toutefois, ne constituent pas une approche abstraite, elles portent la marque de l'auteur et de son époque. Montaigne y fait preuve du sens de la relativité caractéristique des hommes de la Renaissance tout en en réaffirmant pour son temps et son pays des valeurs présentées comme des absolus (la liberté, la loyauté et, plus généralement, « la vertu », l. 630) qui devraient régler la vie des hommes et des rois. En outre, il se montre original en développant parallèlement à une réflexion générale sur l'homme une analyse de sa personnalité, celle-ci nourrissant celle-là. La sagesse commande en effet à l'homme de se connaître d'abord lui-même, selon le précepte de Socrate souvent rappelé par Montaigne.

AUTRES SUJETS TYPES

• **Sujet 1**
Objets d'étude : convaincre, persuader et délibérer (l'argumentation, l'essai) ; l'expression de soi (l'autobiographie).

Texte : « De l'utile et de l'honnête », de « Je ne veux être tenu » (p. 198, l. 194) à « au besoin de nos polices » (l. 256).

Question : la réflexion de Montaigne sur le sujet qu'il s'est donné doit-elle quelque chose à sa personnalité ?

• **Sujet 2**
Objets d'étude : convaincre, persuader et délibérer (l'argumentation, l'essai) ; l'expression de soi (l'autobiographie).

Texte : « De la vanité », p. 104, l. 22 à 58.

Question : quel est l'intérêt de cet autoportrait ?

Outils de lecture

Essai

Genre littéraire dont Montaigne est l'initiateur. Il est caractérisé par sa visée argumentative et présente, de manière très libre et sans souci d'exhaustivité, les réflexions personnelles d'un auteur sur un sujet donné.

Ethnocentrisme

Attitude d'esprit de celui qui nie la diversité des cultures et considère comme un modèle la culture du groupe humain auquel il appartient.

Humanisme

Mouvement culturel de la Renaissance qui se proposait de développer l'esprit humain par l'étude des *humanités*, c'est-à-dire des langues et des littératures gréco-latines, dans lesquelles les *humanistes* étaient passés maîtres. Plus largement, l'humanisme se donne pour but l'épanouissement de la personne humaine.

Ironie

Forme de raillerie visant à déconsidérer une personne ou un point de vue en pratiquant une double énonciation : le discours ironique reproduit les propos qu'il veut discréditer en suggérant par diverses marques (notamment l'exagération) qu'ils sont inacceptables, ridicules.

Maxime

Formule brève et frappante qui énonce une règle de conduite ou une observation psychologique d'ordre général (synonyme : *sentence*).

Moraliste

Écrivain qui décrit et critique les mœurs d'une époque et propose une réflexion sur la nature et la condition humaines.

Naturalisme

Doctrine philosophique selon laquelle rien n'existe en dehors de la nature. Sur le plan moral, le naturalisme fait de la nature un guide auquel la sagesse commande de se fier.

Oxymore

Figure de rhétorique qui consiste à rapprocher deux termes de sens opposé pour exprimer une pensée nuancée ou subtile. Selon Montaigne, l'instruction des enfants doit se conduire avec « une sévère douceur ».

Paradoxe

Au sens large (et étymologique), énoncé contraire à l'opinion commune. Le paradoxe constitue une figure de rhétorique quand il rapproche des propositions ordinairement opposées pour exprimer une pensée de manière originale et saisissante.

Paronomase
Figure de rhétorique fondée
sur le rapprochement de deux
termes voisins par la graphie
ou la prononciation. À propos
de la mort, Montaigne écrit
ainsi : « c'est bien le bout,
non pourtant le but de la vie »
(extrait 26b).

Redondance
Répétition d'une même
information sous une autre
forme. Montaigne coordonne
souvent deux mots synonymes
ou de sens très voisin comme
« mes conditions et humeurs »
(p. 24).

Relativisme
Attitude d'esprit opposée
à l'ethnocentrisme et qui
considère que les valeurs
morales et intellectuelles
varient avec les cultures.
Chez Montaigne, cette attitude
est confortée par le constat
de l'infinie diversité
des coutumes et des lois.

Renaissance
Période historique marquée
par une volonté de rupture
avec la culture du Moyen Âge
et de retour aux langues,
aux littératures, à la pensée
et à l'art de l'Antiquité gréco-
latine. Ce mouvement, apparu
en Italie au XVe siècle, s'est
ensuite étendu à toute l'Europe.

Rhétorique
Art de bien dire ou
de persuader qui vise à rendre
le discours plus efficace
par sa composition et par
le recours à des figures comme
la métaphore, l'antithèse,
la périphrase, le paradoxe, etc.

Satire
Œuvre ou discours qui
vise à attaquer par le rire
un vice, un groupe humain,
une institution, etc.

Scepticisme
Doctrine philosophique
selon laquelle l'homme
ne peut atteindre la vérité.
Le pyrrhonisme en est
une forme plus radicale.

Stoïcisme
Doctrine philosophique
d'Épictète, Sénèque, Marc
Aurèle, qui considère que
l'homme peut atteindre
le bonheur par l'exercice
de la raison et de la vertu,
la liberté et la maîtrise
de ses passions.

Valeurs
Notions qui servent
de références dans le domaine
moral, social, esthétique.
Les valeurs morales règlent
la conduite d'un individu ou
d'une société.

Bibliographie

Pour aborder le XVIᵉ siècle

- Ménager, Daniel, *Introduction à la vie littéraire du XVIᵉ siècle*, Bordas, 1968.

- Fragonard, Marie-Madeleine, *Les Dialogues du Prince et du Poète. Littérature française de la Renaissance*, Découvertes Gallimard, 1990.

Sur Montaigne et les *Essais*

- *Le Magazine littéraire*, n° 464, mai 2007.

- Lacouture, Jean, *Album Montaigne*, Gallimard, « Bibliothèque de La Pléiade », 2007.

- Lazard, Madeleine, *Michel de Montaigne*, Fayard, 1992 (biographie).

- Pouilloux, Jean-Yves, *Montaigne, « Que sais-je »*, Découvertes Gallimard, 1987.

- Jeanson, Francis, *Montaigne par lui-même*, Le Seuil, coll. « Microcosme », 1951-1994. (Parcours biographique et thématique illustré d'extraits des *Essais* judicieusement choisis.)

- Demonet, Marie-Luce, *Les Essais*, PUF, coll. « Études littéraires », 1966.

- Friedrich, Hugo, *Montaigne*, 1949, trad. française Gallimard, 1968. (Analyse minutieuse des *Essais*, qui fait saisir, dans un mouvement de sympathie éclairante, les grands aspects de la pensée de Montaigne.)

- Villey, Pierre, *Les « Essais » de Montaigne*, Nizet, 1967.

Ouvrages plus savants

- Mathieu-Castellani, Gisèle, *Montaigne. L'écriture de l'essai*, PUF, 1988.

- Nakam, Géralde, *Montaigne et son temps. Les événements et les « Essais ». L'histoire, la vie, le livre*, Gallimard, 1993. (Conformément à son titre, cette étude procède à une contextualisation de l'œuvre de Montaigne pour mieux la comprendre.)

Bibliographie et filmographie

- Pouilloux, Jean-Yves, *Lire les « Essais » de Montaigne*, Maspero, 1969. (Montaigne ne prétend nullement présenter un florilège de pensées achevées, mais remet en cause sa propre pensée et la voix commune qui s'exprime à travers elle.)

- Starobinski, Jean, *Montaigne en mouvement*, Gallimard, 1982. (Analyse du mouvement qui conduit Montaigne d'une mise en cause des apparences à leur acceptation réfléchie.)

- Tournon, André, *Montaigne. La glose et l'essai*, Presses universitaires de Lyon, 1983. (« Les *Essais* renouvellent la pratique du commentaire, à laquelle ils empruntent leurs formes : ils interrogent plus qu'ils n'expliquent », incluant leur propre autocritique, conformément au « pyrrhonisme » lucide d'un « philosophe sans doctrine », toujours en recherche.)

Lectures conseillées en complément du chapitre « Des Cannibales »

- Thevet, André, *Singularités de la France antarctique*, 1557, choix de textes, introduction et notes de Frank Lestringant, La Découverte/Maspero, 1983.

- De Léry, Jean, *Histoire d'un voyage en terre de Brésil*, 1578, Le Livre de Poche, coll. « Bibliothèque classique ». (Cet ouvrage et le précédent ont servi de documents à Montaigne.)

- Todorov, Tzvetan, *Nous et les autres. La réflexion française sur la diversité humaine*, Le Seuil, 1989 (Montaigne est un « universaliste inconscient » plus qu'un relativiste : « L'autre n'est en fait jamais perçu ni connu. Ce dont Montaigne fait l'éloge, ce ne sont pas des "cannibales" mais de ses propres valeurs. »)

Lectures conseillées en complément du chapitre « De l'utile et de l'honnête »

- Machiavel, *Le Prince*, 1513, Le Livre de Poche.

- La Boétie, *Discours de la servitude volontaire*, 1574, GF Flammarion, 1983.

Lecture conseillée en complément du chapitre « De l'institution des enfants »

- Rabelais, *Gargantua*, 1534, édition bilingue de Marie-Madeleine Fragonard, Pocket, 1992, chapitres 20 à 22.

Crédits photographiques

Direction de la collection : CARINE GIRAC - MARINIER
Direction éditoriale : Claude Nimmo
Édition : Marie-Hélène CHRISTENSEN
Lecture-correction : service lecture-correction LAROUSSE
Recherche iconographique : Valérie PERRIN, Marie-Annick REVEILLON
Direction artistique : Uli MEINDL
Couverture et maquette intérieure : Serge CORTESI, Sylvie SÉNÉCHAL, Uli MEINDL
Responsable de fabrication : Marlène DELBEKEN

Photocomposition : CGI
Impression : Rotolito Lombarda (Italie) – 301490/07
Dépôt légal : Janvier 2008
N° Projet : 11037277 – Janvier 2018